广视角·全方位·多品种

权威·前沿·原创

皮书系列为
"十二五"国家重点图书出版规划项目

政治发展蓝皮书

BLUE BOOK OF POLITICAL DEVELOPMENT

中国政治发展报告（2014）

ANNUAL REPORT ON CHINA'S POLITICAL DEVELOPMENT (2014)

主　编／房　宁　杨海蛟
执行主编／张明澍

社会科学文献出版社
SOCIAL SCIENCES ACADEMIC PRESS (CHINA)

图书在版编目(CIP)数据

中国政治发展报告.2014/房宁，杨海蛟主编. —北京：社会科学文献出版社，2014.5
 (政治发展蓝皮书)
 ISBN 978-7-5097-5851-9

Ⅰ.①中… Ⅱ.①房… ②杨… Ⅲ.①政治制度-研究报告-中国-2014 Ⅳ.①D621

中国版本图书馆 CIP 数据核字（2014）第 067205 号

政治发展蓝皮书
中国政治发展报告（2014）

主　　编／房　宁　杨海蛟
执行主编／张明澍

出 版 人／谢寿光
出 版 者／社会科学文献出版社
地　　址／北京市西城区北三环中路甲 29 号院 3 号楼华龙大厦
邮政编码／100029

责任部门／社会政法分社（010）59367156　　责任编辑／芮素平　李娟娟
电子信箱／shekebu@ssap.cn　　　　　　　　责任校对／朱润锋
项目统筹／刘骁军　　　　　　　　　　　　　责任印制／岳　阳
经　　销／社会科学文献出版社市场营销中心（010）59367081　59367089
读者服务／读者服务中心（010）59367028

印　　装／北京季蜂印刷有限公司
开　　本／787mm×1092mm　1/16　　　　　印　张／22.75
版　　次／2014 年 5 月第 1 版　　　　　　　字　数／367 千字
印　　次／2014 年 5 月第 1 次印刷
书　　号／ISBN 978-7-5097-5851-9
定　　价／88.00 元

本书如有破损、缺页、装订错误，请与本社读者服务中心联系更换

▲ 版权所有 翻印必究

政治发展蓝皮书编委会

主　　　编　房　宁　杨海蛟

执 行 主 编　张明澍

编委会成员　周庆智　李　梅　郑建君　陈承新
　　　　　　　田改伟　刘山鹰

学 术 编 辑　周少来　张明澍

撰稿人名单　郑　言　王维国　安　娣　高小平　谢德斌
　　　　　　　付夏婕　罗　娇　周庆智　张献生　肖照青
　　　　　　　赵秀玲　李　梅　周少来　贠　杰　刘朋朋
　　　　　　　张明澍

主要编撰者简介

主编　房　宁

中国社会科学院政治学研究所所长，研究员。

主要研究领域：政治学理论，民主政治理论与实践，政治发展，比较政治学。

主编　杨海蛟

中国社会科学院政治学研究所副所长，研究员，《政治学研究》副主编，兼任中国政治学会副会长、秘书长，北京市政治与行政学会副会长。

主要研究领域：政治学理论，当代中国政治。

执行主编　张明澍

中国社会科学院政治学研究所研究员。

主要研究领域：政治理论，比较政治。

摘 要

系统地回顾、分析、评论2013年中国政治发展总的情况（总报告）及其主要方面，包括人民代表大会、公共行政、司法、共产党领导的多党合作、民族区域自治、基层政权建设、公民权利和自由的保障（分报告），以专题报告重点述评该年度政治发展的"热点"和"亮点"，包括对群众路线教育实践活动的解读、从公共财政支出的角度分析政府职能转型。并附有大事记和党政领导干部任免情况，兼有工具书功能。

Abstract

This book reviews, analyzes and comments the political development in China in 2013, both general situation (General Report) and its major aspects, including the people's congress, public administration, judiciary, multi-party cooperation under the leadership of the communist party, regional national autonomy, democracy-building at the grassroots level, protection of citizen rights and freedom (Sub-Reports), with emphasis on commenting some "hot points" of the year such as the "Mass Line" campaign, transforming of government function from the perspective of public budget (Special Reports). There is also a chronicle of the political events and appointments of the year attached at the end so making it useful like a yearbook.

目录

BⅠ 总报告

B.1 2013年的中国政治发展 …………………… 郑 言 / 001

BⅡ 分报告

B.2 人民代表大会制度的建设与发展 …………… 王维国 安 娣 / 044
B.3 行政管理制度的建设与发展 ………………… 高小平 谢德斌 / 063
B.4 司法制度的建设与发展 ……………………… 付夏婕 罗 娇 / 088
B.5 民族区域自治制度的建设与发展 …………………… 周庆智 / 112
B.6 共产党领导的多党合作制度的建设与发展 …… 张献生 肖照青 / 136
B.7 基层民主政治的建设与发展 …………………………… 赵秀玲 / 164
B.8 2013年的公民权利保障 ………………………………… 李 梅 / 198

BⅢ 专题报告

B.9 2013年"群众路线教育实践活动"的解读 …………… 周少来 / 217
B.10 公共财政支出视角下的政府职能转型
    及其挑战 ……………………………………… 贠 杰 刘朋朋 / 230

政治发展蓝皮书

Ⅳ 附录

B.11 2013年政治发展大事记 ………………………………… 张明澍 / 276

B.12 2013年领导干部任免情况 ………………………………… 张明澍 / 335

皮书数据库阅读使用指南

CONTENTS

B I General Report

B.1 Political Development in China 2013   *Zheng Yan* / 001

B II Sub-Reports

B.2 Building and Development of the People's Congress
System   *Wang Weiguo, An Di* / 044

B.3 Building and Development of the Public
Administration   *Gao Xiaoping, Xie Debin* / 063

B.4 Building and Development of the Judicial
System   *Fu Xiajie, Luo Jiao* / 088

B.5 Building and Development of the Regional National
Autonomy   *Zhou Qingzhi* / 112

B.6 Building and Development of the Multi-Party Cooperation
under Leadership of the Communist Party   *Zhang Xiansheng, Xiao Zhaoqing* / 136

B.7 Building and Development of the Democracy-Building
at the Grassroots Level   *Zhao Xiuling* / 164

B.8 Protection of Citizen Right in 2013   *Li Mei* / 198

B III Special Reports

B.9 Analysis of and Comment on "Mass Line" Campaign　　*Zhou Shaolai* / 217

B.10 Analysis of and Comment on Transforming of Government Function from the Perspective of Public Budget　　*Yun Jie, Liu Pengpeng* / 230

B IV Appendixes

B.11 Chronicle of the Political Events in 2013　　*Zhang Mingshu* / 276

B.12 Chronicle of the Political Appointments in 2013　　*Zhang Mingshu* / 335

总报告

General Report

B.1
2013年的中国政治发展

郑 言*

摘　要： 本文从执政党建设的新进展、坚持和完善中国特色社会主义民主制度、政府改革和政府治理能力、依法治国、人权事业，以及七大政治关系的发展状况等方面，概括地回顾和分析了2013年的中国政治发展，并且展望了2014年中国政治发展的前景。

关键词： 党的建设　社会主义民主　政府改革和政府治理　政治发展

2013年作为全面贯彻落实中共十八大精神的开局之年，见证了中国特色社会主义建设事业承前启后、小康社会建设全面推进。承继中华民族伟大复兴

---

* 郑言，中国社会科学院政治学研究所研究员，主要研究领域为政治学理论、社会主义民主政治、当代中国政治。

的中国梦，新一届中央领导集体自信履新，在复杂多变的国际形势下，领导和团结中国人民锐意进取，继续坚定走实现国家富强、民族振兴、人民幸福的中国特色社会主义道路。中国特色社会主义各项事业保持了稳步前行的良好态势。这一年，深化改革成为实现中国梦的最好诠释。改革开放永无止境，"只有进行时没有完成时"的宣言吹响全面深化改革的号角。改革同样为中国政治发展注入了新活力。在新的历史征程中，中国政治发展妥善处理了改革发展与稳定的关系，取得了扎实成效。党建科学化水平稳步提高、中国特色社会主义民主制度不断完善、政府治理能力进一步增强、法治中国建设稳步推进、人权事业持续发展、各方面政治关系稳定协调，如此等等，为实现中华民族伟大复兴的中国梦提供了有力的政治支持。

一 党的建设科学化水平稳步提高

当今世界绝大多数国家的政治为政党政治。政党建设尤其是执政党的建设状况直接决定着政治发展的面貌。中国共产党作为中国特色社会主义事业的坚强领导核心，以其始终如一的先进性领导、组织、推动着社会主义现代化事业的发展。党的领导核心地位得益于适应不同历史时期形势的变化，时刻注重自身的建设，不断提高党的建设科学化水平。伴随着世情、国情、党情的深刻变动，党以高度的自觉，与时俱进，丰富和深化了对执政建设与国家发展规律的认识，不断改进和完善党建工程的总体规划。2013年，在党的十八大关于党建部署的有效指引下，中国共产党更加注重先进性与纯洁性建设的协同性，进一步加强自身的思想、作风、组织建设，深入开展反腐倡廉建设，扎实稳步提升了党的建设科学化水平。

党的十八大进一步深化了对建设中国特色社会主义的认识，明确指出在国内外新形势下党建发展所面临的"四种危险"与"四种考验"，与时俱进，进一步完善了新形势下提高党建科学化水平的顶层设计，着眼于危险与考验，将党的纯洁性建设纳入工作主线，立足改善党群关系这个根本，在学习型与创新型基础上加强服务型党组织建设。就此，十八大报告从八个方面阐述了新时期推进党的建设伟大工程、提升党的建设科学化水平的具体部署：强调紧抓思想观，坚定理想信念，坚守共产党人精神追求；强调坚持群众观，坚持以人为本、执政为民，始终保持党同人民群众的血肉联系；加强民主活力观，进一步推进党内民主建设，增强党的创造活力；深化人事改革观，进一步推进干部人事制度改革，建设高素质执政骨干队伍；强化人才发展观，坚持党管人才原则，把各方面优秀人才集聚到党和国家事业中来；加强基层党建观，创新基层党建工作，夯实党执政的组织基础；强化反腐倡廉观，坚定不移反对腐败，永葆共产党人清正廉洁的政治本色；严守党纪统一观，严明党的纪律，自觉维护党的集中统一。在党的十八大精神指引下，2013年党的思想、组织、作风等各项建设在新的历史节点上续写了崭新的发展篇章。

2013年，党坚持把思想建设作为党的各项建设的中心环节与根本保证。在思想建设中，不断提高的思想理论水平与坚定的马克思主义信仰，是党的领导科学性与正确性的保证。中国共产党执政以来，始终坚持以马克思主义为思想指导，坚持理论联系实际，把马克思主义的基本原理同中国革命和建设的具体实践紧密结合，以中国化的马克思主义理论成果——毛泽东思想武装全党并指导实践，初步探索了中国社会主义革命和社会主义建设道路；改革开放之后，邓小平理论重点回答了"什么是社会主义，怎样建设社会主义"等诸多理论问题，并以此为指导，将发展中国特色社会主义事业推进一个新的境界；"三个代表"重要思想明确回答了"建设一个什么样的党，怎样建设党"等重大理论与现实问题，指导社会主义现代化事业并将其提升到一个新的历史高度；在新世纪、新阶段，为适应不断发展的形势，党的理论建设和思想建设水平不断提高，对"发展为了谁，发展依靠谁，发展成果谁来享受"等重大问题做出了新的科学的回答，为党和国家建设的全局性事业提供了科学的理论指导。党的思想理论发展是一脉相承和与时俱进的辩证统一，具体源自对马克思主义的坚定信念和对时代发展的现实关照。2013年，党的思想建设把学习和贯彻十八大精神作为首要任务，着重加强马克思主义理论学习与凝聚改革发展的思想共识。2013年，习近平总书记在中共中央党校建校80周年庆祝大会上着重强调了学懂中国特色社会主义理论体系的重要性，指出把马克思主义立场、观点、方法真正领会于心，"才能深刻认识和准确把握共产党执政规律、社会主义建设规律、人类社会发展规律，才能始终坚定理想信念，才能在纷繁

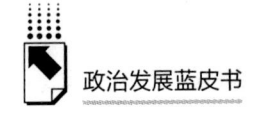

复杂的形势下坚持科学指导思想和正确前进方向，才能带领人民走对路，才能把中国特色社会主义不断推向前进"。2013年8月19日，习近平总书记在全国宣传思想工作会议上再次强调领导干部要加强马克思主义理论学习，要把马克思主义理论、观点与方法作为工作制胜的看家本领。同时，党强化马克思主义思想信念，为中国政治发展保持社会主义发展方向提供了有力思想保证。

2013年是中国改革全面发力的一年。改革开放依然是中国特色社会主义发展的坚定推动力。凝聚改革发展的奋斗共识，为中国特色社会主义事业的领导核心注入强劲的改革思想力量，成为这一年党的思想建设的关键。在习近平总书记多次国内会议、调研活动甚或外事活动的重要谈话中，改革无疑是不变的高频词。其中，改革是习近平总书记在各省市的调研活动讲话中不变的话题。从"实现中华民族伟大复兴的关键一招""冲破思想观念的障碍，又勇于突破利益固化的藩篱""改革不停顿、开放不止步"，到"敢于啃硬骨头，敢于涉险滩"，再到"用壮士断腕的精神来推进改革""做好为改革付出必要成本的准备""改革开放前后两个时期不能相互否定""以更大的政治勇气和智慧深化改革"，一系列改革发声充分表明了党中央坚定深化改革的决心与勇气，赢得了中国人民乃至全世界的赞许，而且强化了全党在新时期深化改革的决心与共识，为继续推动中国特色社会主义政治发展提供了思想保证。站在新的历史起点，中国共产党增强引领中华民族实现伟大复兴的强烈使命感，把时代要求落实到改革议程，以切实的历史紧迫感把全面深化改革问题作为党的十八届三中全会研究重点。进入21世纪，党的最高领导人首次担任中央委员会全体会议文件起草组长。在十八届三中全会召开前的仅半年多时间里，习近平总书记三次主持政治局常委会会议、两次主持政治局会议、多次主持文件起草组全体会议，讨论审议《中共中央关于全面深化改革若干重大问题的决定》稿，改革规划成为中共中央工作的重中之重。这充分彰显了中国共产党以实际行动宣示党凝聚改革共识，高举改革开放旗帜的坚定决心。

党的作风不仅关系党的形象，更关系民心向背和党的生命。在领导建设中国特色社会主义的历史进程中，党以高度的自觉不断加强作风建设，形成和发展了"理论联系实际""密切联系群众""批评与自我批评"的优良传统和作风。这一整套优良传统和作风，不仅塑造了党的良好形象，而且提供了党自我净化、自我完善、自我革新、自我提高的工作方法与重要途径。可以说，继承与发扬党的优良作风是确保党的建设稳步发展的关键环节。十八大召开之后，党中央陆续出台了一系列改进党组织特别是党的领导干部工作作风的规定，值得注意的是，2012年12月发布的中央政治局八项规定，有针对性地指出了一段时期以来部分党员干部在日常工作特别是基层工作中存在官僚主义、形式主义作风的严重问题，着重强调了回归、保持朴素亲民的群众路线的重大意义。2013年，党的新一届领导集体，把作风建设作为新形势下推进党的纯洁性建设、提高党员拒腐防变和抵御风险能力的重要切入点。党的作风建设保持了以往扎实推进的态势。"实干兴邦"无疑是2013年党的作风建设的最好概括。具体来讲，党的作风建设主要体现在以下几个方面。

其一，以高频、务实的学习调研活动，落实了理论联系实际的作风。2013年，党中央深入实际、深入基层、拜人民为师，"不走过场""自选动作"，身体力行理论联系实际的马克思主义学风。"据统计，十八大以来中央政治局常委国内考察调研已超50次，常委足迹遍布全国三分之二以上省、自治区、市。习近平总书记的调研频次最多，其中河北的考察行程就有两次；这些行程少则两三天，有的长达5天；考察调研的区域涵盖东部发达地区、中部地区和西部欠发达地区，调研主题也涵盖广泛，包括全面深化改革、扶贫、经济运行情况、土地经营权流转试点等。"[①] 深入务实的调研活动，为党回应人民诉求，为提升决策机制的科学化与民主水平提供了有力的信息支持。

其二，以广泛深入的群众路线教育实践活动，力行了密切联系群众的作风。2013年党建的鲜明特色是以切实的教育实践活动将群众路线贯彻到党的各方面工作。2013年，党通过全面开展"党的群众路线教育实践活动"，在具体落实作风建设的方式方法上展现了新的活力与特点。群众路线教育实践活动自2013年6月18日启动以来，自上而下分批在全党深入开展，活动按照"照镜子、正衣冠、洗洗澡、治治病"的要求，以继续贯彻"八项规定"为切入点，致力于扫除脱离群众的"形式主义、官僚主义、享乐主义和奢靡之风"的作风之弊、行为之垢。其中，"'八项规定'实行一年来，中央不断细化出

---

① 《习近平十八大以来已九次国内考察调研》，《北京青年报》2013年11月6日。

台八项规定的政策措施，切实加大查处力度；各地查处违反规定精神问题共计17380起，处理19896人，4675人受到党纪政纪处分"。① 在查摆问题的同时，各级党组织针对涉及文风、会风的突出问题进行了大规模的专项整改。不断的整改累积有效带动了全局作风建设。一年来，党的机关工作作风改进成效明显。"以中央纪委监察部机关为例，落实八项规定精神、改进工作作风以来：全国性会议最短仅用时20分钟；与去年同期相比，委部机关会议费下降84.06%，招待费下降52.07%，培训费下降37.87%，印刷费下降13.49%；精简125个各类议事协调机构，取消或不再参与86个，保留或继续参与39个；委部机关公文精简幅度达56%，机关各单位自有文号精简幅度超过44.8%。"② 一张实在的作风改进"成绩单"，让人民群众实实在在地看到了党加强作风建设、密切与人民血肉联系的工作实效。

其三，以批评和自我批评的真切实践，锤炼了党性，促进了团结。2013年党的作风建设的一个突出亮点就是"批评和自我批评、开好专题民主生活会"活动的开展。2013年9月，习近平总书记专门用4个半天的时间亲临指导河北省委常委班子专题民主生活会议，强调开门办会，倡导勇于和善于使用批评和自我批评的武器，以"红红脸、出出汗"的紧张和严肃，加强党性教育，为对照查找问题、落实专向治理、促进党内领导班子的宽松与和谐"加加油、鼓鼓劲"。以此为示范，高质量的专题民主生活会活动普遍展开。专题民主生活会始终坚持把务实的精神落实到查摆问题与解决问题这条主线，致力于推动党组织的团结进步。活动开展以来，取得了明显成效，可以说进一步激发和提升了党内民主生活的存量活力。这不仅提升了党内民主生活的有效性，进一步提高了党组织自我发现与解决问题的能力，而且真切的公开宣传报道让全国人民看到了党敢于和善于自身建设，整治不正之风的实干作为有效增强了人民对党领导中国社会主义事业发展进步的信心。

党的基层组织是党的全部工作和战斗力的基础。党的基层组织扎根在社会各领域、各行业、各阶层，是党联系人民群众的纽带，也是党的路线、方针与

---

① 《八项规定踏石留印抓铁有痕　实施一年新风扑面》，《人民日报》2013年12月4日。
② 何韬：《把自己摆进去——中央纪委监察部机关带头落实八项规定精神》，《中国纪检监察报》2013年11月4日。

政策的实际执行者，发挥着战斗堡垒作用。党始终把加强基层党组织建设放在加强党建工作的重要位置。2013年，各地基层党组织立足实践，勇于探索，针对社会流动性增强、就业方式复杂化的挑战，在基层党组织工作方式、活动内容、党员发展等方面进行了有效的工作，重点推进了"两新组织"的党建探索实践，取得了良好成效。党员队伍不断优化，据中共中央组织部最新统计显示，"截至2012年底，中国共产党党员总数进一步扩大，比上年增加252.5万名，达8512.7万名；党的基层组织总数持续扩大，比上年增加17.5万个，达到420.1万个；从基层党组织建设与分布情况看，党的工作覆盖面进一步扩大，其中，147.5万个非公有制企业建立党组织，占具备建立党组织条件的非公有制企业数的99.95%，4.03万个社会团体建立党组织，占具备建立党组织条件的社会团体数的99.21%，3.95万个民办非企业单位建立党组织，占具备建立党组织条件的民办非企业单位数的99.61%"。[1] 从总体上看，党卓有成效的组织工作进一步拓展了党在社会各领域的影响力，有利于进一步保持党基层工作的生机与活力。

党的十八大根据党建新形势，把服务作为基层党组织建设的重要任务，着眼于服务发展、服务民生、服务群众，提出加强服务型党组织建设的重要主张，将其作为当前和今后一个时期指导基层党组织建设的方针。2013年，党的基层组织建设，进一步加强服务型组织建设，把服务发展、服务民生、服务群众、服务党员作为开展工作的出发点与落脚点。由此，党的基层组织建设从理顺基层组织工作方式入手，使基层党组织工作更能满足服务型组织的需要。2013年，党进一步加强干部队伍建设，习近平总书记在全国组织工作会议上，提出了"信念坚定、为民服务、勤政务实、敢于担当、清正廉洁"的好干部标准，指出要建设一支宏大的高素质干部队伍，确保党始终成为中国特色社会主义历史进程的坚强领导核心。针对干部人事制度的不平衡问题，党提出进一步深化干部人事制度改革，切实完善干部选拔程序的措施办法，提高选人用人公信度，建设高素质干部队伍。同时，党坚持"党管人才"原则，把人才队

---

[1] 《中组部最新统计数据：党员8512.7万名 基层党组织420.1万个》，人民网，http://renshi.people.com.cn/n/2013/0630/c139617-22022798.html。

伍建设作为党治国理政的重要内容，推进创新驱动发展战略，扎实推进人才队伍建设工作。2013年，我国在引进海外高层次人才"千人计划"的基础上，协同推进给予国内高层次人才特殊支持的"万人计划"。

深入持久地开展党风廉政建设与反腐败斗争，是关系党和国家前途命运的关键。坚定不移地开展反腐败斗争，对于保持党的先进性，落实党的纯洁性建设，继续赢得人民群众拥护与支持，确保党的领导核心地位，坚持和推进中国特色社会主义政治发展进程，具有极其重要的现实意义和历史意义。党的十八报告再一次从中国特色社会主义事业、实现中华民族伟大复兴的"中国梦"的战略高度，阐述了反腐败工作的极端重要性，以关系亡党亡国的严峻意义宣示"新时期反腐倡廉必须常抓不懈，拒腐防变必须警钟长鸣"。十八大报告系统总结了此前的反腐经验，提出了新一阶段反腐倡廉工作的总体部署与规划"坚持走中国特色反腐倡廉道路，全面推进惩治和预防腐败体系建设，做到干部清正、政府清廉、政治清明"，并特别提出了要"建立健全包括领导干部重大事项报告制度、纪检监察体制、巡视制度等具体反腐机制，发挥好党内外各种反腐监督机制的作用"。

2013年，习近平总书记在第十八届中央纪委二次全会上提出全面加强惩治和预防腐败体系建设的重要任务，指出把握制度建设这个关键与根本，"形成不敢腐的惩戒机制、不能腐的防范机制、不易腐的保障机制"。总书记明确强调，厉行反腐斗争绝不是一句空话，要坚持"老虎""苍蝇"一起打，既坚决查处领导干部违纪违法案件，又切实解决发生在群众身边的不正之风和腐败问题，坚决维护党纪国法的权威，宣示了党中央将反腐败斗争引向深入的坚定决心与鲜明态度。2013年中央纪委提出"标本兼治，优先治标"的反腐策略，深入开展了党风廉政建设和反腐败斗争，其力度、深度与速度成就了对腐败之风的高压态势。2013年，中央纪委继续探索改革纪检巡视制度，聚焦巡视范围，把发现和反映违法违纪线索作为工作重心；把抽查领导干部报告的个人重大事项作为新的工作手段；巡视组长改为任务制，实行一次一授权；巡视方式上实行巡视组组长不固定、巡视地区与单位不固定、巡视组与巡视对象关系不固定三个不固定原则。2013年，中央先后派出两批共20个中央巡视组深入地方，听取群众意见，发现违纪线索，把治理"一把手"的腐败问题作为工作重点，其巡视密度之大可以说史无前例。这一年，党中央切实履行毫不姑息打"老虎"的承诺，坚决查处领导干部违纪行为。统计显示，十八大以来，纪检机关查处16位省部级高官，查处速度约是以往五年平均速度的两倍多。这充分显示党中央坚决保持遏制腐败蔓延的高压态势与惩治腐败的坚定决心。据检察机关数据显示，"2013年1月至8月，检察机关共立案侦查的贪污贿赂犯罪大案占到了立案总量80.8%，数量达18283件，同比上升5.7%，其中，立案侦查贪污贿赂要案人数中厅级以上干部占立案总人数5.7%，达到了129人"。① 纪检机关在查办大案要案的同时，把查办发生在群众身边、损害群众利益、群众反映强烈的贪污贿赂案件作为反贪工作的重中之重，坚决打"苍蝇"。2013年，最高人民检察院专项部署开展了查办和预防发生在群众身边、损害群众利益职务犯罪工作。"据统计，2013年前8个月，共查办发生在群众身边、损害群众利益贪污贿赂案件13163件，涉案18616人，涉案总金额31.1亿元，为保障民生民利提供了有效环境支持。"② 人民群众始终是预防惩治腐败的关键力量。这一年，中央反腐的决心充分调动了人民群众参与反腐的积极性。在检察机关立案查处的腐败案件中，群众举报案件占了三成。2013年，作为一种群众监督新形式，网络反腐成为反腐败斗争的重要渠道。党的纪检机关及时回应了群众网络反腐的积极性，进一步探索网络反腐的制度化形式。2013年，中央纪委监察部官方网站改版开通后，网站首页正式在显著位置挂出举报板块。着眼于制度建设这个根本，党制定了党史上第一个党内法规制定工作五年规划，致力于进一步推动加快构建涵盖党建全领域的系统性、协调性、统一性的党内法规体系，进一步推进党的建设制度化与规范化。从总体上看，一年来在党中央领导下深入开展的反腐败斗争充分彰显了党厉行反腐的鲜明态度和坚定决心。一系列反腐要案的依法惩治，切实让人民看到了反腐实效，进一步增强了人民群众对党领导的中国特色社会主义现代化事业的信心。

2013年底，党的十八届三中全会立足于体制机制创新与制度保障，通过了专项强化权力运行制约和监督体系的制度改革规划，着重从形成科学有效的

---

① 《最高检：前8月129名厅以上干部涉嫌贪污贿赂被立案侦查》，新华网，http://news.xinhuanet.com/legal/2013-10/17/c_125552553.htm。
② 《最高检："老虎""苍蝇"一起打 前8月立查3万多人》，《检察日报》2013年10月17日。

权力制约和协调机制、加强反腐败体制机制创新和制度保障、健全改进作风常态化制度三方面入手,提出了强化纪检垂直领导等一系列重要制度改革措施,有利于进一步完善管权管事管人的制度体系,使权力在阳光下运行,把权力关进制度的笼子。会议决定表明了在新的历史起点,党作为中国特色社会主义事业领导核心的一种自我净化、自我完善、自我革新、自我提高的伟大历史担当。十八届三中全会立足制度加强和改善党的执政能力的伟大改革举措,真正地让人民群众看到党改善自身建设的实干决心不仅是一次短期的政治运动,而是立足长远、敬畏人民、服务人民,提高党科学执政、民主执政、依法执政能力的坚实发展脚步,由此进一步巩固了党的群众基础,也为中国政治发展持续前行注入了新活力。

二 坚持和完善中国特色社会主义民主制度

中国特色社会主义民主制度是实现人民民主权利的基本形式和重要保障。新中国成立以来,在中国共产党的领导下,中国人民从中国的革命历史与国情实际出发,确立了一系列社会主义民主制度体系,新中国的国家治理实践与发展有了切实可循的基本制度体系。

人民代表大会制度作为国家的根本政治制度,以充分保障和落实人民当家做主为依归,在选举制度、工作制度、代表制度及组织建设等方面逐渐规范化,完善和加强了作为权力机关的立法和监督职能,极大地推动社会主义民主政治发展。民主党派充分发挥"政治协商、民主监督、参政议政"的重要职能,不断推进职能落实的制度化、规范化、程序化建设,更加有效地反映了社会各方面的利益、愿望和诉求,承载了政治参与的重要任务,推进了社会主义民主积极稳步发展。民族区域自治制度是中国正确处理民族关系的民主制度成果,是实现社会主义民族关系和谐稳定、促进各民族共同繁荣发展的制度保障。新中国成立以来的实践表明,民族区域自治有力地维护了国家统一和民族团结,尊重和满足了少数民族人民当家做主的愿望,有利于调动民族自治地方的主观能动性,促进自治区域的经济社会发展。基层群众自治制度的发展为中国民主政治发展开辟了新场域。鲜活的基层群众自治实践表明,基层民主建设作为国家民主建设的基础性工程，是使最广泛的民主主体获得了直接参与的民主形式。公民通过实际具体的基层群众自治的民主实践形式，有效提升了民主参与能力，培育了民主精神，培养了民主氛围，为民主政治发展积聚了有益的民主制度资源。

新中国六十多年来的发展进程，雄辩地证明了这一民主制度体系坚持得好不好，直接关系到中国特色社会主义政治发展道路方向问题；发展得好不好，直接关系到中国特色社会主义政治发展进程问题；完善得好不好，直接关系到落实人民当家做主的具体实践问题。什么时候中国特色社会主义民主制度得到了不断地坚持和发展，什么时候中国社会主义建设事业就能稳步前行。尤其是十一届三中全会以来，在日益复杂的国内外环境中，中国共产党带领中国人民始终坚持沿着中国特色社会主义民主制度整体框架前行，保持其完整性、系统性、稳固性，致力于把人民民主的要求落实在制度运行的各个环节，注重从具体运行机制方面开发各项基本民主政治制度的潜力，发挥中国特色社会主义政治制度的优越性，为中国特色社会主义各项事业提供了稳固的、良好的、根本的制度保障。

新时期，中共十八大报告再次强调人民民主是我们党始终高扬的光辉旗帜，更加明确了依循中国特色社会主义民主制度、巩固和发展人民民主是未来中国政治发展总体目标的题中应有之义。同时，明确指出了中国特色社会主义政治发展道路与政治体制改革之间的必然逻辑联系，强调以积极稳妥的政治体制改革推动人民民主朝着更加广泛、充分、健全的方向发展。十八大报告提出依循中国特色社会主义民主制度，注重健全民主制度、丰富民主形式，保障人民当家做主权利的基本发展策略。明确提出将人民代表大会制度的作用落到实处作为一个重要的内容，支持和保障人民通过人民代表大会行使国家权力，通过改进强化人大对一府两院的监督，提高整个决策过程的科学化、制度化、程序化水平。同时，提出了一系列具体的运作机制改革方案，如提高一线代表比例、完善与群众的联络制度、提高专业履职能力等。这表明了对坚持和发挥人大制度这一根本民主制度的信心和决心。十八大报告对社会主义协商民主制度和基层民主制度这两项体现中国社会主义民主建设特色制度的发展进行了规划，提出了建立健全配套的政党间和基层民主协商机制的具体要求。把赋予基层普通群众更多的参与、自治管理和监督等权利作为今后推动中国民主政治整体发展进步的基础性环节，提出了将政府管理同基层民主有机结合，共同为提高社会治理水平做出贡献的规划。在十八大精神的指引下，2013年中国人民坚定不移沿着中国特色社会主义政治发展道路继续前进，坚持和完善中国特色社会主义民主制度，持续不断地为中国特色社会主义民主政治制度注入更加旺盛的活力。

2013年，人民代表大会制度进一步发挥实现人民当家做主的基础性制度载体功效。平等务实，平稳换届，彰显活力是这一年人大制度发展的总体概括。这一年是新一届全国人大代表履新的一年。这一届人大是城乡同票同权后的第一届全国人民代表大会。新一届全国人大代表选举立足全国人大代表的地区与界别混合选举机制，因应新时期社会行业与地区需求多样化与复杂化的形势，与时俱进，使人大代表的结构在面向实务、贴近基层、彰显活力上进一步优化。人大代表是反映人民真实需求的政治代理者，其必须贴近基层、掌握基层第一手资料。也只有拥有更多来自基层一线的代表，才能更好地反映民意，发挥人民代表大会的政治整合功能。2013年十二届全国人大代表结构明显贴近基层，"与上届人大相比，来自一线的工人、农民代表增加了155人，达到了401名，其中农民工代表大幅增加，数量达到了31位；而党政领导干部代表进一步减少，数量较上届降低近7个百分点。另外非公有经济代表人数达到225人，这充分反映了人民代表大会紧随时代贴近国情的制度活力"。[1] 人民代表大会的制度活力还有赖于"永葆青春"的代表队伍，"在新一届人大代表中，有三分之二的代表是新人；制度活力还在于常设职能机关的活力，161名全国人大常委会委员，新提名108名，占67.1%；继续提名的委员有53名，占32.9%，比上一届相比，这一届全国人大常委会组成人员中，委员长、副委员长平均年龄降低了1.7岁"。[2] 活力焕发的代表队伍与常设机构，有力地保障了人民代表大会制度优越性进一步发挥。这一年，人民代表大会顺利选举

---

[1] 《肩负起人民的重托：十二届全国人大代表构成特色分析》，人民网，http://theory.people.com.cn/n/2013/0227/c49150-20620086.html。

[2] 《全国人大常委会委员平均年龄不足60岁》，新浪网，http://news.sina.com.cn/c/2013-03-17/231726559043.shtml。

国家主席、副主席等新一届国家机构,标志本次共和国领导换届画上了圆满的句号,中国政治发展进程在关键的历史节点实现了平稳运行,表明中国特色社会主义政治发展道路进一步成熟。新一届人民代表大会在完成换届使命的同时,在社会多元复杂的利益格局下,依然保持社会主义民主制度的强大聚合优势,人大代表积极反映人民诉求、建言献策。2013年,在十二届全国人大一次会议召开期间,人大代表共提出议案401件,其中涉及立法方面的就有393件,议案涵盖更为全面,内容关涉中国特色社会主义建设总体布局的各个方面,具体指向均涉及环境卫生、民生等社会热点,代表议案的质量进一步提升,这从侧面反映了人民代表注重从法治的权威性保障人民利益、促进中国特色社会主义发展的强烈倾向。

  2013年,中国坚持和发展社会主义协商民主,立足人民政协,多层次开展协商民主实践。党的十八报告明确指出,"社会主义协商民主是我国人民民主的重要形式"。[①] 党的十八届三中全会进一步阐明,"协商民主是我国社会主义民主政治的特有形式和独特优势,是党的群众路线在政治领域的重要体现"。[②] 2013年,在党的十八大关于建设社会主义协商民主制度总体部署的指引下,中国更加注重协商民主在国家治理决策中的重要作用,更加广泛地开展协商民主实践,多层次推进协商民主制度体系建设,探索完善协商民主在国家政权机关、政协组织、党派团体、社会组织等平台的工作机制,积极构建程序合理、环节完整的协商民主体系。中国进一步落实把协商纳入决策前与决策中,鼓励协商实践的社会参与积极性。中国继续坚持和完善中国共产党领导的多党合作与政治协商制度,支持人民政协作为协商民主的重要渠道,发挥人民政协在中国政治过程中政治协商、民主监督、参政议政的职能。2013年,正逢政协十二届一次会议召开,新一届政协委员履新。政协委员更具广泛性,主体涵盖各党派、各团体、各民族、各阶层,政协委员结构进一步优化、更具包容性,以此广开言路,最大限度地吸纳人民诉求。2013年,政协委员积极履职,建言献策,提案内容涵盖中国特色社会主义经济、政治、文化、社会、生

---

① 《中国共产党第十八次全国代表大会文件汇编》,人民出版社,2012,第24页。
② 《中共中央关于全面深化改革若干重大问题的决定》,《人民日报》2013年11月16日。

态文明各个方面。"据统计，政协十二届一次会议共收到委员提案5641件，经大会审查立案5254件，议案内容集中反映了当下中国改革发展的重要问题，议案的关注点大致集中在经济健康发展、保障改善民生与社会和谐稳定方面，其中有2301件提案围绕促进经济持续健康发展等方面，有1760件提案围绕保障和改善民生等方面，围绕促进社会和谐稳定等方面提案达到了1130件。"[①] 2013年，人民政协继续发挥专题协商会在践行协商民主方面的重要作用，积极围绕经济发展关键问题汇集力量，广求良策，服务大局。如2013年7月，针对如何破题和推进新型城镇化健康发展，全国政协召开了专题协商会。协商会围绕新型城镇化汇聚了高质量的政策建议与主张，有效发挥了政协协商机制在促进科学决策、民主决策过程中的重要渠道作用。2013年，中央继续坚持把政治协商纳入决策程序，把民主党派人士担任实职领导职务作为推动多党合作制度发展和完善、实践社会主义协商民主的重要方式。这有利于丰富践行政治协商与参政议政的民主形式，进一步提升各民主党派和无党派人士发挥优势与履行使命的实效。在2013年全国两会换届中，有5位民主党派领导人当选全国人大常委会副委员长；有8位民主党派领导人当选全国政协副主席。[②] 党的十八届三中全会明确提出完善民主党派中央直接向中共中央提出建议制度的举措，将有力地推动民主党派政治协商的制度化建设，进一步丰富社会主义协商民主形式与民主实践，完善社会主义协商民主的制度体系，有利于更好地发挥社会主义协商民主的优势。

2013年，中国始终把坚持和完善民族区域自治制度作为处理好民族问题，维护和保障少数民族群众当家做主的权利，促进民族地方经济、政治、文化、社会与生态发展，维护国家统一与民族团结的基本原则与制度依循。这一年，中国支持少数民族地区人民依照宪法和民族区域自治法，根据民族地方实际制定自治条例与单行条例，保障少数民族人民使用民族语言文字的权利，保障人事、财政和文化教育权等方面的自治权利，进一步完善民族法律法规体系，推

[①]《政协第十二届全国委员会第一次会议共立案5254件》，中国新闻网，http://www.chinanews.com/gn/2013/03-12/4635912.shtml。

[②]《民主党派"新生代"上位 在新一届国家领导人中占13席》，人民网，http://renshi.people.com.cn/n/2013/0405/c139617-21028314.html。

进民族工作的法治化与规范化发展，促进少数民族干部队伍建设，开展民族地方社会公共事务的自治管理。以西藏自治区为例，"成立48年来，自治区立法机关从西藏地区特点与发展实际，先后对多项全国性的法律配套制定了实施办法，先后制定通过了290多部地方性法规和具有法规性质的决议、决定；在全区干部队伍中，藏族及其他少数民族占到了70.53%，其中，藏族和其他少数民族还占到了县乡两级领导班子的73.03%"。[①]

2013年，是全面实施十八大关于社会主义民主政治发展规划的开局之年。十八大报告明确强调完善基层民主制度、丰富基层民主的范畴，提出将群众自我管理、教育、监督的直接民主权利落实到城乡社区管理、基层公共事务和公益事业中去。这鲜明地指出以制度保障基层自治权利的发展战略，有利于提升城乡社区治理落实直接民主的自觉性，有效回应了人民直接参与基层公共事务管理的积极性，也将进一步促进社会公益事业良性自治与健康发展。十八大关于基层民主建设的部署进一步明确了中国基层民主建设的关键要素即党的领导、政府管理、群众自治组织与社会组织协同，并阐述了其间逻辑关系即健全基层党组织领导的基础群众自治机制，发挥基层各类组织协同作用，在基层治理中将基层民主与政府管理有机结合起来。党的十八届三中全会具体提出了完善社会治理体制、提升社会治理水平重要任务，明确指明改进社会治理方式的系统性趋向就是要实现政府治理和社会自我调节、居民自治良性互动。由此，中国新时期基层民主建设战略目标与建设规划也将进一步丰富，基层民主的发展也具有了更为明确的目标图谱。2013年，中国基层民主建设，以制度化建设为主线，在推进民主选举的同时，着重在民主管理、决策与监督的制度与规范上下大气力，不断完善信息公开、议事监督的民主机制，拓宽人民群众参与城乡基层公共事务管理的范围与途径，有效地保障了人民切实直接行使的民主权利。

2013年，中央一号文件延续了对三农问题的关注，文件将完善乡村治理机制、切实加强以党组织为核心的农村基层组织建设作为促进农村发展的重要

[①] 国务院新闻办公室：《西藏的发展与进步》（2013年10月），中国政府网，http://www.gov.cn/jrzg/2013-10/22/content_2511940.htm。

举措，提出加强农村基层民主管理，进一步健全村党组织领导的充满活力的村民自治机制，继续推广"四议两公开"等工作法。强调健全村级民主监督机制，逐步明晰监督的责权分工，健全监督机制的衔接配套，促进监督有效运行，更充分地发挥村务监督委员会的职能。强调把公开作为民主管理的重点工作，提出以县（市、区）为单位做好公开目录与公开时间的规范统一，进一步促进公开内容丰富化与程序程序化，把村务公开由事后延伸至全过程。文件把乡镇政务公开作为基层民主治理的重要任务，强调把乡镇财政预算、公共资源配置、重大建设项目等领域纳入乡镇政务公开的范围。注重发挥社会组织在基层乡村治理的重要作用，注重通过引导培育和有序发展民事调解、文化娱乐、红白喜事等社区性社会组织，以此载体或形式通过切实的社会组织参与实践营造乡村社会自我管理、服务、教育、监督的良好民主氛围，进一步促进乡村基层民主治理良性发展。2013 年 5 月，民政部在系统总结近年村委直选有益经验的基础上，出台了《村民委员会选举规程》，对村委会选举具体程序与机制做出了更加细致的规定，进一步推动了中国基层群众自治规范化进程。在城市社区方面，中国主要采取了基层创新 - 实践总结 - 上层推动的策略。自 20 世纪 90 年代中后期开始，民政部在一批大中城市设立了 26 个"全国社区建设实验区"，以政社关系、运行体制与资源保障为改革内容，通过几年的探索实践和经验总结，归纳出了"江汉模式"、"沈阳模式"和"上海模式"等比较有代表性的社区治理模式。但由于各地实际生态的不同，社区自治的运行模式也呈现较为多样发展态势。2013 年针对困扰社区自治的管理体制、人财物资源保障、公民参与、社会组织发展等问题，各地依然继续创新实践，丰富的自治实践为促进城市基层民主有序发展、提升社会治理水平提供了有力支撑。

三 政府改革不断深化，政府治理能力进一步增强

政府是伴随国家产生而活跃于人类政治发展进程的基本主体。在现代社会中，政府作为公共权力运行载体，凭借其对公共权力的直接行使，在分配社会资源、维护社会秩序、推动经济发展等方面具有无法替代的作用。从某种意

上讲，政治发展围绕公共权力展开，公共权力运行的规范化、制度化、高效化与公正化成为政治发展的基本指向。作为公共权力主体的政府，其公正、高效、法治、廉洁是政治发展的重要指标，其适应时代发展的有效治理是政治发展的具体要求。人类社会的现代化实践、尤其是后发国家现代化历史的正反经验表明，国家治理体系与治理能力的提升，是推进现代化进程健康持续发展的重要动力与保障。而嵌入经济社会发展全局的政府治理无疑处在国家治理体系的关键位置。立足经济社会发展全局，大力开展以变革政府组织结构、完善政府运行机制、规范政府行为方式、积极调试政府职能定位为主要内容的政府变革，不断提升政府治理的有效性。在中国政治发展进程中，无论是从中国政治发展的基本经验还是现实需求出发，政府改革、治理能力建设与提升均居于关键地位。对中国政治发展的考量必须基于中国后发现代化国情，必须时刻体察我们处于并长期处于社会主义初级阶段的发展定位，同时也必须正视现代市场经济建设与社会建设的现实需求。由此，政府面对改革、发展与稳定的繁重任务，适时实现自身改革、推进之于市场之于社会的职能转变、有效提升治理能力就显得尤为迫切，同时这也是政治上层建筑因应经济社会发展需求的必由之路。

　　中国政府坚持把自身改革作为适应和促进经济社会发展的重要方式，不断改善政府组织结构、提升政府管理效能、更好地服务人民，先后进行了九次大规模的政府管理体制改革。特别是十一届三中全会以来，把政府体制改革作为改革开放的重要内容和政治体制改革的突破口，加大了政府体制改革的力度。经过改革，政府在职能转变、管理体制、法治运行、公共政策等方面取得显著成效。其一，改革按照社会主义市场经济与社会发展的要求重塑了政府职能：规范了政府与国企的关系，实现了政企分开、政资分开；规范了政府与事业单位的关系，实现政事分开；规范了政府与社会组织的关系，实现了政社分开；政府职能结构不断优化，社会管理与公共服务职能进一步增强；行政审批制度改革不断深化，政府职能运行方式进一步改善。其二，改革着力于政府管理体制，优化政府机构组织体系，政府职能运转进一步协调，明确了服务型政府建设的目标与精简、效能、统一的原则，逐渐明确了大部制改革趋向。依循大部制改革的要求，明晰职能，先后整合组建了交通运输部、工业和信息化部等部

门，初步在一些职能领域理顺了运作机制。其三，确立了依法行政的基本方略，法治政府基本建成。经过历次改革，中国建立起有中国特色的公务员制度。公务员的选拔、任用、考核、奖惩、晋升等逐渐规范化制度化。其四，公共政策的科学化与民主化不断提升，政府信息公开深入推进。

政府改革的目标紧随经济社会发展全局的时代要求，紧紧围绕职能转变与机构改革两条主线，以人民满意为根本旨向，不断明晰、丰富发展，政府改革的深度与力度不断加强。党的十七届二中全会通过的《关于深化行政管理体制改革的意见》明确了改革的时间表与总目标，指出深化行政管理体制改革的总体目标是到2020年建立起比较完善的中国特色社会主义行政管理体制。通过改革，适应新时期经济社会发展的要求，优化政府职能结构，将政府职能转变的方向确定为创造良好发展环境、提供优质公共服务、维护社会公平正义。由此，意见明确了政府职能转变的总方向，还明确把实现两个重要转变作为改革的两条主线，即以服务型政府为基本方向，实现政府组织机构及人员编制向科学化、规范化、法制化的根本转变，实现行政运行机制和政府管理方式向规范有序、公开透明、便民高效的根本转变。党的十八报告再次强调，"要按照建立中国特色社会主义行政体制目标，深入推进政企分开、政资分开、政事分开、政社分开，建设职能科学、结构优化、廉洁高效、人民满意的服务型政府"。[①] 2013年，新一届中央政府履新，围绕建设中国特色社会主义行政管理体制的目标，依循全面深化改革开放的总要求，继续深化政府改革，立足于经济社会发展，加快组织改革，以深化行政审批改革为抓手，加大简政放权的力度，政府治理能力得到进一步加强。

积极稳健地推进大部制改革，政府组织体制向职能协调、运作高效的方向进一步发展。2013年，关于国务院机构改革和职能转变方案的决定得到第十二届全国人大一次会议的批准。新一轮行政管理体制改革的序幕就此拉开。此次改革紧紧围绕转变职能和理顺职责关系，着眼于避免机构重叠、职责交叉、多头管理的局面，同时结合和因应经济社会发展面临的复杂形势与风险挑战，注重改革的稳定性。在本次机构改革中，组建了国家食品药品监督管理总局、

---

① 《中国共产党第十八次全国代表大会文件汇编》，人民出版社，2012，第26页。

国家新闻出版广电总局、国家卫生和计划生育委员会，不再保留国家电力监管委员会，重新组建国家能源局，重新组建国家海洋局。在延续此前大部制改革基本思路的同时，进一步突出职能转变的重点，实行铁路政企分开，不再保留铁道部。经过此次改革，国务院机构总体保持相对稳定，除国务院办公厅外，国务院组成部门减少至25个。国务院减少了4个正部级机构，其中减少2个组成部门，副部级机构数量增减相抵后保持不变，国务院的职能运行得到进一步协调。

加大简政放权力度，政府职能有效转变。2013年，行政体制改革的成绩有目共睹，尤其是行政审批制度改革取得丰硕成果。一系列行政审批事项的或减少或下发或取消举措成了本届政府厉行简政放权、深化改革、加快政府职能转变的重要抓手。政府坚持依法行政道路，坚持最大限度地发挥市场在资源配置中的决定性作用，坚持更好发挥社会力量在管理社会事务中的作用的取向，对照检查，坚决减少和下放与此不相适应的有关投资、生产经济活动审批事项等。同时，注重简政放权与加强监管相结合，努力实现政府职能之于市场和之于社会的不缺位、不越位与不失位。2013年，在关于实施《国务院机构改革和职能转变方案》任务分工通知中，国务院就行政审批项目等事项的职责分工与时间表做出了具体部署，同时强调防止边减边增，严格控制新设行政审批项目，明确提出除特殊需要，今后一般不新设许可，新设许可必须加强审查论证、严格遵守行政许可法的规定。2013年，行政审批改革步伐进一步加快。5月，国务院正式取消和下放117项行政审批项目等事项。6月，在国务院机构"三定"工作完成后，国务院取消和下放了32项行政审批等事项。7月，国务院发文决定取消和下放50项行政审批项目等事项。9月，国务院修订政府核准投资项目目录时，再次取消和下放75项行政审批事项。12月，国务院再次取消和下放68项行政审批项目。在短短一年时间里，新一届中央政府取消和下放行政审批等事项达到了三百多项，简政放权的速度之快，充分显示了中国政府推进自身改革、转变政府职能、发挥市场与社会活力、提升政府治理有效性的决心。2013年，中国立足完善社会主义市场经济体制，减轻社会负担，严格依法行政，加大力度清理和规范行政事业性收费，共计取消和免征行政事业性收费347项。政府改革的红利进一步释放，市场和社会活力提升初见成效，社会投资热情进一步释放。"据统计，2013 前三季度，企业登记数增长达到 25%，其中民营和个体企业登记数量增长 37%，带动民间投资以 23% 左右的速度增长。"① 中国高度重视政府改革的上下联动，把地方政府改革作为政府改革的重点工作，推进地方政府机构改革与职能转变进程。2013 年 11 月，李克强总理在电视电话会议上明确指出，本届政府任期内，至少取消和下放 1/3 以上的行政审批事项，省级政府也应根据实际情况提出明确要求；减政放权不光要看数量，还要看质量，明确提出今后省一级原则上不得新设行政审批事项。②

推进行政公开，政府公信力进一步提升。2012 年中国政府重点关注信息公开内容的细化，有效提升了政府信息公开的质量。2013 年针对政府信息公开不主动、不及时、不回应、不发声的问题，发布了进一步加强政府信息公开专门意见。意见从"平台"建设、加强机制建设、完善保障措施上着重强调积极回应社会关切，切实提升政府信息公开实际效果，提升政府公信力。意见突出信息公开的"平台"建设，提出要进一步加强新闻发言人制度建设，充分发挥政府网站在信息公开中的平台作用，着力建设基于新媒体的政务信息发布和与公众互动交流新渠道。制度、主平台与交流渠道的官方重视与建设，表明了政府应对信息时代公民政策参与热潮的主动性，同时也促使政府公开从内容提质向行为增效转变，更好地以信息时代及时性互动性的交流进一步提升公民参与的效能感，使政府权力运行更具民主意蕴，让政府治理能力提升更好地服务于人民。

四 坚持依法治国，稳步推进法治中国建设

法治是推进国家治理现代化的基本方略。法治建设也成为承载和保障政治发展的必然选择。社会主义法治的建设与发展浑然于中国政治发展进程。改革开放以来，党确立了依法治国的方针，把推进法治建设作为社会主义政治建

---

① 《奋力开创改革发展新局面》，《经济日报》2013 年 11 月 11 日。
② 《李克强在地方政府职能转变和机构改革工作会议上的讲话》，中国政府网，http：//www.gov.cn/ldhd/2013 – 11/08/content_ 2523935. htm。

设、实现社会主义制度自我完善与发展的重要任务，不断深化对法治建设的总体部署、顶层规划与全面落实。党的十五大明确提出依法治国的基本方略。党的十六大确定了政治文明建设的重要战略地位，把坚持党的领导、人民当家做主与依法治国有机统一，作为当代我国政治文明的基本内容，并明确了依法治国的发展框架。党的十七大报告全面落实依法治国基本方略，做出了加快建设社会主义法治国家的重要战略部署。党的十八大报告进一步强调了实现国家各项工作法治化、更好地发挥法治在国家治理和社会管理中的重要作用，进一步把"全面推进依法治国"确定为走中国特色社会主义政治发展道路的重要内容，对于加快建设社会主义法治国家做出了总体部署。党的十八届三中全会从完善和发展中国特色社会主义制度的改革总目标出发，再次明确与细化了推进法治中国建设的重要举措。2013年，中国坚持依法治国，切实维护宪法和法律的权威，发挥法治在国家各项事业中的重要作用，不断推进科学立法、严格执法、公正司法、全民守法。中国的法治国家建设扎实稳步推进。

适应社会经济发展，注重立法质量，科学立法民主立法进程稳步推进，中国特色社会主义法律体系进一步完善。有法可依是推进法治建设的基本前提。截至2013年4月底，我国现行有效法律已达244件。中国特色社会主义法律体系的形成，并不意味着法律体系的完善，法制建设紧随中国特色社会主义实践的脚步不断发展。社会主义立法实践永不止步，必须在注重法律覆盖现实实践的广度同时，因应现实的需求，从调整社会关系的角度进一步推进科学立法，促进中国特色社会主义法律体系优质化发展。2013年，中国不断推动法制建设，在中国特色社会主义法律体系形成的基础上，不断适应社会主义各项事业的需要，进一步推进科学立法进程，致力于推动法律体系的优质化发展。2013年，中国加强重点领域立法工作，更好地为促进转变经济发展方式、实现经济转型升级、保障和改善民生、促进社会事业发展、推进文化事业发展、加快生态文明建设等提供有力的法律支持。2013年，中国科学立法进程稳步推进，在十二届人大常委会履新近半年时间里，先后通过《旅游法》《特种设备安全法》，修改《商标法》《消费者权益保护法》。2013年10月，新的五年立法规划公布，十二届人大常委会将提请审议47件立法项目。2013年中国坚持民主立法，把人民有序参与立法作为提升立法质量与培养人民法治观念的重

要途径。"据统计,十一届全国人大以来,向社会公布征集意见的法律草案已有48部,其间多达30多万人次参与,提出近180万条意见。其中对劳动合同法修正案草案的参与最为热烈,共收到55万多条意见。"①

推进依法行政,深化行政执法体制改革。党的十八届三中全会在推进法治中国建设的规划中,把深化行政执法体制改革作为推进法治建设的重要内容。全会通过的《中共中央关于全面深化改革若干重大问题的决定》针对现有行政执法横向权责交叉、纵向层级过多、基础执法力量不足提出了整合执法权与减少执法层级、保障基层执法力量的具体要求。改革决定针对人民反映强烈的城市管理问题,强调理顺城管执法体制,提升城管服务与水平的要求。改革决定还进一步指出执法程序与执法监督的重要性,明确执法责任制与经费的保障责任,完善执法与刑事司法的对接机制。由此,改革决定明确了深化行政执法体制改革的具体内容与方向,必将进一步有效保障人民的合法权利。

2013年,中国尊重宪法和法律的权威,继续深化司法体制改革,更好地确保司法机关依法公正独立行使职权。公正高效权威的社会主义司法制度,是更好地保障人民权益的重要制度载体,也是全面推进法治中国建设的重要内容。中国高度重视司法体制改革的重要意义,坚持将其作为落实依法治国的关键举措。党的十六大从落实依法治国和政治体制改革出发,做出了"推进司法体制改革"的战略决策并进行了相应部署。后提出专门意见,围绕改革和完善诉讼制度、诉讼收费制度、检察监督体制等10个方面,提出了35项改革任务。党的十七大从加快建设社会主义法治国家的战略高度,做出了"深化司法体制改革"的重大决策,后又出台专门意见就优化司法职权配置、落实宽严相济刑事政策、加强政法队伍建设、加强政法经费保障四个方面提出了进一步解决体制性、机制性、保障性障碍的60项改革任务。党的十八大把"进一步深化司法体制改革"作为全面推进依法治国的重要部署。2013年,十八届三中全会的决定,再一次强调了深化司法体制改革的重要性,阐述了关于司法体制改革的重要部署,将司法体制改革提升到了前所未有的高度,提出了司

---

① 《解读全国人大常委会2013年立法工作计划》,中国法院网,http://www.chinacourt.org/article/detail/2013/05/id/953464.shtml。

法管理体制、司法人员管理制度、司法运行机制等具体改革方向，必将推动社会主义司法制度向公正高效权威的方向迈进，使得每一个司法案件的程序与结果都能让人民群众都感受到公平正义的阳光。

2013年，中国坚持把增强全社会学法尊法守法用法的意识作为推进法治中国建设的基础性工程，扎实按照普法的"六五"规划开展法制宣传教育活动。2013年，中国把"大力弘扬法治精神，共筑伟大中国梦"定为法制宣传日的主题，开展以宪法为核心的中国特色社会主义法律体系宣传教育活动。坚持普法教育进机关、进乡村、进社区、进学校、进企业、进单位活动，不断丰富法制教育的形式，完善法治教育的保障机制，把与民生密切相关法律法规作为宣传重点，进一步弘扬了社会主义法治精神，有效地扩大了人民群众对社会主义法治理念的认同感，营造了全社会学法尊法守法用法的良好法治氛围。

五 人权事业进一步发展

中国特色社会主义政治发展归根结底是为了人民的幸福。有效保障人民享有广泛而充分的人权，促进人的全面自由发展是中国特色社会主义政治发展题中应有之义。新中国成立以来，在中国共产党的领导下，中国人民在发展人权事业的道路上不懈努力与奋斗，不断推进中国特色社会主义现代化各项事业，致力于实现充分的人权。新中国坚持尊重和保障人权的原则，充分保障人民的生存权和发展权；不断发展经济社会文化事业，极大地提高了人民享有经济、社会、文化权利的水平；不断推进社会主义政治文明建设，切实保障公民权利和政治权利。中国高度重视和完善人权的司法保障；在人权事业发展中特别注重少数民族、妇女儿童、残疾人等特殊群体的人权保障；不断加强人权领域的交流与合作，积极承担国际责任，促进世界和平与发展。经过新中国六十多年人权事业的不懈努力，中国的人权状况实现了全面发展和历史性跨越，取得了举世瞩目的伟大成就。2013年，中国坚持把尊重和保障人权作为治国理政的重要原则，不断完善人权保障的制度体系，推动中国人权事业进一步发展。人权保障事业在中国特色社会主义经济、政治、社会、文化、生态等各个领域取

得了新的进展。

2013年,中国政府把发展作为解决一切问题的关键,不断推进经济发展,着重保障和改善民生,更加注重经济领域的人权保障,致力于让全体人民共享经济发展的成果。人民生活水平有了进一步提升。着眼于经济发展的共享性与民生改善的落脚点,党的十八大报告更加注重经济发展与居民收入的同步增长,提出了城乡居民收入倍增计划,计划的量化目标进一步明确,即到2020年实现国内生产总值和城乡居民人均收入比2010年翻一番。2013年,中国各省区市结合实际纷纷出台了相应计划,居民收入倍增计划稳步推进。2013年,中国继续坚持实施支持少数民族贫困地区的一系列优惠政策,推动少数民族地区经济发展。少数民族贫困地区各民族人民生活水平进一步改善。2013年,中国坚持把扶贫开发事业作为促进经济领域人权保障的重要途径。中国有计划地先后实施扶贫开发的国家规划,切实保障贫困地区人民的生存权与发展权。2013年是《中国农村扶贫开发纲要(2011~2020年)》全面实施的一年。2012年,中国立足区域发展、资源整合与统筹规划,推动扶贫攻坚,全面启动了11个连片特困地区区域发展与扶贫攻坚规划。2013年,再接再厉,在加大片区扶贫力度的同时,"中国进一步坚持扩大定点扶贫的覆盖面,并且于今年首次完成了对全国592个国家扶贫开发工作重点县的全覆盖"。[①] 城乡居民的居住环境进一步改善。2013年,中国致力于进一步完善住房保障体系和供应体系建设,加快建设保障性安居工程。国家最高领导人重申了全力确保完成3600万套保障性住房建设的承诺。中国始终把公平分配视为住房保障体系的生命。2013年,国务院批转发改委意见指出,有序推进公租房、廉租房并轨运行,进一步规范中国住房体系,完善保障性住房分配制度建设,推进保障性住房资源配置的程序完善与法律保障,促进在保障性住房配置中更好贯彻和体现社会的公平公正。中国坚持把保就业作为改善和保障民生的根本性工程,积极促进充分就业。2013年,由于经济宏观形势影响,中国就业面临较大压力和挑战,其中高校毕业生就业形势尤为严峻。中国高度重视高校毕业生就业工

---

① 国务院扶贫办:《中国定点扶贫首次实现对重点县全覆盖》,中国新闻网,http://www.chinanews.com/gn/2013/01-18/4501377.shtml。

作，就此出台专门通知对就业政策、渠道、鼓励创业、就业服务、就业帮扶援助以及就业公平等提出了指导意见。在一系列就业促进与保障措施推动下，据统计，"截至9月底，中国城镇新增就业人数达1066万，提前完成了全年900万的预期目标"。[1] 2013年，中国坚持依法保障劳动者各项基本权利。2013年7月，修改后的劳动合同法正式实施，新法对被派遣劳动者各项基本权利保障提供了充分法律依据。

中国在注重经济领域人权保障、有效维护人民生存权与发展权的同时，始终把政治领域的人权保障作为人权事业发展的重要维度。2013年，中国继续坚持走具有中国特色的政治发展道路，推进社会主义民主与法治建设，始终把保障公民权利和政治权利作为社会主义政治文明建设和政治发展的落脚点。中国政府始终把有效保障公民的知情权、参与权和监督权作为自身变革与发展的重要动力和奋斗目标。中国政府不断推动信息公开的制度化发展，注重信息公开的平台多样性、形式互动性、发布及时性要求。因应传媒时代发展，积极探索新媒体的信息公开平台建设；更加注重信息互动性要求，提升新闻发言人制度的实效；积极推动行政复议、行政诉讼与信访渠道的制度衔接，依法保障批评、建议、申诉、检举和控告的权利。中国政府不断拓展公民诉求表达的各种渠道，为人民群众反映问题、表达诉求、提出意见建议提供便利。更加注重司法领域的人权保障。这一年，首次将尊重和保障人权写入总则的新《刑事诉讼法》正式实施。新法更加注重在刑事司法程序中切实贯彻人权保障原则；非法证据排除、疑罪从无等司法人权保障理念得到进一步落实。党的十八届三中全会进一步强调了司法领域人权保障的重要性，将完善人权司法保障制度纳入执政党的纲领性文件，并将其作为全面深化改革的重要内容专项进行了重要部署，提出进一步规范查封、扣押、冻结、处理涉案财物的司法程序；健全错案防止、纠正、责任追究机制，严禁刑讯逼供、体罚虐待，严格实行非法证据排除规则；逐步减少适用死刑罪名；健全国家司法救助制度；会议具有历史意义地宣告废止劳动教养制度。一系列切实行动鲜明地表现了新时期中国推进司法领域人权改革的决心，将有利于进一步贯彻尊重和保障人权的法治精神。

---

[1] 白天亮：《一年形势观察：改善民生 群众向往就是执政追求》，《人民日报》2013年12月11日。

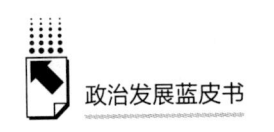

2013年,中国不断加大文化投入力度,加快完善公共文化服务体系建设,进一步推进文化领域的人权保障事业发展。公共文化设施网络逐步完善,基本实现了"县有图书馆、文化馆,乡有综合文化站"的目标。覆盖城乡的基本公共文化服务体系框架业已建立,公民的基本文化权益具有切实可循的保障。2013年,中国进一步完善财政支持,推进基本公共文化服务均等化,财政还设立了专项资金,支持由文化主管部门归口管理的地市级和县级美术馆、公共图书馆、文化馆以及乡镇综合文化站免费向公众开展基本公共文化服务。党的十八届三中全会更是把构建现代公共文化服务体系作为全面深化改革的重要内容,从文化服务供给体系创新着眼,提出构建协调机制,统筹网络建设,发挥社会力量参与公共文化服务建设。全会决定必将进一步推动公共文化服务社会化大发展,有效完善公共文化服务体系,促进和实现文化的大发展大繁荣,保障人民更好地共享文化发展的成果。

2013年,中国以保障和改善民生为重点,推动社会建设与社会发展,深入推进社会领域的人权保障。十八大提出开展社会保障体系建设应进一步增强公平性、适应流动性、保证可持续性适应社会发展需要。根据这一基本方向,2013年,党的十八届三中全会提出了实现基础养老金全国统筹的主张,推进机关和事业单位养老保险制度改革,解决养老制度上的"双轨制",提高国有资本收益上缴公共财政比例,整合城乡基本养老医疗保险,完善社会保险关系转移接续等重要改革举措,这必将进一步推动更具公平性可持续性的社会保障体系。2013年,中国坚持把保障和改善民生作为公共财政支出的优先方向。这一年,"为巩固新型城乡居民社会养老保险制度的全覆盖成果,进一步提高企业退休人员基本养老金水平与城乡居民低保标准,中国财政安排增加补助资金,进一步加大基本养老金和低保等转移支付,其预算数比2012年执行数增加579.57亿元,增长15.4%"。[①] 这一年,中国不断健全残疾人权益保障,进一步完善残疾人社会保障体系和服务体系,保障残疾人在教育、就业等方面平等参与的能力。中国政府进一步转变政府职能,激发社会组织活力,积极引导

---

① 《2013中央财政预算公布 提高养老金水平和低保标准》,中国新闻网,http://finance.chinanews.com/cj/2013/03-25/4674597.shtml。

和支持社会组织参与社会服务，发挥社会组织在人权事业发展中的作用。

2013年，中国高度重视生态领域的人权保障，坚持把生态文明建设纳入社会主义事业发展的总布局。2013年，中国高度重视大气污染治理，将其作为民生改善的着力点，并出台专项计划力促地方治理大气污染。这一年9月，国务院出台的《大气污染防治行动计划》明确提出，力争"到2017年，全国地级及以上城市可吸入颗粒物浓度比2012年下降10%以上，优良天数逐年提高；京津冀、长三角、珠三角等区域细颗粒物浓度分别下降25%、20%、15%左右，其中北京市细颗粒物年均浓度控制在60微克/立方米左右"。[①] 这一年，中国注重从制度入手推进美丽中国建设，用制度保护生态环境。在党的十八届三中全会决定中，健全保障生态文明的制度体系被纳入全面深化改革的决定，决定着眼于完善建设生态中国的制度保障体系，提出了最严格的源头保护制度、损害赔偿制度、责任追究制度，完善环境治理和生态修复制度等一系列具体制度完善规划。这将进一步促进生态文明建设长效发展，为"两型社会"建设提供更好的制度支持，更好地保障公民的环境权益。

2013年，中国尊重《联合国宪章》关于促进和保障人权的宗旨和原则，积极支持和参与人权的国际交流与合作。近年来，中国倡导人权领域对话与合作，推动国际社会平等、公正和客观处理人权问题，以更积极的行动参与联合国人权活动，积极加入国际人权公约，参与国际人权文书制作，积极承担人权领域的国际责任，充分展示了中国在人权领域的良好国际形象，为世界人权事业的进步发挥了建设性作用。2013年11月，中国以高票当选联合国人权理事会成员。这充分表明，中国在人权领域的显著成绩、公正立场与重要作用得到了世界的高度尊重与认可。

六 各种政治关系进一步协调发展

各种政治关系的变动与调整是现实政治运行状况的客观反映。政治关系的

[①]《国务院发布〈大气污染防治行动计划〉十条措施》，中国政府网，http://www.gov.cn/jrzg/2013-09/12/content_2486918.htm。

协调与发展也是促进政治进步发展的动力来源。政治关系的适当缓释与良性发展，可以为政治发展赢得宝贵的缓冲空间与力量累积。各种主要政治关系的具体构成基于本国的历史状况、政治制度等具体国情。同时，政治关系的外延又随着政治权力的时代境遇而不断扩展。在中国政治发展进程中，政党关系、阶级阶层关系、国家与社会的关系、民族关系、中央与地方关系、两岸四地关系和国际关系等多维有机构成了中国特色社会主义政治关系。2013年，站在历史新的起点，中国坚持走中国特色社会主义政治发展道路，因应时代发展需要，扎实稳妥协调各种政治关系，为努力实现中华民族伟大复兴的中国梦营造了良好政治环境。

（一）政党关系

政党关系是中国特色社会主义政治关系的重要内容。"共产党领导、多党派合作，共产党执政、多党派参政"是中国政党关系的基本特征，中国共产党领导的多党合作与政治协商制度是中国政党关系协调发展的基本制度保障与载体。"长期共存、互相监督、肝胆相照、荣辱与共"是指导中国政党关系发展的基本原则和方针。这一具有中国特色的政党关系是在长期共同的革命、建设、改革实践中形成和发展起来的，其根植于中国国情，凝聚了中华民族的优秀文化传统，契合了社会主义民主政治的本质。在建设中国特色社会主义实践中，共产党与各民主党派确立了团结合作的新型政党关系，经历了产生与探索、恢复与发展、着重制度化建设再到21世纪不断完善的发展轨迹。其间，多党合作与政治协商的平台日益拓展，民主监督、参政议政的渠道日益增加，层次日益多元，功能不断提升，使多党合作与政治协商事业的发展具有坚强的组织保障，产生了广泛而深远的影响。多党合作与政治协商的形式日益灵活，不断推动多党合作与政治协商事业的发展和政党关系的日益协调。传统的政协会议、选拔民主党派成员担任领导干部等形式得到巩固和加强，座谈会、通报会、咨询会、谈心会等更加灵活、便捷的新形式进一步发展。多党合作与政治协商的内容日益丰富，实现了政治、经济与社会并举，纠正之前或者以政治为主或者以经济为主的单一化倾向。各民主党派坚持中国共产党的领导，积极发扬多党合作与政治协商的优良传统，广泛动员本党成员和所联系的爱国人士，汇聚力量支持中国特色社会主义建设，在推动社会主义事业全面发展中发挥了重要作用。这一团结合作的新型政党关系，在扩大政治参与、容纳利益表达、实现社会整合、践行民主监督、保持政治稳定方面发挥了巨大的政治功效，体现和构成了中国特色社会主义的政治优势和活力。

2013年，中国政党关系续写团结合作协调发展的新篇章。这一篇章的主旨可以用坚持方针、践行使命与发展规范来概括。2012年底，各民主党派分别举行了全国代表大会并完成了换届工作。习近平总书记在走访各民主党派中央时强调，"中共中央将坚定不移坚持和完善中国共产党领导的多党合作和政治协商制度，坚定不移贯彻长期共存、互相监督、肝胆相照、荣辱与共的方针，加强同民主党派合作共事，支持民主党派更好履行参政议政、民主监督职能"。[①] 2013年，各民主党派新一届领导，坚持中国政党关系的既定发展方针，团结带领各自成员致力于中国特色社会主义建设。2013年，各民主党派继续发挥各自代表与渠道优势，围绕国家经济社会发展的重大问题，深入开展调查研究，献言献策，积极反映社情民意，参政议政，切实履行了参政党的使命。中国共产党坚定支持各民主党派发挥参政议政的职能，积极同民主党派共商国是。2013年，"在起草党的十八届三中全会决定过程中，民主党派积极参与全面深化改革若干重大问题的意见汇聚与反馈，最终决定全文的反馈意见吸收率超过40%，覆盖114个单位、8个民主党派中央、全国工商联和无党派人士的1120多条意见和建议"。[②] 2013年，民主党派履行职能的制度化进一步发展。中国共产党在十八届三中全会决定中提出，完善民主党派中央直接向中共中央提出建议制度。这一改革部署必将进一步推动民主党派更好地发挥参政议政与民主监督的职能，进一步推动多党合作和协商的规范化、程序化与制度化，进一步发挥和释放中国特色政党关系的优势与活力。

（二）阶级阶层关系

新中国成立以来，随着经济、政治和社会管理体制变迁，中国阶级阶层结

[①] 习近平：《坚持和发展中国共产党领导的多党合作　为实现中共十八大确定的目标任务而奋斗》，新华网，http://news.xinhuanet.com/politics/2012-12/25/c_114156266.htm。
[②] 《让改革旗帜高高飘扬——〈中共中央关于全面深化改革若干重大问题的决定〉诞生记》，《人民日报》2013年11月19日。

构发生深刻的调整。进入改革开放时期，以经济体制改革为先导，中国探索并确定了社会主义市场经济体制的改革方向。中国经济体制逐渐形成了以公有制为主，多种所有制共同发展的格局。伴随政治体制改革稳步推进，城市单位制逐渐弱化，乡村公社制走向解体，释放和增强了社会活力。同时，伴随社会经济成分、组织形式、就业方式与分配方式的多样化发展，中国的阶级阶层结构发生了深刻的变迁。阶层分化深入展开，诸如私营企业主、个体工商户、自由职业者等新兴阶层逐渐成长起来。在新的社会发展形势下，阶层的分化与组合以及新阶层的产生既是社会发展的必然结果又是社会发展的活力来源。阶层多元化发展，推动了中国从身份社会向契约社会的转变，也成了倒逼中国政治发展的动力之一。不可否认的是，阶层之间在物质与精神方面的差异以及社会收入差距的扩大，产生了社会失衡的问题，引发了对社会公平正义的拷问；个人发展后致性因素作用的弱化，迟缓了社会的垂直流动，加大阶层固化的风险；阶层之间价值观念、目标追求与利益取舍的差异，难免引发阶层摩擦，乃至造成社会的冲突，引发了维持社会稳定的沉重压力。这些新问题的缓解关键在于通过政治发展提升政治的公正性，通过把社会发展活力与阶层社会贡献结合起来，构建良性的社会资源分配机制，不断增强国家关涉社会公平正义的责任；在于通过政治发展提升政治的有效性，构建与社会发展相适应的利益协调机制、诉求表达机制、矛盾调处机制和权益保障机制，进而实现阶级阶层关系协调发展。

2013年，中国进一步落实党的十八大提出的关于"实现发展成果由人民共享"的要求，深化收入分配改革，致力于保障社会公正并建立与市场经济相适应的利益均衡机制。这一年年初，中国出台《关于深化收入分配制度改革的若干意见》。意见坚持了"提低、扩中、调高"的基本思路，"提出了全面提高人民生活水平，就此，意见从完善初次分配机制，健全再分配调节机制，健全促进农民收入较快增长的长效机制，形成公开透明、公正合理的收入分配秩序等方面提出具体改革发力的方向"。[①] 此举着眼于形成合理的收入分

---

① 《国务院批转〈关于深化收入分配制度改革的若干意见〉》，新华网，http://news.xinhuanet.com/politics/2013-02/05/c_114625358.htm。

配格局，为新时期新阶段逐步缩小区域、城乡与阶层收入差距提供了宏观指导；意见明确提出了让低收入群体收入增长更快一些的主张，由此也将进一步扩大中国社会政策的供给量，有效关涉社会的公平正义，促进阶层关系协调发展。党的十八届三中全会在指导新时期中国改革发展的战略文件中再次把社会公平作为改革的重要着力点，提出了推动城乡要素平等交换，赋予农民更多财产权，完善促进就业创业的体制机制，消除影响平等就业的制度障碍和就业歧视，规范收入分配秩序，逐步形成橄榄形分配格局，建立更加公平可持续的社会保障制度等方面的重要部署。

阶级阶层关系的协调，关键还在于构建适应社会发展的利益表达机制，进一步完善不同阶层政治参与的制度化建设，构建不同阶层群众平等参与社会治理的体制与机制。十八届三中全会着眼于此，把健全民主机制与丰富民主形式、发挥社会主义民主制度的优越性的落脚点放在了从各层次各领域扩大公民有序政治参与这个关键上来，进一步强调了公民政治参与对于促进社会健康发展的重要意义；提出了创新社会治理体制的主张，专项部署了有效预防和化解社会矛盾体制创新的改革规划。可以说在新的起点，这些举措有利于进一步推动调整阶级阶层利益分配朝着更加合理公平的方向迈进，进一步促进阶级阶层关系良性发展，提升社会发展活力，为改革发展全局提供了健康的社会环境与动力源泉。

（三）民族关系

中国是各族人民共同缔造的统一的多民族国家。各民族交流融合促成了中华民族多元一体的格局，共同创造和发展着伟大的中华文明。新中国成立以来，中国各民族人民在建设中国特色社会主义伟大实践中，相互依存，相互促进，共同塑造了平等、团结、互助、和谐的社会主义民族关系。正确处理民族关系，维护平等团结互助和谐的民族关系是保障稳定政治局面、构建中国特色社会主义事业良好发展环境的重要内容。2013年，中国坚定不移地落实民族平等与民族团结的民族政策。民族团结的良好局面进一步巩固。"汉族离不开少数民族，少数民族离不开汉族，少数民族之间也相互离不开"的思想观念在各民族人民心中进一步巩固。中国继续把坚持和发展民族区域自治制度作为

协调和发展社会主义民族关系的制度基础,更加注重健全民主制度、丰富民主形式,更好地保障了少数民族人民当家做主的权利。中国注重保障和尊重少数民族的文化与风俗传承,发展少数民族文化事业。2013年,中国把解决少数民族和民族地区贫困问题作为扶贫开发的优先任务,着力改善和保障民生,积极推进公共服务均等化进程,让各族人民共享经济和社会发展的成果。这一年,中国在国家经济和社会发展过程对于少数民族的经济、社会和文化发展继续采取特殊扶持政策和措施,重点增加了对于民族地区的财政转移支付,落实对口政策,进一步改善了少数民族人民的经济、社会和文化发展状况。同时,中国政府坚决依法打击各种恐怖主义势力、分裂主义势力、极端主义势力的破坏活动,有力回击了反动外部敌对势力的干涉,妥善地处理了影响民族团结的矛盾与问题。

(四)中央与地方关系

国家的统一、民族的团结、经济和社会的健康发展始终离不开顺畅协调的中央与地方关系。因应国家经济和社会宏观发展全局,构建并适时调试事权明晰、财权合理的纵向关系格局,推进中央与地方关系的规范化与法制化,是国家健康和持续发展的重要保障。充分发挥中央与地方两个积极性,促进中央与地方协同推进中国特色社会主义事业全面发展是正确处理中央与地方关系的基本方向。为此,党的十一届三中全会以来,为适应经济体制改革与社会发展的需要,中央与地方的关系又进行了多次调整。经过一系列多层次的改革探索,中央与地方的关系渐趋协调。同时,央地关系还存在诸多与经济社会发展不相适应的地方,产生了诸如公共服务供给责任不明晰、地方土地财政等影响经济社会健康发展的问题。就此,近年来中国致力于理顺中央和地方在财税、金融、投资和社会保障等领域的分工和职责,以深化财税体制改革为抓手进一步协调中央与地方关系。"党的十八大报告强调了新时期中国政府在创造良好发展环境、提供优质公共服务、维护社会公平正义的职能转变新趋向;进一步提出加快财税体制改革,健全中央和地方财力与事权相匹配的体制,完善促进基本公共服务均等化和主体功能区建设的公共财政体系,构建地方税体系,形成有利于结构优化、社会公平的税收制度的改革方向。"由此表明,中国逐渐明确把公共服务的权责划分作为中央与地方的关系调整的基本主线，并以此进一步理顺财权收支责任，建立与公共服务供给体系相适应的央地关系。这一年，党的十八届三中全会的决定进一步明晰了政府职能体系的纵向规划，明确提出中央的职责和能力建设应该侧重在宏观调控上，地方政府则应该进一步加强在公共服务、市场监管、社会管理、环境保护等方面的职责；进一步细化了中央与地方在具体公共服务供给上的事权和支出责任制度改革方案。中央职能调控的宏观性强调进一步明确了中央合理退出微观事务管理的决心，有利于进一步把握政府职能体系纵向分配的合理性，促进以更有效的体系支持政府整体性治理能力的提升。2013年，中央政府加大简政放权的力度，进一步深化行政审批制度改革，坚决把更适宜地方管理的经济社会事项下放给地方，作为增强地方经济社会发展主动性的重要途径；坚持把赋予一些地方先行先试权力作为提升地方改革发展积极性，推进全面深化改革的重要方式。这一年8月，中国在上海设立区域性自由贸易园区，以此进一步赋予地方在职能转变、管理模式创新、促进贸易和投资便利化等方面先行先试的权力，发挥地方率先发展积极性，为深化改革扩大开放提供有益经验参考。从总体上看，中央与地方关系的调整坚持了以政府职能转变为导向，以财税体制改革为着力点，走法制化与制度化的改革思路，加快了与公共服务供给体系相适应的国家财税体制改革进程，为进一步发挥中央与地方的积极性，更好地协同推进中国特色社会主义事业全面发展打下了良好基础。

（五）国家与社会的关系

国家与社会的关系走向良性互动，是改革开放以来中国政治发展的重要趋势。逐渐深化的市场经济体制改革促成了多元经济成分的共同发展格局。国家逐渐向社会放权。国家与社会高度重合的局面被打破，社会资源的占有与分配走向多元化，多种所有制共同发展，极大地激发了社会活力。政府主动转变职能，逐步减少对一般社会事务的直接干预。同时，基层群众自治制度在全国范围推广与确立。城市社区与乡村自治迅速发展。尤其是近年来，社区建设与社会发展使得社会基层自治性组织、社区群众文化组织、志愿性服务组织等得到了发展。经过20多年的建设与发展，中国社会组织迅速发育成长。"截至

2012年底，全国共有社会组织49.9万个，吸纳社会各类人员就业613.3万，其中共有社会团体27.1万个，基金会3029个，民办非企业单位22.5万个。"①在中国特色的公共服务体系建设中，"初步形成了政府主导、社会参与、公办民办并举的公共服务供给模式"。从整体上看，中国社会力量建设取得了显著的成就，承接政府职能转移、参与社会治理的能力不断提高。社会力量日益成为国家治理不可或缺的主体。国家与社会的关系走上了良性互动的轨道，形成了共同发展，协同推进中国特色社会主义建设的新格局。

2013年，中国政府坚持把释放和增强社会活力作为全面深化改革的重要目标，进一步推进政府职能转变，加大政府向社会放权力度。2013年，中国深入推进"政府向社会购买服务"进程，以此为重要抓手，积极引导社会组织参与公共服务体系建设。在2012年的基础上，2013年中央财政再拿出2亿元资金专项用于支持社会组织参与社会服务。财政支持与引导的同时，中国政府进一步推动政府向社会购买服务的制度化建设。2013年9月，国务院办公厅出台了关于政府向社会力量购买服务的指导意见，意见就购买主体、承接主体、购买内容、购买机制、资金管理与绩效管理等购买服务流程做出了具体指导，明确提出到2020年在全国基本建立比较完善的政府向社会力量购买服务制度。政府向社会购买公共服务逐渐从地方个案探索走向国家政策议程，其制度化与规范化进程进一步加快。在地方层面，浙江、上海、北京、河北等地纷纷出台政策将政府购买服务纳入财政预算；上海、广东、山东还出台了相应的规范性文件。党的十八届三中全会进一步将推广政府购买服务纳入新时期深化改革的总体规划。2013年，中国加快推进社会组织体制改革与事业单位分类改革，着力破除影响社会组织发展的体制与机制障碍；社会力量进一步健康发展。2013年，社会组织管理改革被首次纳入国务院政府机构改革和职能转变方案。"据统计，截至11月，全国已有广东、安徽等19个省份展开或试行了社会组织直接登记工作。"② 民政部和国务院法制办积极进行《社会团体登记管理条例》等有关行政法规的修订工作，这标志着中国实质性迈开了走向现

---

① 《民政部发布2012年社会服务发展统计公报》，中国政府网，http://www.gov.cn/gzdt/2013 - 06/19/content_ 2428923. htm。
② 《社会组织直接登记在改革中砥砺前行》，《中国社会组织》2013年第11期。

代社会组织体制的重要一步。2013年，中国将稳步推进事业单位分类改革作为年度深化经济体制改革重点，事业单位分类改革开始发力，其中北京、湖北、江苏、湖南等地提出了"不再批行政类事业单位""严控编制"等方式加快推进改革进程。2013年，中国进一步深化了对社会建设的认识。党的十八届三中全会从推进国家治理能力和体系的现代化的高度提出了创新社会治理的战略部署，提出了改进社会治理方式，探索促进社会各方参与的社会治理体制与机制。

（六）两岸四地关系

2013年，中国坚持贯彻"一国两制"的方针，支持香港与澳门特别行政区严格并准确地按照宪法和基本法办事，坚定维护国家统一。中国坚定不移地支持香港和澳门经济繁荣和社会稳定，推进内地与港澳实现合作共赢，促进内地与港澳关系紧密发展。中国不断加强内地与香港共同发展的政策支持。2013年8月，内地与香港共同签署了《内地与香港关于建立更紧密经贸关系的安排》（CEPA）的第十份补充协议，进一步加大了内地在服务贸易领域向香港的开放力度，由此进一步密切了两地的经贸合作。2013年，内地与澳门签署的《内地与澳门关于建立更紧密经贸关系的安排》补充协议十，密切了两地经贸关系，促进了澳门经济适度多元发展，为内地经济发展注入了活力。"据统计，2013年1~6月，内地与澳门贸易额为17.9亿美元，同比上升37.9%，其中，内地对澳门出口为15.7亿美元，同比上升28%；自澳门进口为2.2亿美元，同比上升202.7%。"①

两岸关系的和平发展关乎中国的核心利益和中华民族的根本利益。2013年，两岸关系延续了和平发展的良好态势。大陆继续坚持对台工作大政方针的延续性，并与时俱进，积极促进两岸关系稳定发展。两岸继续坚持"九二共识"，在一中框架内，通过两岸执政党高层、官方授权民间机构、省级机构交流等管道积极展开互访交流，巩固和增强两岸的政治互信。2013年初，

---

① 《2013年1~6月内地与澳门经贸交流情况》，商务部网站，http://www.mofcom.gov.cn/article/tongjiziliao/fuwzn/diaoca/201307/20130700217623.shtml。

中共中央总书记习近平会见了来访的中国国民党荣誉主席连战。2013年6月，习近平总书记会见了中国国民党荣誉主席吴伯雄，就坚定不移走两岸关系和平发展道路提出四点意见："坚持从中华民族整体利益的高度把握两岸关系大局；坚持在认清历史发展趋势中把握两岸关系前途；坚持增进互信、良性互动、求同存异、务实进取；坚持稳步推进两岸关系全面发展。"2013年，在新的起点上，两岸的高层互访，再次明确两岸坚持走和平发展道路的坚定决心，进一步丰富了两岸对于一中框架的共识，对于一中框架有了更为清晰的认知。2013年，两岸继续巩固和深化经济、文化、教育等各领域交流合作，和平发展的成果更好地惠及两岸民众，增进了两岸同胞福祉。两岸密切交往的制度性保障稳步增强。这一年，台湾扩大承认大陆高校学历吸引大陆学生赴台就学，进一步扩大了两岸的教育交流。2013年6月在第五届海峡论坛上，大陆方面出台了31项对台惠民新举措，内容涉及两岸人员往来、赴台旅游、就业、基层调解、文化交流、版权交易、两岸直航、台企融资等多个领域。两岸的制度化协商进一步发展。2013年6月21日，海协会与海基会领导人第九次会谈继续落实和推进ECFA后续商谈，签署了《海峡两岸服务贸易协议》。这成为两岸经贸正常化、自由化的又一个里程碑，将进一步推动两岸经济合作向更深层领域迈进，为两岸关系和平发展提供新动力。

（七）国际关系

2013年，面对复杂多变的国际局势，中国继续高举和平、发展、合作、共赢的旗帜，保持了外交大政方针的延续性与稳定性。一年来，中国始终坚持走和平发展道路，坚定不移地奉行独立自主的和平外交政策；明确底线思维，坚决维护中国核心利益；深入推进互利共赢的开放战略，深化与世界的交流与合作。一年来，新一届国家领导人高频外交出访，向世界充分展示了一个更加自信、务实、开放的中国，向世界充分阐释了中国坚定走和平发展道路的决心，向世界充分传递了中国人民实现中华民族伟大复兴梦想的共赢意向，一系列务实的外交理论与实践得到了国际社会的广泛赞誉与欢迎，有效提升了中国的亲和力和影响力。

2013年，中国继续与世界各大国展开良性互动，致力于发展长期稳定健康的新型大国关系。这一年，国家主席习近平与美国总统奥巴马，在中美元首庄园会晤中，取得了构建中美新型大国关系共识，为未来中美关系的健康稳定发展奠定了基础。期间，习近平主席进一步概括了新型大国关系的内涵：不冲突、不对抗，相互尊重，合作共赢。第五轮中美战略与经济对话成功举行，在构建中美新型大国关系上取得积极进展。中国继续推动中俄战略协作伙伴关系进一步发展，不断加强双方政治互信，密切双方在国际和地区热点问题的协调，进一步深化双方在经贸领域的合作。中国不断拓宽中欧关系合作领域，坚持相互尊重、平等相待、相互支持、相互包容，推动双方全面战略伙伴关系进一步发展。年末，英国首相成功访华，标志着中英关系回暖升温，中英双方明确了"相互尊重、平等相待、互利共赢"的关系原则，有力地推动了中英关系务实合作与健康发展。中国还着力于深化与中东欧16国的务实合作。2013年，第三次中国－中东欧国家领导人会晤取得重要共识，与会国共同签署并发表了《中国－中东欧国家合作布加勒斯特纲要》，此举将有效推动中国与中东欧国家合作深入发展。

2013年，中国继续坚持与邻为善、以邻为伴，稳步提升同周边国家睦邻友好关系，深入推进互利合作，努力使自身发展更好惠及周边国家。这一年10月，中共中央专门召开周边外交工作座谈会，会议强调新形势下周边外交对国内改革发展的重要战略意义。习近平同志指出，要着力深化互利共赢格局，推进区域安全合作，加强同周边国家关系长远发展的社会和民意基础，让命运共同体意识在周边国家落地生根。一年来，中国加强同周边国家的交流互动，密集接待巴基斯坦、韩国等周边国家领导人。中国积极展开峰会外交，国家主席与总理密集出访东南亚国家，进一步稳固与深化同东盟战略伙伴关系。其中，在中国东盟建立战略伙伴关系十周年的重要节点上，李克强总理提出立足于凝聚双方关系两点政治共识和七个领域合作（2+7框架），由此清晰绘就进一步推动双方合作发展的路线图。这一年，中国始终坚持和平谈判解决争议的方针，始终致力于发挥维护地区和平稳定的正能量，同时坚决采取有效措施，强化底线思维，坚决维护国家核心利益。一年来，中国继续实施钓鱼岛海域维权巡航执法常态化。年底，中国正式宣布划设东海防空识别区。一系列举措将进一步有效捍卫国土与防空安全，充分彰显了中国维护领土主权与海洋权

益的决心与意志。

2013年，中国高度重视和加强同广大发展中国家的团结合作。2013年，习近平主席先后访问坦桑尼亚、南非、刚果共和国，开创了中国国家元首履新后外交首访非洲的先例。习近平主席还先后访问了特立尼达和多巴哥、哥斯达黎加、墨西哥，并与加勒比地区8国领导人举行双边会谈。期间，中墨将双方关系提升为全面战略伙伴关系。一系列卓有成效的元首外交充分显示了中国对于加强同发展中国家外交合作的高度重视，也增进了中国与拉美发展中国家的政治互信与务实合作。

中国坚持倡导和践行外交多边主义，积极参与全球治理，引导多边外交进程。这一年，中国支持联合国发挥维护世界和平发展的关键作用，支持和参与多边外交进程，积极推动在对话、交流与合作中构建更趋公正合理的国际秩序和国家体系。从金砖国家领导人会晤到二十国集团峰会，从上海合作组织领导人会议到APEC领导人非正式会议，一系列峰会外交中自信的中国身影与中国声音，不断提升着中国力量。由此，在新的起点上，中国外交工作取得良好开局，为全面深化改革开放、继续推进中国特色社会主义事业全面发展提供了良好的外部支持与环境保障。

七 2014年政治发展展望

站在新的历史起点，党的十八届三中全会凝聚改革发展的共识，提出新时期全面深化改革行动纲领。回顾三十五年的改革发展史，深化改革无疑是中国的政治发展阔步前行的关键动力。党的十八届三中全会把全面深化改革的总目标确定为"完善和发展中国特色社会主义制度，推进国家治理体系和治理能力的现代化"。[①] 全面深化改革的决定，就推进中国特色社会主义五位一体事业做出了全面部署，同时为中国政治发展提供更加明确的参照系。可以预见，未来一年中国政治发展，将立足民主机制建设，进一步发挥中国特色社会主义政治制度的优越性；立足党的制度建设，进一步提升党的建设科学化水平；立

[①]《中共中央关于全面深化改革若干重大问题的决定》，人民出版社，2013。

足深化行政体制改革，进一步提升政府治理能力；立足社会治理体制创新，进一步提升社会治理水平。

（一）立足民主机制建设，进一步发挥中国特色社会主义政治制度的优越性

新中国在不断探索与实践的基础上确立了以保证人民当家做主为根本，契合本国国情的社会主义政治制度体系，其包括人民代表大会制度、中国共产党领导的多党合作和政治协商制度、民族区域自治制度和基层群众自治制度。中国特色社会主义政治制度，作为我国公民有序政治参与的制度保障，为人民民主实践提供了有效的保障，是确保中国特色社会主义政治发展不断前行的制度载体。党的十八届三中全会决定强调，"发展社会主义民主政治，必须以保证人民当家做主为根本，坚持和完善人民代表大会制度、中国共产党领导的多党合作和政治协商制度、民族区域自治制度以及基层群众自治制度，更加注重健全民主制度、丰富民主形式，从各层次各领域扩大公民有序政治参与，充分发挥我国社会主义政治制度优越性"。[①] 可以预见，社会主义政治制度将朝着制度化与规范化进一步发展。人民代表制度方面，改革将着眼于民主机制建设，推动人民代表大会制度与时俱进。未来人大改革将更加注重提高立法质量，有效落实人大监督职能，加强预算决算审查监督与国有资产监督职能。探索设置代表联络机构，通过网络平台等多种形式，完善代表联系群众制度，释放人民代表大会制度的活力。未来，将进一步改善人大的工作机制，有效拓展公民政治参与、行使权利的渠道和途径。改革将更加注重民主协商的制度化、程序化，推进协商民主广泛多层制度化发展。未来着眼于构建程序合理、环节完整的协商民主体系，协商渠道将进一步拓宽，协商民主的程序与制度建设将不仅在国家政权机关、政协组织、党派团体中完善，而且将在基层组织、社会组织参与治理体系建设中进一步发挥重要的作用。协商民主的方法与原则将进一步拓展作用领域，未来立法协商、行政协商、民主协商、参政协商、社会协商的作用效能将进一步提升。统一战线在协商民主中的重要作用将得到进一步发

---

① 《中共中央关于全面深化改革若干重大问题的决定》，人民出版社，2013。

挥。协商民主的有效性不仅来自对偏好的显示与包容,还在于汇聚高质量的信息。十八届三中全会决定进一步明确了协商民主发展的智力保障建设主张。未来,中国特色新型智库建设的资源投入将进一步扩大,配套各层次协商民主发展的决策咨询制度将进一步健全。在发展基层民主方面,改革纲领再次明确把选举、议事、公开、问责等民主机制作为巩固和推动基层民主发展的关键举措,同时肯定和鼓励了基层协商民主在基层民主治理的重要作用,提出把基层协商民主形式的多样化、基层民主协商的制度化、基层民主监督的健全化作为推进基层民主进一步发展的重要动力。可以预见,伴随民主机制的逐步完善,群众参与社区治理、基础公共事务与公益事业的渠道将进一步拓展,群众在动起来的管理、服务、教育与监督等民主实践中,将进一步丰富基层民主治理的案例与制度资源,为中国民主政治发展积累更多有益支持。

(二)立足党的制度建设,进一步提升党的建设科学化水平

党的十八届三中全会首次把党的制度改革作为全面深化改革蓝图的重要内容,强调"紧紧围绕提高科学执政、民主执政、依法执政水平深化党的建设制度改革,加强民主集中制建设,完善党的领导体制和执政方式,保持党的先进性和纯洁性,为改革开放和社会主义现代化建设提供坚强政治保证"。党的十八大以来,无论从开展党的群众路线教育实践活动,贯彻落实八项规定,还是到切实改变工作作风,努力开创党风廉政建设和反腐败斗争新局面,党中央采取切实举措推进党的建设新的伟大工程的决心与成就赢得了广大人民群众的支持与赞许。同时,"四个考验"和"四大危险"时刻提醒着党进一步提高党建科学化水平的紧迫性。反腐败斗争严峻形势也深刻表明了党的制度建设的滞后性,在党建实践中没有很好与时俱进发展和贯彻党的民主集中制,没有很好地构建起权力制约和监督机制。应对"考验"与"危险"始终离不开制度建设这个总开关,立足长远与实效,把制度建设贯彻到推进自身的思想、作风、组织、反腐倡廉等各项建设事业中去,加快完善党的领导体制和执政方式,增强党自我净化、自我完善、自我革新、自我提高能力。立足制度建设这个根本,党的十八届三中全会在深化改革决定中专项做出了强化权力运行制约和监督体系的部署。可以预见,在十八届三中全会的改革行动纲领指引下,在今后

一个时期党的建设过程中，在继续保持治标态势的同时，进一步立足于治本，落实具体制度、改革各项部署，把权力关进制度笼子，构建科学有效的权力制约和协调机制，进一步加强和完善民主集中制的具体制度化措施，完善决策科学化与民主机制，科学合理配置党政部门及内设机构权力和职能，推动形成决策科学、执行顺畅、监督有力的权力运行体系。反腐败斗争将更加倚重体制机制创新。进一步推动党的纪检工作和领导体制，强化上级纪委对下级纪委的领导，改进纪检派驻与巡视的制度效能，继续健全惩治和预防腐败的法规制度体系。以健全制度建设推进改进作风常态化，不断细化推进反对"四风"的体制与机制建设。

（三）立足深化行政体制改革，进一步提升政府治理能力

行政体制改革历来是政治体制改革的突破口，历来是上层建筑适应和推动经济健康发展、释放改革红利的重要方式，历来是推动中国政治发展的重要动力。行政体制改革的关键就是处理好政府与市场的关系，调试好政府与社会的关系，核心在于实现政府职能转变，通过机构设置与层级关系的优化，把服务型政府建设与法治政府建设结合起来，不断提升与市场作用有效衔接的治理能力。2013年，以政府换届为契机，行政管理体制改革再次稳步推进了中央政府的大部制改革进程，向职能协调、运作高效的行政运行体制又迈出了坚实一步；着重以行政审批制度改革为抓手，不断加大简政放权的速度与力度，有效激发了市场与社会的活力。

站在新起点，党的十八届三中全会提出发挥市场在资源配置中的决定性作用。从基础性作用到决定性作用的改革目标成了新时期全面深化改革发展行动纲领的重要亮点。全会决定同时明确指出在处理政府与市场关系中使市场在资源配置中起决定性作用和更好发挥政府作用。这就为新时期深化行政体制改革指定了航向。由此，推进行政体制改革，将进一步力促政府职能转变，继续着力推进行政审批制度改革，围绕构建现代市场体系与发挥市场的决定性作用，保持简政放权的力度，减少政府对资源配置的行政干预，进一步明确政府职能，把政府作用重心进一步转移到保持宏观经济可持续健康发展、加强市场监管、保障市场公平竞争、维护市场秩序、优化公共服务、推进基本公共服务均

等化、促进社会公平正义上来。进一步推进行政体制改革，必须注重上下联动，注重中央与地方行政改革的整体性。这一年，中央已经初步完成了本次机构调整。继续稳妥推进地方政府大部制改革，理顺机构改革的纵向关系，可能依然是未来一段时期政府改革的重点工作。十八届三中全会在深化改革决定中把加快财税体制改革作为进一步发挥中央与地方两个积极性，构建合理高效顺畅的中央与地方关系的关键改革内容。可以预见，财税体制改革将成为未来提升中国政府治理能力的重要方式。未来一段时期，政府体制改革将继续细化和落实中央与地方在具体公共服务供给上的事权和支出责任制度改革方案，理顺财权收支责任，建立与公共服务供给体系相适应的央地关系。十八届三中全会还把深化行政执法体制改革、加快推进法治政府建设，作为推进法治中国建设的关键内容。未来，围绕行政体制存在的横向权责交叉、纵向层级过多、基础执法力量不足的问题，执法体制改革将沿着整合执法权，减少执法层级，保障基层执法力量的改革方向，进一步提高行政执法与服务水平。

（四）立足社会治理体制创新，进一步提升社会治理水平

不断推进中国特色社会主义政治发展进程，需要一个安定有序的社会，也需要一个活力迸发的社会，还需要一个公平正义的社会。因应时代需要，党的十八届三中全会把解放与增强社会活力摆在了深化改革的突出位置，把紧紧围绕更好保障和改善民生、促进社会公平正义、深化社会体制改革作为推动国家治理体系与能力现代化的重要内容。就此，党在全会决定中立足于破除影响社会发展活力的体制机制障碍，提出了创新社会治理体制的战略部署。回顾中国社会建设的重要论述，从加强社会管理体制创新到创新社会治理体制的转变，其内含协同参与合作共治的理论创新旨向必将进一步推动中国特色社会主义社会建设与发展事业。全会决定具体从改进社会治理方式，激发社会组织活力，创新有效预防和化解社会矛盾体制，健全公共安全体系等方面进行了部署。可以预见，社会治理将更加注重治理的系统化与体系化建设，在强调坚持党委领导与政府主导的同时，更加鼓励和调动社会参与的积极性，更加倡导协同合作的理念，在政府治理和社会自我调节、居民自治的互动中提升社会治理水平；未来将进一步健全社会治理的法规体系，培育社会良好的学法守法用法意识，

推动社会治理的法治化；将更好地总结和推广地方在社会管理体制创新方面积累的诸如网格化管理等丰富经验；在推广社会管理经验的同时，将更加注重把社会治理平台建设作为切实改善社会治理的重要途径，探索构建服务群众、反映利益诉求、容纳群众参与的社会治理平台；将积极鼓励与引导社会组织健康发展作为提升社会治理水平的主体保障。为此，激发社会组织活力成为改革部署的着力点。事业单位分类改革与社会组织管理体制改革将进一步加速。中国将继续推进政府向社会放权，推进"政府向社会购买服务"的制度化与规范化，以此为重要抓手，在引导社会组织参与公共服务体系建设中，提升社会组织活力。改革决定坚持从制度建设出发，进一步明确把社会治理体制创新放在重要位置，进一步推进社会治理制度化与社会现代化的均衡发展，着重突出社会治理体系建设预防和化解社会矛盾的重要作用，着眼于发展社会自身稳定治理机制与行政复议、信访制度等多元共治的治理格局。未来社会治理体制创新将朝着由社会协调、行政复议、调解联动、信访等构成的社会风险与矛盾综合治理体系迈进。可以预期的是，在社会治理体制创新的新任务下，党委领导、政府主导与社会协同的治理格局，将发挥服务群众、化解矛盾、参与治理的效能，实现政府治理与社会治理、居民自治的良性互动。社会治理体系的完善与水平的提升将更好地适应市场经济体制与政府职能转变的要求，进一步解放和增强社会活力。从总体上看，2014年将是全面贯彻改革行动纲领发力的一年。中国将坚定走中国特色社会主义政治发展道路，按照十八届三中全会关于全面深化改革的总体部署，为实现"两个一百年"奋斗目标、实现中华民族伟大复兴的中国梦提供强大的政治支持与环境保障。

分 报 告

Sub-Reports

B.2 人民代表大会制度的建设与发展

王维国 安娣[*]

摘 要：

本文全面系统地回顾了2013年全国人大在立法（包括制定新法，完善旧法和废除过时法律）和监督（包括执法检查，听取和审议专项工作报告，专题咨询）两大方面的主要工作以及成果，概述了地方人大立法的主要情况，展望了未来在立法和监督两大方面的发展趋势。

关键词：

人民代表大会 立法 监督

2013年1月22日，全国人大常委会办公厅公布，从2011年上半年开始的

---

[*] 王维国，北京联合大学研究员，中国政治学会理事，北京市人大理论研究会理事、学术委员会委员，主要研究领域为人大制度理论与实践、城乡社区自治；安娣，北京联合大学研究员，主要研究领域为中国人民代表大会制度。

全国新一轮县乡两级人大换届选举工作已经全部完成。2013年2月27日，首次城乡按相同人口比例选举产生的全国人大代表全部产生。党政领导干部的比例比上届下降6.93%，来自基层的工农代表比上届提高5.18%。这次集中换届选举，是60年来首次实行城乡按相同人口比例选举人大代表，进一步完善了选举制度，保障了人民当家做主的政治权利，奠定了人大制度运行和工作开展的组织基础。

一　2013年的立法工作

2013年，全国人大常委会加强重点领域立法，进一步完善人大代表参与立法的工作机制，扩大公民有序参与立法途径，加强立法调研和论证，着力提高立法质量。

（一）立改废与时俱进

制定新法、完善旧法和废除过时法律，是全国人大的重要工作。第十二届全国人民代表大会常务委员会召开的六次会议中，立法工作立改废并举，更加顺应时代要求、回应民生期待。

1. 全国人大常委会表决通过《中华人民共和国旅游法》

2012年，国内游市场突破30亿人次，成为世界上规模最大的国内旅游市场，出境游达8200万人次。不过，此前由于我国没有统一的旅游法，对旅游活动的规范主要依靠国务院行政法规、地方性法规以及部门行政规章，结果导致以欺骗的方式强迫消费者消费、景区门票随意涨价、旅游合同不规范、政府监管不力等侵害旅游者权益的现象时有发生。2013年4月25日，十二届全国人大常委会第二次会议表决通过《中华人民共和国旅游法》，主要包括保护旅游者合法权利、规范旅游市场、促进旅游业发展三方面内容，自2013年10月1日起施行。这是十二届全国人大常委会通过的第一部法律，被称为"三十年磨一剑"，实现了"开门红"。旅游法的颁布，标志着我国旅游业进入了文明旅游、理性出行、法制化、规范化发展，从政府主导向市场发挥决定性作用转变的新阶段。

2. 全国人大常委会表决通过《中华人民共和国特种设备安全法》

近年来，我国特种设备数量增长迅猛，事故时有发生，安全形势严峻。2012年底，全国特种设备总数达822万台。特种设备包括锅炉、压力容器、压力管道、电梯、起重机械、客运索道、大型游乐设施、场（厂）内专用机动车辆等八大类。"这些设备一般具有在高压、高温、高空、高速'四高'条件下运行的特点，具有易燃、易爆、冲撞、剪切、高空坠落等危险性，一旦发生事故，极易导致人身伤亡。"[①] 2013年6月29日，第十二届全国人民代表大会常务委员会第三次会议审议并表决通过《中华人民共和国特种设备安全法》，这是第一部对各类特种设备安全管理做出统一、全面规范的法律，旨在预防特种设备事故，保障人身和财产安全，自2014年1月1日起施行。这部法律的出台标志着从1955年建立特种设备强制性安全监管制度以来，我国特种设备安全工作向科学化、法制化方向取得了新的进展。

3.《全国人民代表大会常务委员会关于修改〈中华人民共和国文物保护法〉等十二部法律的决定》通过

2013年6月29日，第十二届全国人民代表大会常务委员会第三次会议通过了修改《中华人民共和国文物保护法》、《中华人民共和国海关法》、《中华人民共和国草原法》、《中华人民共和国进出口商品检验法》、《中华人民共和国税收征收管理法》、《中华人民共和国固体废物污染环境防治法》、《中华人民共和国煤炭法》、《中华人民共和国动物防疫法》、《中华人民共和国证券法》、《中华人民共和国种子法》、《中华人民共和国民办教育促进法》和《中华人民共和国传染病防治法》等十二部法律的决定。

4.《全国人民代表大会常务委员会关于修改〈中华人民共和国商标法〉的决定》通过

近年来，我国商标注册量剧增，截至2013年6月底，我国商标累计申请量1221万件、累计注册量817.4万件，实际有效注册商标已达680.8万件，

---

① 《把特种设备安全管起来》，人民网，http://www.people.com.cn/24hour/n/2013/0703/c25408-22054829.html。

位居世界第一，其中一批驰名商标享誉世界。不过，现行商标法的部分内容和发展实践脱节：商标注册程序过于烦琐，商标确权时间不合理；驰名商标制度在实际操作中有偏差；恶意抢注商标现象时有发生，商标侵权尚未得到有效管控等。2013年8月30日，十二届全国人大常委会第四次会议表决通过了《全国人民代表大会常务委员会关于修改〈中华人民共和国商标法〉的决定》，修改后的商标法自2014年5月1日起施行。这次对商标法的修改主要包括以下六个方面：一是增加关于商标审查时限的规定；二是完善商标注册异议制度；三是厘清驰名商标保护制度；四是加强商标专用权保护；五是规范商标申请和使用行为，禁止抢注他人商标，维护公平竞争的市场秩序；六是规范商标代理活动。①

5.《全国人民代表大会常务委员会关于修改〈中华人民共和国消费者权益保护法〉的决定》通过

近年来，互联网的兴起和发展使得网络销售、网络购物渐成规模。网络销售的总额占社会消费品零售总额的比重也从2006年的0.3%增长为2012年的6.3%，网络销售、网络购物已经发展为一种重要的交易方式。金融服务领域，银行、保险、证券等服务成为日常生活当中经常涉及的领域。消费理念也有很多的变化，包括节约资源、环境友好等。在消费者保护领域也有不少的新情况和新问题出现。这些都要求对消费者权益保护法进行修改。2013年10月25日，十二届全国人大常委会第五次会议表决通过了关于修改消费者权益保护法的决定。这是全国人大常委会对实施近20年的消费者权益保护法的首次大修。其中，完善"后悔权"制度、加大惩罚性赔偿力度、强化虚假广告责任、保障诚信建设和消协履职保障五大修改颇受关注。关于抽查、检验的规定，也是新修订消法当中的一个亮点，需要行政机关很好地执行。修改后，消法在网购等新型消费方式、个人信息保护、格式条款、欺诈赔偿等方面都有新规定，也是这次消法修改的另一亮点。②

---

① 《全国人大常委会表决通过关于修改商标法的决定》，新华网，http://news.xinhuanet.com/legal/2013-08/30/c_117162664.htm。
② 《新〈消法〉规范网络、电视等非现场购物 权责更明确》，新华网，http://news.xinhuanet.com/fortune/2013-10/29/c_125614093.htm。

6.《全国人民代表大会常务委员会关于修改〈中华人民共和国海洋环境保护法〉等七部法律的决定》通过

2013年12月28日，十二届全国人大常委会第六次会议表决通过了《全国人民代表大会常务委员会关于修改〈中华人民共和国海洋环境保护法〉等七部法律的决定》，决定内容涉及取消、下放11项行政审批项目和改革工商登记制度。具体内容有五个方面：一是修改生产经营活动许可、资质资格认定核准的相关规定。二是明确下放管理层级的实施主体。三是增加事中事后监管措施。四是优化行政审批流程。五是修改公司注册资本登记有关规定。修改后的《中华人民共和国海洋环境保护法》、《中华人民共和国海关法》、《中华人民共和国药品管理法》、《中华人民共和国计量法》、《中华人民共和国渔业法》和《中华人民共和国烟草专卖法》自公布之日起施行；对《中华人民共和国公司法》所做的修改，自2014年3月1日起施行。

7. 全国人大常委会关于废止有关劳动教养法律规定的决定通过

劳教制度是由公安机关决定并执行的一种行政处罚，本是针对屡教不改的小偷、卖淫嫖娼、吸毒人员等，但由于制度本身缺乏法律授权和规范、劳动教养对象不明确、相关部门滥用权力、非法剥夺公民人身自由，近年来改革劳教制度的呼声日渐强烈。尤其是随着尊重和保障人权入宪，这一制度已越来越不适应现实需求。基于此，十二届全国人大常委会第六次会议2013年12月28日通过关于废止有关劳动教养法律规定的决定。从中央决定提出废止劳动教养制度，到全国人大常委会正式废止劳教制度，短短一个多月时间，是我国法治建设不断推进的又一重要举措，彰显了我国人权司法保障制度的进步。

8. 全国人大常委会关于调整完善生育政策的决议通过

2013年12月28日，第十二届全国人民代表大会常务委员会第六次会议审议通过《全国人民代表大会常务委员会关于调整完善生育政策的决议》。及时调整完善计划生育政策，有利于改善人口结构，保持合理劳动力规模，延缓人口老龄化速度，增强经济发展活力；有利于家庭幸福与社会和谐；有利于稳定适度低生育水平，缓减人口总量在达到峰值后过快下降的势头；有利于中华民族长远发展。实施"单独两孩"政策未必能使出生人口性别比恢复正常，但一定能使其下降。单独两孩的放开,符合人口发展规律,顺应了人民群众期待,一定程度上可以改善家庭结构,有助于家庭经济、社会功能的发挥,有助于提高家庭的抗风险能力。

(二)多项法律草案提请大会审议

1.《资产评估法(草案)》二次审议

2012年2月29日,十一届全国人大常委会第二十五次会议对资产评估法草案进行了初次审议。2013年8月26日,十二届全国人大常委会第四次会议对资产评估法草案二审稿进行了审议。8月28日,常委会会议对草案二审稿进行了分组审议。与会人员在肯定二审稿修改的同时,也提出草案应进一步减政放权、政社分开、加强行业监管等修改意见。从2013年9月6日至10月5日,1360人对资产评估法(草案二次审议稿)共提出32642条意见。"一直以来,资产评估行业没有真正意义上的行业大法,资产评估法一旦通过,将结束行业20多年没有一部统一法律的历史,因此该法律的出台对整个行业意义重大,影响深远。"①

2.《环境保护法修订案(草案)》分组审议

十二届全国人大常委会第五次会议分组审议《环境保护法修订案(草案)》。环境保护法的修改备受公众关注,成为一个社会热点问题。如何强化违法责任追究、健全和落实公益诉讼制度、细化官员环保绩效考核等成为各位委员关注的重点。同样,环保法的修改也提供了一个提高我国环境质量的历史机遇。环保法一直被认为是执行效果较差的法律,其中一个重要原因就是违法成本太低。这次修改体现了解决这个问题的决心。②

3.《行政诉讼法修正案(草案)》分组审议

十二届全国人大常委会第六次会议2013年12月25日上午在人民大会堂分组审议《行政诉讼法修正案(草案)》。委员们表示,草案体现了建设

---

① 《如何为资产评估立好法律准绳?》,新华网,http://news.xinhuanet.com/legal/2013-10/05/c_117599611.htm。
② 《全国人大常委会组成人员热议环境保护法修改》,中央政府网,http://www.gov.cn/jrzg/2013-10/25/content_2514729.htm。

法治政府、推进依法行政的理念。修法的指导思想和条文的修改，充分体现了对行政机关的约束，对公民、法人和其他社会组织合法权益的保护。这样的修改方便了老百姓使用法律手段维护自己的合法权益。行政诉讼法的设立本身是为规范政府权力，对受到权力伤害的权利提供司法救济。但在现实中，由于行政权力与司法权力的失衡，这一权利救济力量更显式微，修法应着力于权力归位和矫正的问题。从这个视角出发，行诉法修改"制约权力"的理念将更加明确，相关的修改条款也可向公民权利和司法权力做更大的倾斜。

（三）地方立法

一年来，地方立法机关围绕地区难题，研究制定具有地方特点和满足实际需要的地方性法规，在保障和促进地方改革与发展中发挥了不可替代的作用。

1. 率先立法

2013年5月，《珠海经济特区人才开发促进条例（草案）》和《珠海经济特区预防腐败条例（草案）》提交市人大常委会会议审议，在全国率先启动人才开发及预防腐败立法。《珠海经济特区人才开发促进条例》由珠海市第八届人民代表大会常务委员会第十二次会议于2013年7月26日通过，该条例突破人才市场准入规定，试点设立外商独资的人才中介机构，以更好地为国外人才和海外留学归国人才提供更加专业化国际化的服务。

2. 回应社会热点

2013年6月，深圳市人大常委会表决通过了《深圳经济特区救助人权益保护规定》。这是我国首个保护救助人的地方法规。今后在深圳，被救助者认为自己的损伤是由救助者造成的，将要承担举证责任，否则将被以诬告陷害罪追究刑责。该规定的出台一方面回应了社会的热点问题，解决了民众遇到需要救助的人却不敢伸手的顾虑；另一方面则是完善细化了法律，有助于法官依法判案，让见义勇为者不再因做好事被"冤枉"。

2013年11月，陕西省十二届人大常委会第六次会议表决通过了《陕西省大气污染防治条例》，该条例自2014年1月1日起正式施行。条例对陕西大气污染防治、民生工程建设、目标责任考核等重点工作作了明确规定和要求。①

继上海、杭州、广州、哈尔滨、天津等完成了公共场所控烟立法，2013年，又有鞍山、青岛、兰州、深圳等地相继制定控烟法规或政令，为民众不受烟草烟雾危害提供有力法治保障。自2005年《烟草控制框架公约》正式生效起，中国各地依照公约精神进行地方立法、修法，以及颁布和修订行政规章的城市已超过10个，这些城市从立法到执法积累了丰富经验，推动"起草《公共场所控制吸烟条例》"被写入"国务院2013年立法工作计划"研究项目，这是控烟立法取得的一项重大进展。地方的控烟立法正"倒逼"国家层面的控烟立法加速进行。②

3. 推动生态文明建设

2013年9月，河南省第十二届人大常委会第四次会议审议通过了《河南省减少污染物排放条例》。条例的通过，为切实完成河南省"十二五"主要污染物减排指标，强力推进大气污染行动计划，全面减少污染物排放，尽快实现天蓝、水绿、地清洁，建设生态河南，提供了坚实有力的法规依据。③

2013年12月，《云南省湿地保护条例》经云南省第十二届人民代表大会常务委员会第五次会议通过，于2014年1月1日起施行。这是云南第一部规范湿地保护工作的地方性法规。

4. 促进地方深化改革

2013年5月，辽宁省十二届人大常委会第二次会议通过《辽宁省职工劳动权益保障条例》，加大了对职工劳动权益的保护力度。

2013年9月，江西省第十二届人民代表大会常务委员会第六次会议通过了《江西省科技创新促进条例》，该条例于2013年11月1日起施行。条例是江西省首部关于促进科技创新的综合性地方法规，是江西科技法制建设的里程碑。

---

① 《〈陕西省大气污染防治条例〉经省人大常委会第六次会议表决通过》，中国政府法制信息网，http://www.chinalaw.gov.cn/article/dfxx/zffzdt/201312/20131200394094.shtml。
② 许晓青、娄琛、罗鑫：《地方控烟立法提速或"倒逼"国家层面有所突破》，中国新闻网，http://www.chinanews.com/gn/2013/12-04/5579156.shtml。
③ 《〈河南省减少污染物排放条例〉2014年1月1日起实施》，大河网，http://newpaper.dahe.cn/hnrbncb/html/2013-10/09/content_965296.htm?div=-1。

2013年11月,福建省十二届人大常委会第六次会议表决通过《福建省机关效能建设工作条例》,该条例自2014年1月1日起施行。这是全国范围内首次对机关效能建设工作进行立法。

（四）未来立法的发展趋势

《中华人民共和国旅游法》通过后,全国人大常委会委员长张德江发表讲话强调,要认真贯彻落实党的十八大精神,继续加强和改进立法工作。一要突出提高立法质量;二要增强法律的可执行性;三要加强立法评估工作。[①] 2013年10月30日,全国人大常委会立法工作会议在人民大会堂举行。张德江委员长出席会议并讲话,他指出提高立法质量是加强和改进立法工作的重中之重,根本途径在于推进科学立法、民主立法。科学立法的核心在于尊重和体现规律。民主立法的核心在于立法要为了人民、依靠人民。[②] 可以说,张德江委员长的讲话特别重视法律是否"管用",即立法要在可操作性上下功夫,以缩小司法部门解释法律的空间。立法将在全面深化改革中发挥引领和推动作用,为实现中华民族伟大复兴的中国梦提供坚实法制保障。

2013年法律方面的立改废,彰显中国法律体系与时俱进的特点。制定旅游法、修改消费者权益保护法是回应民生期待的直接体现,废止劳教制度是维护宪法精神的重要体现。2013年12月27日,全国人大财经委在人民大会堂召开电子商务法起草组成立暨第一次全体会议,正式启动电子商务法立法工作,反映了有关部门和社会各界的共同期望。张德江委员长十分关心电子商务立法工作,2013年初专门就电子商务立法做出批示。近年来,许多全国人大代表提出议案和建议,建议加快电子商务立法。通过电子商务立法、推进电子商务发展,适应了互联网时代商业模式的发展趋势,对于加快经济发展方式转变、实现经济结构调整和转型升级、加快创新型国家建设等均具有重大意义。

---

① 《十二届全国人大常委会第二次会议在京闭幕会议表决通过旅游法》,新华网,http://news.xinhuanet.com/politics/2013-04/25/c_115546229.htm。
② 《以科学民主精神促立法质量提高》,新华网,http://news.xinhuanet.com/mrdx/2013-11/10/c_132874885.htm。

二　2013年的监督工作

2013年，全国人大及其常委会在监督方面展现出积极务实和进取的姿态，通过进一步发挥审议、监督职能，为中国经济社会发展"问诊把脉"。

（一）执法检查

1. 检查《可再生能源法》实施情况

十二届全国人大常委会可再生能源法执法检查组第一次全体会议2013年6月5日在京举行，正式启动了首项执法检查。执法检查组于2013年6月赴内蒙古、江苏、甘肃进行检查，并委托部分省、自治区、直辖市人大常委会分别对本行政区域内可再生能源法的实施情况进行检查。2013年8月27日，十二届全国人大常委会第四次会议审议全国人大常委会副委员长陈昌智所做的关于检查可再生能源法实施情况的报告，共有40人次发言。发言人员普遍认为，我国要继续坚持可再生能源优先发展战略，强化可再生能源法实施力度，推动可再生能源产业健康发展。[1]

2. 检查《气象法》实施情况

全国人大常委会气象法执法检查组第一次全体会议2013年8月30日在京举行，正式启动气象法执法检查工作。2013年8月至9月，全国人大常委会气象法执法检查组赴黑龙江、安徽、福建、湖南、江苏五省对气象法实施情况进行检查，并委托其他省、自治区、直辖市人大常委会对本行政区域气象法的实施情况进行检查。2013年10月22日，十二届全国人大常委会第五次会议审议全国人大常委会副委员长吉炳轩所做的关于检查气象法实施情况的报告，共有38人次发言。发言人员普遍认为，要加大气象基础设施投入力度，强化关键技术科研和开发，不断提高气象预报和灾害性天气预警准确率，健全预警信息发布和应急响应机制，提升气象防灾减灾能力特别是农村的防灾减灾能力，[2] 强化气候资

---

[1] 《全国人大常委会组成人员对检查可再生能源法实施情况报告的审议意见》，中国人大网，http://www.npc.gov.cn/npc/cwhhy/12jcwh/2013-10/11/content_1809164.htm。

[2] 《全国人大常委会组成人员对检查气象法实施情况报告的审议意见》，人民网，http://npc.people.com.cn/n/2013/1121/c14576-23616245.html。

源科学利用和有效保护,为经济建设、社会发展和人民生活提供更好的气象服务。全国人大常委会气象法执法检查组建议在《气象灾害防御条例》的基础上,制定出台气象灾害防御法。

3. 检查《行政复议法》实施情况

2013年9月2日,全国人大常委会行政复议法执法检查组第一次全体会议在京举行,正式启动行政复议法执法检查。执法检查组于2013年9月至10月对《行政复议法》的实施情况进行了检查。这次执法检查,是行政复议法颁布实施14年来全国人大常委会首次对该法实施情况进行检查,开展了行政复议法实施情况网上问卷调查,征集网民反馈意见3123条。执法检查期间,社会各界也可以通过书信等方式向检查组反映关于行政复议法实施的意见。其中,在15个省(区、市)、163个设区的市(州、地区)、1407个县(市、区)开展数据统计,收集行政复议有关数据51350个。从检查情况看,行政复议法的贯彻实施还存在不少困难和问题:①行政复议的公众知晓率和信任度不高;②行政复议办案质量和效率有待提升;③行政复议能力建设亟待加强;④行政复议体制和工作机制尚需完善。

4. 检查《义务教育法》实施情况

2013年9月3日,全国人大常委会义务教育法检查组第一次全体会议在京举行,正式启动义务教育法执法检查。执法检查组于9~10月赴山西、吉林、河南、广东等8省份进行检查,同时委托北京、江苏、贵州、甘肃等19个省份人大常委会对本行政区域义务教育法的实施情况进行检查。[①] 2013年12月23日召开的十二届全国人大常委会第六次会议听取了执法检查组关于检查中华人民共和国义务教育法实施情况的报告。报告指出:义务教育在城乡、区域、校际、群体之间仍不均衡。从城乡看,农村教育仍是短板;从区域看,中西部地区教育发展相对滞后;从群体看,进城务工人员随迁子女义务教育还没有全部纳入输入地的财政保障和教育发展规划,随迁子女平等接受义务教育还存在不少困难。残疾儿童义务教育入学率低于普通儿童,辍学率高于普通儿

---

① 《常委会启动义务教育法执法检查》,中国人大网,http://www.npc.gov.cn/npc/xinwen/syxw/2013-09/04/content_1805449.htm。

童。在中西部欠发达地区，尤其是边远、贫困及少数民族地区，农村初中辍学率较高，有的地区超过10%。许多学校还存在着"重知识不重能力、重智育不重体育、重课堂不重课外"的现象。农村教师队伍仍存在待遇不高、结构性短缺、队伍不稳等问题。教师年龄结构失衡，一些边远贫困地区的农村学校多年未补充年轻的新教师，教师老龄化问题严重。一些地区还存在低薪聘用代课教师的现象。报告建议：尽快出台城乡统一的教职工编制标准，切实保证农村学校需求；制定优惠政策，吸引优秀人才到农村任教。

（二）听取和审议专项工作报告

1. 听取审议国务院关于生态补偿机制建设工作情况的报告

2013年4月23日，第十二届全国人民代表大会常务委员会第二次会议审议了国家发展和改革委员会主任徐绍史受国务院委托所做的关于生态补偿机制建设工作情况的报告。报告指出，生态补偿机制建设在工作实践中还存在不少矛盾和问题。总体来看，我国的生态补偿机制还没有真正建立，谁开发谁保护、谁受益谁补偿的利益调节格局还没有真正形成。[1] 部分全国人大常委会委员审议时认为，当前生态补偿机制标准偏低、补偿渠道不统一问题比较突出，这和工作起步晚、涉及的利益关系复杂、实施难度大有关系。

2. 听取审议国务院关于公安机关执法规范化建设工作情况的报告

2013年6月28日，十二届全国人大常委会第三次会议审议国务委员兼公安部部长郭声琨受国务院委托做的关于公安机关执法规范化建设工作情况的报告，常委会组成人员和列席会议人员共有36人次发言。发言人员认为，各地大量聘用没有独立执法资格的协警、辅警，甚至使用劳务派遣人员协助执法，经常发生问题，是当前基层公安执法队伍建设的薄弱环节。希望公安机关着力解决人民群众反映强烈的执法活动不规范、不公正、不文明等突出问题，切实提高公安执法公信力，更好地维护法律的权威和尊严，维护人民群众合法权益。

---

[1] 《国务院关于生态补偿机制建设工作情况的报告》，中国人大网，http://www.npc.gov.cn/npc/xinwen/2013-04/26/content_1793568.htm。

3. 听取审议国务院关于农村金融改革发展工作情况的报告

2013年6月28日,十二届全国人大常委会第三次会议审议中国银行业监督管理委员会主席尚福林受国务院委托做的关于农村金融改革发展工作情况的报告,常委会组成人员和列席会议人员共有43人次发言。发言人员普遍认为,农村金融仍然是金融改革发展的薄弱环节,贷款难、融资难仍然是制约"三农"发展的瓶颈。一些出席人员建议,创新符合农村特点的抵(质)押担保方式和融资机制,扩大农村有效担保物范围。部分出席人员认为,农业保险是现代农业发展的重要保障,但目前农业保险赔付标准低,影响农民的投保积极性。加快建立农业再保险制度和财政支持的农业巨灾风险分散机制,降低农业保险的经营风险。有些出席人员建议成立政策性农业保险公司,丰富保险品种,扩大保险覆盖面,并将部分利润用于建立巨灾风险基金。

4. 听取审议国务院关于城镇化建设工作情况的报告

2013年6月29日,十二届全国人大常委会第三次会议审议国家发展和改革委员会主任徐绍史受国务院委托做的关于城镇化建设工作情况的报告,常委会组成人员和列席会议人员共有72人次发言。审议中,许多出席人员认为,城镇化建设必须遵循经济社会发展的客观规律,正确把握速度与质量的关系,把全面提高城镇化质量放在突出位置。有的出席人员强调,推动城镇化发展,有三个底线不能突破:一是18亿亩耕地红线不能突破,二是环境污染不能加剧,三是地方政府性债务不能失控。要以制度红利、改革红利释放发展潜力。

5. 听取审议国务院2013年以来国民经济和社会发展计划执行情况的报告

2013年8月29日,十二届全国人大常委会第四次会议审议国家发展和改革委员会主任徐绍史受国务院委托所做的关于2013年以来国民经济和社会发展计划执行情况的报告,常委会组成人员和列席会议人员共有45人次发言。发言人员普遍认为,我国目前经济发展的不平衡、不协调、不可持续的矛盾依然存在,出现的复杂问题是近年来少有的,必须引起高度关注。[1]

6. 听取审议国务院2013年以来预算执行情况的报告

2013年8月29日,十二届全国人大常委会第四次会议审议财政部部长楼

---

[1] 《全国人大常委会组成人员对今年以来国民经济和社会发展计划执行情况报告的审议意见》,中国人大网,http://www.npc.gov.cn/npc/cwhhy/12jcwh/2013-10/11/content_1809176.htm。

继伟受国务院委托所做的关于2013年以来预算执行情况的报告,常委会组成人员和列席会议人员共有45人次发言。部分发言人员认为,要密切跟踪经济运行和财政收支情况,坚持依法征税,提高财政收入质量。有的发言人员指出,目前逃税、骗税等违法行为仍然比较严重,一些地方擅自出台减免税或"先征后返"等变相减免税政策;也有一些地方为了完成预算任务,通过巧立名目、虚收空转等行为多征多收。对这两种现象,都要坚决制止和纠正,在保证应收尽收的同时,坚决防止收"过头税"。要加大对事业性收费和政府性基金的清理整合力度,严禁乱收费,切实降低企业和居民税费负担。一些发言人员指出,目前地方财政收入高度依赖土地和房地产业,2013年1~7月国有土地使用权出让收入20151亿元,增长49.4%。土地是不可再生的自然资源,依赖土地出让带来的收入难以持续,具有较大的潜在风险。有关方面对此应当给予高度重视,深入研究对策,加强土地使用管理,深化相关领域改革,从根源上解决"土地财政"问题。部分发言人员指出,近年来,地方政府通过各种融资平台进行的举债增长过快,一些地方不顾客观条件,盲目举债、乱铺摊子,加剧了财政压力,也带来了债务风险,应尽快摸清地方政府性债务的规模、结构,在此基础上进一步研究和完善政府融资模式,拓展融资渠道,规范融资行为,强化债务管理,防控和化解财政运行中的矛盾和风险。部分发言人员认为,要进一步深化财税体制改革,合理界定中央与地方以及地方各级政府间的事权和支出责任,完善财力与事权相匹配的财政体制。部分发言人员认为,要真正做到政府全口径预算管理,真正将所有政府性收入和支出全部纳入预算,实行科学、统一、规范管理,使政府公共财政预算和其他各项预算之间做到功能明确、有机衔接。①

7. 听取审议最高人民法院关于人民陪审员决定执行和人民陪审员工作情况的报告

2013年10月23日,十二届全国人大常委会第五次会议审议最高人民法院院长周强所做的关于人民陪审员决定执行和人民陪审员工作情况的报告,常

---

① 《全国人大常委会组成人员对今年以来预算执行情况报告的审议意见》,中国人大网,http://www.npc.gov.cn/npc/cwhhy/12jcwh/2013-10/11/content_1809168.htm。

委会组成人员和列席会议人员共有70人次发言。发言人员普遍认为，实行人民陪审员制度，对于推进司法民主、促进司法公正具有重要意义。各级人民法院要深入贯彻实施全国人大常委会关于完善人民陪审员制度的决定，在认真总结经验的基础上，切实加强人民陪审员工作的制度化、规范化建设，扩大人民陪审员队伍、加强业务培训、健全陪审机制、扩大陪审案件范围，让更多的人民群众直接参与和监督人民法院的审判活动，维护社会公平正义。

8. 听取审议国务院关于深入实施西部大开发战略情况的报告

2013年10月23日，十二届全国人大常委会第五次会议审议国家发展和改革委员会主任徐绍史受国务院委托所做的关于深入实施西部大开发战略情况的报告，常委会组成人员和列席会议人员共有79人次发言。出席人员希望各地区各部门认真贯彻落实中央决策部署，更加注重集中力量解决全局性、战略性和关键性问题，更加注重发挥西部地区比较优势，更加注重提高增长质量和效益，进一步加快西部地区经济发展、民生改善、环境保护步伐。

9. 听取审议最高人民检察院关于检察机关反贪污贿赂工作情况的报告

2013年10月23日，十二届全国人大常委会第五次会议审议最高人民检察院检察长曹建明所做的最高人民检察院关于检察机关反贪污贿赂工作情况的报告，常委会组成人员和列席会议人员共有46人次发言。发言人员普遍认为，当前腐败现象依然不少，滋生腐败的环境依然存在，反腐败斗争形势依然严峻复杂。大家强调，要认真贯彻党中央关于反腐倡廉建设的重大部署，进一步加大反贪污贿赂工作力度，尽力做到标本兼治，从源头上预防和减少贪污贿赂犯罪发生。[①]

（三）专题询问

1. 传染病防治

2013年8月28日，十二届全国人大常委会第四次会议听取审议了国务院关于传染病防治工作和传染病防治法实施情况的报告，并以联组会议的形式开展了本届常委会第一次专题询问。在这场十二届全国人大常委会的首场专题询

---

① 《全国人大常委会组成人员对检察机关反贪污贿赂工作情况报告的审议意见》，中国人大网，http://www.npc.gov.cn/npc/cwhhy/12jcwh/2013 - 11/20/content_ 1813970.htm。

问上，委员们就以下问题进行了发问："采取何种措施遏制肺结核蔓延？""改善农村饮水安全方面做了哪些工作？""我国边境口岸和边境地区如何进行传染病防控？目前还有哪些漏洞？"……常委会组成人员还就肺结核防控、农村饮用水安全、传染病跨境传播、新发传染病监测预警和医疗救助、西部贫困地区传染病防控、传染病防治公益宣传、传染病防控队伍建设、加强城市活禽市场管理、发挥中医药作用等问题进行了专题询问。国家卫生计生委等15个部门的18位负责同志到会听取意见，回答询问。

张德江委员长主持联组会议并讲话，强调专题询问是人大依法监督的一种重要形式，要进一步提高质量和效果，充分发挥专题询问的建设性和促进性作用，防止流于形式，防止走过场。答问部门要本着对人民负责的精神，实事求是、谦虚坦诚，提高答问的质量。国务院要认真研究处理常委会组成人员的审议意见，切实提出改进工作的措施，并向全国人大常委会提出书面报告。国务院有关部门务必认真对待，将专题询问的成果转化为改进工作的实效，切实推动传染病防治工作中突出问题的解决。[1]

2. 国家财政科技资金分配与使用

2013年10月22日，十二届全国人大常委会第五次会议审议财政部部长楼继伟受国务院委托所做的关于国家财政科技资金分配与使用情况的报告。10月24日，十二届全国人大常委会第五次会议联组会议，结合审议该报告进行专题询问，共有9人次发言询问。专题询问中，吴晓灵委员就如何发挥财政资金的引导作用、促进企业成为科技创新的主体问题，辜胜阻委员就如何有效解决经济与科技相互脱节问题，许为钢委员就如何进一步提高科研项目预算编制和审核的科学性问题，严隽琪副委员长就高校和科研院所的科研经费管理问题，严以新委员就如何防止科研项目和经费使用中的违规行为和腐败现象问题，姒健敏委员就如何看待和解决目前普遍存在的"多头管理""多头申报"等问题，杨震委员就如何解决科研管理和成果评价方面存在的漏洞、显著提高国家科技资金的投入效率问题，罗亮权委员就财政如何支持农业科技创新问

---

[1] 《全国人大常委会组成人员对传染病防治工作和传染病防治法实施情况报告的审议意见》，中国人大网，http://www.npc.gov.cn/npc/cwhhy/12jcwh/2013 - 10/11/content_ 1809154.htm。

题，冯长根委员就科普经费投入与使用问题，温孚江委员就如何利用大数据研究和改善科技管理及绩效评价等问题发表意见、提出询问。受国务院委托，科技部部长万钢、工业和信息化部部长苗圩、财政部部长楼继伟、发展改革委副主任张晓强、教育部副部长杜占元、科技部副部长王伟中、人力资源和社会保障部副部长何宪、财政部部长助理余蔚平、自然科学基金会副主任高瑞平到会听取意见、回答询问。①

3. 农村扶贫开发工作

2013年12月25日，十二届全国人大常委会第六次会议听取了国务院关于农村扶贫开发工作情况的报告。27日，全国人大常委会举行联组会议，结合审议国务院关于农村扶贫开发工作情况的报告进行专题询问。专题询问中，辜胜阻委员就如何打破"扶贫－脱贫－返贫－再扶贫"的恶性循环、走出"年年扶贫年年贫"的怪圈问题，陈光国委员就采用什么样的"真功夫"和"硬措施"、有效缩小贫困地区和其他地区的发展差距问题，王明雯委员就如何做到对农村贫困人口的精确识别和动态管理问题，冯长根委员就确定扶贫县识别标准问题，方新委员就科技扶贫和扶贫队伍建设问题，刘振伟委员就财政、金融、税收政策如何向贫困地区倾斜问题，吴晓灵委员就发展贫困地区合作金融问题，彭森委员就如何解决精准扶贫与农村基础设施建设的关系问题等发表意见、提出询问，并多次追问。受国务院委托，国务院扶贫办刘永富、王国良，发展改革委刘晓滨，教育部鲁昕，民政部窦玉沛，财政部胡静林，农业部余欣荣，卫生计生委王培安，人民银行郭庆平等相关负责同志到会听取意见，认真回答了询问。②

（四）监督工作的发展趋势

1. 加强和完善县级人大监督工作将成为今后人大工作的新亮点

2013年11月22～25日，中共中央政治局常委、全国人大常委会委员长

---

① 《全国人大常委会专题询问国家财政科技资金分配与使用情况》，财政部网站，http://www.mof.gov.cn/zhengwuxinxi/caizhengxinwen/201310/t20131025_1003276.html。
② 《全国人大常委会专题询问农村扶贫开发工作情况》，中国人大网，http://www.npc.gov.cn/npc/xinwen/jdgz/2013-12/28/content_1821673.htm。

张德江在云南就县级人大工作进行调研，并主持召开部分省、自治区、直辖市县级人大工作座谈会。11月22日，张德江在云南省蒙自市旁听了新安所镇2013年人大代表述职评议会，并考察了蒙自市新安所镇人大代表活动室。11月23日，张德江在红河州人大机关召开红河州各县（市）人大常委会主任座谈会并考察了弥勒市西三镇人大代表活动室。11月24日，张德江在石林县人大机关考察了县级人大工作，在楚雄州武定县狮山镇考察了人大工作，在楚雄州武定县考察了人大机关，了解县级人大代表选举情况。11月25日，张德江在昆明市召开部分省（区、市）县级人大工作座谈会。他强调，要全面贯彻落实党的十八大、十八届三中全会精神和习近平总书记系列重要讲话精神，从完善和发展中国特色社会主义制度、推进国家治理体系和治理能力现代化的高度，按照"总结、继承、完善、提高"的总原则，着力加强县级人大工作和人大自身建设，扎实推进县级人大工作完善发展。[①]

县级人大代表由选民直接选举产生，县级人大代表同选民的联系更加直接广泛。县级人大没有立法权，其主要职能就是监督。不过，目前，县级人大监督是人大工作的薄弱环节。因此，张德江委员长关于完善发展县级人大工作的讲话精神对于今后加强和完善县级人大监督工作具有重要推动作用。甚至可以说，推动人民代表大会制度与时俱进，首先将从地方人大工作创新开始，尤其是要管好"钱袋子"。现在，一些区县每年可支配的财力已经多达几亿元、几十亿元，甚至几百亿元。这笔钱是如何花的，有没有去盖楼堂馆所、大吃大喝，都需要县级人大予以重点监督。另外，县级事权、财权、人事权也较为集中，这也需要依法加强县级人大监督工作，充分发挥人大代表的作用。建立健全代表联络机构，广泛听取选民意见，并自觉接受选民的监督，是密切代表同人民群众联系的重要渠道，也可以促进代表工作规范化、制度化，进而推动县级人大的监督工作。

2. 人大自身的严格依法履职会进一步强化

2012年12月28日至2013年1月3日，湖南省衡阳市召开第十四届人民

---

① 《张德江强调：扎实推进县级人大工作完善发展》，新华网，http://news.xinhuanet.com/politics/2013-11/25/c_118287476_2.htm。

代表大会第一次会议。在差额选举湖南省人大代表的过程中，发生了以贿赂手段破坏选举的违纪违法案件。共有56名当选的省人大代表存在送钱拉票行为，涉案金额1.1亿余元，有518名衡阳市人大代表和68名大会工作人员收受钱物。由于这起破坏选举案涉案人员多、涉案金额大、性质严重、影响恶劣，受到了依法依纪严肃查处。湖南省十二届人大常委会第六次会议决定，对以贿赂手段当选的56名省人大代表依法确认当选无效并予以公告；对5名未送钱拉票但工作严重失职的省人大代表，依法公告终止其代表资格。衡阳市有关县（市、区）人大常委会会议分别决定，接受512名收受钱物的衡阳市人大代表及3名未收受钱物但工作严重失职的市人大代表辞职。另有6名收受钱物的衡阳市人大代表此前因调离本行政区域已经终止代表资格。经查，童名谦在任湖南省衡阳市委书记期间，作为市换届工作领导小组组长、严肃换届纪律第一责任人，不正确履行职责，对衡阳市人大选举湖南省人大代表前后暴露出的贿选问题，没有及时采取有效措施严肃查处，导致发生严重的以贿赂手段破坏选举的违纪违法案件。童名谦上述玩忽职守行为已构成严重违纪并涉嫌犯罪。依据《中国共产党纪律处分条例》等规定，经中央纪委常委会审议并报中共中央批准，决定给予童名谦开除党籍、开除公职处分；将其涉嫌犯罪问题移送司法机关依法处理。① 这就表明反腐风暴在人大机关领域也已展开，人大自身的严格依法履职会进一步强化。

---

① 《湖南政协原副主席童名谦被双开涉衡阳贿选案》，人民网，http://politics.people.com.cn/n/2014/0102/c1001-24003117-2.html。

B.3 行政管理制度的建设与发展

高小平 谢德斌[*]

摘 要： 2013年，国务院进行了改革开放以来的第七次大规模机构改革，第三次对行政审批项目进行清理；收入分配制度改革取得突破性进展；推出《党政机关厉行节约反对浪费条例》《党政机关国内公务接待管理规定》；工商登记制度、干部考核评价制度、生态文明建设制度等方面的改革都取得了显著的进展；地方政府的创新探索也取得了丰硕成果。

关键词： 回顾 进展 趋势

2013年是我国行政管理制度发展进程中具有重要意义的一年。根据党的十八大做出的战略部署和我国经济社会发展的需要，2013年我国的国务院机构改革和行政管理体制改革得到了全面深化。国务院进行了改革开放以来的第七次大规模机构改革，精简了4个正部级机构，大部制轮廓初步成型，本次改革还把政府职能转变放在比以往任何一次改革更加突出的位置。继2012年国务院第六批取消和调整行政审批项目后，2013年国务院多次发文对行政审批项目进行清理，继续大刀阔斧地推进行政审批制度改革。经历近10年的博弈，收入分配制度改革在2013年取得突破性进展，原则性改革方案在年初出台。为了全面贯彻落实中央《关于改进工作作风、密切联系群众的八项规定》，

---

[*] 高小平，中国行政管理学会执行副会长兼秘书长，研究员，主要研究领域为行政体制改革、应急管理；谢德斌，北京林业大学人文学院研究生。

《党政机关厉行节约反对浪费条例》《党政机关国内公务接待管理规定》两份文件进一步规范了党政机关的内部管理，对防止公款浪费行为做了系统的制度安排。此外，工商登记制度、干部考核评价制度、生态文明建设制度等方面的改革都取得了明显的突破，云南省昆明市、陕西省紫阳县、江苏省昆山市张浦镇等地方政府的创新探索也取得了丰硕成果。

一 国务院机构改革与职能转变

（一）国务院机构改革的主要内容

改革开放以来，我国先后在1982年、1988年、1993年、1998年、2003年和2008年进行了六次大规模的政府机构改革，这些改革主要从调整行政管理体制、精简机构人员、转变政府职能三个方面展开。2008年的国务院机构改革，整合组建了工业和信息化部、交通运输部、人力资源和社会保障部、环境保护部、住房和城乡建设部，拉开了我国政府大部制改革的序幕。

根据党的十八大和十八届二中全会精神，2013年3月10日，《国务院机构改革和职能转变方案》正式公布。这次国务院机构改革，重点围绕转变职能和理顺职责关系，稳步推进大部制改革，实行铁路政企分开，整合加强卫生和计划生育、食品药品、新闻出版和广播电影电视、海洋、能源管理机构。[1]

1. 实行铁路政企分开

本次改革撤销了铁道部，将其拟定铁路发展规划和政策职责划入交通运输部，由交通运输部统筹规划铁路、公路、水路、民航的发展，加快推进综合交通运输体系的建设。组建了由交通运输部管理的国家铁路局，承担铁道部的其他行政职责，同时组建了中国铁路总公司，承担铁道部的企业职责。方案还指出，国家将继续支持铁路的建设发展，加快推进铁路运价改革和投融资体制改革，建立健全规范的公益性线路和运输补贴机制，继续深化铁路企业改革。

---

[1] 《国务院机构改革和职能转变方案》，《人民日报》2013年3月15日。

2. 组建国家卫生和计划生育委员会

将卫生部的职责、国家人口和计划生育委员会的计划生育管理和服务职责进行整合，组建了国家卫生和计划生育委员会。其主要职责是：统筹规划医疗卫生和计划生育服务资源配置，组织制定国家基本药物制度，拟定计划生育政策，监督管理公共卫生和医疗服务，负责计划生育管理和服务工作等。将国家人口和计划生育委员会的研究拟定人口发展战略、规划及人口政策职责划入国家发展和改革委员会。国家中医药管理局由国家卫生和计划生育委员会管理。

3. 组建国家食品药品监督管理总局

将国务院食品安全委员会办公室的职责、国家食品药品监督管理局的职责、国家质量监督检验检疫总局的生产环节食品安全监督管理职责、国家工商行政管理总局的流通环节食品安全监督管理职责整合，组建国家食品药品监督管理总局，加挂国务院食品安全委员会办公室牌子，对生产、流通、消费环节的食品安全和药品的安全性、有效性实施统一监督管理。国家卫生和计划生育委员会负责食品安全风险评估和食品安全标准制定，农业部负责农产品质量安全监督管理，将商务部的生猪定点屠宰监督管理职责划入农业部。

4. 组建国家新闻出版广电总局

将国家新闻出版总署、国家广播电影电视总局的职责整合，组建国家新闻出版广电总局，加挂国家版权局牌子，统筹规划新闻出版广播电影电视事业产业发展，监督管理新闻出版广播影视机构和业务以及出版物、广播影视节目的内容和质量，负责著作权管理等。

5. 重新组建国家海洋局

为了推进海上统一执法，提高执法效能，将国家海洋局及中国海监、公安部边防海警、农业部中国渔政、海关总署海上缉私警察的队伍和职责整合，重新组建国家海洋局，由国土资源部管理。主要职责是，拟定海洋发展规划，实施海上维权执法，监督管理海域使用、海洋环境保护等。国家海洋局以中国海警局名义开展海上维权执法，接受公安部业务指导。为加强海洋事务的统筹规划和综合协调，设立高层次议事协调机构国家海洋委员会，负责研究制定国家海洋发展战略，统筹协调海洋重大事项，具体工作由国家海洋局承担。

6. 重新组建国家能源局

为统筹推进能源发展和改革，加强能源监督管理，将国家能源局、国家电力监管委员会的职责整合，重新组建国家能源局，由国家发展和改革委员会管理。主要职责是，拟定并组织实施能源发展战略、规划和政策，研究提出能源体制改革建议，负责能源监督管理等。不再保留国家电力监管委员会。

（二）国务院职能转变的主要内容

本次改革方案把职能转变放在比以往任何一次行政体制改革更加突出的位置。主要思路是：处理好政府与市场、政府与社会、中央与地方的关系，深化行政审批制度改革，减少微观事务管理，该取消的取消、该下放的下放、该整合的整合，以充分发挥市场在资源配置中的基础性作用、更好地发挥社会力量在管理社会事务中的作用、充分发挥中央和地方两个积极性，同时改善和加强宏观管理，注重完善制度机制，加快形成权界清晰、分工合理、权责一致、运转高效、法治保障的国务院机构职能体系，真正做到该管的管住管好，不该管的不管不干预，切实提高政府管理科学化水平。

国务院职能转变的具体措施包括十个方面：减少和下放投资审批事项；减少和下放生产经营活动审批事项；减少资质资格许可和认定；减少专项转移支付和收费；减少部门职责交叉和分散；改革工商登记制度；改革社会组织管理制度；改善和加强宏观管理；加强基础性制度建设；加强依法行政。

（三）国务院机构改革与职能转变的成效与特点

1. 国务院机构大部制轮廓初步成型

改革后，国务院正部级机构减少4个，其中组成部门减少2个，副部级机构增减相抵数量不变，除国务院办公厅外，国务院设置组成部门25个，分别是：外交部、国防部、国家发展和改革委员会、教育部、科学技术部、工业和信息化部、国家民族事务委员会、公安部、国家安全部、监察部、民政部、司法部、财政部、人力资源和社会保障部、国土资源部、环境保护部、住房和城乡建设部、交通运输部、水利部、农业部、商务部、文化部、国家卫生和计划生育委员会、中国人民银行和审计署。通过本轮改革，大交通、大社会、大卫生格局基本形成，国务院机构的大部制轮廓初步成型。

2. 改革对关乎国计民生的重要领域开刀

这次改革涉及的部门都是关乎国计民生的重要领域。第一，改革首先拿"铁老大"开刀，实行铁路政企分开，由交通运输部全面负责综合交通运输体系建设，将促进铁路、公路、民航运输的协调发展，提高我国交通运输体系的产业能力和服务效率。第二，计划生育是由党政一把手负总责、实行"一票否决"考核制的大事，这次改革组建了国家卫生和计划生育委员会，将卫生部的职责、国家人口和计划生育委员会的计划生育管理和服务职责进行整合，有助于统筹资源配置，加强和改善计划生育的管理和服务工作。第三，食品安全是老百姓最关心的热点问题，但我国对食品的监管分散在多个部门，责任不清，监管难度很大，这次改革组建了国家食品药品监督管理总局，将监管职责基本上集中到一个部门，还规定由国家卫生和计划生育委员会负责评估食品安全风险、制定食品安全标准，使"运动员"和"裁判员"的角色分开了，实现了权力的制约和制衡。第四，能源是最重要的战略性物资，这次改革将国家能源局与国家电力监管委员会的职责整合，组建了新的国家能源局，由国家发展和改革委员会管理，对于高效实施能源发展战略、科学制定能源利用规划和产业政策、强化能源监督管理，具有十分重要的意义。

二 行政审批制度改革

我国的行政审批制度是计划经济时代国家管理与控制经济、社会生活的一种重要手段。在计划经济体制下，行政审批在配置社会资源、协调市场秩序、平衡公共利益与个人利益、维护社会生活秩序进而保护公民、法人和其他组织的合法权益方面发挥了积极的作用。随着我国社会主义市场经济体制的建立和完善，市场化程度不断提高，对外开放的深度和广度日益扩大，一方面行政审批制度成了弥补市场缺陷的重要管理手段，另一方面现行的行政审批制度也暴露出了许多问题。为了适应社会主义市场经济的发展要求，建设现代服务型政府，我国已经进行了多轮行政审批制度改革，大幅清理和调整了行政审批项目。继2012年国务院第六批取消和调整了314项行政审批项目后，2013年国

务院多次发文对行政审批项目进行清理,从中央到地方,继续大刀阔斧地推进行政审批制度改革,大幅度取消和调整行政审批项目。

第十二届全国人民代表大会第一次会议批准的《国务院机构改革和职能转变方案》提出要减少和下放投资审批事项,减少和下放生产经营活动审批事项,减少资质资格许可和认定,取消不合法不合理的行政事业性收费和政府性基金项目。2013年5月15日,国务院办公厅发布《国务院关于取消和下放一批行政审批项目等事项的决定》,取消和下放行政审批项目等事项共计117项,其中取消行政审批项目71项,下放管理层级行政审批项目20项,取消评比达标表彰项目10项,取消行政事业性收费项目3项,取消或下放管理层级的机关内部事项和涉密事项13项。本次取消的审批事项涉及企业投资建设民用机场、城市轨道、水电、风电、油气田开发、赛车场、旅游开发和资源保护等方面,通过进一步简化审批手续,为企业投资创造便利高效的环境。

7月22日,国务院办公厅发布《国务院关于取消和下放50项行政审批项目等事项的决定》,取消和下放50项行政审批项目等事项,其中,取消和下放29项,部分取消和下放13项,取消和下放评比达标项目3项;取消涉密事项1项。本次取消和下放的事项,涉及国家卫计委、国家新闻出版广电总局、国家食品药品监管总局等7个部门的审批权。其中,一般题材电影剧本审查等行政审批项目、全国计划生育家庭妇女创业之星等评比项目均在被取消项目之列。

12月10日,国务院办公厅再次发布《国务院关于取消和下放一批行政审批项目的决定》,取消和下放68项行政审批项目。此次取消和下放的行政审批项目,主要涉及发改委、工信部、财政部、税务总局等部门,下放了会计师事务所设立审批、外商投资道路运输业立项审批等事项,取消了粮油质量监督检验机构资质认定、煤炭生产许可证核发等事项。文件同时要求各地区、各部门抓紧做好取消和下放管理层级行政审批项目的落实和衔接工作,加快配套改革和相关制度建设,在有序推进"放"的同时,加强后续监管,切实做到放、管结合。

新一届政府成立之初,国务院各部门的行政审批事项共计1700余项。李克强总理庄重地承诺,本届政府至少要取消和下放其中的三分之一,即567项。2013年国务院共计取消和下放行政审批事项221项,开局之年就已经完成行政审批制度改革任务的40%,简政放权力度可谓空前。

三 工商登记制度改革

(一) 工商登记制度改革的主要内容

从我国现行的《公司法》、《公司登记管理条例》和《个体工商户条例》等工商登记相关的法律法规来看，目前工商登记制度审批多于服务，形成了对市场强有力的政府干预。严苛的工商登记制度一方面有利于从源头上保护市场环境的纯洁和健康，保障国民经济良性发展；另一方面因为过于重视对市场安全性的把关，设置了许多严格的进入和退出壁垒，导致了对市场自我调节能力和优胜劣汰规律的忽视。2013 年 3 月，十二届全国人大一次会议审议通过的《国务院机构改革和职能转变方案》提出，要按照"宽进严管"的原则，改革工商登记制度。

2009 年起，我国就开始在北京中关村、上海浦东、福建平潭等地启动了工商登记制度改革试点。深圳市也于 2013 年 3 月开始进行工商登记制度改革试点，截至 9 月底的 7 个月时间里，全市新登记市场主体达到 24.2 万户，是上一年同期新登记数量的 2.3 倍，甚至达到了上一年全年新登记数量的 1.5 倍，全市累计实有市场主体 122.2 万户，民间投资创业的热情被大大激发。工商登记制度改革试点工作取得了良好的效果，提高了登记效率，激活了社会上的创业热情，为全国工商登记制度改革奠定了良好的基础。

2013 年 10 月 25 日，李克强总理主持召开国务院常务会议，部署推进公司注册资本登记制度改革，降低创业成本，激发社会投资活力。本次会议强调，按照便捷高效、规范统一、宽进严管的原则，创新公司登记制度，降低准入门槛，强化市场主体责任，促进形成诚信、公平、有序的市场秩序。本次会议明确了公司注册资本登记制度改革的主要内容：①放宽注册资本登记条件，除法律、法规另有规定外，取消有限责任公司最低注册资本 3 万元、一人有限责任公司最低注册资本 10 万元、股份有限公司最低注册资本 500 万元的限制；不再限制公司设立时股东（发起人）的首次出资比例和缴足出资的期限。公司实收资本不再作为工商登记事项。②将企业年检制度改为年度报告制度，任

何单位和个人均可查询企业的年度报告,使企业信息透明化。建立公平规范的抽查制度,克服检查的随意性,提高政府行政管理的公平性和效能性。③按照方便注册和规范有序的原则,放宽市场主体住所(经营场所)登记条件,由地方政府具体规定。④大力推进企业诚信制度建设。注重运用信息公示和共享等手段,将企业登记备案、年度报告、资质资格等通过市场主体信用信息系统予以公示。推行电子营业执照和全程电子化登记管理,电子营业执照与纸质营业执照具有同等法律效力。完善信用约束机制,将有违规行为的市场主体列入经营异常的黑名单,向社会公布,使其"一处违规、处处受限",提高企业"失信成本"。⑤推进注册资本由实缴登记制改为认缴登记制,降低开办公司成本。在抓紧完善相关法律法规的基础上,实行由公司股东(发起人)自主约定认缴出资额、出资方式、出资期限等,并对缴纳出资情况真实性、合法性负责的制度。

12月10日,国家工商行政管理总局下发《工商总局关于暂停个体工商户验照工作的通知》,通知显示,按照国务院常务会议通过的工商登记制度改革方案精神,工商总局正在抓紧出台包括《个体工商户年度报告办法》在内的相关配套管理办法,个体工商户验照将改为年度报告制度,要求各地自2014年起暂停个体工商户验照工作。

(二)工商登记制度改革的亮点

1. 转变政府职能构建服务型工商登记制度

国务院部署企业注册资本登记制度改革,是转变政府职能的一个重要举措。转变政府职能,就是要进一步划清政府、市场和企业之间的界限,把政府应该管的事情管好,充分调动市场和企业的积极性。企业注册资本登记制度改革的推行也必将推动一些政府部门转变职能,对于促进简政放权、创新监管方式、强化协同监管、落实政府部门的监管责任具有重要意义,是推进政府职能转变的一个重要的突破口。本次改革的多项措施,都致力于打破围护在市场周边的隐形门槛,为有创造力、有开拓精神的创业人群,提供一个进入市场从事经济活动的服务平台。

2. 通过宽进激发市场活力

国家工商总局局长张茅介绍，截至 2013 年 9 月底，全国各类市场主体总数达到 5872 万户，市场主体数量越多，产业结构越合理，中小微企业作用发挥越充分，市场就会越活跃，发展动力就会越强劲。新兴生产力，特别是中小微企业、大批海归以及大学生创业企业，缺乏资金、厂房、土地。而这些企业有智力、有创造性，代表着新兴的生产力发展方向。通过放宽准入门槛，激活一批中小微企业的发展活力，特别是代表新兴生产力发展方向的企业，符合建设社会主义市场经济体制的总体要求。国务院推出注册资本登记制度改革，减少政府对市场的微观干预，有利于保障劳动创业权利，激发社会投资活力，带动创业就业，巩固经济稳中向好态势。

3. 通过严管营造公平竞争环境

企业注册资本登记制度改革的关键思路是将"重审批，轻监管"转变为"宽准入，严监管"。改革措施注重运用信息公示、信息共享、信用约束等手段构建统一的市场主体信用信息公示系统，完善信用约束机制，把有违规行为的市场主体列入经营异常的黑名单，向社会公布。通过改革，能够推动企业增强信用意识，对于推进商务诚信建设、营造公平竞争环境具有十分重要的作用。

四 收入分配制度改革

收入分配制度是我国社会主义市场经济体制的重要基石之一，对于经济社会发展来说，是一项基础性、根本性的制度安排。改革开放以来，我国不断深化收入分配制度改革，在以按劳分配为主体、多种分配方式并存的分配制度下，我国城乡居民总体收入水平与生活质量都得到了显著提高。与此同时，收入分配领域也仍然存在着城乡区域发展差距和居民收入分配差距较大，收入分配秩序不规范，隐性收入、非法收入问题比较突出，部分群众生活比较困难等亟待解决的突出问题。收入分配问题成为近年社会广泛关注的焦点。

针对收入分配领域的问题，2012 年 11 月，党的十八大报告指出"城乡区域发展差距和居民收入分配差距依然较大"，强调"必须坚持走共同富裕道

路""坚持社会主义基本经济制度和分配制度,调整国民收入分配格局,加大再分配调节力度,着力解决收入分配差距较大问题,使发展成果更多更公平地惠及全体人民,朝共同富裕的方向稳步前进"。

收入分配制度改革总体方案的起草工作始于 2004 年,由国家发展改革委具体负责,财政部、人社部、国资委等多个部委参与制定。经历近 10 年的搏弈,原则性方案终于在 2013 年初出台。2 月 3 日,国务院批转了发展和改革委员会、财政部、人力资源和社会保障部制定的《关于深化收入分配制度改革的若干意见》。2 月 8 日,国务院办公厅下发《关于深化收入分配制度改革重点工作分工的通知》,这两份文件呈现了收入分配制度改革的基本方向和主要内容。

收入分配制度改革的主要目标包括四个方面:一是城乡居民收入实现倍增,到 2020 年实现城乡居民人均实际收入比 2010 年翻一番,力争中低收入者收入增长更快一些,人民生活水平全面提高。二是收入分配差距逐步缩小,城乡、区域和居民之间收入差距较大的问题得到有效缓解,扶贫对象大幅减少,中等收入群体持续扩大,"橄榄形"分配结构逐步形成。三是收入分配秩序明显改善,合法收入得到有力保护,过高收入得到合理调节,隐性收入得到有效规范,非法收入予以坚决取缔。四是收入分配格局趋于合理,居民收入在国民收入分配中的比重、劳动报酬在初次分配中的比重逐步提高,社会保障和就业等民生支出占财政支出比重明显提升。

初次分配机制方面,改革致力于完善劳动、资本、技术、管理等要素按贡献参与分配的机制。主要措施包括:①促进就业机会公平,大力支持服务业、中小微企业和创新型科技企业发展,完善税费减免政策。②提高劳动者职业技能,实行中等职业教育免费制度,提高技能型人才的社会地位和经济待遇。③促进中低收入职工工资合理增长,严格规范劳务派遣用工行为。④加强国有企业高管的薪酬管理,逐步缩小行业之间的工资收入差距。⑤完善机关事业单位的工资制度,适当提高基层公务员的工资水平,提高基本工资所占比例,降低津贴补贴所占比例。⑥健全技术要素参与分配的机制,探索建立科技成果入股、岗位分红权激励等多种分配办法,保障技术成果在分配中的合理份额。⑦多渠道增加居民财产性收入,落实上市公司分红制度,推进利率市场化改革，拓宽居民租金、股息、红利等增收渠道。⑧建立健全资源有偿使用制度和生态环境补偿机制，建立健全公共资源出让收益全民共享机制。

再分配调节机制方面，改革致力于加快健全以税收、社会保障、转移支付为主要手段的再分配调节机制。主要措施包括：①集中更多财力用于保障和改善民生，"十二五"时期社会保障和就业支出占财政支出比重提高2个百分点左右，中央和地方机构编制总量只减不增，坚决反对铺张浪费，全面公开"三公"经费使用情况。②加大促进教育公平力度，合理配置教育资源，重点向农村、边远、贫困、民族地区倾斜，切实解决农民工随迁子女平等接受义务教育和就地参加中考、高考问题。③加强个人所得税调节，完善高收入者个人所得税的征收、管理和处罚措施。④改革完善房地产税，扩大资源税征收范围，研究在适当时期开征遗产税问题。⑤完善基本养老保险制度，"十二五"期末实现基础养老金全国统筹，研究推进公务员养老保险制度改革，提高农民工养老保险参保率。⑥加快健全全民医保体系，"十二五"期末基本医疗保险政策范围内医保基金支付水平达到75%以上，建立城乡居民大病保险制度。⑦加大保障性住房供给，建立市场配置和政府保障相结合的住房制度，"十二五"期末全国城镇保障性住房覆盖面达到20%左右。⑧加强对困难群体救助和帮扶，健全城乡低收入群体基本生活保障标准与物价上涨挂钩的联动机制。⑨大力发展社会慈善事业，简化公益慈善组织的审批程序，落实并完善慈善捐赠税收优惠政策。

建立健全促进农民收入较快增长的长效机制方面，主要措施包括：①增加农民家庭经营收入，健全农产品价格保护制度，大力推进农业产业化，因地制宜地培育和发展特色高效农业和乡村旅游。②健全农业补贴制度。③合理分享土地增值收益，按照依法、自愿、有偿原则，允许农民以多种形式流转土地承包经营权，改革征地制度，保障农民合法权益，提高农民在土地增值收益中的分配比例。④加大扶贫开发投入，大幅增加财政专项扶贫资金，新增部分主要用于支持集中连片特殊困难地区扶贫攻坚。⑤有序推进农业转移人口市民化，制定公开透明的各类城市农业转移人口落户政策，实施全国统一的居住证制度，努力实现城镇基本公共服务常住人口全覆盖。

改革还致力于推动形成公开透明、公正合理的收入分配秩序。主要措施包

括：①加快推进收入分配领域的立法工作，建立健全财产登记制度。②维护劳动者合法权益，健全工资支付保障机制。③对工资外收入进行清理规范，严格规范党政机关的津贴补贴和奖金发放行为，对公务招待费进行严格审批和核算。④加强领导干部收入管理，严格执行各级领导干部如实报告收入、房产、投资、配偶子女从业等情况的规定，对隐报瞒报、弄虚作假等行为，及时纠正，严肃处理。⑤严格规范非税收入，坚决取消不合法、不合理的行政事业性收费和政府性基金项目，建立健全政府非税收入收缴管理制度。⑥打击和取缔非法收入，堵住获取非法收入的漏洞。⑦健全现代支付体系和收入监测体系，推进薪酬支付的工资化、货币化、电子化，完善发票管理和财务报销制度，全面推行公务卡支付结算制度，完善个人所得税信息管理系统，建立健全社会信用体系和收入信息监测系统。

五　生态文明制度的建设与发展

党的十八大报告提出大力推进生态文明建设，报告指出：必须树立尊重自然、顺应自然、保护自然的生态文明理念，把生态文明建设放在突出地位，融入经济建设、政治建设、文化建设、社会建设各方面和全过程，努力建设美丽中国，实现中华民族永续发展。2013年3月5日，温家宝同志在十二届全国人大一次会议上作《政府工作报告》，指出要顺应人民群众对美好生活环境的期待，大力加强生态文明建设和环境保护。按照十八大和十二届全国人大一次会议的部署，2013年我国生态文明制度的建设与发展取得了诸多明显突破。

（一）推进实行最严格水资源管理制度

2011年中央一号文件和中央水利工作会议明确要求实行最严格水资源管理制度，把严格水资源管理作为加快转变经济发展方式的重要举措。2012年1月，国务院发布了《国务院关于实行最严格水资源管理制度的意见》，对实行该制度做出了全面部署和具体安排。2012年11月，党的十八大明确将实现最严格的水资源管理制度列为生态文明建设的重要内容。为推进实行最严格水资源管理制度，确保实现水资源开发利用和节约保护的主要目标，2013年1月6

日，国务院办公厅发布《实行最严格水资源管理制度考核办法》。

考核办法规定，国务院对各省、自治区、直辖市落实最严格水资源管理制度情况进行考核，水利部会同发展改革委、工业和信息化部、监察部、财政部、国土资源部、环境保护部、农业部、住房城乡建设部、审计署、统计局等部门组成考核工作组，负责具体组织实施。各省、自治区、直辖市人民政府是实行最严格水资源管理制度的责任主体，政府主要负责人对本行政区域水资源管理和保护工作负总责。考核内容为最严格水资源管理制度目标完成、制度建设和措施落实情况。办法详细规定了各省、自治区、直辖市实行最严格水资源管理制度主要目标，包括用水总量控制目标、用水效率控制目标、重要江河湖泊水功能区水质达标率控制目标三个方面。考核办法还规定，经国务院审定的年度和期末考核结果，交由干部主管部门，作为对各省、自治区、直辖市人民政府主要负责人和领导班子综合考核评价的重要依据。

考核办法的出台，是国务院为加快落实最严格水资源管理制度做出的又一重大制度安排。实行最严格水资源管理制度关键在于落实，明确责任，建立考核制度，是确保最严格水资源管理制度主要目标和各项任务措施得到落实的关键。作为最严格水资源管理制度的重要配套制度，考核办法明确了实行最严格水资源管理制度的责任主体与考核对象，明确了各省区市水资源管理控制目标，明确了考核内容、考核方式、考核程序、奖惩措施等，标志着我国最严格水资源管理责任与考核制度的正式确立。

（二）绿色建筑行动方案出台

为了切实转变城乡建设模式和建筑业发展方式，2013年1月1日，国务院办公厅转发了国家发展和改革委员会、住房和城乡建设部编制的《绿色建筑行动方案》。

方案指出，绿色建筑是在建筑的全寿命期内，最大限度地节约资源、保护环境和减少污染，为人们提供健康、适用和高效的使用空间，与自然和谐共生的建筑。开展绿色建筑行动，对转变城乡建设模式，破解能源资源瓶颈约束，改善群众生产生活条件，培育节能环保、新能源等战略性新兴产业，具有十分重要的意义和作用。方案提出，要把开展绿色建筑行动作为贯彻落实科学发展

观、大力推进生态文明建设的重要内容,切实推动城乡建设走上绿色、循环、低碳的科学发展轨道,促进经济社会全面、协调、可持续发展。

方案明确规定了开展绿色建筑行动的目标。在新建筑方面,对于城镇新建建筑严格落实强制性节能标准,"十二五"期间,完成新建绿色建筑10亿平方米;到2015年末,20%的城镇新建建筑达到绿色建筑标准。

针对既有建筑的节能改造,"十二五"期间,北方采暖地区要完成4亿平方米以上既有居住建筑供热计量和节能改造,夏热冬冷地区要完成5000万平方米既有居住建筑节能改造,公共建筑和公共机构办公建筑要完成节能改造1.2亿平方米,实施40万套农村危房改造节能示范;到2020年底,基本完成北方采暖地区有改造价值的城镇居住建筑的节能改造。

方案明确了开展绿色建筑行动的主要原则是政府引导,市场推动,要以政策、规划、标准等手段规范市场主体行为,综合运用价格、财税、金融等经济手段,发挥市场配置资源的基础性作用,营造有利于绿色建筑发展的市场环境,激发市场主体设计、建造、使用绿色建筑的内生动力。具体措施主要有:①严格落实建筑节能强制性标准,城镇建筑设计阶段要100%达到节能标准要求,严格建筑节能专项验收,不得对达不到强制性标准的建筑出具竣工验收合格报告,不允许投入使用,强制进行整改。②积极推动公共建筑节能改造。③严格建筑拆除管理程序,加强城市规划管理,不得随意拆除,拆除大型公共建筑要按有关程序提前向社会公示征求意见,接受社会监督。

为了保障绿色建筑行动的实施,方案提出,要研究完善财政支持政策,对达到国家绿色建筑评价标准二星级及以上的建筑进行奖励;通过税收方面的优惠政策鼓励房地产企业开发建设绿色建筑,引导消费者选择购买绿色住宅;鼓励金融机构对购买绿色住宅的消费者给予适当的购房贷款利率优惠;国土资源部门、住房城乡建设部门要研究相关的政策,促进绿色建筑发展。

(三)循环经济发展战略出台

为了落实党的十八大推进生态文明建设战略部署,指导和推动循环经济加快发展,实现"十二五"规划纲要提出的资源产出率提高15%的目标,国务院于2013年1月23日发布了《循环经济发展战略及近期行动计划》。

文件指出，目前我国面临资源约束强化、环境污染严重、应对气候变化压力加大等现实问题，同时绿色发展成为国际潮流。无论是从国内能源资源供给和生态环境承载能力看，还是从全球发展趋势和温室气体排放空间看，我国都无法继续靠粗放型的增长方式推进现代化进程，必须积极创造有利条件，加快推进循环经济发展，从源头减少能源资源消耗和废弃物排放，实现资源高效利用和循环利用，改变"先污染、后治理"的传统模式，推动产业升级提升和发展方式转变，促进经济社会持续健康发展。

文件明确了我国发展循环经济的重点任务和目标。发展循环经济的重点任务包括：①构建循环型工业体系；②构建循环型农业体系；③构建循环型服务业体系；④推进社会层面循环经济发展；⑤开展循环经济"十百千"示范行动。发展循环经济的中长期目标是：循环型生产方式广泛推行，绿色消费模式普及推广，覆盖全社会的资源循环利用体系初步建立，资源产出率大幅提高，可持续发展能力显著增强。近期目标是：到"十二五"末主要资源产出率比"十一五"末提高15%，资源循环利用产业总产值达到1.8万亿元。

文件还从完善循环经济政策，健全法规和标准体系，加强循环经济管理和监督，强化循环经济技术和服务支撑，建立循环经济统计评价制度，强化循环经济宣传教育和人才培养，加强循环经济交流与合作，加强循环经济组织领导等八个方面提出了发展循环经济的保障措施。

（四）国务院发布大气污染防治工作行动指南

近年来，我国多地连续出现大范围雾霾天气，对民众的身体健康和正常的工作、生活造成了严重影响。如何重现蓝天白云，成为社会上最关心的问题之一。党中央、国务院高度重视大气污染防治工作，将其作为生态文明建设的重要突破点和改善民生的重要着力点。2013年9月10日，国务院印发了全国大气污染防治工作的行动指南《大气污染防治行动计划》（以下简称《行动计划》）。

《行动计划》指出大气环境保护事关人民群众根本利益，事关经济持续健康发展，事关全面建成小康社会，事关实现中华民族伟大复兴中国梦。《行动计划》明确了大气污染防治行动的奋斗目标：经过五年努力，使全国空气质

量总体改善，较大幅度减少重污染天气，京津冀、长三角、珠三角等区域空气质量明显好转，力争再用五年或更长时间，逐步消除重污染天气，全国空气质量明显改善。具体指标包括：到2017年，全国地级及以上城市可吸入颗粒物浓度比2012年下降10%以上，优良天数逐年提高；京津冀、长三角、珠三角等区域细颗粒物浓度分别下降25%、20%、15%左右，其中北京市细颗粒物年均浓度控制在60微克/立方米左右。

为了实现上述目标，《行动计划》明确了十项具体措施：①通过整治燃煤小锅炉、整治城市扬尘和餐饮油烟污染、大力发展公共交通、推广新能源汽车、加快提升燃油品质等措施减少污染物排放。②严控高耗能、高排放行业新增产能，加快淘汰落后产能，坚决停建产能严重过剩行业违规在建项目。③大力发展循环经济，培育壮大节能环保产业，促进重大环保技术装备、产品的创新开发与产业化应用。④加快调整能源结构，增加清洁能源供应，到2017年煤炭占能源消费总量比重降至65%以下。京津冀、长三角、珠三角等区域力争实现煤炭消费总量负增长。⑤严格投资项目节能环保准入，提高准入门槛，优化产业空间布局，严格限制在生态脆弱或环境敏感地区建设"两高"行业项目。⑥中央财政设立专项资金，实施以奖代补政策。调整完善价格、税收等方面的政策，鼓励民间和社会资本进入大气污染防治领域。⑦健全法律法规体系，严格依法监督管理。国家定期公布重点城市空气质量排名，建立重污染企业环境信息强制公开制度。提高环境监管能力，加大环保执法力度。⑧建立区域协作机制，统筹区域环境治理。京津冀、长三角区域建立大气污染防治协作机制，国务院与各省级政府签订目标责任书，进行年度考核，严格责任追究。⑨建立监测预警应急体系，制定完善并及时启动应急预案，妥善应对重污染天气。⑩动员全民参与，共同改善空气质量。

六 机关管理制度改革

2012年12月4日，中共中央政治局会议一致同意通过了《关于改进工作作风、密切联系群众的八项规定》，做出了"轻车简从""开短会、讲短话""不安排群众迎送""不铺设迎宾地毯""严格控制出访随行人员"等极为细致的规定。为了贯彻落实中央"八项规定",《党政机关厉行节约反对浪费条例》《党政机关国内公务接待管理规定》相继出台,进一步规范了党政机关的内部管理,对防止公款浪费行为作了系统的制度安排。"八项规定"实施以来,一大批违反规定的单位和个人被查处(见表1),各级党政机关应酬少了、浪费少了、工作顺了,让全国人民感受到了一股清新之风。

表1　全国查处违反中央"八项规定"精神问题汇总(截止到2013年11月30日)

内容	项目	数量					类型						
		总计	省部级	地厅级	县处级	乡科级	楼堂馆所违规问题	公款大吃大喝问题	违反公务用车管理使用有关规定问题	公款旅游问题(国内)	公款出国/境旅游问题	大操大办婚丧喜庆问题	其他
2013年11月查处违反"八项规定"问题情况	查处问题数	3038	0	13	138	2887	10	50	435	104	10	189	2240
	处理人数	5217	0	12	167	5038	11	58	496	180	20	201	4251
	给予党政纪处分人数	1510	0	7	85	1418	7	36	183	80	16	123	1065
"八项规定"实施以来查处问题情况	查处问题数	21149	1	82	1098	19968	94	1018	6158	477	76	1101	12225
	处理人数	25855	1	71	1014	24769	98	1049	5660	526	134	1276	17112
	给予党政纪处分人数	6247	1	33	356	5857	36	380	1020	243	71	678	3819
备注	"其他",指其他违反中央"八项规定"精神的问题,主要包括收送节礼,接受或用公款参与高消费娱乐和健身活动、违反工作纪律、慵懒散等方面的问题												

来源:中纪委网站,http://www.ccdi.gov.cn/xwyw/201312/t20131226_15840.html。

(一)《党政机关厉行节约反对浪费条例》出台

为了进一步弘扬艰苦奋斗、勤俭节约的优良作风,推进党政机关厉行节约反对浪费,建设节约型机关,2013年11月25日,中共中央、国务院印发《党政机关厉行节约反对浪费条例》(以下简称《条例》),从机关经费管理、因公差旅、公务用车等多个方面,对防止党政机关的公款浪费行为作了系统的制度规定。

《条例》将浪费界定为:党政机关及其工作人员违反规定进行不必要的公

务活动，或者在履行公务中超出规定范围、标准和要求，不当使用公共资金、资产和资源，给国家和社会造成损失的行为。

经费管理方面，《条例》规定，党政机关的各项收入和支出要全部纳入部门预算，严禁以任何形式隐瞒、截留、挤占、挪用、坐支或者私分非税收收入，严格控制"三公"费用，年度预算执行中不予追加，防止年底突击花钱现象，不得报销任何超范围、超标准以及与相关公务活动无关的费用，全面实行公务卡制度，推进电子化政府采购。

国内差旅和因公临时出国（境）方面，《条例》规定，严禁无明确公务目的的差旅活动，严禁以公务差旅为名变相旅游，严禁异地部门间无实质内容的学习交流和考察调研，严禁集中安排赴热门国家和地区出访，严禁以各种名义变相公款出国旅游。

公务接待方面，《条例》规定，建立健全国内公务接待集中管理制度，对无公函的公务活动不予接待，严禁将非公务活动纳入接待范围，不得以任何名义新建、改建、扩建所属宾馆、招待所等具有接待功能的设施或者场所。积极推进国内公务接待服务社会化改革，有效利用社会资源为国内公务接待提供住宿、餐饮、用车等服务。

公务用车方面，《条例》规定，坚持社会化、市场化方向，改革公务用车制度，创新公务交通分类提供方式。改革公务用车实物配给方式，取消一般公务用车，取消的公车采取公开招标、拍卖等方式公开处置。适度发放公务交通补贴。公务用车实行政府集中采购，应当选用国产汽车，优先选用新能源汽车。

会议活动方面，《条例》规定，应当精简会议，严格执行会议费开支范围和标准，完善并严格执行严禁党政机关到风景名胜区开会制度规定，会议住宿用房以标准间为主，用餐安排自助餐或者工作餐。严禁使用财政性资金举办营业性文艺晚会，从严控制举办大型综合性运动会和各类赛会。

办公用房方面，《条例》规定，办公用房建设应当从严控制，超规模、超标准、超投资概算建设的办公用房项目，应当根据具体情况限期腾退超标准面积或者全部没收、拍卖。领导干部不得长期租用宾馆、酒店房间作为办公用房，配置使用的办公用房，在退休或者调离时应当及时腾退并由原单位收回。

为了确保执行到位，《条例》明确了监督检查措施和责任追究办法，指出违反条例规定造成浪费的，应当依纪依法追究相关人员的责任，对负有领导责任的主要负责人或者有关领导干部实行问责。

（二）公务接待制度改革

2013 年 12 月，中共中央办公厅、国务院办公厅印发了新修订的《党政机关国内公务接待管理规定》（以下简称《规定》）。《规定》吸取了以往粗线条式的规定难以落实的经验，对公务活动中的吃、住、行等事项做出了实在、具体的规定，彰显了中央力促干部清正、政府清廉、政治清明的决心。

《规定》指出，国内公务接待应当坚持有利公务、务实节俭、严格标准、简化礼仪、高效透明、尊重少数民族风俗习惯的原则。各级党政机关应当加强公务外出计划管理，禁止异地部门间没有特别需要的一般性学习交流、考察调研，禁止重复性考察，禁止以各种名义和方式变相旅游，禁止违反规定到风景名胜区举办会议和活动。国家工作人员不得要求将休假、探亲、旅游等活动纳入国内公务接待范围。

《规定》指出，国内公务接待不得在机场、车站、码头和辖区边界组织迎送活动，不得跨地区迎送，不得张贴悬挂标语横幅，不得安排群众迎送，不得铺设迎宾地毯；地区、部门主要负责人不得参加迎送。严格控制陪同人数，不得层层多人陪同。安排外出考察调研的，应当深入基层、深入群众，不得走过场、搞形式主义。

接待住宿方面，应当严格执行差旅、会议管理的有关规定，在定点饭店或者机关内部接待场所安排，执行协议价格。出差人员住宿费应当回本单位凭据报销，与会人员住宿费按会议费管理有关规定执行。住宿用房以标准间为主，接待省部级干部可以安排普通套间。接待单位不得超标准安排接待住房，不得额外配发洗漱用品。

接待用餐方面，接待对象应当按照规定标准自行用餐。确因工作需要，接待单位可以安排工作餐一次，并严格控制陪餐人数。接待对象在十人以内的，陪餐人数不得超过三人；超过十人的，不得超过接待对象人数的三分之一。工作餐应当供应家常菜，不得提供鱼翅、燕窝等高档菜肴和用野生保护动物制作

的菜肴，不得提供香烟和高档酒水，不得使用私人会所、高消费餐饮场所。

其他方面，《规定》还明确了党政机关不得以任何名义新建、改建、扩建内部接待场所，不得对机关内部接待场所进行超标准装修或者装饰、超标准配置家具和电器；不得以任何名义赠送礼金、有价证券、纪念品和土特产品等；各级党政机关应当将国内公务接待工作纳入问责范围。纪检监察机关应当加强对国内公务接待违规违纪行为的查处，严肃追究接待单位相关负责人、直接责任人的党纪责任、行政责任并进行通报，涉嫌犯罪的移送司法机关依法追究刑事责任；积极推进国内公务接待服务社会化改革，有效利用社会资源为国内公务接待提供住宿、用餐、用车等服务。

七　干部考核评价制度改革

我国的干部考核评价制度，一直把国内生产总值（GDP）及增长率作为核心政绩考核指标，备受社会各界的诟病。以 GDP 为指挥棒，导致一些地方和官员为追求经济发展速度、多出政绩，不惜牺牲生态环境、破坏社会正常秩序，甚至采取数字造假、空报等手段，炮制所谓的"政绩"。

为了贯彻落实党的十八大和十八届三中全会关于改革和完善干部考核评价制度，完善发展成果考核评价体系的精神，促进各级领导干部树立正确的政绩观，推动经济社会科学发展，2013 年 12 月 6 日，中共中央组织部印发了《关于改进地方党政领导班子和领导干部政绩考核工作的通知》（以下简称《通知》）。《通知》规定今后对地方党政领导班子和领导干部的各类考核考察，不能仅仅把地区生产总值及增长率作为政绩评价的主要指标，不能搞地区生产总值及增长率排名，中央有关部门不能单纯依此衡量各省、自治区、直辖市的发展成效，地方各级党委政府不能简单地依此评定下一级领导班子和领导干部的政绩和考核等次，对限制开发区域和生态脆弱的国家扶贫开发工作重点县取消地区生产总值考核。《通知》明确规定，选人用人不能简单以地区生产总值及增长率论英雄，不能简单地把经济增长速度与干部的德能勤绩廉划等号，将其作为干部提拔任用的依据，作为高配干部或者提高干部职级待遇的依据，作为末位淘汰的依据。

《通知》要求各地完善干部政绩考核评价指标，根据不同地区、不同层级领导班子和领导干部的职责要求，设置各有侧重、各有特色的考核指标，把有质量、有效益、可持续的经济发展和民生改善、社会和谐进步、生态文明建设、党的建设等作为考核评价的重要内容。《通知》还明确规定，实行责任追究制度，对违背科学发展行为进行责任追究，强化离任责任审计。

不再简单以GDP论英雄，对于健全干部考核评价制度，推动各级领导干部树立正确的政绩观和发展观，全面落实科学发展的要求具有重要的推动意义。进一步改进干部考核评价制度，应扩大公众对领导干部政绩考核权重的发言权和影响力，否则《通知》要求的全方位考核最终还是会沦为简单的内部指标化考核。

八　劳动教养制度废止

劳动教养是对有轻微违法犯罪行为、尚不够刑事处罚的人实行强制性教育的行政措施，创立于20世纪50年代，其初衷是对不够判刑、政治上不适合原岗位继续留用，放到社会上又会增加失业的反革命分子和其他坏分子，集中起来进行劳动教养，替国家做工，由国家发给一定的工资。1956年1月，中共中央发布了《关于各省、市应立即筹办劳动教养机构的指示》，对劳动教养的性质任务、审批权限、领导管理等问题做出了原则性规定。1957年8月，国务院发布了《关于劳动教养问题的决定》，这是我国第一部劳动教养方面的法规。从此，劳动教养制度在我国诞生，劳动教养机构陆续在全国各地建立起来。1979年12月，国务院又发布了《关于劳动教养问题的补充规定》，同时重新公布了《关于劳动教养问题的决定》，对劳动教养的具体实施进一步做出了详细规定。此后，根据社会治安领域出现的新问题，全国人大常委会在1986年通过的《治安管理处罚条例》、1990年通过的《关于禁毒的决定》、1991年通过的《关于严禁卖淫嫖娼的决定》等法律文件中，逐渐扩大了劳动教养的对象。

劳动教养制度建立以来，为维护社会治安、确保社会稳定发挥了积极作用。近年来，随着我国经济社会的快速发展，依法治国、依法行政进程的不断

加快，社会上要求废止劳动教养制度的呼声日趋强烈。2013年11月12日，十八届三中全会通过的《中共中央关于全面深化改革若干重大问题的决定》明确提出："废止劳动教养制度，完善对违法犯罪行为的惩治和矫正法律，健全社区矫正制度。"12月28日，第十二届全国人民代表大会常务委员会第六次会议通过了《关于废止有关劳动教养法律规定的决定》，废止了有关劳动教养的法律规定，并且指出，对正在被依法执行劳动教养的人员，解除劳动教养，剩余期限不再执行。该决定自公布之日起实施，意味着在我国延续了半个多世纪的劳动教养制度正式寿终正寝。

废止劳动教养制度，是社会发展进步的必然选择，对于进一步贯彻依法治国、依法行政方略具有巨大的促进作用，是强化以法治思维和法治方式管理社会的重要体现。在劳动教养制度废止后，为保护广大人民群众的合法利益免受违法犯罪分子不法行为的侵害，我国需要尽快完善对违法犯罪行为的惩治和矫正法律。

九　地方政府的创新探索

（一）云南省昆明市探索并联式行政审批模式

云南省昆明市的行政审批制度改革始于2001年，与国家的改革同步进行，迄今已经走过12年历程。目前，市级行政审批项目从最初的1016项精简到了75项。对于保留下来的市级行政审批项目，除了极少数经过市政府批准的项目外，均集中在服务中心统一办理，审批时限在规定办理时限内压缩至三分之一以下。经过大刀阔斧的清理精简，昆明市保留的行政审批项目数量为全国同类城市的最低水平，审批时限也一直保持在最短水平。

当行政审批项目的精简空间接近极限时，昆明市进一步将流程再造和完善监管作为行政审批制度改革创新和突破的方向。昆明市委办公厅经过专题调研发现，在行政审批工作中，存在较为突出的互为前置问题，尤其是在项目建设和招商引资工作中，由于行政审批存在互为前置和互相掣肘的问题，有关职能部门相互推诿的现象时有发生，严重影响了审批效率，耽误了项目落地。

2013年9月,昆明市政府下发了《昆明市人民政府关于推行建设工程领域行政审批流程再造工作的通知》,将建设工程领域作为行政审批流程再造工作的试点项目。通知提出实施"一窗受理、分送相关、一窗发证、并联审批、流程跟踪、时限监督"的建设工程领域项目并联审批机制。具体地说,就是通过推行容缺预审、代办服务、跟踪服务、联席会议四项措施,把过去的串联审批按照并联方式进行重构,全面优化项目确立、用地规划审批、设计审查、施工许可及竣工验收的流程。此举最直接的效应就是有效地解决审批项目中互为前置、各自为政、资源分散、审批信息渠道不畅等问题,极大地缩短了审批时限,促进了各部门之间的统一协调和跟踪督办。经初步测算,按照串联审批的方式,建设工程领域项目各相关审批事项办理时限累计需要340天,实行并联审批机制后,审批时限至少能够压缩三分之二以上。

昆明市推行的并联式行政审批制度对行政审批流程进行了颠覆性的创新,将原先的独立审批转变为归大类、集中式联合审批,极大地发挥了部门集聚的优势,提高了服务效率,达到了"1+1>2"的效果。与并联式审批模式探索工作同步,扩大网上审批服务的广度和深度、完善行政审批监管体系建设等工作,目前在昆明市也都进入实际操作阶段。

(二)陕西省紫阳县推行民意导向的干部选任机制

干部选拔任用工作一直是社会各界关注的焦点。陕西省紫阳县地处陕南山区,山大沟深,从2008年开始,该县县委在乡镇干部中推行包组联户机制,要求每名干部包联一个组,直接联系100户左右农户,每月至少入户一次,做到"三必到"(发生突发事件、邻里纠纷和婚丧嫁娶必到)、"五必访"(产业发展大户、防汛防滑重点户、矛盾纠纷重点户、低保五保困难户、计划生育重点户必访),随时帮助群众解决生产生活中的实际问题。

然而,在实际操作中,由于对干部联系服众工作绩效缺乏有效的考核手段,干部测评、考核只在机关干部中进行,而最了解实际情况的服务对象却没有发言权,导致这项工作在一定程度上流于形式。针对这一问题,2012年初,紫阳县成立了陕西省首家县级"社情民意调查中心",依托计算机辅助电话调查系统,录入全县所有干部、职工、农户的固定和移动电话号码18万个,覆盖了93.8%的城镇居民家庭和农户。社情民意调查中心24小时接听记录群众来电，全天候听取群众对县委、县政府各方面的意见建议，特别是对于各镇和各部门的工作业绩和干部作风实行"月调查、月通报、月排名"。自中心成立以来，先后开展了21轮定期或不定期的民意调查，对群众满意度低于75%的镇村，中心进行回访调查，如果满意度持续走低，由县纪检、组织部门对相关干部进行诫勉谈话。对科级干部专项民主测评的结果，由组织部门直接反馈本人。同时，紫阳县委规定，社情民意测评结果在年终目标责任制考核分别占有10分、5分的比重，直接影响各单位年终考评的名次，对年度目标综合考核位次靠前的镇和部门适当增加后备干部推荐名额，排名靠后的则相应递减或取消后备干部推荐名额；凡拟提拔的干部，服务对象民意调查满意度低于80%的，实行"一票否决"。

紫阳县干部选任工作中实行民意导向，制定了较为科学的民意考评办法，使群众满意与否成为干部考核硬指标，健全和完善了干部考核评价机制，为进一步推进干部人事制度改革提供了有益的参考样本。

（三）昆山市张浦镇试点经济发达镇行政改革

近年来，我国形成了一批不同于传统农业型乡镇的经济发达镇。虽然农村地区经历了多次改革，但大多没有突破以农业为基础构建的乡镇行政体制。党的十八大报告明确提出，要继续深化乡镇行政体制改革。2010年4月，江苏省昆山市张浦镇被确定为全国第一批经济发达镇行政体制改革试点镇，迅速开始推行改革工作。

张浦镇经济发达，各项指标远远超出了以农业为主的一般乡镇，但由于缺乏必要的经济、社会权限，原有的行政体制机制不仅制约了其经济社会的长足发展，还难以满足辖区内日益增长并多元化的社会管理和公共服务需求。

根据打造既不等同于县、也有别于传统农业型乡镇的新型基层政府的思路，张浦镇通过下放权力、整合结构、重组资源、再造流程等举措，探索建立全新的经济发达镇行政体制和运行机制。一是权力下放，重构基层政府的功能。昆山市已经下放给张浦镇665项行政处罚权以及与之相关的行政强制措施权和监查权，135项行政许可、非行政许可审批和公共服务事项。同时，按照事权与财力相匹配的原则，扩大张浦镇财政自主权。二是机构整合，创设全新的基层政府架构。张浦镇在全国范围内率先打破传统行政机构与事业单位的界限，将原有34个行政机构和事业单位进行整合重组，组建8个职能机构。三是资源重组，优化编制和人力资源配置。在编制总量不增加的情况下，通过内部挖掘潜力、层级调整等手段，优化编制和人力资源配置。四是流程再造，构建"前台+后台"运行机制。"前台"为镇综合执法局和便民服务中心等两个窗口机构，"后台"则是经过整合的镇政府其他6个职能机构。在此基础上构建"后台"与"前台"的协调沟通和制约机制，"后台"为"前台"提供政策指导，及时传递工作信息，"前台"按规定履行综合执法和便民服务职能，接受"后台"的监督，并通过一系列规范化的制度厘清权力行使的边界，做到"前台"为群众服务、"后台"为"前台"服务，把方便留给群众、将复杂内部消化。

张浦镇先行先试，积极推行乡镇行政体制改革，探索出一套能有效满足基层群众需求，并与新型工业化、信息化、城镇化和农业现代化相适应的基层行政体制机制，为一般乡镇树立了改革的样板和典范。

B.4
司法制度的建设与发展

付夏婕　罗　娇*

摘　要： 本文对2013年中国司法制度的发展状况进行了系统的回顾和评述，在中央"法治中国"规划部署基础上，分别从司法制度发展取得的主要成就、司法制度发展存在的主要问题以及未来司法制度发展的前景展望等方面，对本年度我国司法制度的建设与发展状况进行整体性、宏观性的考察，并对未来司法制度的发展完善提出了建议。

关键词： 司法改革　司法独立　司法公开　司法公信　人权司法

一　司法制度发展融入顶层规划的"法治中国"蓝图

（一）政治决策层规划"法治中国"主导司法制度的发展

2012年底召开的党的十八大，对我国未来相当长一段时间的发展做出了全面的顶层规划和设计，十八大报告特别将国家法治理论提升到了新的发展水平，"法治"被继续确认为治国理政的基本方式，明确提出全面推进依法治国。从维护宪法和法律的权威、完善法律体系、深化司法体制改革、以法治的

---

* 付夏婕，法学博士，中国政法大学法学博士后，主要研究领域为法理学、人权理论、司法理论、知识产权法；罗娇，中国政法大学民商法学博士研究生。

思维思考和处理实际问题等方面，决策层初步勾画了法治中国建设的雏形。司法制度的发展就是这张蓝图上重要的一笔。2013年，司法制度沿着政治顶层的规划和设计取得了重要的进展。

2013年党的十八届三中全会召开，会议要求"要维护宪法法律权威，深化行政执法体制改革，确保依法独立公正行使审判权检察权，健全司法权力运行机制，完善人权司法保障制度"[1]。这是十八届三中全会对中国司法制度改革与发展提出的总体要求。围绕这一总体要求，十八届三中全会通过的《中共中央关于全面深化改革若干重大问题的决定》（以下简称《决定》），勾画出法治中国建设蓝图。《决定》指出法治中国的建设必须"坚持依法治国、依法执政、依法行政共同推进，坚持法治国家、法治政府、法治社会一体建设。深化司法体制改革，加快建设公正高效权威的社会主义司法制度，维护人民权益，让人民群众在每一个司法案件中都感受到公平正义"，并从"维护宪法法律权威""深化行政执法体制改革""确保依法独立公正行使审判权检察权""确保依法独立公正行使审判权检察权""健全司法权力运行机制"和"完善人权司法保障制度"六个方面提出法治中国建设的具体要求。[2]

在党的十八大报告和十八届三中全会《决定》的基础上，2013年11月25日，中共中央政治局委员、中央政法委书记孟建柱在《人民日报》撰文《深化司法体制改革》，指出深化司法体制改革意义重大，"是全面推进依法治国、加快建设社会主义法治国家的关键举措，是实现社会公平正义、维护社会和谐稳定的必然要求，是满足人民群众日益增长的司法需求、维护人民群众根本利益的迫切需要"[3]，并进一步指出深化司法体制改革的主要任务是"确保人民法院、人民检察院依法独立公正行使审判权、检察权；建立符合职业特点的司法人员管理制度；健全司法权力运行机制；深化司法公开，改革人民陪审员制

---

[1] 参见《中国共产党第十八届中央委员会第三次全体会议公报》，新华网，http：//news.xinhuanet.com/politics/2013-11/12/c_118113455.htm。
[2] 参见《中共中央关于全面深化改革若干重大问题的决定》，新华网，http：//news.xinhuanet.com/politics/2013-11/15/c_118164235.htm。
[3] 孟建柱：《深化司法体制改革》，《人民日报》2013年11月25日。

度；健全人民监督员制度；严格规范减刑、假释和保外就医程序"①六个方面。

可以看出，以司法体制改革为主体，以新一届领导集体为代表的决策层对司法制度的发展提出了明确要求，2013年司法制度的发展，特别是司法体制改革的进展就是围绕中国政治决策层对司法权力的基本定位、司法制度存在的问题的基本认识展开的，其对"法治中国"的全局规划筹谋了司法制度的发展走向，对依法治国的认可和实践主导了司法制度发展的主要方面。由此，2013年司法制度在法治国家的统一规划当中继续发展进步，司法体制改革的主要方面，比如保证司法机关独立行使审判权、检察权等一系列去地方化的改革措施，重点建设司法职业化管理制度等一系列去行政化的改革措施，等等，都是围绕建设法治国家对司法权力提出的重要要求而展开。

（二）司法部门力推中央的统一部署

2013年司法制度的发展在中央"法治中国建设"政治决策的统一部署下稳步、有序推进。司法部门在中央的指导下有效地推进了司法领域法治建设。2013年1月，全国政法工作电视电话会议上强调"顺应人民对公共安全司法公正权益保障的新期待，全力推进平安中国法治中国过硬队伍建设""努力让人民群众在每一个司法案件中都能感受到公平正义，保证中国特色社会主义事业在和谐稳定的社会环境中顺利推进"②。会议提出2013年政法工作"三大建设、四项改革、五个能力"的总体思路，即建设平安中国、法治中国、过硬队伍三大建设目标；推进劳教制度改革、涉法涉诉信访工作改革、司法权力运行机制改革、户籍制度改革四项重点改革；提升新形势下群众工作能力、维护社会公平正义能力、新媒体时代舆论引导能力、科技信息化应用能力、拒腐防变能力五大能力。③ 其中对司法制度2013年发展重点做出的

---

① 孟建柱：《深化司法体制改革》，《人民日报》2013年11月25日。
② 参见《习近平就做好新形势下政法工作作出重要指示》，新华网，http://news.xinhuanet.com/politics/2013-01/07/c_114284339.htm。
③ 《解读新时期中央政法工作新思路新信号》，新华网，http://news.xinhuanet.com/legal/2013-01/07/c_114284993.htm。

指导包括如何在司法权力领域贯彻法治、如何健全完善司法权力运行机制、如何提升司法制度维护社会公平正义的能力三个主要方面。针对这三个方面，以最高人民法院、最高人民检察院为代表的司法权力机关对中央的部署进行了一系列的安排和推进。例如，在3月17日最高人民法院领导干部大会上，最高人民法院院长周强明确要求各级法院深入学习贯彻中央一系列重要讲话精神特别是关于法治建设重要论述；4月17日、7月31日，最高人民法院党组中心就进一步学习贯彻中央精神并以此推动人民法院工作科学发展，对机关和直属单位副处级以上党员干部进行两次集中轮训；11月13日，高检院党组专门召开会议传达学习全会精神；11月14日，高检院机关召开全院党员干部大会，曹建明检察长对检察机关学习贯彻全会精神作出部署，强调按照全会和《决定》的精神，破解制约检察队伍建设科学发展的体制性、机制性问题。12月11日，最高人民法院发出通知，要求严格按照中央统一部署推进司法改革①，强调通过加强法院干警的思想建设、队伍建设，积极稳妥推进司法体制改革，把中央关于司法改革的要求落到实处；12月19日，在最高人民法院"学习贯彻习近平总书记系列讲话精神专题辅导报告暨机关副处级以上党员干部集中轮训动员会"上，再次要求法院机关要把握司法为民公正司法工作主线，服务大局、努力实现让人民群众在每一个司法案件中都感受到公平正义。

2013年10月28日，最高人民法院公布《关于切实践行司法为民 大力加强公正司法 不断提高司法公信力的若干意见》（以下简称《意见》），在司法四级法院职能定位、管辖制度、审判权内部运行机制、执行制度、人民法庭、经费保障六个方面提出了司法改革的新思路。《意见》在"司法为民""公正司法""不断提高司法公信力"目标下提出了新思路、新举措。正是在司法经验与政治决策的良性互动下，中国司法制度的发展在2013年取得了一系列值得关注的成就。

---

① 《最高法发通知明确学习贯彻三中全会精神要求：严格按照中央统一部署推进司法改革》，法制网，http://www.legaldaily.com.cn/index_article/content/2013-12/12/content_5112543.htm?node=5955。

二 "法治中国"蓝图下 2013 年司法制度发展的主要成就

(一)司法解释制度的发展

1. 充分发挥司法解释作用,为政治经济社会发展提供保障

司法解释制度是司法权力发挥作用的一个重要方面,是司法权力完善法律体系、适用法律,实现司法制度作用的重要途径。"完善社会主义法律体系,提高立法质量"是政治决策层关于法治中国建设的重要部署。2013 年,司法部门围绕这一部署,通过司法解释制度对我国法律的制定、修改和体系完善做出了不懈努力。截至 2013 年 11 月 13 日,最高人民法院、最高人民检察院分别制定或联合相关部门制定司法解释 25 个,内容涉及刑事、民商事审判诸多领域,高度契合相关法律的贯彻实施和审判实践需要,特别是回应了社会当下发展的一系列需要,为政治秩序、经济秩序的平稳和发展提供了保障。

(1) 民事领域

在民事实体法方面,最高法院着力于社会经济发展需求,在困境企业退出市场机制、劳动者保护和保险领域出台司法解释,细化了相关法律规范,为我国的民事经济审判司法实践提供了可行的操作规则。在企业退出市场方面,2013 年最高法院制定《最高人民法院关于适用〈中华人民共和国企业破产法〉若干问题的规定(二)》(2013 年 9 月 5 日发布),细化了破产法的相关规定,细化了我国企业的市场退出机制;在劳动者保护方面,最高法院制定了《最高人民法院关于审理拒不支付劳动报酬刑事案件适用法律若干问题的解释》(2013 年 1 月 16 日发布)和《最高人民法院关于审理劳动争议案件适用法律若干问题的解释(四)》(2013 年 1 月 18 日发布)两个司法解释,适当强化了对处于弱势地位的劳动者的保障,体现从"形式平等"到"实质平等"的司法理念转变;在保险领域,《最高人民法院关于适用〈中华人民共和国保险法〉若干问题的解释(二)》(2013 年 5 月 31 日发布)和《最高人民法院关于审理出口信用保险合同纠纷案件适用相关法律问题的批复》(2013 年 5 月 2

日发布）两个司法解释，对正确审理保险合同纠纷案件，切实维护保险当事人的合法权益具有重要作用。

在民事程序法方面，最高人民法院结合我国加入的《关于向国外送达民事或商事司法文书和司法外文书公约》和《关于从国外调取民事或商事证据的公约》，并在整合《关于执行〈关于向国外送达民事或商事司法文书和司法外文书公约〉有关程序的通知》《关于执行海牙送达公约的实施办法》《关于执行中外司法协助协定的通知》《关于指定北京市、上海市、广东省、浙江省、江苏省高级人民法院依据海牙送达公约和海牙取证公约直接向外国中央机关提出和转递司法协助请求和相关材料的通知》《关于就外国执行民商事文书送达收费事项的通知》和《关于我国法院委托新加坡法院协助送达民事司法文书付费事项的通知》等一系列规范性文件的基础上，出台《关于依据国际公约和双边司法协助条约办理民商事案件司法文书送达和调查取证司法协助请求的规定》（2013年5月2日起施行），对加强和改善人民法院国际司法协助工作、履行《民事诉讼法》中法院在国际民事司法协助工作中的任务和职能具有重要意义。

(2) 刑事领域

在刑事犯罪领域，从社会治安、环境保护、食品安全、未成年人保护等民间极为关注的方面出发，结合司法实践需要出台一系列司法解释，在一定程度上促进了法律的准确适用，提升了司法公信力。

在社会治安方面，《最高人民法院、最高人民检察院关于办理盗窃刑事案件适用法律若干问题的解释》（2013年4月2日发布）、《最高人民法院、最高人民检察院关于办理敲诈勒索刑事案件适用法律若干问题的解释》（2013年4月23日发布）、《最高人民法院、最高人民检察院关于办理寻衅滋事刑事案件适用法律若干问题的解释》（2013年7月15日发布）、《最高人民法院、最高人民检察院关于办理抢夺刑事案件适用法律若干问题的解释》（2013年11月11日发布）等，在上述几个方面降低了入罪门槛，提高了法定最高刑，并加大了财产刑处罚力度，有利于维护社会治安。

在保障食品安全方面，针对瘦肉精、毒奶粉、毒豆芽、地沟油、问题胶囊、病死猪肉等一系列重大恶性食品安全犯罪案件、危害食品安全刑事案件数量攀升的审判实践情况,"两高"联合发布《最高人民法院、最高人民检察院关于办理危害食品安全刑事案件适用法律若干问题的解释》(2013年5月2日发布),"明确界定生产、销售不符合安全标准的食品罪和生产销售有毒、有害食品罪的定罪量刑标准""从严惩处食品滥用添加行为""严厉打击食品非法添加行为""明确生产、销售不符合安全标准的食品添加剂、食品相关产品行为的定罪处罚标准""严惩非法生产、销售国家禁止食品使用物质的行为""惩治非法从事生猪屠宰、经营行为""明确界定危害食品安全犯罪竞合的处理原则""依法严惩危害食品安全犯罪的共犯以及食品虚假广告犯罪""从严惩处食品监管渎职犯罪"和"从严惩处单位犯罪",加大力度打击食品安全犯罪行为。

在环境保护方面,为响应十八大建设"美丽中国"的美好愿景,并针对办理环境污染刑事案件取证难、鉴定难、认定难等实际问题,"两高"联合发布《最高人民法院、最高人民检察院关于办理环境污染刑事案件适用法律若干问题的解释》(2013年6月17日发布),通过"界定严重污染环境的十四项认定标准""依法严惩非法处置进口的固体废物罪、擅自进口固体废物罪、环境监管失职罪""对于环境污染犯罪的四种情形应当酌情从重处罚从严惩处单位犯罪""加大对环境污染共同犯罪的打击力度、对于触犯多个罪名的从一重罪处断""明确界定了有毒物质的范围和认定标准"和"规范环境污染专门性问题的鉴定机构及程序"等举措,加大力度打击环境污染犯罪。

在未成年人保护方面,最高人民法院、最高人民检察院联合公安部、司法部印发《关于依法惩治性侵害未成年人犯罪的意见》的通知,从办案程序、法律适用等方面加强对未成年人的保护。例如,针对广受民间舆论声讨并引起法学界激辩的"嫖宿幼女罪"存废问题,该通知对幼女的性侵害行为从严定罪,通知规定"对于不满十二周岁的被害人实施奸淫等性侵害行为的,应当认定行为人'明知'对方是幼女",并明确"以金钱财物等方式引诱幼女与自己发生性关系""知道或者应当知道幼女被他人强迫卖淫而仍与其发生性关系"以及"对幼女负有特殊职责的人员与幼女发生性关系"的均以强奸罪论处,回应了因"习水嫖幼案""富源嫖幼案""略阳嫖幼案"等个案引起的舆

司法制度的建设与发展

论不满,在一定程度上缓解了这一系列个案给司法机关带来的压力和公信力危机。

在信息网络传播方面,最高人民法院、最高人民检察院联合发布《关于办理利用信息网络实施诽谤等刑事案件适用法律若干问题的解释》(2013年9月6日发布),其中"诽谤信息转发500次可入罪""编造虚假信息严重混乱可定寻衅滋事罪""违规有偿删帖、发帖可定非法经营罪"和"网络反腐举报非故意捏造事实不追究刑事责任"等规定成为亮点,对依法惩治当前社会各界普遍关注的利用信息网络实施的犯罪、规范信息网络秩序具有重要意义。最高人民法院出台《关于审理编造、故意传播虚假恐怖信息刑事案件适用法律若干问题的解释》(2013年9月18日发布),通过制定编造、故意传播虚假恐怖信息行为具体的定罪、量刑标准,规范网络秩序,营造健康、有序的网络环境。

2. 注重司法解释制度的科学化、体系化,为司法权力的运行提供良性空间

"坚持立改废并举,提高立法科学化、民主化水平,提高法律的针对性、及时性、系统性",是十八大及十八届三中全会对完善中国特色社会主义法律体系的具体要求。在这一要求下,最高人民法院、最高人民检察院为适应形势发展变化,努力保证法律统一正确适用。根据有关法律规定和审判、检察工作实际需要,2013年司法系统对1980年1月1日至1997年6月30日联合制发的司法解释和司法解释性质文件进行了集中清理,废止数百件司法解释和司法解释性质文件[①]。2013年1月4日颁布的《最高人民法院、最高人民检察院关于废止1980年1月1日至1997年6月30日期间制发的部分司法解释和司法解释性质文件的决定》,废止了1980年1月1日至1997年6月30日制定发布的司法解释和司法解释性质文件44件;同年1月14日,《最高人民法院关于废止1980年1月1日至1997年6月30日期间发布的部分司法解释和司法解释性质文件(第九批)的决定》废止了司法解释和司法解释性质文件429件;同年4月8日,最高人民检察院对1997年7月1日至2012年6月30日单独制

---

① 《人民法院报》2013年1月18日,第2版。

定发布和联合其他单位制定发布的司法解释和司法解释性质文件进行了集中清理，废止11件单独制定发布的司法解释性质文件和4件最高人民法院、最高人民检察院会同有关部门联合制定发布的司法解释和司法解释性质文件。

上述司法解释和司法解释性文件，有的因为已过适用期而被废止，有的因为制定依据法律已经修改而被废止，有的因为内容已被相关法律、司法解释吸收而被废止，有的因为内容与法律规定相冲突而被废止，有的因为社会形势发生变化而不再适用。最高人民法院、最高人民检察院的这一集中清理行动，不仅考虑了部门法内部体系化的问题，还考虑到部门法与部门法之间的规范协调问题；不仅考虑了立法技术、解释方法的问题，还着眼于社会发展形势，具有相当的专业性，是改革开放以来最大规模的针对司法解释及司法解释性质文件的体系化动作，是司法部门对"提高立法科学化、民主化水平，提高法律的针对性、及时性、系统性"做出的重大努力。

（二）探索中的独立公正行使司法权力

我国《宪法》明确规定人民法院、人民检察院依法独立公正行使审判权、检察权，但由于司法机关的人财物受制于地方，司法活动易受地方保护主义的干扰，难以确保审判机关、检察机关依法独立公正行使审判权、检察权。应该说，探索如何独立行使司法权力，将有助于解决司法制度的根本弊端，十八大明确指出要确保依法独立公正行使审判权、检察权，2013年司法制度在司法权独立公正运行方面，特别是在司法权力的去地方化、去行政化方面进一步发展，在探索符合中国国情的独立行使司法权道路上继续前进。

1. 中央政法委力推法院人财物独立

去地方化是人民法院、人民检察院依法独立公正行使审判权、检察权的前提。2013年，如何去除地方化这一弊端被提上了司法体制改革的议事日程，司法系统人、财、物统一管理成为司法去地方化的突破口。在政治决策层的肯定下，中央政法委力推省以下地方法院、检察院人财物统一管理，旨在通过司法体制逐步去地方化的举措确保实施法律规范的统一性，建立起"法律共同体"。中央政法委推行省以下地方法院、检察院人财物统一管理，是因为"考虑到我国将长期处于社会主义初级阶段的基本国情，将司法机关的人财物完全由中央统一管理，尚有一定困难"①。在具体操作上，学术界积极提出许多建议，如推动独立的人事任命权，引入律师、学者、人大代表等成立司法委员会，负责法官的任命、惩戒、免职。在经费方面，中央政法委提出"地方各级人民法院、人民检察院和专门人民法院、人民检察院的经费由省级财政统筹，中央财政保障部分经费"。有学者建言，法院财务由中央统筹，最高法院和高级法院的财务由中央财政直接拨款；中级法院、基层法院和派出法庭由省级财政统一拨款，同时诉讼费收入和罚没财产归中央统管，以抵充上述支出。究竟如何实施司法系统内人财物的统一管理，在操作层面上有诸多细节需要进一步规划，但是通过统一管理人财物来革除司法制度地方化的弊端，这个方向正在明确起来。

2. 探索司法区域与行政区划的适当分离

司法区域即法院管辖区域。司法区域与行政区划重合必然造成司法部门人财物由地方政府统一管理，这将带来以下问题：①司法权易受行政权干预；②司法权难以制约行政权，表现在行政诉讼受案率低、原告的胜诉率低、执行困难等方面；③过分强调司法工作要围绕政府的工作大局开展。在司法区域与行政区域高度重合的情况下，易于产生司法的地方保护主义问题，对社会的危害极大。这种行政干预司法的现象在行政诉讼中尤为突出。在大量与征地、拆迁有关的行政诉讼案件中，由于地方政府通过各种方式对司法审判进行干预，司法机关由于人财物等资源受制于当地同级行政机关，也会设置障碍或久拖不决，行政诉讼存在立案难、审理难、执行难三大问题，行政审判效果和质量不容乐观。例如，2013年9月，太原市中院依山西省高院裁定重审三年前引起舆论高度关注的太原市晋源区古寨村强拆一案，事发地政府曾两次发函给原审两级法院，请求"慎重量刑"。② 引发了社会的很大争议。所以，建立与行政区划适当分离的司法管辖区域，在一定程度上有助于司法机关依法独立公正行使审判权和检察权。我国现行法院建制中，海事法院便是以司法区域与行政区域相分离为原则划定管辖区域开展海事审判工作的，较好地践行了司法权的独

---

① 孟建柱：《深化司法体制改革》，《人民日报》2013年11月25日。
② 马恺：《政府给法院发公函指导个案审理是干预司法独立》，法治中国网，http：//legal. china. com. cn/2013 – 10/22/content_ 30380793_ 2. htm。

立行使。因此有学者建言，在"省以下法院人财物统一管理"的前提下，仿照海事法院体制设立行政法院，先行推动行政审判体制改革。① 在司法实践中，浙江台州法院曾试点司法区域与行政区域相分离的"异地交叉管辖"，试点期间政府败诉率从13.1%上升至62.5%，在一定程度上解决了"民告官"的诉讼难题。②

3. 酝酿改变政法委介入个案的现状

中央政法委成立之初强调宏观领导，反对干预个案。1995年中央政法委增加了"研究和讨论有争议的重大疑难案件"职能。通常，政法委通过"主动协调公、检、法各部门，研究、确定案件处理方案"和"根据有关方面上报，出具意见"两种方式协调个案审理。

为了强化独立审判，2013年政法委酝酿改变介入个案审理的现状。2013年1月，全国政法工作会议上，中共中央政治局委员、中央政法委书记孟建柱曾对中央政法委的官员表示，不要对具体个案做出批示。同年11月25日，孟建柱在《人民日报》上撰文谈深化司法体制改革提到，审判工作内部层层审批是司法行政化问题的表现之一，需突出主审法官、合议庭和检察官办案主体地位。2013年11月21日，最高法院公布《关于建立健全防范刑事冤假错案工作机制的意见》，规定法院"严格依照法定程序和职责审判案件，不得参与公安机关、人民检察院联合办案"。至于政法委不介入个案的具体改革方案，2013年尚未有明确的方案出台。有学者建言，要区分常规案件与群体性案件、带有政治色彩的敏感案件，对于后两者可由党政机关进行制度性干预；政法委的职责应转变为一个支持公检法与各部门协调人、财、物关系的机构。③

4. 司法队伍建设凸显职业化特点

随着我国经济社会不断发展，各类社会矛盾高发、多发，越来越需要以司法手段化解社会矛盾、维护社会秩序和实现社会公平正义，司法机关因而面临

---

① 熊文钊：《司法管辖与行政管辖适当分离》，《人民法院报》2013年11月21日，第2版。
② 刘武俊：《行诉法大修激活"民告官"的正能量》，《人民法院报》2013年12月25日，第2版。
③ 傅郁林：《司法改革任务起草者：超预期 或设司法委员会任免法官》，凤凰网，http://news.ifeng.com/shendu/nfrwzk/detail_2013_12/17/32198685_0.shtml。

更加严峻的考验和更加艰巨的任务，全面提升司法部门工作水平的重要性和必要性日益凸显。2013年，司法系统在加强队伍建设方面做出了积极努力。

2013年10月28日最高人民法院发布《关于切实践行司法为民　大力加强公正司法　不断提高司法公信力的若干意见》，明确提出从严治院、建设过硬法院队伍方针，并提出从司法良知和司法职业伦理操守教育、司法综合能力培养、司法廉洁建设、作风建设、法院队伍分类管理制度、法官选任制度和业绩考评机制等方面多管齐下，加强法院队伍建设。2013年11月1日，最高人民法院公布了《关于新形势下进一步加强人民法院队伍建设的若干意见》，全面部署新形势下进一步加强人民法院基层基础建设并提出了具体要求，从"思想政治建设"、"正规化、专业化、职业化建设"、"干部管理工作"、"党建工作"、"文化建设"、"基层基础建设"、"作风建设和廉政建设"和"组织领导"八个方面对加强法院系统队伍建设提出要求。特别是要求探索建立符合专业特点的司法人员分类管理和身份保障制度，使法官、检察官等法律专业系列与行政官的公务员系列逐渐分离，可以说，加强司法队伍建设的基本措施就应当是职业化，司法权力的职业化发展将有助于司法权威的维护和司法公正的实现。

（三）最大力度推进司法公开、提升司法公信力

随着当前法治中国的观念日渐深入人心，以及我国法治建设的不断前进，我国民众的社会参与程度日益高涨，对于社会焦点案件的关注度与扩大知情权的愿望也水涨船高，社会各界纷纷呼吁要求推进我国司法流程的公开化和透明化，提升我国司法机关的公信力。2013年，我国司法部门对推进司法公开、提升司法公信力展开了超大力度的改革。

1. 司法公开三大平台建设

2013年11月27日，中共中央政治局委员、中央政法委书记孟建柱在全国法院司法公开工作推进会上就法院司法公开工作提出要求，强调以司法公开三大平台建设为契机，不断扩大司法公开范围，创新司法公开形式。次日，最高人民法院发布《关于推进司法公开三大平台建设的若干意见》（以下简称《公开平台意见》），针对审判流程平台、裁判文书平台、执行信息平台三大司

法公开平台出具了具体操作规定，大力度地加强和完善了我国现行体制下的司法公开制度，贯彻了十八届三中全会的精神，适应了信息化时代的新要求，满足了人民群众对司法公开的新期待。

（1）审判流程公开平台的建设

审判流程公开平台是借助信息化手段，将人民法院在立案、庭审、听证、合议、宣判等诉讼过程中产生的各类静态和动态信息依法向当事人和社会公开的平台。《公开平台意见》中明确提出，要合理利用网站、电话语音系统、手机短信等现代信息技术，为公众提供全方位、多元化、高效率的审判流程公开服务。具体包括以手机短信、电话语音系统、电子触摸屏、微博、微信等技术手段，为公众和当事人提供信息；开发完善统一的审判流程查询系统；开发远程预约立案、公告、送达、庭审、听证等；推进诉讼档案电子化；对庭审活动全程进行同步录音录像等内容。

审判流程是人民法院工作的核心和关键，公正的审判是保障人民群众合法权利不受侵犯的基石。司法实践中，时常因为审判过程的不公开而引起社会民众对司法审判的合法性和公正程度的猜忌，通过审判流程公开平台建设，把审判流程展示在社会公众面前，这种司法公开制度的建设，可以减少司法制度的"神秘性"，减少社会公众对于司法制度的猜忌，强化人民群众对于司法公信力的信念。例如广受社会关注"薄熙来案"，便以"微博直播"等方式，向社会公众公开庭审过程，引起了社会的广泛讨论，审判流程的公开化将司法权力专业化、技术化特点予以传播，有助于维护司法权力的权威形象，公开化符合司法权力运行的基本规律，公开透明才能取信于民，才能最大限度地体现公平正义。

（2）裁判文书公开平台建设

裁判文书是司法案件的载体，通过裁判文书，当事人可以明确自己的权利，以及自己所应承担的义务。裁判文书公开平台的建设，对于促进司法公信力的提升、完善我国司法公开制度，有着重要作用。2013年7月，最高人民法院颁布《最高人民法院裁判文书上网暂行办法》并开通中国裁判文书网（www.court.gov.cn/zgcpwsw），实现最高人民法院符合条件的裁判文书全部上网。中国裁判文书网在11月27日与各高级法院的裁判文书传送平台实现了连通，自此全国3000多家法院的裁判文书都将集中到中国裁判文书网上公布。

2013年11月28日，最高法院《关于人民法院在互联网公布裁判文书的规定》正式对外发布。这部司法解释强调，除涉及国家秘密、个人隐私、未成年人违法犯罪和调解结案的，以及其他不宜在互联网公布的情形外，法院的其他生效裁判文书都应当上网公布。相较于2010年最高人民法院曾提出将符合条件的裁判文书"可以"在互联网上公布这一措施，2013年的司法裁判文书公开中，有如下几个亮点：①做到平等公开，不允许根据案件类型、影响大小等选择性公开；②文书上网前要进行技术性处理，包括对个人信息的隐藏，例如，只公开当事人的姓名或名称，而隐去具体住址、身份证号码、电话号码、银行账号等其他信息；对于刑事案件被害人、证人、被告人家属的姓名，以"某某"代替，其他相关信息也予以隐去。

2013年，最高法院力推司法文书从"可以"公开到"应当"公开，意味着裁判文书上网公开从司法机关的主动选择变成了按照规定的被动选择。这一举动，看似司法机关的自由裁量权限被缩减，但是极大地提升了司法机关的公信力。裁判文书从选择性公开变为符合条件的文书全部公开，意味着司法公开制度向前跨越一大步。

（3）执行信息公开平台建设

在具体的司法执行过程中，法院的执行行为和过程因为向社会公众的公开程度不够，时常引起当事人和其他群众对司法机关的误解。因此执行信息公开平台的建设与审判流程公开平台、裁判文书公开平台建设处于同等重要地位。根据《公开平台意见》，执行信息公开平台建设包括以下内容：①执行信息查询系统；②对重大执行案件的听证、实施过程进行同步录音录像，并允许当事人依申请查阅；③公开失信被执行人、限制出境被执行人、限制高消费被执行人名单信息，对失信被执行人进行信用惩戒；④执行信息公开平台与社会诚信体系对接。

为了维护申请执行人的权利和保障社会公众的知情权，2013年10月1日开始实行《最高人民法院关于公布失信被执行人名单信息的若干规定》，并于10月24日正式开通失信被执行人名单信息库，同时将入库失信者的基本信息

传送给金融监管机构、金融机构、行业协会、征信机构等，给失信被执行人在投资、贷款、招投标、行政审批、资质认定等方面设置障碍。目前已有超过35000例失信被执行人信息纳入其中并对外公布，社会公众可直接查阅。这一举措让公众和当事人及时了解法院的执行措施，对促进公众对法院执行工作的理解、预防利用执行权寻租、发挥执行腐败预防功能、促进社会诚信建设都具有积极意义。

2. 开通中国法院庭审直播网

为贯彻党的十八大关于完善司法公开制度的要求，落实最高人民法院院长周强在全国法院司法公开工作推进会上提出的全面推进司法公开工作的讲话精神，2013年12月11日，"中国法院庭审直播网"（http://tvts.chinacourt.org/）正式上线开通，公众将可通过该网站观看全国各地法院的庭审实况。该直播网设"庭审直播"、"直播预告"和"直播回顾"等栏目，全国各高、中级和基层人民法院，公众均可通过"直播回顾"栏目查看庭审实况，还可以通过网站提供的视频查询功能查询到具体案件的庭审视频。网站开通15日内，便上传了三万余个庭审视频，其中不乏"奇虎诉腾讯滥用市场支配地位案""甄子丹起诉导演檀冰侵害名誉权案"等社会舆论高度关注的案件。

"中国法院庭审直播网"的开通，能够让公众通过观看庭审直播而更好地实现对人民法院审理案件过程的知情权、参与权和监督权，同时也能够更有力地规范法官在庭审中的一言一行，从而达到通过司法公开促进司法公正的目的。是继最高法院审判流程公开、裁判文书公开和执行信息公开三大平台建设之后，有效促进司法公正、提升司法公信力的一项重要司法公开举措。

3. 深入推进检务公开、提升司法公信力

除上述最高人民法院为推进司法公开、提升司法公信力的努力外，最高人民检察院也对检务公开展开了全面部署。2013年6月28日，最高人民检察院检察长曹建明在第六次"检察开放日"活动表示，检务公开是原则，不公开是例外，应坚持以公开促公正、以透明促廉洁，不断提高严格公正廉洁执法水平。2013年12月10日，最高人民检察院印发《2014～2018年基层人民检察院建设规划》（以下简称《规划》），提出推进基层人民检察院检务公开工作的要求，并提出通过完善检察开放日、案件公开审查、人民监督员等制度，切实保障人民群众对法律监督工作的知情权、参与权和监督权。同时，《规划》要求执法依据、执法程序、办案过程和检察机关终结性法律文书一律向社会公开，法律规定需要保密的除外。各地检察院纷纷响应号召，积极推进检务公开工作。例如四川省检察机关制定《深化检务公开制度改革试点工作试行办法》，将检务公开的内容延伸到动态的检察执法办案过程，并将成都、自贡、广元等六个检察院设为试点院，全面启动为期一年的深化检务公开试点工作。深圳检察机关通过建立案件管理机制、呈捕案件质量分析机制等推行检务公开，深圳执业律师甚至可以直接登录深圳市律协网实现在线案件查询与会见阅卷预约。上海市检察机关在全国率先探索公开做出逮捕或不捕决定的"司法化、公开化"审查方式。

阳光是最好的防腐剂，司法公开是提升司法公信力的前提和保障，对促进公正司法具有重要意义。司法公开的制度建设展示了中国司法现行改革的新思路。此前对司法改革的呼吁，多以英美法系下西方法律制度中的司法独立和司法审查为参照，与现行的中国宪政体制和司法现状并不匹配。而2013年所提出的司法公开制度建设，是在中国宪法框架下，以党的领导为核心，进一步完善现行的司法制度，收到良好的法治效果，有效提高司法公信力，有助于中国法治梦的实现。

（四）着力人权司法、健全司法救济

党的十八大提出"人权要得到切实的尊重和保障"，十八届三中全会《决定》中明确提出要完善人权司法保障制度。完善司法人权保障制度极其烦琐和复杂，需要进一步拓宽司法改革思路，打破旧有格局，合理创新改革理念、整体规划布局。2013年司法部门从"强化保护涉案财产"、"健全错案防止、纠正、责任追究机制"和"废止劳动教养制度"等诸多方面，推动人权司法制度的完善，健全我国的司法救济制度。

1.《最高人民法院关于适用〈中华人民共和国刑事诉讼法〉的解释》强化保护涉案财产

涉案财物的处理，即法院根据生效判决、裁定，查封（解除查封）、扣

押、冻结、鉴定、估价、拍卖、变卖、抵押涉案财物,以实现法律对国家、企事业单位和公民财产权保护。这一处理过程关系人民法院依法履行司法职权、实现法律权威。十八届三中全会《决定》中也明确提出"进一步规范查封、扣押、冻结、处理涉案财物的司法程序"是完善人权司法保障制度的重要方面。涉案财产的处理密切关系到群众的切身财产利益,但长期以来,一些司法机关在查封、扣押、冻结,以及处理涉案财物的司法程序中,明显存在程序上的瑕疵,随意性较强,对于涉案的财物审核不严,解除强制措施以及返还涉案财物迟延的情形时有发生。

针对在民事、刑事或者行政领域司法过程中普遍存在对公民的财产权保护不够的问题,尤其是刑事案件过程中存在"非法侵犯犯罪嫌疑人、被告人的财产"、"不符合程序地、非程序正当化地去扣押、查封"和"违规没收犯罪嫌疑人、被告人的财产"等现象。为贯彻十八大尊重、保障人权和十八届三中全会"完善人权司法保障制度"的精神,最高人民法院积极推进实施2013年1月1日生效的《最高人民法院关于适用〈中华人民共和国刑事诉讼法〉的解释》,从"规定可及时返还被害人的财产范围"、"强调对涉案财物处置的法庭调查"、"重视案外人提出的权属异议"和"完善涉案财物的处理程序"四个方面,着力规范查封、扣押、冻结、处理涉案财物的司法程序,对保障涉案财产安全起到了积极作用。

2. 多项举措健全错案防止、纠正、责任追究机制

错案对于党和政府以及司法机关公信力的损害极其严重。健全错案防止、纠正、责任追究机制,从体制上完善司法人权保障制度,减少错案发生的概率,从而进一步提高司法公信力。2013年,中央政法委、公安部、最高人民检察院、最高人民法院多部门先后下发意见,大力推进错案防止、纠正、责任追究机制。

2013年8月,中央政法委下发《关于印发〈关于切实防止冤假错案的规定〉的通知》明确指出,要严格遵守法律程序,要加强防止和纠正错案。该通知从"要严格遵守证据裁判原则,严禁刑讯逼供、体罚虐待,严格执行非法证据排除规则,准确把握刑事案件证明标准"、"保障犯罪嫌疑人、被告人、罪犯的申诉、控告权"、"明确错案的认定标准和纠错启动主体,完善错案纠正程序"和"实行案件质量终身负责制,形成用权受监督、失职要问责的管理体系"四个方面,对加强防止和纠正错案进行了明确规定。同月,公安部印发《关于进一步加强和改进刑事执法办案工作切实防止发生冤假错案的通知》,提出切实防止冤假错案,要建立健全科学合理、符合司法规律的办案绩效考评制度,不能片面追求破案率、批捕率、起诉率、定罪率等指标。河南省公安厅在此基础上,出台《关于进一步加强和改进刑事执法工作切实防止发生冤假错案的十项措施》,废除"破案率"等指标,以防止冤假错案。

2013年9月,最高人民检察院出台《关于切实履行检察职能防止和纠正冤假错案的若干意见》,落实中央政法委《关于切实防止冤假错案的规定》的具体措施。该意见对职务犯罪办案程序、审查逮捕和审查起诉、纠正刑事执法司法活动中的突出问题、完善防止和纠正冤假错案的工作机制等提出了明确要求,提出"严禁刑讯逼供和以威胁、引诱、欺骗以及其他非法方法收集证据"、"保障辩护律师的会见权"、"对讯问过程实行全程同步录音、录像"、"对于犯罪嫌疑人拒不认罪或者供述反复等十类案件进行重点审查"、"实施案件质量分析评查通报"和"建立和完善符合司法规律的考评体系"等防止和纠正冤假错案的新举措。

2013年11月,最高人民法院根据《刑事诉讼法》和相关司法解释,结合司法实际出台《关于建立健全防范刑事冤假错案工作机制的意见》,明确指出"定罪证据不足的案件,应当坚持疑罪从无原则,依法宣告被告人无罪,不得降格作出'留有余地'的判决……采用刑讯逼供或者冻、饿、晒、烤、疲劳审讯等非法方法收集的被告人供述,应当排除",对于防范冤假错案观念的树立、防范冤假错案制度的完善,以及司法机关防范冤假错案职能的发挥,具有重要指导意义。

2013年,各级法院在审判实践中对错案纠正的积极努力也取得了成就。例如2013年3月26日,浙江高院依法再审,服刑近十年的张辉、张高平被宣告无罪;同年4月25日,河南平顶山中院再次开庭审理李怀亮故意杀人案,被羁押十余年的李怀亮重获自由;同年7月2日,浙江高院宣判18年前"萧山抢劫致死案"陈建阳等五名当事人罪名不成立。

3. 劳动教养制度退出历史舞台

劳动教养制度是我国特有的制度，指行政机关对轻微违法犯罪人员限制其人身自由的具体行政行为。根据我国《宪法》及相关法律的规定，对于限制人身自由的处罚只能由法律设定，而劳动教养制度一直以来是依托国务院制定的《关于劳动教养问题的决定》和公安部《劳动教养试行办法》等得以存在，法理上存在一定问题。在具体的实践过程中，劳动教养制度也存在可能被行政机关滥用等问题，对我国普通公民的合法自由权利造成较大的影响，劳动教养制度的存废问题引起了社会的广泛争议，也引起了党中央的高度重视，地方政府也积极探索劳动教养制度改革。如 2011 年 11 月，南京市政府成立了违法行为教育矫治委员会试点工作领导小组，推进违法行为矫治试点工作；同年 11 月，兰州永登县也成立领导小组推动试点工作；2013 年 2 月，云南统一停止对涉嫌危害国家安全、缠访闹访、丑化领导人形象等三种行为的劳教审批等。

2013 年 1 月 7 日，中共中央政治局委员、中央政法委书记孟建柱在全国政法工作电视电话会议中宣布将进一步推进劳动教养制度改革，报请全国人大常委会批准后，停止使用劳教制度。2013 年 3 月 7 日，司法部部长吴爱英表示，劳教制度改革正在积极稳妥推进。2013 年 3 月 17 日，李克强总理在十二届全国人大一次会议闭幕后的记者招待会上表示，有关中国劳教制度的改革方案，有关部门正在抓紧研究制定，年内有望出台。2013 年 12 月 23 日，十二届全国人大常委会第六次会议审议国务院关于提请废止《关于劳动教养问题的决定》和《关于劳动教养的补充规定》的议案。2013 年 12 月 28 日，十二届全国人大常委会第六次会议通过决定，废止有关劳动教养法律制度，对正在被依法执行劳动教养的人员解除劳动教养，不再执行剩余期限。至此，在我国实施 50 多年的劳教制度正式退出历史舞台，这是人权司法的一项重大进步。

三 2013 年司法制度存在的问题及前景展望

在党的十八大和十八届三中全会精神指引下，2013 年中国的司法制度改革力度空前，在推进司法独立、推行司法公开、提升司法公信力、促进司法公正、健全人权司法机制、完善法律体系等方面成绩显著；探索法院人财物独立，酝酿改进政法委介入个案的现状，废除劳动教养制度，法院庭审上网直播，建设审判流程公开平台、裁判文书公开平台和执行信息公开平台三大信息公开平台等举措成为年度发展的亮点；"让审理者裁判，由裁判者负责""公开为原则、不公开为例外""宁可错放、不能错判错杀"等司法理念令人欣喜。司法改革迎来空前机遇，从司法系统的努力上升为党中央的宏图大计，司法改革政策为影响司法公正的体制性障碍和深层次问题开出药方，其力度之大、分量之重，甚至超出公众预期。当然，改革并非一蹴而就，需要渐进式地推进和落实，才能真正回应"努力让人民群众在每一个司法案件中都感受到公平正义"的时代之问。

（一）司法独立有待落实配套制度

1. 司法"去地方化"有待深化

首先，实现司法系统的人事垂直管理尚需宪法层面的协调和支持。司法的独立性容易受到中央和地方两个方面的影响，在我国单一的司法体制、按照行政区划确定司法区划、司法人财物依赖地方管理的现状下，司法行为更容易受到行政权力的干预，这是司法地方保护主义倾向的原因之一。2013年中央政法委力推省以下地方法院、检察院人财物统一管理，司法部门人、财、物管理权上收至省级。这一举措对落实依法独立行使司法权具有重要意义。然而，根据我国现行宪法，司法的人事权在同级人民代表大会。所以，省以下地方的司法去地方化，还需要宪法层面的协调和支持。

其次，财政经费尚待细化管理。财政经费是司法活动正常运行的根本保障，在中央政法委关于司法部门人、财、物垂直管理的顶层设计中，需要细化财政经费安排问题，通过保障司法机关的办案经费来避免司法机关"制造案件"导致冤假错案，提升司法公信力。

最后，司法垂直管理可能需要逐步过渡到中央直管。正如中央政法委书记孟建柱指出，把司法垂直管理定位在省以下管理而非中央直管，是由于"我国将长期处于社会主义初级阶段的基本国情，将司法机关的人财物完全由中央

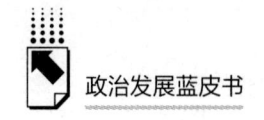

统一管理，尚有一定困难"①。然而，不容忽视的是，省级直管同样可能存在地方保护的问题，司法的去地方效果还是会受到限制。因此，司法垂直管理可能需要逐步过渡到中央直管。

2. 法院系统去行政化有待加强

2013年司法体制改革尚未解决的问题是：如何设计区别于普通公务员编制的法官序列；如何保障合议庭、审判法官的权力；如何改革审判委员会机制，让司法权力的运行脱离行政权力运行的规则，以符合司法体制的需求，符合十八届三中全会《决定》指明的方向——"让审理者裁判、由裁判者负责"②。

（二）司法职能发挥有待进一步推进

1. 落实宪法实施监督机制尚缺顶层设计

十八届三中全会《决定》重申健全宪法实施监督机制和程序、维护宪法权威，把"全面贯彻实施宪法"放在法治中国顶层设计的"首要任务和基础性工作"地位。《决定》明确指出，"要进一步健全宪法实施监督机制和程序，把全面贯彻实施宪法提高到一个新水平"。全国人大及其常委会和国家有关监督机关要担负起宪法和法律监督职责，加强对宪法和法律实施情况的监督检查，健全监督机制和程序，坚决纠正违宪违法行为。地方各级人大及其常委会要依法行使职权，保证宪法和法律在本行政区域得到遵守和执行。2013年司法部门在实施宪法、维护宪法权威方面做出了积极努力，但在保障宪法实施方面仍然有很多工作要做。

例如，法院、检察院是否可以依据宪法作裁判或者司法决定，长期以来并没有一个答案。2001年的齐玉苓案③，最高法院的批复似乎显示在就这个问题进行探索，但在2008年12月18日公布的《最高人民法院关于废止2007年底以前发布的有关司法解释（第七批）的决定》中，废止了包括齐玉苓案批复

---

① 孟建柱：《深化司法体制改革》，《人民日报》2013年11月25日。
② 参见十八届三中全会《决定》。
③ 齐玉苓案：齐玉苓考取大学却被人冒名顶替，法院引用宪法教育权条文判其胜诉，故被学界喻为中国宪法司法化第一案。

在内的27项司法解释。齐玉苓案批复的废止理由是"已停止适用"，但未说明"已停止适用"的时间和原因。对于建设法治中国的目标来说，这是一个早晚都需要解决的问题。

此外，《决定》提出了"进一步健全宪法实施监督机制和程序，把全面贯彻实施宪法提高到一个新水平"的要求，但是，通过什么机构、什么方式来达到这个目标，也是尚待解决的问题。2013年的司法改革进程还没有来得及对这个问题提出具体的举措。

2. 人权司法机制还有新课题

（1）如何对待"大劳教"制度

2013年12月28日，十二届全国人大常委会第六次会议通过决定，废止有关劳动教养法律制度。和劳动教养制度相似的"大劳教"制度，即强制戒毒、卖淫嫖娼收容教育、未成年人收容教养、精神障碍者的强制医疗和公安机关治安拘留等剥夺人身自由的行政措施，在某种程度上存在与劳动教养制度类似的问题。随着我国人权司法方面改革的推进，这些制度也会逐步被改进和健全。例如，在强制戒毒方面，在2007年颁布了《戒毒法》基础上，加大力度推行自愿戒毒、社区戒毒。在卖淫嫖娼收容教育方面，卖淫嫖娼行为并不是《刑法》规定的犯罪行为，但县级公安机关却可做出六个月到两年的限制人身自由的处罚，跟劳教制度的问题有类似之处。在未成年人收容教养方面，对没有达到刑事责任年龄的未成年人收容教养可能是必要的，但要考虑如何慎重地建立专门场所和管理制度，避免交叉感染犯罪思想，另外还要考虑如何让未成年人也享有上诉和获得辩护的权利。在精神障碍者的强制医疗方面，《刑事诉讼法修正案》将其司法化，但对于场所、精神障碍者的判断、精神恢复正常的评估等问题，也需进一步细化操作规范。

（2）社区矫正制度有待健全

2013年十八届三中全会《决定》指出，健全社区矫正制度，也是人权司法机制的重要方面。社区矫正作为一种具体的刑罚执行方式，主要适用于社会危害程度较低，社会影响力不大，主观恶性不强的管制、缓刑、暂予监外执行、假释的罪犯，可以保障罪犯顺利适应社会，减小罪案再发生率，同时也增强了社区公民的法律意识和社会责任感，最终达到保障人民群众利益，预防犯罪，维护社会秩序的平稳，实现国家长治久安的目的。我国的社区矫正工作从2000年开始试点，2009年在全国全面试行，2011年颁布的《刑法修正案（八）》和2012年修改后的《刑事诉讼法》明确了社区矫正制度的法律地位，不过，迄今为止我国尚未建立完善的社区矫正制度，社区矫正制度有待进一步健全。

（三）司法队伍建设亟须进一步推进

1. 法官待遇有待改善

司法独立既要增加法院的独立性，也要增加法官的独立性。独立性的增加意味着责任的增加，意味着法官工作量和职业风险的增加。如果只增加责任、不改善待遇，必然加快优秀法官的流失。截至2013年7月，我国法官人数已经达到19.6万人[1]，据报道其中5%的法官不到退休年龄即离开法官队伍[2]。2008～2012年，江苏全省法院法官离职1850名、广东省离职法官人数超过1600名[3]，而同时地方各级人民法院受理案件的数量每年都在增长[4]。法官队伍人才流失现象日趋严重，法官的待遇有待改善。应当建立区别于公务员系统的独立法官序列，保障法官合理的待遇，留住人才。

2. 塑造法官、检察官独立人格

2013年最高法院公布的《关于切实践行司法为民　大力加强公正司法 不断提高司法公信力的若干意见》对法官独立人格和职业精神塑造提出要求，即"坚持依法独立行使审判权。坚决贯彻人民法院依法独立行使审判权的宪法原则，坚决抵制各种形式的地方和部门保护主义，坚决排除权力、金钱、人

---

[1] 数据来源：新华网，http://news.xinhuanet.com/mrdx/2013-07/26/c_132575880.htm。
[2] 参见陈磊《法官在流失》，《法治周末》（网络版），http://www.legalweekly.cn/index.php/Index/article/id/3648。
[3] 数据由江苏省高级人民法院院长许前飞、广东省高级人民法院院长郑鄂在2013年全国"两会"期间透露，参见陈磊《法官在流失》，《法治周末》（网络版），http://www.legalweekly.cn/index.php/Index/article/id/3648。
[4] 例如，2008～2012年，全国法院共受理知识产权民事一审案件24.5264万件，年均增长率为37.57%。数据来源：国家知识产权局网站，http://www.sipo.gov.cn/ztzl/ywzt/zlwzn/dt/201306/t20130605_801863.html。

情、关系等一切法外因素的干扰，不断健全保障人民法院依法独立公正行使审判权的制度机制，坚决维护宪法法律的尊严和权威。全体法官都要养成敢于坚持原则、敢于坚持真理、敢于依法办案、敢于担当责任的职业品格。各级法院的院长、副院长、审判委员会委员、庭长和副庭长，要坚决支持合议庭和独任庭依法公正审理案件，上级法院要坚决支持下级法院依法独立公正行使审判权"。这一段表达，一方面提出了塑造法官独立人格和职业精神的任务，另一方面也反映了现实中存在的问题。

B.5 民族区域自治制度的建设与发展

周庆智[*]

摘　要：

民族区域自治制度是我国的基本政治制度之一，是建设中国特色社会主义政治的重要内容。本文从民族立法权的完善与发展、少数民族经济社会建设与发展、少数民族文化建设与发展、少数民族干部队伍建设与发展、民族团结进一步巩固与发展这几个主要方面，结合党的十八大会议精神，对2013年民族区域自治制度的建设与发展做了比较全面和系统的整理、归纳与分析、阐述。

关键词：

民族区域自治制度　民族自治立法　建设与发展

2013年，民族区域自治制度继续发展、稳步推进。五大自治区和各自治地方认真学习和贯彻党的十八大会议精神，集中力量做好以下五个方面的工作：①毫不动摇地坚持高举中国特色社会主义这面伟大旗帜，促进各民族共同团结奋斗、共同繁荣发展。②毫不动摇地坚持社会主义初级阶段这个总依据，始终做到因地制宜、因族举措、因势利导。③毫不动摇地坚持抓住发展这个第一要务，推动少数民族和民族地区实现跨越式发展，努力让各族人民生活得更加幸福。④毫不动摇地坚持维护民族团结和社会稳定这个大局，深入广泛地开展民族团结进步宣传教育和创建活动，推动少数民族和民族地区实现长治久

---

[*] 周庆智，中国社会科学院政治学研究所研究员，法学（社会学专业）博士，主要研究领域为中国基层政权组织、政治社会学、宪政与民主理论。

安。⑤毫不动摇地全面正确贯彻落实党和国家的民族理论政策，切实发挥好我们的制度优势和优良传统①。

2013年，民族区域自治制度在民族立法、社会经济、科教文化、少数民族干部队伍建设、民族团结等方面不断发展，优化完善，并扎实稳步地向前迈进。

一 民族立法权的完善与发展

民族立法权是特定的立法权，它属于民族自治地方的自治权范畴，是民族自治地方各项自治权中最基本的权力。民族立法是我国社会主义法律体系的重要组成部分。

2013年1月10日，甘肃省民委、甘肃省质监局联合发布了《清真食品认证通则》地方性标准，对清真食品认证、资质要求、禁忌原料和生产加工等内容进行了明确和规范。这一标准的出台对于推动甘肃省清真食品管理规范化、标准化、法制化进程，保障穆斯林群众的合法权益，保护穆斯林群众饮食习俗，加强民族团结，维护社会稳定，加快清真食品产业进一步做大做强具有重要意义。

2013年3月28日，新疆维吾尔自治区财政厅、自治区民委（宗教局）、中国人民银行乌鲁木齐中心支行联合下发了《新疆维吾尔自治区民族贸易和民族特需商品生产贷款贴息管理实施细则（试行）》（以下简称《细则》）。该《细则》是根据财政部、国家民委、中国人民银行印发的《民族贸易和民族特需商品生产贷款贴息管理暂行办法》，由新疆维吾尔自治区财政厅金融处拟订，经过讨论和修改，征求各方的意见后形成的。该《细则》共6章18条，从贴息范围和比例，贴息资金的预算、申请、审核、拨付、监督与管理等方面，明确了各个职能单位的职责权限、民贸民品生产贷款贴息审核的办法及财政贴息执行的程序。《细则》的出台与实施，对加强和规范财政贴息资金管理，鼓励金融机构加大对民族贸易和民族特需商品定点生产企业的信贷支持起

---

① 2012年11月16日，首都少数民族人士学习党的十八大精神座谈会在北京举行。

到积极作用。

2013年4月16日，内蒙古自治区党委宣传部、自治区党委统战部、自治区民委联合制定下发了《内蒙古自治区民族团结进步创建活动示范单位命名管理办法》（以下简称《办法》）。该《办法》规定，创建活动示范单位命名管理适用于全区各旗县（市、区）、苏木（乡镇、街道）行政区划单位及嘎查（村、社区），企事业单位，学校，社会组织，人民解放军，武警部队团级（含）以下单位等。对示范单位应具备的基本条件、具体评价指标、申报和命名程序，工作的组织和管理也做了明确规定。要求各有关部门在评比推荐过程中要坚持实事求是，做到公开公正，力求优中选优，按照《办法》的精神，结合实际，认真抓好贯彻落实，推动全区民族团结进步事业不断发展。

2013年5月30日，吉林省第十二届人民代表大会常务委员会第二次会议决定，批准通过《前郭尔罗斯蒙古族自治县民族教育条例》，该条例有利于突出民族教育应有地位，巩固现有发展成果；有利于落实相关政策，保证民族教育发展方向；有利于深入实施《民族区域自治法》和《吉林省少数民族教育条例》，将全面开创前郭县教育工作新局面。

2013年6月21日，山东省民委、省财政厅联合出台了《山东省民族特需商品定点生产企业技术改造专项资金管理暂行办法》。暂行办法对专项资金的主要用途、扶持范围、使用原则，申请专项资金应具备的条件、申请程序、须提供的材料以及加强对专项资金申请、分配和使用的监督管理工作做出明确规定。

随着中国特色社会主义事业发展，中国特色社会主义法律体系不断完善，健全和完善我国民族自治地方法律法规刻不容缓，尤其是在宪法和民族区域自治法原则框架内，积极探讨破解制约民族地区经济社会发展难题的方法和措施，不断创新民族地区的良法善治机制，为用足用活党和国家关心支持民族地区的各项方针政策，促进民族地区经济社会科学发展、和谐发展、跨越发展和长治久安提供法制保障显得尤为迫切。

2013年6月18日，湖南省出台了《社会工作专业人才支持边远贫困地区、边疆民族地区和革命老区专项计划实施方案》，从公益事业单位、高等院校和社工机构选派社会工作专业人才到武陵山、罗霄山片区县（市、区）的福利机构、街道乡镇、城乡社区开展社会工作，以完善两个片区社会工作制度、推动社会工作人才队伍建设、提高社会工作水平，实现社会工作服务均等化。

2013年6月14日，广西壮族自治区主席陈武主持召开自治区十二届人民政府第八次常务会议，会议审议并通过了《广西壮族自治区落实〈少数民族事业"十二五"规划〉的实施意见》（以下简称《实施意见》），并以政府办公厅的名义正式印发。该《实施意见》是广西壮族自治区民委按照自治区人民政府工作部署，在自治区民族工委各成员单位提出的贯彻落实国务院印发的少数民族事业"十二五"规划的实施意见的基础上，依据少数民族事业"十二五"规划的主要内容，在与《广西"十二五"规划》《广西落实兴边富民行动规划（2011~2015年）的实施意见》《广西落实扶持人口较少民族发展规划（2011~2015年）的实施意见》相衔接的前提下，结合广西少数民族事业发展的实际情况，指导并组织相关人员，经反复征求意见，认真研究编写而成。《实施意见》的正式出台将有力地促进广西少数民族事业发展，加快民族团结进步模范区建设步伐。

2013年7月1日，广西壮族自治区南宁市正式施行《南宁市壮文社会使用管理办法》（以下简称《管理办法》），标志着该市在推动壮文社会使用的规范化、标准化进程中迈出了坚实的一步。《管理办法》共14条，主要规范了以下几个方面的内容：一是市、县（区）民族事务行政主管部门，负责本辖区壮文社会使用的管理工作。少数民族语言文字工作机构负责本辖区壮文社会使用的日常管理工作。公安、民政、交通等部门在各自职责范围内对壮文的社会使用情况进行检查、监督。二是今后南宁市在社会用字中同时使用壮文、汉文两种文字，应当遵守壮文在前、汉文在后的原则。横向书写的，壮文在上，汉文在下；竖向书写的，壮文在右，汉文在左；环形书写的，壮文在左半环，汉文在右半环，或者壮文在外环，汉文在内环。三是对应同时使用壮文、汉文两种文字的场合做出了硬性规定，明确行政区划名称的标牌，国家机关、事业单位名称的牌匾和公章，机场、火车站、汽车站、港口、码头、博物馆、展览馆、图书馆、体育馆等公共场所名称的招牌、标牌，市、县（区）大型会议、重大活动所使用的标牌、横幅等应同时使用壮文和汉文；同时，《管理办法》

鼓励企事业单位、社会组织和个人在社会用字中同时使用壮文、汉文两种文字。

2013年6月20日，甘肃省甘南州出台《〈甘肃省甘南藏族自治州自治条例〉实施办法》。该办法包括总则、经济建设、环境保护与资源开发、社会事业发展、财政税务和金融工作、干部及人才队伍建设、其他及附则等共八章74条内容。

2013年7月10日，山东省济南市政府办公厅出台了《促进少数民族事业发展的实施意见》（以下简称《意见》）。《意见》提出了"十二五"期间济南市少数民族事业发展的总体目标。《意见》把少数民族事业发展纳入本地区发展规划和工作计划，统筹安排，有效推进。要根据全市经济社会发展情况，逐步加大少数民族事业发展的资金投入，包括优先向民族村和民族工作重点乡镇安排相关中小型、公益型建设项目，支持民族工作部门和民族工作队伍建设，提升综合素质和服务水平。

2013年6月16日，福建省宁德市人民政府制定出台了《宁德市畲族文化十年发展规划（2013~2022年）》（以下简称《规划》）。《规划》提出了未来10年大力完善畲族公共文化服务体系、增强畲族文化产业发展活力和综合实力、提升畲族文化创新能力、保护畲族文化遗产、弘扬发展畲族传统体育等五个方面的主要目标；明确了加快建设公共文化服务体系、保护弘扬畲族传统优秀文化等14项主要任务；确定了畲族风情旅游、特色村寨建设等15个畲族文化发展重点项目，每个项目指定一个牵头单位和若干协办单位共同组织实施。为确保工作的有效落实，《规划》在组织领导、人才培养、政策扶持、宣传教育、督促检查等方面做出了明确规定，以期取得最佳成效。

2013年9月23日，山西省长治县委统战部联合县民族宗教局出台了《民族宗教工作例会制度》。民族宗教工作例会每季度召开一次，由各乡镇书记、统战委员、分管民族宗教领导及各少数民族村支部书记、民族宗教调解员参加。主要任务是通报县委、县政府工作开展情况及近期工作安排，听取并研究民族宗教有关热点难点问题及各种苗头性问题，发展民族经济的意见和建议等。

2013年10月12日，黑龙江省绥化市委、市政府研究出台了《中共绥化市委绥化市人民政府关于加强民族工作的意见》。对加大全市较少民族经济扶持力度、增加民族工作经费、完善少数民族考生中考加分制度、强化民族团结进步创建工作都提出了新的标准和要求，为做好新时期的民族工作提供了切实有效的政策性保障。

2013年10月14日，青海省出台了《金融支持民族团结进步先进区创建活动的指导意见》。指导意见贯彻国家关于金融改革发展的政策举措，紧密结合青海实际，突出优化环境、产业先导、惠民利民、应急处置等重点领域，从优化金融发展环境、支持特色优势产业发展、支持民生事业发展、建立健全金融维护稳定特别处理机制四个方面做出安排部署，就金融如何支持民族地区经济社会发展、推进全省民族团结进步先进区创建活动探索了方法路径和工作举措，成为目前我国首个支持民族地区团结进步创建活动的金融政策性文件。

甘肃省十二届人大常委会第六次会议于2013年11月29日审查批准了《甘肃省肃北蒙古族自治县自治条例（修订）》。

总的来说，上述各自治区和自治地方民族立法活动中，突出的是各项民族经济法规的制定。少数民族经济法的立法目的是保障民族自治地方的经济权益，促进民族自治地方经济稳定、协调和发展。民族经济法制是民族法制的重要组成部分。

二 少数民族经济社会建设与发展

2013年12月18日，国家民委委员全体会议在北京召开，中共中央政治局委员、国务院副总理刘延东出席会议并讲话。刘延东指出，当前，少数民族和民族地区既面临难得的发展机遇，也面临特殊困难和新的挑战。要落实好中央支持民族地区加快发展的政策措施，进一步完善政策体系，加大基础设施建设力度，积极推进城镇化，推动经济转型升级，有序承接东部地区产业转移，注重生态环境保护，确保各地区、各民族如期同步全面建成小康社会。要按照守住底线、突出重点、完善制度、引导舆论的思路，对少数民族和民族地区优先考虑、重点倾斜，采取差别化政策，解决好少数民族和民族地区的就业、教育、医疗、住房、社保等问题，推进基本公共服务均等化。

2012年民族地区生产总值（GDP）达到58504.5亿元，比上年增长12.1%，高于全国1.8个百分点，占全国GDP的比重突破10%，达到10.1%。在此基础上，2013年的民族经济工作重点有六个方面：一是确保民族地区与全国同步全面建成小康社会；二是统筹城乡一体化发展，推进民族地区新型城镇化建设；三是加快推进民族地区特色优势产业发展；四是推进民族地区民生建设；五是民族地区生态文明建设；六是完善提升民族地区对外开放的格局和水平。

2013年4月7~9日，全国政协副主席、国家民委主任王正伟在广西就推进民族地区经济社会发展和民族团结进步事业进行调研。他深入河池市都安瑶族自治县、百色市的贫困村寨、移民新村、乡镇企业、中小学校，实地了解有关情况，并组织召开座谈会，听取基层干部群众的意见建议。他强调，要加快民族地区经济社会发展步伐，齐心协力，奋力追赶，为与全国同步全面建成小康社会而团结奋斗。

2013年5月6日，西藏自治区人民政府第五次常务会议指出，到2020年西藏力争完成公路建设投资2000亿元，全区公路总里程突破11万公里，一级及以上公路里程超过1200公里。会议通过《关于公路交通建设超常规发展的决定》，决定以坚持政府主导、社会参与，统筹兼顾、突出重点，以人为本、安全和谐，优质高效、保护生态为基本原则，以调整交通结构和转变发展方式为核心，以实现农村公路网络化、边防公路通畅化、国省干线高等级化为重点，加快公路交通基础设施跨越式发展。

为支持武陵山区的经济发展，提高人民科学素质，由科技部牵头，中央宣传部、国家民委、国土资源部、环境保护部、交通运输部、国家卫生和计划生育委员会、国家林业局、国家粮食局、共青团中央、中国科协等11个部委共同主办的"振兴武陵、服务三农、科技列车湘西行"活动于2013年5月17~24日在湖南省湘西土家族苗族自治州举行。此次"科技列车湘西行"活动是"科技列车行"连续举办9年来参与活动专家数量最多、社会支持力度最大、活动范围最广、取得成果最多、社会关注程度最高的一次。来自农业、工业、医疗、地质和金融学领域的120余名国内知名专家在5天的时间里，深入自治州8个县（市）、56个乡镇（办事处）、72个村（社区），针对当地需求，举办专题讲座35场次，现场咨询和答疑113场次，实用技术培训51场次，开展医疗义诊109场次，举行科教电影展映24场次。同时，还针对湘西州工业企业发展对科技的需求，组织了23场技术对接洽谈会。这些都为提升湘西州经济发展质量，提高当地群众科学素质奠定了坚实的基础。"科技列车湘西行"活动不仅弘扬了科学精神，传播了科学思想，普及了科学知识，而且在农业、工业、金融服务、旅游文化、教育卫生医疗、生物医药等领域提供了科技支撑，为湘西州经济社会发展注入了新的活力。2013年的"振兴武陵、服务三农、科技列车湘西行"活动同往年相比主要有三个转变，一是活动形式从科普宣传和物资提供向提升创新能力、搭建科技服务平台转变；二是组织方式从政府主办向政府引导、社会参与转变；三是服务范围从面向农业和农民向服务整个地区经济社会发展延伸，服务对象通过互联网技术，跨时空、跨领域，向更广泛的公众拓展。

2013年5月23～28日，中共中央政治局常委、全国政协主席俞正声在新疆调研。他强调，要全面贯彻落实党的十八大和中央新疆工作座谈会精神，紧紧抓住中央支持新疆加快发展的宝贵机遇，扎实做好稳疆兴疆各项工作，在发展经济中着力改善民生、促进民族团结和社会和谐，推进新疆跨越式发展和长治久安。他指出，要立足新疆区位特点和资源优势，充分挖掘潜力，加快经济结构调整步伐，发展特色产业，加强基础设施建设，加大新疆向西开放力度，切实保护好生态环境，努力实现全面协调可持续发展。

2013年8月1日，由国家民委武陵山办公室、国家民委民族政策研究室、中国社会科学院民族学与人类学研究所、中国人类学民族学研究会、湖北民族学院共同主办的第二届武陵山少数民族地区经济社会发展高峰论坛在湖北省恩施土家族苗族自治州举行，来自全国各地的近200位专家学者参会。武陵山少数民族经济社会发展试验区是2011年湖北省委、省政府提出的旨在推动武陵山少数民族经济社会发展的重大战略举措，也是湖北省"十二五"战略规划中的重要内容。此次论坛的主题为"文化·旅游·区域发展"，旨在为全国研究武陵山片区经济社会发展的专家学者们搭建一个交流的平台，从民族经济、生态旅游、民族文化等三个方面提供强大智力支持。

2013年8月14日，全国民委系统对口支援西藏新疆工作会议在西藏林芝

举行，会议指出自 2010 年以来，国家民委已协调有关部门安排援藏援疆资金近 30 亿元。这些资金分别包括援助西藏的少数民族发展资金 8.04 亿元、援助新疆的 14.6 亿元以及援助新疆生产建设兵团的 6.2 亿元。

2013 年 9 月 11 日，全国政协副主席，国家民委主任、党组书记王正伟出席第四期全国自治州州长民族工作专题研究班结业座谈会，并与参加研究班的 23 位州长座谈，听取了他们对民族地区加快发展、繁荣稳定的意见、建议。

第四次全国对口支援新疆工作会议于 2013 年 9 月 23～24 日在北京召开。中央政治局常委、全国政协主席俞正声，中央政治局常委、国务院副总理张高丽出席会议并作重要讲话。会议认真贯彻党的十八大、中央新疆工作座谈会和习近平总书记重要指示精神，分析新疆工作形势，研究部署就业、教育、人才等援疆重点工作，特别是要抓住打造丝绸之路经济带的历史机遇，深入推进新疆跨越式发展和长治久安。

2013 年 12 月 9 日，国家民委、国家开发银行在湖南省长沙市召开支持武陵山片区区域发展与扶贫攻坚试点工作会议，研究部署开发性金融支持武陵山片区区域发展与扶贫攻坚试点工作。国家民委、国家开发银行与湖北、湖南、重庆、贵州四省市人民政府共同签署了推进武陵山片区区域发展与扶贫攻坚试点合作协议，确定了进一步加大开发性金融对武陵山片区加快发展的支持力度。国家开发银行湖南省分行与邵阳市、沅陵县签署了《开发性金融支持产业扶贫合作协议》。

2013 年 12 月 11 日，四川省民族地区经济社会发展专题会议召开。会议强调要深入贯彻党的十八届三中全会精神，全面落实中央和省委加快民族地区经济社会发展各项决策部署，以更加积极的态度、更加务实的措施，推动全省民族地区科学发展、加快发展。

国务院新闻办公室 2013 年 5 月 14 日发表《2012 年中国人权事业的进展》白皮书。白皮书指出，我国少数民族贫困地区人民生活不断改善。根据民族地区的实际，中国政府坚持国家帮助、发达地区支援、民族地区自力更生相结合的方针，制定出台一系列优惠政策，推动少数民族地区经济发展，努力提高各民族人民生活水平。根据白皮书，我国中央财政不断加大对民族地区的转移支付力度。2010～2012 年，中央财政对八个民族省（自治区）转移支付总额为

26055亿元，占中央财政对地方转移支付总额的比重由24.3%提高到25.7%，同时加大了对民族自治州、民族自治县及边境地区的转移支付力度。此外，白皮书指出，国家编制实施《扶持人口较少民族发展规划（2011～2015年）》，将六个10万人以上30万人以下的民族纳入扶持范围，安排专项资金帮助人口较少民族发展经济和改善生产生活条件。国家支持边境地区经济社会发展，编制实施《兴边富民行动规划（2011～2015年）》。国家制定了促进牧民增收、支持牧区发展的政策。白皮书指出，我国少数民族和民族地区脱贫致富成效显著，"2005～2010年，民族8省区贫困人口从2338.4万人减少到1304.4万人，贫困发生率从16.5%下降到7%，比全国同期贫困发生率下降幅度快了近5.5个百分点"。①

三 少数民族文化建设与发展

与汉文化相比，少数民族文化的挖掘整理显得不够充分。在新的历史条件下，必须重视对少数民族文化的整体性研究，建立少数民族各自的文化体系，论证各民族文化之间的内在联系。在推动社会主义文化大发展大繁荣背景下，关注少数民族文化发展问题，具有重要意义。

2013年，少数民族文化建设与发展方面所取得的成就体现在以下两个方面。

（一）政策法规的制定

2013年4月11日湖南省十二届人大常委会第一次会议分组审议了《湘西土家族苗族自治州老司城遗址保护条例》。该条例的制定主要是加强对老司城遗址的保护，并配合申报世界文化遗产。老司城遗址位于湘西州永顺县城以东19.5公里的灵溪河畔，地属灵溪镇司城村，老司城遗址为中国南方少数民族地区最典型的民族古文化遗存，2011年被中国社会科学院和国家文物局分别评选为2010年度中国六大考古新发现和2010年度全国十大考古惊世大发现，

---

① 《2012年中国人权事业的进展》，新华网，http://news.xinhuanet.com/politics/2013-05/14/c_115758619.htm。

2012年11月被国家文物局列入世界文化遗产预备名单。该条例规定,老司城遗址保护范围内禁止擅自复制珍贵文物,拓印石碑、石刻、器物铭文,造成严重后果的,处2000元以上2万元以下罚款。在老司城遗址保护区内进行电影、电视拍摄,应当征求老司城遗址保护管理机构意见和报批,并支付相关费用。

2013年4月15日,教育部印发了《关于开展"教育经费管理年"活动进一步用好管好教育经费的通知》,就加强经费使用管理提出了明确要求。教育部相关部门负责人就开展"教育经费管理年"活动的有关问题回答记者提问时表示,教育经费来之不易,必须把有限的经费用在"刀刃"上。要突出投入重点。要落实"四个倾斜",即向农村、边远、贫困和民族地区倾斜,向农村义务教育、职业教育和学前教育倾斜,向资助家庭经济困难学生倾斜,向建设高素质教师队伍倾斜。

为保障和促进民族教育健康发展,2013年5月30日,吉林省第十二届人民代表大会常务委员会第二次会议决定,批准通过《前郭尔罗斯蒙古族自治县民族教育条例》。该条例的实施,有利于突出民族教育应有地位,巩固现有发展成果;有利于落实相关政策,保证民族教育发展方向;有利于深入实施《民族区域自治法》和《吉林省少数民族教育条例》,将全面开创前郭县教育工作新局面。

2013年6月24日,广西壮族自治区南宁市正式出台《南宁市壮文社会使用管理办法》,标志着该市在推动壮文社会使用的规范化、标准化进程中迈出了坚实的一步。

为加快推动云南民族村寨建设和乡村旅游快速健康发展,促进民族团结进步边疆繁荣稳定示范区建设,2013年7月2日,云南省政府出台《关于加快推进民族特色旅游村寨建设工作的意见》。意见指出,选择以世居少数民族人口占50%以上、总户数不低于30户、传统特色民族不低于60%,民族风情浓郁、保护价值较高和生态环境良好的民族聚居村寨、传统村落和旅游特色村为建设对象,围绕城市周边、景区附近、交通沿线、农业观光、民俗风情进行布局。原则上每村由云南省民委补助100万元、省旅游发展委补助50万元、州市人民政府配套50万元,并整合省住建厅农村危房改造及地震安居工程等项目资金共同投入建设。到2015年末,在全省新建成150个左右特色鲜明、功能配套、服务规范的民族特色旅游村寨。民族特色旅游村寨将成为云南省特色村庄体系中的亮点、村庄建设规划深入修编的试点、新农村建设与发展的示范点、传统村落文化保护与民族特色彰显的样板，初步形成连通城乡旅游市场的特色旅游格局，大幅提高特色旅游从业人数，实现民族特色旅游村寨农民人村纯收入增长15%以上，在示范区建设和全省乡村旅游发展中发挥示范带头作用。

为规范义务教育教学点设置，缩小校际差距，推进义务教育学校标准化建设，2013年9月，新疆维吾尔自治区教育厅等六部门共同制定发布了《新疆维吾尔自治区义务教育教学点办学基本标准（试行）》（以下简称《标准》）。《标准》指出，县级人民政府必须严格履行设立、撤并方案的制定、论证、公示、报批等程序。教学点的撤并应先建后撤，保证平稳过渡，撤并方案要由地方政府逐级上报自治区教育厅，由自治区教育厅审核后报自治区人民政府审批。在完成农村义务教育学校布局专项规划备案之前，暂停农村义务教育教学点撤并。该《标准》是新疆义务教育学校标准化建设、县域义务教育均衡发展和创建"教育强县"督导评估的基本依据之一。

为进一步规范民族乡逢十庆典活动，帮助民族乡加快经济社会发展，2013年10月，湖南省张家界市政府出台了《关于规范民族乡逢十庆典活动的意见》（以下简称《意见》）。《意见》指出，民族乡逢十庆典活动要秉持"分级负责、区县为主、统筹安排"的原则，做到"隆重、节俭、务实、安全"，各有关区县人民政府要高度重视，精心组织，市直有关部门要以高度的责任心帮助民族乡解决实际问题。《意见》明确规定，每个民族乡逢十庆典前一个年度，在省里安排逢十庆典50万元支持的基础上，市财政再给予20万元的补助，上述资金主要用于民族乡的基础设施建设，由市民委会同市财政局根据庆典时间提出安排意见，报市政府批准后执行。每个民族乡安排两个市直单位对口扶持，扶持力度原则上每单位不低于15万元，由市民委提出对口扶持的具体安排意见报市政府批准后执行。《意见》还要求，在庆典当年，市旅游局、市教育局、市科技局、市人力资源和社会保障局、市农业局、市文广新局、市卫生局等7个未被列为对口扶持单位的市政府工作部门要在项目和资金上给予民族乡倾斜支持，属于已安排的项目，可以提前到

庆典的当年实施，扶持民族乡经济社会发展。区县对所辖民族乡的扶持原则上不低于省、市共同的扶持力度。

2013年10月12日，广西发布了《广西壮族自治区贯彻〈国家中长期语言文字事业改革和发展规划纲要（2012~2020年）〉实施意见》（以下简称《意见》），提出要以多种形式开展少数民族语言濒危保护工作。《意见》提出，广西的语言文字发展要"两条腿"走路，一是普及普通话，二是保护少数民族语言。要多种形式地开展少数民族语言的保护，建设广西语言资源有声数据库和广西少数民族语言有声数据库网上共享及专家查询系统。应用三维动漫的方式，建立在线展示平台，结合本地的地理、民俗文化，综合展示广西各地的语言，以生动活泼的小故事和动漫的方式，提高广大人民群众对广西语言文化的兴趣，提升广西文化软实力。

2013年10月15日，为推进少数民族特色村寨保护与发展工作，安徽省民委制定出台了《安徽省少数民族特色村寨保护与发展项目检查验收暂行办法》（《以下简称《办法》）。《办法》从检查验收对象、原则、程序、标准、奖惩等方面对少数民族特色村寨保护与发展检查验收工作予以细化。根据《办法》规定，将开展少数民族特色村寨保护与发展项目建设工作满三年的村寨列入检查验收对象。项目建设未满三年，但建设任务已经完成的村寨可申请提前检查验收。检查验收工作采取百分制方式对项目村各项指标完成情况予以量化评分。省民委将把检查验收对象等级评定情况与专项资金安排挂钩，对综合评价优秀、良好、合格的项目村根据评定等级情况继续予以适当资金支持。

（二）重大活动的举行

全国政协副主席、国家民委主任王正伟2013年6月27~28日在天津出席全国职业院校技能大赛主赛场比赛活动和闭幕式时强调，要大力发展民族地区职业教育，努力解决好少数民族群众就业问题。就业是确保民族地区繁荣稳定的基础。发展职业教育，是解决民族地区就业问题的重要途径。要围绕民族地区的发展需求和产业特点改进专业设置、加强传统手工技艺、民间美术工艺、民族表演艺术等民族文化相关专业建设。要继续扩大招生规模，提高办学水平，不断提高劳动者就业能力和技能水平。

国家民委、国家体育总局于2013年7月联合命名了首批12个"全国少数民族传统体育示范基地"。这12家单位分别是：山西省临汾市翼城县北关村、内蒙古锡林郭勒盟职业学院体育系、辽宁省沈阳体育学院、吉林省延边星洲青少年体育俱乐部、江苏省南京市六合区竹镇民族中学、浙江省丽水学院、福建省福鼎市民族中学、湖南省湘西土家族苗族自治州民族体育运动学校、重庆市黔江区少数民族体育训练基地、贵州省麻江县下司龙舟训练基地、云南省民族大学体育学院、宁夏大学体育学院。这些民族传统体育基地的建设，极大地发挥了辐射和带动作用，有力地促进了少数民族传统体育事业的发展。

2013年7月31日，国家民委副主任丹珠昂奔到中央民族歌舞团听取群众路线教育实践活动开展情况。中央民族歌舞团党委成员就歌舞团群众路线教育实践活动开展情况进行了汇报，同时，就发展进程中遇到的困难和问题进行了汇报。

2013年7月7日至8月2日，国家民委会同全国人大民委、国务院办公厅、国家发展改革委、财政部、文化部、新闻出版广电总局、国家文物局和全国政协民族宗教委员会等9个部门，组成4个督查组，分别由全国人大民委副主任吴仕民、国家民委副主任丹珠昂奔、文化部副部长杨志今、全国政协民宗委副主任华士飞带队，对内蒙古、吉林、湖南、广西、西藏、甘肃、青海、宁夏、新疆等9个省区贯彻落实《国务院关于进一步繁荣发展少数民族文化事业的若干意见》情况进行监督检查。这次督查的重点是民族地区公共文化基础设施建设情况，民族地区新闻出版事业和广播电视发展情况，少数民族文化遗产挖掘和保护情况，少数民族文化产业发展情况，少数民族文化人才队伍建设情况等。

《全国民族团结进步教育基地评审命名办法》于2013年8月23日经国家民族事务委员会委务会议审议通过。

中国少数民族电影工程是由国家民委、中国作家协会批准立项的重要文化项目，工程以弘扬民族文化、繁荣电影事业、促进团结进步为主题，旨在为每一个少数民族拍摄至少一部电影。2013年10月13日，中国少数民族电影工程在京正式启动。国家民委副主任丹珠昂奔，中国作家协会书记处书记白庚

胜、国家新闻出版广播电影电视总局副局长喇培康、国家民委文化宣传司司长武翠英等出席启动仪式。

由国家民委主办,北京民族文化宫、黑龙江省民委、佳木斯市人民政府承办的佳木斯赫哲文化周于2013年10月14~20日在北京举办。

2013年11月26日,由国家民委主办的"美丽中国·和谐家园"民族题材摄影获奖作品展暨多彩中华——苗族服饰展、瑶族服饰展在北京民族文化宫开幕。国家民委副主任丹珠昂奔出席开幕式并参观了展览,国家民委文宣司司长武翠英在开幕式上致辞。"美丽中国·和谐家园"民族题材摄影获奖作品展出获奖作品共106幅。为深入贯彻落实党的十八大精神,展示民族地区科学发展成就,弘扬民族文化,2013年,国家民委文化宣传司联合中国摄影家协会、中国网民族频道共同举办了"美丽中国·和谐家园——民族题材摄影大赛"。大赛启动后引起了广泛的社会关注,共收到来自全国的参赛作品1万多幅。经过评审委员会的认真评选,最终评选出一等奖、二等奖、三等奖及优秀奖共计106个。这些获奖作品表现了民族地区自然风光、民族风情等丰富的内容,用摄影艺术手法生动描绘了我国民族文化的多彩之美、各民族亲如一家的和谐之美、民族地区人与自然和谐相处的繁荣之美,从不同角度和层面诠释了"美丽中国"的深刻含义。

2013年12月19日,"国家民委民族语文辅助翻译软件成果发布会暨赠送仪式"在北京京西宾馆举行。全国政协副主席、国家民委主任王正伟,国家民委副主任陈改户,中国外文局常务副局长、中国翻译协会第一常务副会长郭晓勇出席发布会,并向内蒙古、吉林、四川、云南、西藏、甘肃、青海、新疆等8个省区赠送了280套价值约112万元的蒙古文、藏文、维吾尔文、哈萨克文、朝鲜文等5款民族语文辅助翻译软件产品。

2013年12月23日上午,由国家民委、文化部主办,北京民族文化宫承办的"中国少数民族非物质文化遗产展示周"活动在北京民族文化宫开幕。国家民委副主任丹珠昂奔出席开幕式并参观展览。开幕式由文化部非遗司司长马文辉主持,国家民委文化宣传司司长武翠英致辞。20个参展省、自治区、直辖市的有关人员参加开幕式。

2013年12月23日下午,全国政协副主席、国家民委主任王正伟等到北京民族文化宫参观"中国少数民族非物质文化遗产展示周"展览。王正伟充分肯定了非遗传承人在少数民族文化遗产保护和传承中发挥的重要作用，并强调要进一步加强少数民族非遗保护工作的力度，搭建更多少数民族文化的展示平台，努力推动全社会关心和支持少数民族非物质文化遗产的抢救和保护，促进少数民族文化事业的繁荣发展。

此次展览是我国首次以少数民族非物质文化遗产为专题的大型展览，是对我国少数民族非物质文化遗产的一次全面展示，旨在让更多的人了解我国丰富多彩的少数民族非物质文化遗产，争取各界对少数民族非物质文化遗产抢救保护工作的关心和支持。展览涉及已公布的三批国家级非物质文化遗产名录中的少数民族项目433项。展览设"剪刻绘画"、"文学史诗"、"纸张印刷"、"制茶工艺"、"木作编扎"、"民族器乐"和"陶泥烧造"等多个主题展区，展出实物600余件、图片800余幅、影像资料20部，现场演示及演出项目60多项。

12月27日，国家新闻出版广电总局、国家民委联合召开"第二届向全国推荐百种优秀民族图书"出版工作座谈会，总结交流优秀民族图书出版工作的好经验、好做法。国家新闻出版广电总局副局长邬书林、国家民委副主任丹珠昂奔出席会议。"第二届向全国推荐百种优秀民族图书"活动是国家新闻出版广电总局、国家民委以贯彻党的十八大精神，落实中央关于深入开展民族团结宣传教育活动的部署和要求为指导思想，在总结首届向全国推荐百种优秀民族图书活动的基础上，共同举办的一项重要品牌活动。

2013年，中央和新疆维吾尔自治区财政投入1.6亿元支持学前教育发展，扩大学前教育资源，解决当前存在的"入园难、入园贵"问题，提高新疆学前教育普及水平和办园质量。截至目前，国家和自治区投入50亿元实施的双语幼儿园建设工程已全面完成，学前两年少数民族儿童接受双语教育人数达到42.61万人，占少数民族适龄幼儿数的92%。

四　少数民族干部队伍建设与发展

大力培养少数民族干部，是解决民族问题的关键。少数民族干部来自本民

族群众之中，熟悉本民族的历史和现状，掌握当地政治、经济、文化特点，懂得本民族的语言文字、风俗习惯和思想感情，了解本民族群众的要求，能够把党的路线、方针、政策认真地在少数民族和民族地区贯彻落实好。因此，少数民族干部在民族地区的建设事业中具有特殊的、无法取代的优势和作用。

2013年，在加强少数民族干部队伍建设的工作中，自治区和各民族自治地方都根据自身不同情况采取适宜的措施，但都把培养和选拔少数民族干部作为促进本地区经济发展、增强民族团结、维护社会稳定等工作的重要方面。

2013年11月27日至12月6日，甘肃省民委在中央统战部干部培训中心苏州培训中心举办了为期10天的全省城市社区民族工作骨干培训班。来自全省13个市州、部分县（市、区）民族工作部门和街道办事处、社区从事民族宗教工作的负责同志和业务骨干共30人参加了培训。本期培训班邀请来自中央统战部、国家民委、中央社会主义学院、中央民族大学、苏州市人大、苏州大学等单位的领导和专家学者就党和国家的民族政策、城市民族工作、宗教与社会主义相适应、世界视野下的民族问题与冲突治理、提高领导干部素质的途径与方法等做了专题辅导，并调研了南京桃源居社区、苏州友新街道四季晶华社区、上海花木街道的民族工作，学员们还就如何做好城市社区民族工作进行了交流探讨。

黑龙江省培养选拔少数民族干部的主要做法包括以下几个方面。

（1）把培养选拔少数民族干部作为一项重要战略任务来抓，制定政策、规划是培养选拔工作的一项基础性工作。

（2）注重配备工作，不断优化少数民族干部队伍结构，认真做好少数民族聚居地区民族干部工作。通过几年的努力，《黑龙江省2001~2010年培养选拔少数民族干部工作规划》提出的四个方面要求基本上达到。

第一，黑龙江省大庆市杜尔伯特蒙古族自治县和齐齐哈尔市梅里斯达斡尔族区，达到了党政班子中少数民族干部的比例要高于其人口比例的要求。到2011年底，自治县有少数民族人口52500人，占总人口的20.8%。全县有少数民族干部1634人，占干部总数的33.4%。党政班子中有少数民族干部4人，占党政班子干部总数的21%，其中，蒙古族干部3人，均高于其人口比例。梅里斯民族区少数民族人口21000人，占总人口的12.3%，全区少数民族干部 148 人，占干部总数的 11.5%。党政班子中有少数民族干部 3 人，占党政班子干部总数的 27%，其中，达斡尔族干部 2 人。

第二，自治县、民族区党政班子中，熟悉金融、外经外贸、经济管理等方面的少数民族干部数量不断增加，年龄在 45 岁以下的少数民族干部全部达到了大学专科以上文化程度。

第三，自治县政府组成部门中，实行区域自治的民族和其他少数民族人员有 9 人，占政府组成部门领导干部总数的 37.5%。梅里斯民族区人民政府组成部门的主要领导干部中，实行区域自治的民族和其他少数民族人员有 5 人，其中，达斡尔族干部 4 人，占政府组成部门领导干部总数的 24%。

第四，自治县、民族区"四大班子"中，都有蒙古族、达斡尔族和其他少数民族干部。自治县"四大班子"中，蒙古族干部 6 人，少数民族领导干部占"四大班子"领导干部总数的 25%。梅里斯民族区"四大班子"中，有达斡尔族干部 5 人，少数民族领导干部占"四大班子"领导干部总数的 30%，都分别达到了少数民族领导干部占"四大班子"领导干部总数 30% 以上的目标。

认真做好散杂居地区少数民族干部工作。通过多年的努力，规划提出的五个方面要求有三个方面基本达到。

第一，少数民族人口 3 万人以上的 14 个县（市、区）的党政班子中有 10 个县（市、区）至少配备了 1 名少数民族领导干部，其余 4 个县（市、区），在人大、政协班子也都至少有 1 名少数民族干部。

第二，少数民族人口较多，且历史上是少数民族聚居地区、民族关系显著的 11 个县（市、区）的党委、人大、政府、政协班子中，有 10 个县（市、区）至少配备了 1 名少数民族领导干部。

第三，少数民族企事业单位，特别是清真饮食服务、食品生产加工单位，都有一定数量的少数民族管理人员。

（3）注重提升素质，切实强化少数民族干部的培养锻炼。全省各级党组织一直将理论培训和实践锻炼作为促进少数民族干部健康成长的重要途径，科学制定培养规划，创新实践锻炼方式，不断提高少数民族干部队伍的整体素质和能力。

一是突出教育培训，着力提升理论素养。2005～2011年，通过各种形式，全省共培训少数民族干部近3万人次，举办各类培训班1000多期。仅2011年，黑龙江省举办各级少数民族干部培训班570期，培训6874人。为满足少数民族干部多层次、多样化的培训需求，各地不断推进教育培训改革创新的力度。第一，培训渠道多样化。除充分利用各级党（干）校、行政学院主阵地外，还积极利用高校的培训资源开展少数民族干部培训。黑龙江省委组织部与黑龙江省民委曾在北京大学、天津大学举办少数民族干部培训班。大庆市注重选派少数民族干部到北京大学、浙江大学等名牌院校培训。绥芬河市聘请清华大学、中国人民大学等高校知名教授开办工商管理高级总裁班，积极组织少数民族干部参加。省民委还积极配合国家民委、国家宗教局、省委组织部，不定期抽调全省少数民族干部参加中央民族干部学院、国家宗教局培训中心、延安干部学院、井冈山干部学院举办的各类培训班。配合国家民委，适时选派少数民族干部参加境外各类培训。第二，培训主体多样化。黑龙江省委组织部坚持以各级党（干）校、行政学院为主阵地，以"龙江发展讲坛"、党员干部现代远程教育网络等为载体，进一步整合部门的培训资源，不断加大少数民族干部教育培训力度，已举办了七期全省少数民族干部班，培训少数民族干部近400人。2005年以来，黑龙江省民委每年都举办一期全省民族工作部门干部或少数民族干部培训班，培训少数民族干部近300人，13个市（地）、县（市、区）每年也都举办不同形式的少数民族干部培训班。第三，培训对象层次多样化。为达到全方位、多层次、宽领域的培训格局，培训对象既有省直机关的干部，也有市（地）、县（市区）、民族乡镇的干部；既有民族工作部门的干部，也有其他行业的少数民族干部；既有厅局级民族干部，也有县处级、乡科级民族干部。涵盖了党政干部、企业管理经营人员、专业技术人员三支队伍。第四，把握知识定位，服务科学发展和少数民族干部成长。在培训内容的设计上，注重有利于提高少数民族干部文化素质、科技素质，使教育培训成为少数民族干部开放视野、开放思路、开放胸襟的知识库，帮助少数民族干部提高知识素养、增强履职尽责能力。

二是注重实践锻炼，积极搭建成长平台。坚持有计划地安排少数民族干部到重要部门、关键岗位和急难险重任务中培养锻炼，丰富阅历、砥砺意志、增长才干。2010年，省委组织部开展了"双百名"干部双向挂职锻炼工作，从省直机关和基层推荐210名优秀干部分别到省直机关和市（地）、县（市、区）挂职锻炼1年，其中，少数民族干部18人。2011年，省委组织部又开展了"女干部、少数民族干部、非党干部"双向挂职锻炼工作，其中，在全省各级党政机关选派了25名少数民族优秀干部，分别到省直机关、市（区）、县（市、区）任实职，委以重任。中组部第245期《组工通讯》刊发了黑龙江省的做法。在挂职锻炼期间，省委组织部、省民委联合召开了少数民族干部挂职锻炼座谈会。2005年以来，积极配合"三部委"认真做好黑龙江省少数民族干部到国家机关和发达地区挂职锻炼工作，共选派22名少数民族干部到国家机关和发达地区锻炼。注重将对口支援建设作为锻炼干部的重要方式，2011年有9名少数民族干部参与援藏、援疆工作。

三是推进交流轮岗，不断丰富工作阅历。针对部分少数民族干部工作经历单一的实际情况，有目的将他们交流到工作难度大、条件艰苦、情况复杂的地区和部门任职，促其尽快成长。大兴安岭地区注重加强对素质高、发展潜力大，但长期在同一岗位工作的少数民族干部的交流轮岗。2011年，黑龙江省共交流轮岗县处级少数民族干部124人，乡科级少数民族干部392人。

四是组织考察学习，不断拓宽少数民族干部的视野。2005年以来，省民委坚持每年组织30名左右的少数民族基层干部，到经济发达地区或民族地区考察学习。

（4）加强少数民族后备干部队伍建设。黑龙江省在少数民族干部后备工作队伍建设上，始终坚持长远眼光、广开渠道、多措并举，健全完善相关机制，努力建设一支数量充足、素质优良、结构合理的后备干部队伍。

目前，全省副厅级后备干部786人，其中，少数民族干部47人，占5.98%。注重巩固后备干部集中调整成果，贯彻执行《黑龙江省党政领导班子后备干部动态调整管理办法》，做到"五个坚持"（坚持按干部管理权限集中掌握，坚持对后备干部情况进行认真分析，坚持对后备干部进行谈话，坚持对后备干部实行动态管理，坚持对后备干部进行信息及时收集），切实做好少数民族后备干部的日常管理工作。大庆市建立起后备干部联系制度，跟踪了解少数民族后备干部思想、工作学习情况。黑河市对已列入后备干部名单的少数

民族干部进行认真考核,坚持优用劣汰,确保后备干部队伍质量和活力。

（5）加大地方换届工作中落实少数民族干部相关政策的力度。黑龙江省认真贯彻执行中央的有关政策规定，坚持干部队伍"四化"方针和德才兼备、以德为先用人标准，以各级领导班子集中换届为契机，切实加大培养选拔少数民族干部工作力度，取得了较好的效果。

省委将换届作为选配少数民族干部的重要契机，定硬杠、出实招、大力度，明确提出未按要求配备的人事安排方案，原则上不予审批。全省各级党组织坚持贯彻执行中央和省委有关精神，更新观念、创新方式、狠抓落实，进一步优化了各级领导班子中少数民族干部的配备比例。

一是政策先行，保障有力。黑龙江省《关于市、县（市、区）领导班子换届工作的意见》中明确规定："民族自治地方和少数民族聚居地区应注意选拔少数民族优秀干部进入领导班子。对女干部、非中共党员干部和少数民族干部的选拔配备，应坚持标准和条件，本地没有合适人选的，要通过交流配备；暂时配备不上的，要留有空额，以后适时增补。"《关于认真做好乡镇领导班子换届工作的通知》中也明确要求："民族自治地方和少数民族聚居地区应注意选拔配备少数民族干部。"在实际工作中，各地认真贯彻执行上述政策规定，较好地实现了各级少数民族干部的配备目标。

二是打破常规，优先选拔。黑龙江省换届过程中，根据少数民族干部队伍建设实际，对德才素质强、群众口碑好、发展潜力大的干部，敢于打破身份、年龄、地域界限，优先提拔使用，营造了优秀干部脱颖而出的良好氛围。全省13个市（地）共配备市级少数民族干部34人、县级少数民族干部171人、乡级少数民族干部443人。牡丹江市在选拔少数民族干部时坚持做到"三不忘、一优先"，即选拔干部时不忘、调整班子时不忘、确定后备干部时不忘，在同等条件下优先提拔。2011年，黑龙江省共选拔任用县处级少数民族干部157人，乡科级少数民族干部563人。

三是拓宽渠道，多方统筹。针对一些地区和行业少数民族干部选配难问题，黑龙江省结合换届工作，着力通过公开选拔、上级选派、交流轮岗等形式，多渠道、宽视野选拔配备，实现统筹考虑，选配及时。换届中，全省共交流地厅级少数民族干部15人、县处级少数民族干部124人、乡科级少数民干部392人。哈尔滨市采取多种措施选拔配备少数民族干部392人，其中，阿城区公开选拔少数民族干部11人。齐齐哈尔市采用竞争性选拔方式选配少数民族干部10人。2011年，全省通过竞争性选拔方式，共选拔少数民族干部245人。

五　民族团结进一步巩固与发展

我国处理民族关系的基本原则为民族平等，民族团结，各民族共同繁荣；其中民族团结是坚持民族平等的客观要求，是实现各民族共同繁荣的前提条件。在充分认识民族团结重要性的前提下，2013年，民族团结工作得到了有力加强。

2013年4月7～9日，全国政协副主席、国家民委主任王正伟在广西就推进民族地区经济社会发展和民族团结进步事业进行调研。王正伟指出，民族团结进步是民族地区繁荣发展的前提。广西的民族工作很扎实，各民族和睦相处、亲如一家，不愧是维护团结、统一、稳定的模范。广西各族干部群众很敬业、能吃苦，有一股拼劲、闯劲和信心，精神面貌令人振奋。只要坚持自力更生、艰苦奋斗，不断挖掘潜力、发挥优势，就一定能够迎来经济社会发展和民族团结进步事业更加美好的明天。

为更加广泛深入持久地开展民族团结进步创建活动，实现全区民族团结进步创建活动科学化、规范化、长期化，根据《中央宣传部、中央统战部、国家民委关于进一步开展民族团结进步创建活动的意见》《自治区党委宣传部、自治区党委统战部、自治区民委关于进一步开展民族团结进步创建活动的实施意见》，内蒙古自治区党委宣传部、自治区党委统战部、自治区民委于2013年4月16日联合制定下发了《内蒙古自治区民族团结进步创建活动示范单位命名管理办法》（以下简称《办法》）。该《办法》规定，创建活动示范单位命名管理适用于全区各旗县（市、区）、苏木（乡镇、街道）行政区划单位及嘎查（村、社区），企事业单位，学校，社会组织，人民解放军、武警部队团级（含）以下单位等。对示范单位应具备的基本条件、具体评价指标、申报和命名程序，工作的组织和管理也作了明确规定。要求各有关部门在评比推荐过程

中要坚持实事求是，做到公开公正，力求优中选优。按照该《办法》的精神，结合实际，认真抓好贯彻落实，推动全区民族团结进步事业不断发展①。

中共中央政治局常委俞正声率工作组于2013年6月29日晨抵达乌鲁木齐，召开全区党政干部大会，传达中共中央政治局常委会会议精神，研究落实当前维护新疆社会稳定、维护各族群众利益具体措施。坚决维护民族团结、社会稳定，为新疆发展继续创造良好环境。

2013年10月25～27日，在出席第九届两岸经贸文化论坛期间，中共中央政治局常委、全国政协主席俞正声在广西进行考察调研。他希望广西倍加珍惜民族团结，倍加珍惜发展成果，倍加珍惜和谐稳定，不断改进和创新民族工作方式方法，不断巩固民族团结和谐的大好局面，奋力推动少数民族地区繁荣发展，继续成为全国民族团结进步的模范。调研期间，俞正声主持召开广西民族工作座谈会，强调要创造性地贯彻党的民族政策，始终不渝地坚持和完善民族区域自治制度，积极引导各族群众牢固树立"三个离不开"思想，增强"四个认同"，增强各族群众珍惜和维护民族团结的自觉性、坚定性，进一步促进各民族交流交往交融。要始终把提高各族人民生活水平作为一切工作的根本出发点和落脚点，千方百计加快发展。要加大对民族地区尤其是贫困民族地区发展的支持力度，进一步保障和改善民生，凝聚民族团结进步的强大合力。

2013年12月26日，新疆维吾尔自治区党委、人民政府召开电视电话会议，表彰第七批省市援疆工作的先进集体和优秀个人。103个集体和700多名援疆干部受到表彰。中共中央政治局委员、自治区党委书记张春贤出席会议并讲话，代表自治区党委、政府和新疆2200万各族人民，向奋战在全疆各条战线的广大援疆干部致以崇高的敬意，向受到表彰的先进集体和先进个人表示祝贺，向长期以来关心支持新疆改革发展稳定各援疆省市表示衷心感谢，并要求贯彻落实好第四次全国对口支援新疆工作会议精神，更好地谋划和推进援疆工作。新疆喀什地委副书记、广东省援疆干部工作队领队李水华，伊犁哈萨克自治州党委常委、霍城县委书记、江苏省援疆干部王进健，和田地区医院副院

---

① 《内蒙古自治区民族团结进步创建活动示范单位命名管理办法》，国家民委门户网站，http://www.seac.gov.cn/art/2013/4/16/art_ 3969_ 181728. html。

长、北京市援疆干部李进军，阿克苏地区实验中学副校长、浙江省援疆干部姚曙，吐鲁番地区行署专员伊力汗·奥斯曼分别代表先进集体、优秀个人和受援地发言。

2013年12月26日，第七届首都民族团结进步表彰大会召开，140个先进集体和259名先进个人受到表彰。中共中央政治局委员、市委书记郭金龙，全国政协副主席、国家民委主任王正伟讲话。王正伟高度评价了北京为全国民族工作大局做出的重要贡献。他说，推动民族团结进步事业，必须坚定不移地走中国特色解决民族问题的正确道路，不断巩固和发展平等、团结、互助、和谐的社会主义民族关系；进一步统筹推进民族地区发展和城市民族工作，让改革成果更多更公平惠及各族群众；广泛深入开展民族团结宣传教育和民族团结进步创建活动，不断夯实民族团结进步事业的社会基础；积极做好少数民族干部人才和代表人士工作，为民族团结进步事业提供坚强组织保障。郭金龙在讲话中指出，当前，首都进入了新的发展阶段，实现中华民族伟大复兴，推动经济社会持续健康发展，维护社会和谐稳定，迫切需要进一步加强和改进民族工作。我们要切实维护好少数民族群众的合法权益，增进少数民族群众的福祉；深入开展民族团结宣传教育，巩固民族团结进步事业的思想基础；大力发展民族经济，筑牢民族团结进步事业的物质基础；切实加强基层工作，夯实民族团结进步事业的群众基础。各级党委政府要切实加强对首都民族工作的领导，把民族工作摆上重要议事日程，加强少数民族干部队伍建设，努力提高做好民族工作的能力和水平。

B.6 共产党领导的多党合作制度的建设与发展

张献生 肖照青[*]

摘 要： 继中国共产党十八大提出"健全社会主义协商民主制度"后，十八届三中全会进一步提出"推进协商民主广泛多层制度化发展"。作为社会主义民主政治的特有形式和独特优势，协商民主理论研究和实践探索以前所未有的迅猛之势向深度和广度拓展。换届后的各民主党派以深化政治交接、增进政治共识为引领，深入开展坚持和发展中国特色社会主义学习实践活动，切实承担起作为中国特色社会主义事业亲历者、实践者、维护者、捍卫者的政治责任；着眼有利于执政党执政为民，适应健全和完善社会主义监督体系，进一步深化对民主监督的研究，提高民主监督的实效。

关键词： 协商民主　中国特色社会主义参政党　民主监督

一 大力推进社会主义协商民主

中国共产党的十八大报告明确提出，"社会主义协商民主是我国人民民主的重要形式"，要"健全社会主义协商民主制度"。这是在党的代表大会报告

---

[*] 张献生，中央统战部副秘书长、四局局长，主要研究领域为统一战线和多党合作理论；肖照青，中央统战部研究室副处长，主要研究领域为统一战线理论。

中第一次正式提出和确立社会主义协商民主概念。十八届三中全会进一步指出，"协商民主是我国社会主义民主政治的特有形式和独特优势，是党的群众路线在政治领域的重要体现"，要求"在党的领导下，以经济社会发展重大问题和涉及群众切身利益的实际问题为内容，在全社会开展广泛协商，坚持协商于决策之前和决策实施之中"，明确了立法协商、行政协商、民主协商、参政协商、社会协商等五种具体形式，强调要"构建程序合理、环节完整的协商民主体系""推进协商民主广泛多层制度化发展"。这集中体现了中国共产党坚持走中国特色社会主义政治发展道路的高度自信，在社会主义民主政治建设进程中具有里程碑意义。

根据中共十八大和十八届三中全会的精神，中国共产党和各民主党派、无党派人士等，从理论和实践上对协商民主理论进行深入探讨，努力完善和创新协商民主的内容形式，推进协商民主向广度和深度拓展。

（一）关于社会主义协商民主的理论研究

协商民主是实现人民民主、发展社会主义民主政治的一个重大命题。它扎根于中国共产党领导全国人民进行革命、建设和改革的实践之中，是坚持走中国特色社会主义政治发展道路的内在要求，与西方协商民主理论具有本质区别。从理论上明确我国协商民主的性质、地位、内容、形式、特点、作用等基本问题，是推进社会主义协商民主的基本前提。

根据中共十八大和十八届三中全会精神，从中国共产党到各民主党派，从人民政协到各界人士，从有关部门到学术界，都开展了对社会主义协商民主的研究。全国政协成立了研究领导小组，七位副主席分别带队赴14个省区市，对人民政协的协商民主建设问题进行专题调研。各民主党派中央和省级组织，纷纷召开"参政党与协商民主建设"专题研讨会。中央和地方社会主义学院，也联合民主党派组织对协商民主进行专题研讨。许多领导干部和专家学者发表研究文章，参与对协商民主的探讨。从而对社会主义协商民主的一些基本问题形成了初步共识，取得了重要理论成果。

1. 协商民主的地位、作用

社会主义协商民主是中国共产党和中国人民在长期革命、建设、改革实践

中的伟大创举，是中国特色社会主义制度的重要组成部分，充分体现了社会主义民主政治的优越性。协商民主之所以在社会主义民主政治中居于重要地位，源于其在实现人民当家做主、推进社会主义民主政治建设进程中的特殊作用。一是协商民主重点围绕经济社会发展中的重大问题、涉及群众切身利益的实际问题开展，是党和政府科学民主决策的重要环节，有利于增强决策和决策执行的同向性和审慎度。二是协商民主实行广泛协商，吸纳各方面群众积极参与政治建设，及时反映社会各界的利益、愿望，满足公民多元的政治参与诉求，保证人民民主权利得以充分实现。三是协商民主始终尊重差异多样，倡导理性包容，对于促进社会各方面同向共识、同频共振、同行共荣，构建社会主义和谐社会具有不可替代的重要作用。

2. 协商民主的本质属性

我国的社会主义协商民主是在中国特色社会主义土壤中生长起来的，是探索、建立和发展中国特色社会主义的现实产物，其本质属性是中国特色社会主义，主要体现在如下几个方面。一是坚持中国共产党的领导。协商民主建立在一致性与多样性矛盾统一的基础上，只有中国共产党能超越价值理念、观点主张和具体利益的不同，引导各方面力量求同存异、形成合力。二是体现民主集中制。它是集中指导下的民主，所有的协商必须着眼于坚持中国特色社会主义道路、理论和制度，有利于群众有序的政治参与，实现和体现人民当家做主。它是民主基础上的集中，以增进共识为主要目的，以求同存异为基本理念，以广泛参与为重要条件，是在广开言路、尊重差异基础上形成最大公约数。三是以优化决策为取向。社会主义协商民主尽管不赋予决策合法性，但能增加决策的科学性，提高决策的科学化民主化水平。四是与选举民主相辅相成。这两种民主形式都是为了体现人民当家做主权利，二者的结合拓展了社会主义民主的广度和深度，并能够有效弥补各自不足。

3. 协商民主的基本内涵

协商民主是与我国人民民主专政的国体相联系，与人民代表大会制度的政体相并存的一项民主制度，是中国共产党与各民主党派人士、无党派人士、各界代表人士以及各相关利益群体的代表，在中国共产党的领导下，就关系国家发展的重大问题、关系人民生活的实际问题，在决策前和决策中进行协商，通过公开、平等、理性、充分的沟通交流，尽可能就共同性问题达成共识的一种民主形式，也是在政治领域体现党的群众路线、拓展公民有序政治参与、推进科学民主决策、实现国家治理现代化的重要工作机制。其本质是人民民主，主旨是和谐共存，目标是协同共治。需要明确的是，协商民主是在我国多党合作和政治协商实践基础上形成的，多党合作和政治协商制度无疑是协商民主制度的一个重要组成部分，但"协商民主的精神和范围大大超出了多党合作和政治协商制度。在当代中国，社会管理与区域合作、公共政策、劳资关系、社区生活，中央与地方，地方与地方，团体与团体之间的关系，都需要协商"。协商民主是"在我国发展更加广泛、更加充分、更加积极的人民民主必须注重健全的民主制度之一，必须予以丰富的民主形式之一"。

4. 协商民主的制度属性

从一种"民主形式"上升到一种"制度形式"，社会主义协商民主是逐步发展确立的。1991年，江泽民同志在"两会"党员负责人会议上第一次明确指出："人民通过选举、投票行使权利和人民内部各方面在重大决策之前进行充分协商，尽可能就共同性问题取得一致意见，是我国社会主义民主的两种重要形式。"2005年《中共中央关于加强中国共产党领导的多党合作和政治协商制度建设的意见》和2006年《中共中央关于加强人民政协工作的意见》，都明确强调"把政治协商纳入决策程序，就重大问题在决策前和决策执行中进行协商"。2007年，《中国的政党制度白皮书》第一次确认了选举民主和协商民主这两个概念，并强调"选举民主和协商民主相结合，是中国社会主义民主的一大特点"。2012年，十八大报告明确提出"健全社会主义协商民主制度"，标志着社会主义协商民主从一种民主形式上升为一种民主制度。这一发展过程，不仅反映了社会主义协商民主理念在我国政治生活中是逐步形成确立的，而且深刻揭示了社会主义协商民主制度与相关民主政治制度的联系与区别，进一步明确了社会主义协商民主的制度属性。

社会主义协商民主制度是社会主义民主独具特色的制度创新，与我国政治制度、政党制度既相互联系又有明显区别。它不是多党合作和政治协商制度的同义词，也不是其衍生体，既不能把二者等同，也不能把二者分割；不是选举民主制度的附属物，也不是其延伸，既不能把两者混为一谈，也不能把二者对

立起来。社会主义协商民主的制度属性是中国特色社会主义民主制度，是人民当家做主的重要体现和实现形式。

5. 协商民主的基本原则

一是坚持党的领导，把协商民主纳入党的全局工作中谋划和推进，加强对协商民主在政治原则和重大方针政策上的把握。二是坚持正确的政治方向，把协商民主纳入我国政治制度自我完善和发展的总体布局，发挥集思广益的作用，服务社会主义民主政治格局。三是坚持协商于决策之前和决策执行过程之中，抓好议事前的议题对接、决策中的协作参与、执行后的跟踪监督，切实贯穿于决策、执行、监督全过程。四是扩大有序的政治参与。增强协商主体的代表性和包容性，各方面相关利益群体都能通过一定渠道参与协商，在制度体系内进行民意汇集、意见表达、分歧化解和共识形成。五是坚持求同存异、体谅包容。充分尊重各方面人士的民主权利，鼓励讲真话、讲实话，着力营造各种意见都能充分表达的良好环境。

6. 协商民主的中国特色

我国的协商民主与西方协商民主具有本质区别。一是发展进程不同。我国的协商民主在新中国的成立和社会主义建设中发挥了重要作用，并逐步由一种民主形式上升为一种制度形式，成为国家政治体制的重要组成部分。在实践中，从政党之间、政府与社会之间不断扩展，形成了包括国家层面的政治协商、国家与社会之间的社会协商和社会层面的公民协商的协商民主体系，具有浓厚中国特色。二是兴起背景不同。当代西方协商民主是在对代议制民主理论和实践的批判过程中兴起的，而人民群众多元性、平等性和包容性政治参与需求日益高涨是我国协商民主兴起的经济社会基础。人民代表大会制度和中国共产党领导的多党合作和政治协商制度是其制度支撑，各领域、各层面的协商民主活动是其实践支撑。三是性质、地位和运行机制不同。西方协商民主是选举民主的补充，是建立在三权分立、多党竞争的资本主义民主基础上的。我国协商民主与选举民主相辅相成、相互促进，是党的群众路线在民主决策中的具体体现；它以社会主义制度为基础，以中国共产党的领导为前提，从领导力量、经济制度、政治制度等方面确保协商决策指向最广大人民群众的根本利益。

7. 协商民主与选举民主的关系

民主是一种政治过程，选举民主和协商民主是民主政治的两个基本环节，它们之间是一种互补的关系，而不是一种相互排斥的关系。民主制度可以简单概括为"授权"与"限权"，授权体现为选举民主，限权则体现为决策民主。协商民主其实就是一种决策民主，其主要功用不是为了解决权力的产生，与选举民主不处于同一个层面上。

选举民主是民主的第一个环节，能够解决授权的合法性或代表性的问题，可以把最能够代表人民利益并且真正对人民负责的官员推荐出来。决策民主是民主的第二个环节，这里就包括了协商民主。从这个角度讲，选举民主和协商民主属于政治过程的不同环节，从性质上来说，二者相辅相成而不是相互冲突，我们不能用选举民主否定协商民主，也不能以协商民主替代选举民主。选举和协商都是中国特色社会主义民主政治不可或缺的基本要素。

8. 协商民主的实践形式

协商民主的实践形式主要包括立法协商、行政协商、民主协商、参政协商、社会协商、基层协商。立法协商，主要指在人大立法过程中，实行"开门立法"，通过立法论证、听证、评估制度，以公布法律法规草案征求社会意见等方式，鼓励公众参与立法，制定符合公众利益的法律。行政协商，主要指政府就行政决策中的重要事项，通过社会公示、决策听证、专家咨询等，在决策前与社会各界充分协商。民主协商，主要是指中国共产党在人民政协与各民主党派、人民团体和各族各界人士的政治协商，形式主要有全体会议、常委会议、主席会议、常委专题协商会等。参政协商，主要是指中国共产党与各民主党派进行的党际协商，形式主要有民主协商会、小范围谈心会、通报会、座谈会等。社会协商，主要是指人大和政府面向社会、与各方面人民群众进行的协商。基层协商，主要是指村社、企业就基层选举、决策、管理和监督等方面的问题，通过村（居）民会议、村（居）民代表会议、社区论坛、民主听（议）证会、恳谈会等形式，就发展中的一些重大问题、与人民群众切身利益相关的问题，与群众直接协商。

9. 提高协商民主的质量

社会主义协商民主制度在我国政治生活中功能实现程度和作用发挥大小，

取决于协商质量的高低。要准确把握协商的科学内涵,明确内在要求。协商内容具有公共性,包括关系国计民生的重大问题,涉及群众公共利益的问题;渠道具有广泛性,包括政权机关、政协组织、党派团体、基层乡镇等多种渠道;方式具有互动性,协商过程包括讨论、说明、解释,也包括质疑、申辩,尤其是包括妥协;价值在于共识性,通过对有分歧、有争议、无充分把握的问题,通过沟通交流,力争增进和最终形成共识。围绕"谁与谁协商""协商什么""怎么协商",建立健全协商的体制机制。着力培育协商的民主文化,协商必须具有平等意识,各个主体应平等交流,所提主张得到平等对待;协商必须具有包容观念,要善于倾听不同意见,最大限度地整合和利用差异;协商必须具有理性思维,对协商的意见和问题要有科学的态度和方法,协商过程应是集体理性思辨的过程;协商必须具有合作精神,坚持商量办事、不强加于人,坚持配合协作、不各自为政。

10. 发挥人民政协的重要渠道作用

人民政协与协商民主有着内在联系,是协商民主的重要渠道和基本实现形式。从人民政协的性质定位来看,其组织上的广泛代表性和政治上的巨大包容性,为协商民主明确了主体范围,人民政协作为我国基本政治制度的重要组成部分,将协商民主提升到了国家政治制度层面。从团结和民主两大主题来看,人民政协协商民主既关注决策结果又关注决策过程,既重视多数人意见又尊重少数人合理诉求,有效拓展民主的广度深度;注重平等协商、求同存异、体谅包容,能够有效促进团结和谐。从政治协商、民主监督、参政议政职能来看,不仅政治协商是协商民主,民主监督也需要通过协商合作来实现,参政议政更是充分体现了协商的理念和方式。

(二)社会主义协商民主的实践发展

1. 规范完善协商程序

上海、辽宁出台关于进一步规范同民主党派、无党派人士政治协商的意见,明确政治协商的主要形式包括民主协商会、小范围谈心会、座谈会等;主要内容包括重要文件、重要建议、领导干部建议人选、重要决定、重要规划、重大问题等;基本程序包括制定全年政治协商计划,组织召开协商会议,对民主党派、无党派人士提出意见建议的研究、办理落实和反馈等；相关工作机制包括积极支持民主党派、无党派人士就协商议题开展调查研究、就协商情况开展督查，加大宣传报道力度等。安徽省委制定《关于推进人民政协政治协商制度建设的意见》，强调把政治协商纳入决策程序，在决策执行过程中需要调整完善有关决策内容时，也要及时沟通协商。不能以通报情况代替政治协商，不能以个别征求意见代替应当以组织形式进行的政治协商。上海市委办公厅转发《中共上海市政协党组〈关于进一步加强市政协协商民主制度建设的意见〉的通知》，规范了开展协商民主的八种形式：全体会议、常委会议、主席会议、专题座谈会、专题通报会、提案办理协商会、对口协商座谈会和界别协商座谈会。云南曲靖将协商精神融入提案办理的全过程，规定提案立案之前，要召开专门的协商会议，政协委员与各部门之间进行充分的沟通；提案办理中，坚持先调研、再面商、后答复，开展提案现场调研协商，提案者与承办者共同推进提案办理；提案办理后，还要对提案办理情况进行民主评议。湖南、河南、大连出台与民主党派对口联系工作的制度，主要从协商通报重大事项、邀请参加重要会议、进行联合调研、进行领导互访、召开联席会议等方面，进一步规范政府部门与各民主党派的对口联系与协商工作。

2. 创新丰富协商形式

在多党合作和政治协商中，为增强协商的实效，在规范高层政治协商的基础上，建立了民主党派中央直接向中共中央报送意见建议的制度，开通国家有关部委对民主党派意见建议直接反馈的"直通车"。十二届全国政协创新经常性工作方式，召开主席办公会议研究重大问题，设置驻会副主席和副主席联系专委会和界别制度。特别是继承和创新"双周协商座谈会制度"，成为协商民主的一个亮点。

2013年10月22日到12月24日，中国政协主席俞正声分别主持召开5次双周协商座谈会，召集相关界别委员，就"统筹稳增长、调结构、促改革，保持经济发展良好势头"、"建筑产业化"、"发挥人民政协的界别优势，促进社会公平正义"、"深化科技体制改革、着力提升原始创新能力"和"加强汽车尾气治理、减少城市大气污染"等主题积极建言献策，相关部委的负责同志到会介绍情况，与委员们互动交流，气氛十分热烈。

"双周协商座谈会"最早可以追溯到第一届全国政协的"双周座谈会"。1950年4月,各民主党派、无党派民主人士联合发起召开双周座谈会,参加人民政协的中国共产党、各民主党派、各人民团体推举的代表及全国政协常委参加,至1966年7月共举行了114次。"双周座谈会"在多党合作历史上具有重要地位,它有效地团结了党外人士,增进了中国共产党与民主党派、无党派民主人士的联系和沟通,发扬了社会主义民主,开辟了合作与协商的新气象。

双周协商座谈会在双周座谈会的基础上,更加突出了界别特色,由各界别委员就所关心和熟悉的领域,代表本界别所联系的群众,有针对性地提出意见建议;更加突出了委员与政府部门的直接互动,集中各方智慧协力攻关。有利于在决策之前和决策实施之中更好地发扬社会主义民主,增强协商实效,使座谈会成为沟通思想、增进共识、协调关系、凝心聚力的协商平台。

3. 不断拓展协商空间

对重点提案重点督办。今年"两会"后,全国政协专门召开提案交办暨重点督办提案选题协商会。选题协商会组成人员包括政协提案委主任、副主任、委员,各专门委员会、各民主党派中央和全国工商联代表,部分提案承办单位代表。根据契合党和国家中心任务、反映经济社会重大问题、体现人民群众呼声这三条标准,协商确定66个重点督办选题和督办方式。按照相关规定,这些选题和督办方式以书面形式征求相关承办单位意见后,以全国政协办公厅文件印发,年底前反馈提案办理情况。对不同意见持鼓励支持的态度。2013年5月,广东省政协社会和法制委员会召开关于《广东省车辆通行费年票制管理办法(征求意见稿)》专题民主协商会,许多委员对该办法的合法性、公平性、合理性提出质疑。对这一协商成果,省委高度重视,批示要求相关部门暂缓实行,进一步认真研究各界意见建议,并做好决策风险评估,提案单位和落实部门共同推动落实。

4. 着力提高协商质量

2013年,各民主党派中央围绕金融改革、科技创新、污染治理等重点问题认真调查研究,提出的意见和建议对党和政府科学决策、科学施政发挥了重要作用。截至目前,共向中共中央、国务院报送或转呈意见建议共112件,其中92件得到中央领导批示。农工党中央《关于积极应对区域灰霾污染的有关工作建议》，中央领导批示认为很有价值，要求国家发改委、环保、卫生、气象等部门和有关地方加大联动协调力度，出台有力举措，引导和动员全社会力量共同应对。对于台盟中央《关于农业人口取得城市户籍的调研报告》、民进中央《关于积极稳妥推进中国特色新型城镇化进程的建议》等，中央领导都要求有关部门在制定城镇化规划时加以吸纳。

上海规定在现有协商活动基础上，加强知情明政和调查研究，增强委员界别代表性，提高协商质量和实效。明确市委领导每人每年至少出席1~2次市政协协商活动，市政府领导除出席市政协全体会议外，每人每年至少出席1次市政协专题座谈会或专题通报会等。湖南、南京等地规定政协主席会议可视情邀请与协商议题有关的党委政府领导同志及职能部门负责同志到会通报情况、听取意见。广州规定未担任市政协主席会议成员的市民主党派主要负责同志列席政协主席会议。

5. 大力推进基层协商

浙江作为市场经济、民营经济、草根经济先发地区，基层公民意识较强，基层协商的实践十分丰富、鲜活和生动。余姚市紧扣制度化、程序化、规范化建设，由党委有关部门牵头，在乡镇街道、村（社区）积极探索建立基层协商民主会。出台《关于推进基层重大公共事务决策民主议事协商工作的指导意见》及五个配套文件，明确基层重大事务必须协商于党组织决策之前、法定会议表决之前、行政组织实施之前，重要政策决策必须先协商后制定、先协商后通过、先协商后实施，未经民主协商的不得提交决策、表决和实施，有效强化了基层协商民主决策的制度刚性。目前，余姚市已在9个乡镇街道、120个村（社区）、20个行业协会和266家企业开展了基层协商民主试点扩面工作，基层组织的决策水平和干部民主意识得到提高，有效减少了利益群体矛盾和社会稳定风险，全市连续两年实现信访总量下降。温岭市组建党外人士评议团，由民主党派成员和无党派人士共36名组成，下设四个专家顾问组，就各自领域议题开展民主评议。

成都市在彭州市、崇州市开展基层协商民主制度试点工作。两市分别出台《关于构建社会协商对话制度的意见》《关于建立乡镇社会协商会议的意见》。在乡镇建立乡镇协商会，其职责是按照有关议事规则和程序，讨论协商涉及群

众切身利益和乡镇全局性重大事项；在村（社区），借助村（社区）议事会平台，开展社会协商对话工作。协商形成的共识在会后立即发布，意见建议采纳情况书面告知协商会成员，并在梳理后报镇党委政府根据情况分类处理。通过完整的制度设计，着力构建市、乡镇、村（社区）共同参与的三级工作平台。彭州市九尺镇的58家板鸭经营户自觉对店面进行改造，促进九尺板鸭的规范化和品牌化经营；通济镇协商会达成共识，形成小区自治公约，由群众自发成立小区管理委员会，规范管理。

二 开展坚持和发展中国特色社会主义学习实践活动

习近平同志强调，党的十八大精神，说一千道一万，归结为一点，就是坚持和发展中国特色社会主义。在多党合作中，中国共产党和各民主党派、无党派人士，以坚持和发展中国特色社会主义定位定向，凝聚共识，指导实践。

（一）明确各民主党派是中国特色社会主义参政党

2013年，习近平总书记在党外人士迎春座谈会上首次明确提出，"各民主党派是与中国共产党通力合作的中国特色社会主义参政党"。俞正声同志也在统一战线深入学习贯彻中共十八大精神专题研讨班上强调，"切实加强中国特色社会主义参政党建设"。从1989年《中共中央关于坚持和完善中国共产党领导的多党合作和政治协商制度的意见》提出民主党派是"同中国共产党通力合作、共同致力于社会主义事业的亲密友党，是参政党"[1]，到今天进一步明确民主党派是"与中国共产党通力合作的中国特色社会主义参政党"，表明了中共对民主党派性质认识的与时俱进，具有重大意义。这一论断，"首次将中国特色社会主义与参政党结合在一起，是对各民主党派同中国共产党团结合作历程的科学总结，是对民主党派性质和政治地位的科学论断，是对各民主党派在中国特色社会主义伟大事业进程中发挥职能作用的科学把握"，为各民主

---

[1] 《中共中央关于坚持和完善中国共产党领导的多党合作和政治协商制度的意见》，《人民日报》1990年2月8日，第1版。

党派在推进中国特色社会主义宏伟大业中定了位、定了向，必将激励各民主党派在坚持和发展中国特色社会主义、实现中国梦的过程中充分发挥优势、做出更大贡献。

从理论与实践、历史与现实角度看，各民主党派作为中国特色社会主义参政党，其内涵和特征主要有以下四个方面。

（1）在政治方向上，是始终坚持中国特色社会主义道路、理论体系和制度的参政党。中国特色社会主义道路是中国共产党带领包括各民主党派、无党派人士在内的中国人民自己走出来的，只有始终坚持这条道路，才是国家和民族唯一正确的出路，才是民主党派健康发展的唯一正道。民主党派、无党派人士既是中国特色社会主义的亲历者、实践者，也是维护者、捍卫者。各民主党派都在章程中明确规定，要坚持中国特色社会主义道路、理论体系和制度。这是中国特色社会主义参政党的根本所在。

（2）在政党关系上，是始终与中国共产党风雨同舟、密切合作的参政党。各民主党派作为中国特色社会主义参政党，与中国共产党有着共同的基础、目标和事业，是肝胆相照、通力合作的亲密友党。各民主党派自觉接受中国共产党的领导，围绕重大决策部署出主意、想办法，本着实事求是的态度提意见、作批评，互相学习、互相支持、互相促进。这是中国特色社会主义参政党的特色所在。

（3）在目标追求上，是始终致力于建设中国特色社会主义事业的参政党。参政既体现了我国民主党派的性质，也反映了民主党派的职能和定位。各民主党派在国家政治生活中，不论是进行"一个参加、三个参与"[①]，还是就事关国计民生的重大问题积极建言献策，归根结底都是着眼于坚持和发展中国特色社会主义。这是中国特色社会主义参政党的价值所在。

（4）在基本属性上，是始终体现进步性与广泛性相统一的参政党。这种进步性，是与民主党派在中国共产党的领导下积极参加建立、建设新中国的历史伟业紧密联系在一起的；这种广泛性，是与各民主党派社会基础和自身特点

[①] "一个参加、三个参与"是指参加国家政权，参与国家大政方针和国家领导人选的协商，参与国家事务的管理，参与国家方针、政策、法律、法规的制定执行。

联系在一起的,集中体现为各民主党派是各自所联系的一部分社会主义劳动者、社会主义事业建设者和拥护社会主义爱国者的政治联盟。这是中国特色社会主义参政党的优势所在。

(二)打牢坚持和发展中国特色社会主义的思想政治基础

各民主党派换届后,如何进一步实现政治交接、打牢团结奋斗的共同思想政治基础?2013年7月,在北京举办了统一战线深入学习贯彻中共十八大精神专题研讨班,各民主党派中央、全国工商联领导人,无党派代表人士,中央国家机关和地方政府担任省部级领导职务的党外干部参加。开班式上,俞正声同志强调,学习贯彻十八大精神和习近平总书记系列重要讲话精神,必须以坚持和发展中国特色社会主义为聚焦点、着力点、落脚点,使学习更深入、领会更透彻、贯彻更自觉。围绕如何认识和理解中国特色社会主义形成的合理性、发展的规律性和胜利的必然性,研讨班安排了"中国梦与中国路""当前国际形势与外交工作""深化经济体制改革"等专题辅导报告,展开学习讨论。通过学习研讨,各民主党派中央负责同志和无党派人士,进一步加深了对坚持和发展中国特色社会主义的理解,坚定了与中国共产党共同致力于建设有中国特色社会主义伟大事业的信心和决心。

民革中央主席万鄂湘说,在当今时代,要发展中国、造福人民、振兴中华,没有别的什么主义、别的什么模式,只有中国特色社会主义。要在建设发展中解决突出矛盾和问题,战胜风险和挑战,只有始终坚持中国共产党作为坚强领导核心,才能凝聚党心军心民心,充分激发全社会创造活力,团结各族人民为实现中华民族伟大复兴共同奋斗;才能有效解决矛盾问题,成功应对风险挑战,推动经济社会全面协调持续发展,确保国家事业不断前进。

民盟中央主席张宝文说,中国特色社会主义道路是实现民族复兴的唯一路径,这是我们的道路自信。无论在前进道路上遇到怎样的艰难险阻,只要沿着这条道路走下去,不走"老路"、不走"邪路",坚持不动摇、不懈怠、不折腾,就一定能够实现民族复兴的伟大目标。中国特色社会主义理论体系是指导中国改革发展实践的科学体系,这是我们的理论自信。必须以这一理论体系为指导,坚持马克思主义在意识形态领域的指导地位,不搞指导思想的多元化,自觉地同民粹主义、自由主义、民主社会主义等思潮划清界限。中国特色社会主义制度是根植于中国国情、具有旺盛生命力的政治制度，这是我们的制度自信。必须坚定不移地发展社会主义政治文明，既积极借鉴人类政治文明有益成果，又不照搬西方政治制度模式，同时不断增强识别和抵制各种错误主张的能力，保持政治上的清醒和坚定。

民建中央主席陈昌智说，中国共产党作为领导中国特色社会主义事业的坚强核心，不是自封的，而是在中国革命、建设和改革的长期历史进程中形成、发展和巩固的，是历史的必然选择、人民的共同选择，也是民主党派的自觉选择。民主党派作为参政党，开展一切工作的前提条件和重要保证，就是坚持中国共产党领导，自觉维护多党合作的政治格局。因此，民主党派要更加自觉维护中国共产党的领导地位，始终坚持和发展中国特色社会主义不动摇、不放松、不偏离，使多党合作的共同思想政治基础不断巩固、发展。

民进中央主席严隽琪说，中国社会正在转型，新情况、新问题、新矛盾层出不穷，改革发展任务非常艰巨，更需要我们高举中国特色社会主义旗帜，实现"中国梦"。民进建设符合时代要求的参政党，要做到"三个认同"：第一，道路认同，中国特色社会主义政治发展道路是走向富强、民主、文明、和谐中国的"正道"；第二，目标认同，全面建成小康社会是中华儿女的"中国梦"；第三，价值认同，民进的优良传统是全体民进人的共同价值取向，是民进能够有所作为、持续健康发展的根本原因。

农工党中央主席陈竺说，对于参政党而言，最重要的就是高举中国特色社会主义伟大旗帜，坚定不移地走中国特色社会主义道路。这既是民主党派与中国共产党在共同奋斗的历史进程中取得的最深刻共识，也是农工党从切身经历中获得的最珍贵经验和最宝贵政治财富。2013年5月，农工党开展了一次面向全体党员的思想状况调查，共回收12188份问卷，其中，对全面建成小康社会、实现"中国梦"的宏伟目标"很有信心"、"比较有信心"和"有信心"的达94%。这充分说明，包括广大农工党员在内的全国各族人民是广泛认同和坚决支持中国特色社会主义的。

致公党中央主席万钢说，推动多党合作事业蓬勃发展，是参政党坚持和发展中国特色社会主义的重要使命，致公党要不断彰显"致力为公、侨海报国"

的精神风貌，以自身的努力为多党合作做出应有的贡献。要把广大海外侨胞作为中国特色社会主义建设的一支重要力量，要把推进全面实施创新驱动发展战略作为参与社会主义建设的重要切入点，切实把"侨海报国"与"中国梦"的实现结合起来。

九三学社中央主席韩启德说，坚持走中国特色社会主义道路，是九三学社的立社之本、生命线和灵魂。要用自信但不自满的态度对待中国特色社会主义。对中华民族的优良传统和非凡创造力，既要充分自信，又要始终充满忧患意识。以对历史和人民负责的态度，尽到参政党的责任。着眼中国特色社会主义这个大局，找好位置、选好角度、用好方法。把坚持和发展中国特色社会主义，作为同中国共产党亲密合作的最大共识、巩固共同思想政治基础的最佳着力点。

台盟中央主席林文漪说，长期以来，中国共产党的几代领导人都高度关心和重视台湾同胞的所思所想，始终坚持"寄希望于台湾人民"，满腔热情地号召全体中华儿女携手努力。相信在中国共产党的坚强领导下，祖国统一的梦想一定能变为现实，台湾同胞与全国各族人民一起，共享中华民族伟大复兴的荣耀。

（三）启动坚持和发展中国特色社会主义学习实践活动

2013年8月，习近平总书记在一份统一战线人士学习贯彻中共十八大精神的材料上做出重要批示，从坚持和发展中国特色社会主义的战略高度，充分肯定党外人士提出做坚持和发展中国特色社会主义的亲历者、实践者、维护者、捍卫者的思想认识，强调要进一步增强他们对中国特色社会主义的道路自信、理论自信和制度自信。要创造条件，充分展示党外人士对中国特色社会主义道路、理论体系、制度的坚信和支持。各民主党派中央、无党派人士深受鼓舞，提出要在总结和坚持这些年开展主题教育活动成功经验的基础上，开展坚持和发展中国特色社会主义学习实践活动。经过充分沟通协商，确定从2013年9月开始，在各民主党派、无党派人士中开展坚持和发展中国特色社会主义学习实践活动。

1. 各民主党派全面启动学习实践活动

各民主党派中央分别成立了由主席担任组长，常务副主席、副主席担任主要成员的领导小组，根据自身特色，制定学习实践活动方案，召开常委会或中央全会审议通过并组织实施。在方案设计中，各民主党派中央都紧扣活动主题，把学习中共十八大精神作为一以贯之的主要内容，全面贯彻坚持和发展中国特色社会主义内涵要义，自觉做铭记历史、增强自信的亲历者，做爱国为民、履职尽责的实践者，做传承薪火、勇于担当的维护者，做头脑清醒、守土有责的捍卫者。同时，结合建设中国特色社会主义参政党的要求，各民主党派联系工作实际，各自确定学习实践重点，不断充实和丰富活动内涵。

民革中央：以学习实践活动统领当前和今后的各方面工作，根据当年形势、任务，调整年度活动重点，力求覆盖所有基层组织，保证人人参与。注重保持和发挥民革参政议政重点领域的特色，发挥好各专委会和研究中心作用，围绕高层协商和提案工作深挖潜力，研究社会经济发展中的战略性、全局性、前瞻性问题。积极推进"民革基层组织牵手困难群众"活动，帮助所联系困难群众解决实际困难；坚持将推动两岸关系和平发展作为民革祖国统一工作的核心内容，坚持将做好台湾人民工作作为衡量工作成效的重要标准。

民盟中央：把学习实践活动与参政党理论建设、能力建设、组织建设相结合，在动员准备环节，重点通过调查分析了解广大盟员的思想动态及自身建设存在的突出问题，制定实施计划，增强学习实践活动的针对性实效性；在学习教育环节，坚持以人为本，使思想政治工作与多党合作实践紧密结合起来，力求使学习实践活动真正起到深入人心、凝聚力量、推动工作，提高各级领导班子成员和代表性人士思想政治水平和参政议政能力的目的；在总结提高环节，要善于发现问题，提出改进的措施方案，推动相关规章制度的建立完善，形成思想建设的长效机制。

民建中央：集中学习中共十八大和十八大以来历次全会精神，学习习近平同志系列重要讲话精神，学习十八届三中全会关于全面深化改革的重大部署，凝聚促进全面深化改革的共识。召开宣传思想工作会议，总结和交流学习实践活动的经验做法，推动活动有序深入开展。利用民建成立70周年契机，推动优良传统学习教育，组织开展多种形式的纪念活动，集中学习宣传会章会史和会优良传统，进一步坚定民建广大会员走中国特色社会主义政治发展道路的信心。

民进中央：坚持"有思有行、集智聚力、顺势而为、开拓创新"的工作方针，完成三大主要任务。一是学习教育，增强广大会员对中国特色社会主义的理论认知和政治共识。二是结合履职实践，凝聚深化改革共识。坚持参政议政与社会服务相结合，形成推进深化改革的合力。2015年召开民进全国社会服务工作会议，研究并拓展参与推动贫困地区科学发展的新思路和新举措，2017年召开民进全国参政议政工作会议，总结和研究参政议政工作规律。三是加强自身建设，巩固团结合作基础。

农工党中央：以"坚定政治信念、解放思想、推动改革"为主题，深入学习贯彻中共十八届三中全会精神，凝聚共识、推进改革。以"坚定理想信念、共筑中国梦"为主题，深入开展学习宣传"中国梦"活动，引导全体党员在岗位上建功立业。以实施"人才强党战略"为主题，大力开展领导班子建设和后备干部队伍建设。以建设"健康中国"为主题，围绕党和国家大局，在深化医疗卫生体制改革等方面发挥积极作用。以服务"美丽中国"为主题，围绕社会经济发展和民生需要，增强社会服务工作的实效。

致公党中央：认真把握中国特色社会主义理论，凝聚政治共识，明确政治责任。围绕纪念致公党成立90周年，开展党史党章及优良传统教育。紧密结合中国特色社会主义理论学习与实践，全面提高领导班子成员"四种能力"，[①]自觉履行参政党职能，加强基层组织和后备干部队伍建设，完善机关建设和制度建设。强化侨海报国理念，始终致力于最大限度地把归侨侨眷、海外侨胞和留学人员团结起来，把"侨""海"优势发挥出来，助推中国改革和发展。

九三学社中央：社中央组成专题调研组赴基层调研，就如何用中国特色社会主义引领社员思想进行深入研究，组织宣讲团巡回宣讲，每年举办一期"九三学社坚持和发展中国特色社会主义论坛"。弘扬优良传统，传承政治薪火，增强广大社员的荣誉感、使命感和责任感。抓好基层、夯实基础，以搞好地市级组织和基层组织换届为抓手，加强领导班子建设。把增进政治共识、增强"三个自信"作为推进新老交替和政治交接的核心内容，做好深入细致思想工作，确保换届工作平稳顺利进行。

---

① "四种能力"是指政治把握能力、参政议政能力、组织协调能力、合作共事能力。

台盟中央：将学习实践活动作为今后一个时期各类台盟盟员骨干培训班的重要内容，邀请专家做辅导报告，开展研究讨论。赴重庆中国民主党派历史陈列馆、中国人民抗日战争纪念馆、浙江金华台湾义勇队纪念馆参观学习。适时召开经验交流会，总结经验体会，推动工作开展。

2. 无党派人士学习实践活动特色鲜明

无党派人士没有自身组织，为开展好学习实践活动，中共中央有关部门发挥牵头协调职责，成立无党派人士学习实践活动办公室，制定了《无党派人士坚持和发展中国特色社会主义学习实践活动方案》，召开了学习实践活动电视电话动员会，对学习实践活动进行动员部署，提出明确要求。

牢牢把握坚持和发展中国特色社会主义的活动主题。把这一主题贯穿学习实践活动整个过程、体现在各个方面。活动方案围绕主题设计，每项内容、每个环节、每条措施，都要体现这一主题的要求。活动开展围绕主题进行，通过重温历史、形势报告、座谈交流、实地考察等形式，感受中国特色社会主义的伟大成就，感悟中国特色社会主义的弥足珍贵，坚定中国特色社会主义共同理想。活动成效以主题检验，看是否增强了对中国特色社会主义道路、理论体系和制度的自信，是否更加自觉地为推进中国特色社会主义贡献力量。

牢牢把握十八大、十八届三中全会和习近平总书记系列重要讲话精神这一核心内容。把党的十八大、十八届三中全会和习近平总书记系列重要讲话精神，作为学习实践活动必须全面深入学习的核心内容，准确理解思想精髓，深刻领会精神实质。全面把握各方面的重要论述，重点掌握贯穿其中的思想脉络；要既联系世情、国情、党情、统情，掌握统一战线、多党合作和无党派人士工作理论方针政策，又联系个人工作和思想实际，熟悉中央对所在领域的要求，学以致用、知行合一。

牢牢把握建设一支与中国共产党团结合作的高素质无党派代表人士队伍这一活动目标。要在增强政治坚定性上下功夫。坚定理想信念，传承优良传统，坚持中国共产党的领导，坚定不移走中国特色社会主义道路，始终与中国共产党同舟共济、真诚合作。要在提升业绩上下功夫，百尺竿头更进一步，为国家发展和人类进步做出更大贡献。要在联系群众上下功夫，主动深入群众，虚心学习、汲取智慧，听取意见、反映诉求，以身作则、示范带动，进一步赢得群

众认同。

牢牢把握将理论学习和实践锻炼有机统一起来这一活动方式。强化理论培训，举办培训班、研讨班、读书班，编纂学习资料，开通网络学习平台等，帮助提升学习效果。强化实践锻炼，深入开展考察调研，积极参与社会服务，主动参加挂职锻炼，进一步提高"四种能力"。要敢于发声、善于发声，积极传递正能量。

三 进一步加强民主党派的民主监督

民主监督是民主党派的重要职能，也是党际民主的重要方面。作为参政党，民主党派切实有效地开展对作为执政党的中国共产党的民主监督，是多党合作中一个重要的理论问题，也是一个需要着力破解的实践难题。按照中共十八大提出的"加强党内监督、民主监督、法律监督、舆论监督，让人民监督权力，让权力在阳光下运行"，十八届三中全会强调的"强化权力运行制约和监督体系""健全民主监督、法律监督、舆论监督机制，运用和规范互联网监督"[①]等有关要求，中国共产党和各民主党派从理论上进行深入研究，从实践上加大推进力度，进一步彰显民主监督的成效和作用。

（一）对民主监督的理论探讨

中国共产党接受民主党派监督源于1945年毛泽东与民主人士黄炎培的"窑洞对话"。针对如何打破"历史周期律"的千古难题，毛泽东信心满怀地回答，我们已经找到了新路，这条新路就是民主监督。"只有让人民来监督政府，政府才不敢松懈；只有人人起来负责，才不会人亡政息。"[②] 1956年4月，毛泽东在《论十大关系》中以苏联经验为借鉴，指出："现在看来，恐怕是几个党好。不但过去如此，而且将来也可以如此，就是长期共存、互相监督。"[③]

[①] 《中共中央关于全面深化改革若干重大问题的决定》，人民出版社，2013，第35、37页。
[②] 薄一波：《若干重大决策与历史事件回顾》（上卷），中共中央党校出版社，1991，第156~157页。
[③] 《毛泽东选集》（第5卷），人民出版社，1997，第278页。

1956年9月，中共八大正式把"长期共存、互相监督"确立为中国共产党与民主党派合作的方针。改革开放后，中共十二大将八字方针完善为"长期共存、互相监督、肝胆相照、荣辱与共"的十六字方针。在1989年中共中央《关于坚持和完善中国共产党领导的多党合作和政治协商制度的意见》中，明确了民主党派民主监督的总原则："在四项基本原则的基础上，发扬民主，广开言路，鼓励和支持民主党派与无党派人士对党和国家的方针政策、各项工作提出意见、批评、建议，做到知无不言、言无不尽，并且勇于坚持正确的意见"①，从而为民主党派充分发挥民主监督作用提供了重要依据。2005年，中共中央《关于进一步加强中国共产党领导的多党合作和政治协商制度建设的意见》，进一步明确规定了民主监督的内容、形式。中共中央主要领导对自觉接受民主党派的民主监督多次提出要求。江泽民同志提出，中共与各民主党派实行互相监督，"主要是民主党派监督共产党""要完善民主监督机制，畅通下情上达的渠道，加大民主监督的力度"。胡锦涛同志强调："民主党派的民主监督，特别是民主党派对我们党的监督，是我国社会主义监督体系的重要组成部分，也是我们党为人民执好政、掌好权的重要保障。"② 习近平同志要求中国共产党"容得下尖锐批评，做到有则改之、无则加勉"；中共各级党委"要主动接受、真心欢迎民主党派和无党派人士监督，切实改进工作作风，不断提高工作水平"③。为切实加大民主监督的力度，提高民主监督的成效，中共中央有关部门协同各民主党派，就"进一步发挥民主党派民主监督作用"开展专题调研，中国统一战线理论研究会政党理论北京研究基地、中央社会主义学院等开展了专题研究，理论界、学术界的专家学者也撰写了大量学术研究文章，进一步深化了对民主监督的认识。

1. 民主监督的基本性质

民主监督是中国共产党与各民主党派、无党派人士在长期团结合作实践中形成的重要经验和宝贵财富，在中国革命、建设和改革中发挥了十分重要的作

---

① 《中共中央关于坚持和完善中国共产党领导的多党合作和政治协商制度的意见》，《人民日报》1990年2月8日，第1版。
② 《第20次全国统战工作会议精神解答》，华文出版社，2006。
③ 《习近平同党外人士共迎新春》，《人民日报》2013年2月8日，第1版。

用。民主党派的民主监督作为一种非权力性的合作型监督，其基本性质主要体现在：它是一种"柔性"监督。不同于权力监督所具有的强制执行力和法律约束力，民主监督是以提意见、作批评为表现形式的"柔性"监督，它既能以合理意见和中肯批评完善党和政府的决策，又不对决策和执行机关形成直接干涉和牵制。它是一种建设性监督。民主监督的出发点是为了加强和改善共产党的领导，而不是互相攻讦；是为了巩固共产党的执政地位，而不是争夺执政权；是为了全国人民的根本利益和长远利益。与西方多党制国家政党之间为了自身利益互相倾轧，在野党、反对党通过监督制约搞垮执政党具有本质不同。它是参政党对执政党通过民主方式实行的高层次党际监督，是"通过提出意见、批评、建议的方式进行的政治监督，是我国社会主义监督体系的重要组成部分"①。民主监督既不是法律监督，也不是行政监督和一般的社会监督，而是一种政治监督。

2. 民主监督的法理基础

有的同志认为，民主监督的依据是有关政治原则，缺乏明确的法律依据，建议尽快制定民主监督法，保障民主监督的权利，规范民主监督的对象、范围、内容、方式和程序，并进而提出"民主监督法律化"。事实上，我国民主党派的民主监督有着充分的法律依据。民主监督的根本价值是保障和发展人民民主，要义是监督，制度基础是多党合作，主体是民主党派和参加人民政协的各界别。人民监督的法理基础和多党合作的法理基础共同决定了民主监督的法理基础。人民是国家和社会的主人，对权力进行监督是人民的基本权利，是避免权力被滥用的内在要求，而民主监督是人民行使监督权的重要体现。民主政治是社会发展的潮流，中国共产党历来以实现和发展人民民主为己任，并把多党合作作为一项长期战略载入宪法，而民主监督是多党合作的重要内容。只要人民民主专政的国家政权存在，只要人民当家做主的地位存在，只要中国共产党领导的多党合作和政治协商制度存在，民主监督就必然存在、不会改变。

有的同志提出所谓"民主监督法律化"，就是让党外人士所提意见、建

---

① 《〈中共中央关于进一步加强中国共产党领导的多党合作和政治协商制度建设的意见〉学习问答》，华文出版社，2006。

议、批评具有法律约束力，使民主监督成为"硬约束"。他们认为，只有这样，民主监督才有效力。这种意见是不正确的。作为人民民主权利的一部分，民主监督主要通过提意见、做批评的方式进行。如果赋予其法律强制性，那就是法律监督而不是民主监督了，就是行使权力而不是权利。况且，民主监督所提的意见建议，有正确的、合理的、可行的，但也有不全面、不现实、不正确的，尽管有些意见是合理的，但实行的条件尚不具备。如果将其"法律化"，凡是意见建议都要采纳执行，实践中是有害的，也是行不通的。民建中央原主席孙起孟同志曾经指出，"有人以为这种监督没有法律约束力，起不了多大作用，事实表明不是这样。问题不在于有无这种约束力，而在于批评、建议本身的质量，是否切合实际，是否真能解决问题"。民主监督法律化，将带来严重后果：第一，影响政党关系，危害多党合作的政治基础。中国共产党和各民主党派是通力合作、共同致力于社会主义事业的亲密友党，有意见或出现问题可以通过批评建议、协商讨论来解决，而无须诉诸法律。如果把民主监督搞成法律监督，我国多党合作中的互相监督就变成了西方国家政党之间的互相攻讦，就破坏了我国团结和谐政党关系的基础。第二，改变我国政体格局，导致国家权力多元化。民主监督不仅是民主党派的基本职能之一，也是人民政协的基本职能之一。如果非要让民主监督具有法律约束力，就相当于政协具有法律监督的权力。这样，政协就成为权力机关而不是统一战线组织了，不符合宪法精神，并将导致权力多元化。

3. 民主监督的基本原则

一是坚持中国共产党的领导。民主监督要坚持四项基本原则，以中共与各民主党派团结合作为基础，以有利于帮助中国共产党执好政、巩固和发展社会主义和谐政党关系为出发点和落脚点。二是坚持发扬社会主义民主。民主监督是社会主义协商民主的内在要求，要拓宽民主渠道、营造民主氛围，使民主党派切实感受到共产党的诚意、胸怀，从而知无不言、言无不尽，使各种意见、建议和批评能够充分表达。三是坚持党派特色优势。注重体现民主监督的党际性、高层次、协商性和组织性，推动民主监督与参政议政相互结合、相互促进。四是坚持多党合作的制度格局。我国多党合作制度决定了民主监督是政治权力结构的内部监督，加强民主党派民主监督，要以完善多党合作制度为基

础，但不能搞"民主监督法律化"。五是坚持积极稳妥、循序渐进。民主党派民主监督具有政治性、敏感性和关联性，需要把握好推进时机、方向、步骤，不能急于求成，更不能"另起炉灶"。

4. 民主监督的特点和优势

民主监督是我国社会主义监督体系的重要组成部分，不同于人大监督、行政监督、舆论监督，更不同于西方反对党和在野党以执政党为对立面搞权力制衡，其具有自身特点优势。一是党际性强。民主党派民主监督是一种政治监督，既不同于政府内部的行政监察监督——可以突破地方、部门的具体利益，就关系国家发展的重大问题提出意见建议；也不同于社会舆论监督——能够在政治框架内提意见、做批评，更便于执政党科学决策。二是层次较高。民主党派民主监督的监督重点是执政党在国家经济政治社会重大问题上的决策和施策行为。民主党派的主体是中高级知识分子，90多万民主党派成员中，拥有中高级职称的接近80%，涵盖我国各行业、各领域的"专、精、尖"人才。他们能够提出很多具有前瞻性、系统性和科学性的意见和批评，为我们党治国理政提供有效借鉴。三是协商性强。民主党派民主监督主要通过在政治协商中提出建设性意见、建议和批评的方式进行，与参政议政有机结合。在这种监督模式中，民主监督完全不同于西方在野党、反对党以不信任为基础对执政党进行的监督。民主党派和中国共产党相互信任，对执政党工作中出现的问题不是恶意攻击，也不是采取事不关己、漠不关心的态度，而是提出合理意见建议，把"对台戏"唱成帮助中共的"补台戏"而非"拆台戏"，使民主监督成为国家政治体系内的"他律"机制。四是组织性强。民主党派民主监督主要以民主党派组织名义进行，是一种有组织的政治行为，遵循一定的规则程序。民主党派拥有从中央到地方的多级组织，遍布全国各个大中城市，其监督具有稳固的组织基础，能够通过组织的渠道有序表达，为民主监督的客观性、公正性提供保证。而且这种联系广泛的组织渠道，可以使民主党派听到社会各界不同的声音，了解和掌握各种社会心理、社会动向和潜在矛盾，反映不同社会阶层和利益群体的诉求。①

---

① 关于民主监督的特点优势，主要参考中共中央统战部一局承担的2013年全国统战理论重点课题"关于进一步发挥民主党派民主监督作用"相关成果。

5. 民主监督的实践形式

民主监督在长期实践中主要形成以下几种形式。一是会议商谈。通过中共中央和地方党委邀请民主党派、无党派人士举行的民主协商会、座谈会、情况通报会，列席国务院和地方政府召开的常务会议、全体会议以及有关部门召开的专业会议，各级政协全体会议、常委会议、主席会议等进行监督。二是专题调研。围绕党和政府关注的问题、人民群众迫切需要解决的问题，开展集中考察、调研活动，在此基础上提出意见建议。三是信息反映。以反映社情民意的形式进行监督。四是检查评议。参与或会同有关部门联合开展对行政执法部门、具有监督管理权力的行业主管部门的监察检查活动，发挥监督作用。五是特约人员。通过担任特约监察员、检查员、审计员和教育督导员等，参与有关法律、法规制定的研究，参加有关执法检查和执法监督，参加对重大案情的调查，发挥参谋咨询和民主监督作用。

6. 推进民主监督的对策

一是回归党派主体。民主党派的民主监督上连国家下连社会，是多元主体监督的交汇点。在中国特色社会主义政党制度框架下，民主监督只有回归党派主体，以协政、资政为基本功能的党派监督才能有力、有序、有效地开展。在当前网络监督异军突起、各种监督方式激烈竞争的背景下，民主党派需要增强党派区别意识，认识到自身虽然与执政党在根本理念和目标上存在一致性，但也存在一定差异性。在民主监督时，需要多从所代表阶层、群体的视角去思考问题，提出意见建议，体现各自特色，避免同质化。① 二是明确客体重心。明确民主监督的核心价值是优化党和政府决策。可探索在中共党委重大决策前由民主党派开展"可行性"论证、决策后由民主党派提供执行情况的评估意见，为中共党委科学民主决策提供参考。可以将一些听证会委托民主党派举办，发挥其位置相对独立、超脱的优势，保证听证会客观、公正。要注意防止陷入事务性监督的"泥沼"。② 三是充实扩大民主。民主监督非权力性监督的性质不

---

① 关于民主监督需"回归党派主体"，主要参考了中国统战理论研究会政党理论北京研究基地承担的"民主监督的症结所在及其破解之道"课题研究成果。
② 关于"明确客体重心"，主要参考湖南省委统战部、中国统一战线理论研究会党外人物工作研究湖南基地承担的"影响民主党派民主监督实效性的因素及对策"课题相关成果。

容改变。要通过充实和扩大民主,保障民主党派、无党派人士行使民主监督的权利,使其功能和优势充分发挥。建立健全有关法规制度,并通过视察、检查、调查、监察等方式方法,使其能够充分表达意见。增强中共各级领导干部的民主意识,坚持"不打棍子、不扣帽子、不抓辫子",广开言路、广纳群言。四是提升监督能力。民主监督的作用能否发挥、发挥的大小,关键在于所提批评和建议的质量。民主党派要增强民主监督的责任意识,做好工作统筹、力量整合,经过深入调研、充分论证,着力增强监督选题的针对性,增强分析问题的科学性,增强所提意见和建议的可行性。

7. 可借鉴西方政党监督有益成分

政党监督是西方国家政治生活中较为普遍的现象,其共性是监督制度化程度较高,约束力较强。同时,也要看到西方政党监督是分权制衡体制的产物,与我国民主监督的基础、性质、目的、作用等有着本质差异。要借鉴西方政党监督的有益成分为我所用,但不能照抄照搬,更不能盲目效仿。要始终坚持走中国特色社会主义政治发展道路,充分发挥我国政治制度和政党制度的特点和优势,不断推动民主监督向纵深发展。

(二)在实践中大力推进民主监督

改革开放以来,民主党派的民主监督稳步推进,但也存在认识不到位、机制不健全、水平不够高等问题。针对上述情况,中国共产党和各民主党派有重点加强改进,民主监督力度加大、效果增强。

1. 完善规章制度,提高监督水平

监察部制定《监察机关特邀监察员工作办法》,规定了监察机关特邀监察员的选聘范围、基本条件、职责、权利、义务、聘任程序和解聘情形等内容,对特邀监察员工作进行指导和规范,自 2013 年 11 月 1 日起施行。[①] 河北、黑龙江等下发关于进一步发挥党外人士民主监督作用的意见,对民主监督的主要内容、形式、知情渠道、保障机制做出详细规定,进一步厘清责任,细化措施,增强各级党委、政府及有关部门的民主监督意识。浙江省委起草制定

[①] 《监察部出台文件规范特邀监察员工作》,《人民日报》2013 年 11 月 2 日。

《关于加强人民政协民主监督的意见》，明确政协民主监督的基本原则、范围、内容、形式以及党委、政府和政协在民主监督工作中的关系与职责，形成政协民主监督的长效机制。①上海、河南、贵州、青海、内蒙古制定下发或修订完善有关特约人员工作的意见，规范特约人员的职责和权利，拓宽聘任特约人员的领域，进一步发挥特约人员在司法、监察、纪检等部门和领域的监督作用。

2. 积极搭建平台，拓展监督空间

开展联合调研。最高人民检察院与各民主党派中央、无党派人士就涉及检察事业长远发展、影响制约检察工作的体制机制性问题进行首次联合调研。三个调研组分别由高检院一名副检察长和两名副部级检委会专职委员担任组长，各民主党派中央负责人、无党派人士担任副组长。曹建明检察长亲自研究确定调研专题，多次审改调研方案并提出具体要求。结合当前检察工作的难点、社会法治热点，确定了"检察机关行政诉讼法律监督和诉讼外行政检察工作""建立健全行政执法与刑事司法衔接机制""人民监督员制度立法问题"三个专题。参与调研的民主党派和无党派人士为推动解决困扰检察工作的一些体制机制性难题出谋划策，提出许多重要意见建议。②上海市纪委、市委统战部与各民主党派建立合作调研机制，围绕惩防体系建设、党风廉政建设和反腐败的具体举措等，共同开展调研，党外专家直接参与并发表意见建议。

建立务虚座谈制度。河南省委建立每半年一次务虚座谈会制度，省委常委、副省长、人大政协主要领导与省各民主党派、无党派代表人士一起，围绕全省经济社会发展的重大问题进行无主题、面对面的座谈交流，打造了一个更高层次、更大范围的民主监督平台。

利用网络报刊进行舆论监督。厦门市监察局、纠风办、市委统战部联合在《厦门日报》开设《监督在线》专栏，以民主党派和无党派人士为主体的厦门市行评代表、特邀监察员在市纠风办的统一组织下，对群众反映强烈的突出不正之风问题，进行深入调查、解决纠正，并通过《监督在线》将问题调查全

---

① 《确保民主监督有章可循》，《团结报》2013年11月9日。
② 《最高检与民主党派中央、无党派人士开展联合调研》，搜狐网，http://roll.sohu.com/20130922/n386949985.shtml。

过程及整改结果予以报道。①

探索特别视察和巡视制度。山东济宁打造"特别视察"民主监督"品牌",就党委、政府已做出决策部署而落实不力的工作或人民群众普遍关注的热点难点问题开展民主监督。采取"明察"与"暗访"相结合、民主监督与舆论监督相结合、监督与问责相结合的方式,加大监督力度。② 湖南岳阳建立党外人士民主监督巡视制度,巡视对象是全市各级党政部门、司法机关及其工作人员,内容包括贯彻落实市委和市政府重大方针政策情况,营造良好经济发展环境情况,精神状态与工作作风情况,市委、市政府中心工作和全市经济社会发展大局需要巡视的其他事项等五个方面。2013年已开展巡视活动6次,提出意见建议21条,被政府和有关部门采纳17条。

3. 抓好落实反馈,提升监督实效

进行制度规范。上海在起草《中共上海市委关于进一步规范同民主党派、无党派人士政治协商的意见》时,提出了"发挥政治协商的民主监督作用,主动接受意见、批评、建议",并要求做实对意见建议的研究、办理落实和反馈,在以往将民主党派、无党派人士所提意见建议梳理归纳后向市委做专报的基础上,结合市委办公厅已有的办理工作机制,将对意见建议的研究、办理落实纳入全市办理工作机制,明确责任主体、时间要求、方法途径和反馈要求。

信息反馈通报。浙江省委组织部聘请民主党派人士担任特约部风监督员,自觉接受民主监督,并将其作为省委组织部加强自身建设的长效机制。省委组织部对特约部风监督员反映的问题及提出的意见建议,一方面认真调查核实,重要情况提交部长办公会议研究,及时整改落实,调查核实情况作为考评处室或考核、考察部机关工作人员的依据之一;另一方面实行信息反馈通报制度,做到件件有回音。针对特约部风监督员反映存在会议多、简报多、基层负担重等情况,省委组织部专门出台了《关于全省组织部门改进会风文风和减轻基层负担的若干规定》,提出四个方面16项措施。③

---

① 《厦门日报:新闻舆论监督24小时在线》,《中国新闻出版报》(电子版),http://www.chinaxwcb.com/xwcbpaper/html/2007-09/21/content_10807.htm。
② 赵树国:《特别视察:民主监督的新路子》,《中国政协》2013年第7期。
③ 《浙江:邀民主党派人士"零距离"监督组织工作》,《中国统一战线》2013年第10期。

建立民主监督情况专报机制。无锡市委统战部每月了解掌握各单位民主监督工作开展情况，定期召开专题会议，形成《民主监督情况专报》上报市委、市政府主要领导。注重抓好意见、建议的末端落实，市委统战部与督查室及时召开推进会，将意见建议及责任分工发送县（市区）、机关部门，并提出明确办理时限和工作要求。2012年初，农工党市委在调研时发现基层台账设置重叠且虚实不一，市委、市政府对此高度重视，市监察局、市政府纠风办与农工党市委认真研究交流基层台账管理，组织500多个社区通过网络对基层台账进行调查评议。截至2012年12月底，28个部门的基层台账由原来的273本整合精简到31本。①

对提案办理进行民主评议。湘潭市出台《政协提案办理工作民主评议实施方案》，由市政协、市委统战部牵头，组织各民主党派成员组成民主评议工作组，对政府工作部门办理提案情况进行民主评议。工作组通过听取汇报、查阅资料、大会测评、问卷调查、个别谈话和调查走访等形式，全面深入了解市政府工作部门的提案办理情况，将反映的问题向政府工作部门通报，提出整改意见。同时，市政协、市委统战部组织民主党派对政府工作部门办理政协提案情况进行满意度测评，测评结果列入政府工作部门绩效考核。②

---

① 《无锡开设民主监督"绿色通道"》，《团结报》2013年10月8日。
② 《湘潭市政协推出提案办理工作民主评议新方案》，法治湖南网，http：//www.fzhnw.com/Item/72641.aspx。

B.7
基层民主政治的建设与发展

赵秀玲[*]

摘 要: 本文概述了2013年中国基层民主政治发展的总体态势，着重从建章立制和社会实践两个方面分析了基层民主政治制度化、科学化与规范化程度。本年度，基层民主政治最大的亮点是对基层权力的监督和制约大大加强，全力培育社会组织、培养自治精神，基层协商民主得到进一步拓展和深化。本文还对未来基层民主建设进行了深入思考，并提出了建设性意见。

关键词: 基层民主 权力制约 社会组织 协商民主 自治精神

进入21世纪，中国的各项事业包括政治运行均呈加速度的发展态势。以2013年为例，它直接承续了2012年党的十八大确立的奋斗目标，在以习近平为总书记的中央领导集体的开拓进取精神的指引下，各项工作承前启后、继往开来，别有一番景象。就基层民主建设而言，2013年所做的工作、取得的成绩和产生的效果引人注目。当然，为了更好地推进和发展基层民主政治，其存在的局限、出现的问题也应给予足够重视。

一 2013年基层民主政治建设概况

总体而言，2013年的基层民主政治建设在2012年的基础上继续发展，但

---

[*] 赵秀玲，中国社会科学院政治学研究所研究员，主要研究领域为政治学理论、中国基层民主、乡村治理。

又有其独特性和针对性，突出地表现为立足更高远、制度更规范、方式更多样，从而呈现出多元化、科学化、内在化的特点和全面推进的局面。

（一）基层民主建章立制全面推开

中国的现代化建设离不开制度化和法制化，只有这样才能有法可依、有章可循。改革开放以来中国政治发展不可磨灭的功绩之一是建章立制，而基层民主制度法规建设取得的成就更是有目共睹。2013年是建章立制的重要年份，不论在数量、范围还是质量上都表现得非常突出。

1. 国家层面制定重要政策法规

2012年推出的政策文件比较重视基层组织建设和社区服务，《关于在创先争优活动中开展基层组织建设年的实施意见》和《社区服务体系建设规划》（2011－2015年）即是如此。2013年的政策文件除了继续强调社区服务，还进一步强化了村（居）民自治、社会组织建设、基层政务公开和企事业民主管理等。

民政部基层政权和社区建设司印发的2013年工作要点，强调政策创制力度、社区服务体系建设、基层群众自治的改革创新，为这一年的基层工作做了战略部署，[①] 这是2013年基层民主建设能打开新局面的前提。

关于村（居）民自治的政策法规主要有《关于印发〈全国村务公开协调小组2013年工作要点〉的通知》、《关于印发〈民政部基层政权和社区建设司2013年工作要点〉的通知》、《关于加强全国社区管理和服务创新实验区工作的意见》和《关于印发〈村民委员会选举规程〉的通知》；关于社区服务，较有代表性的政策法规有《关于加快推进社区社会工作服务的意见》和《关于推进社区公共服务综合信息平台建设的指导意见》；关于基层政务公开的重点政策法规有《关于印发当前政府信息公开重点工作安排的通知》和《关于进一步加强政府信息公开　回应社会关切　提升政府公信力的意见》；关于企事业民主管理的政策法规有《中国工会章程》《关于2013年厂务公开民主管理

[①] 《关于印发〈民政部基层政权和社区建设司2013年工作要点〉的通知》（2013年2月18日），民政部网站，http://zqs.mca.gov.cn/article/tzgg/201302/20130200420161.shtml。

工作的意见》；关于社会组织建设的主要政策法规有《关于政府向社会力量购买服务的指导意见》《关于在全国推广"菜单式"志愿服务的通知》《关于印发〈中国社会服务志愿者队伍建设指导纲要〉(2013－2020年)的通知》。这些政策法规文件有一个共同点，那就是注重建章立制的高标准和具体化，具有较强的前瞻性、科学性和可操作性。

以《村民委员会选举规程》（以下简称《规程》）的印发为例，该《规程》是在2010年新修订的《村民委员会组织法》和多年村民自治选举实践的基础上，针对以往选举过程中存在的问题而修订的全国性的选举规程。此《规程》的出台意义重大，被新闻媒体评为2013年"民主政治建设十大新闻"。入选的理由是：基层民主建设将更加规范。[①]《规程》对村委会的产生、选举宣传、村民登记、提名确定候选人、竞选、投票、选举后续工作、罢免与补选等都进行了具体细致的规定，更好地体现了民主、公正、有序和科学的原则与精神。其中，在许多方面都有突破，从而克服和解决了以往规定笼统、界定不清，尤其是不适合新形势发展的问题。如以往对村民自治选举"贿选"的规定较少，而且比较笼统。《规程》对"贿选"和"造假式选举"做了细化规定，还明确规定了处理办法，即"以暴力、威胁、欺骗、贿赂、伪造选票、虚报选举票数等不正当手段当选的，当选无效"。再如，在"登记对象"中规定有以下三种情况的人员皆可参加选举登记，被列入参选名单："户籍在本村并在本村居住的村民；户籍在本村，不在本村居住，本人表示参加选举的村民；户籍不在本村，在本村居住一年以上，本人申请参加选举，并且经村民会议或者村民代表会议同意参加选举的公民。"这一规定有利于提高村委会选举的参与度。此外，对于村委会成员的罢免程序，2010年修改后的《村民委员会组织法》仅有一条规定："本村五分之一以上有选举权的村民或者三分之一以上的村民代表联名，可以提出罢免村民委员会成员的要求，并说明要求罢免的理由。"《规程》的规定则更为细致：本村五分之一以上有选举权的村民或者三分之一以上的村民代表联名，可以提出罢免村民委员会成员的要求，启

[①] 民政部基层政权和社区建设司：《"村民委员会选举规程印发"获评2013年"民主政治建设十大新闻"》，民政部网站，http://www.mca.gov.cn/article/zwgk/gzdt/201401/20140100577383.shtml。

动罢免程序。罢免程序如下：①书面向村民委员会提出罢免要求，说明罢免理由；②召开村民代表会议，审议罢免要求；③被罢免对象进行申辩或者书面提出申辩意见；④召开村民会议，进行投票表决；⑤公布罢免结果。

罢免村民委员会主任的，由副主任主持村民会议投票表决，不设副主任的，由委员推选一人主持；罢免村民委员会副主任、委员的，由村民委员会主任主持。罢免村民委员会全体成员的，或者主任、副主任、委员不主持村民会议的，可在乡级人民政府指导下，由村民会议或者村民代表会议推选代表主持。

罢免村民委员会成员，须有登记参加选举的村民过半数投票，并须经投票的村民过半数通过。罢免获得通过的，被罢免的村民委员会成员自通过之日起终止职务，十日内办理工作交接手续。罢免未获通过的，六个月内不得以同一事实和理由再次提出罢免要求。①

再如，与原《中国工会章程》（以下简称《章程》）相比，2013年10月22日通过的《章程》共修改31处，"将深入贯彻党的十八大精神，并将相关内容写入工会工作的指导思想，是此次《中国工会章程》修改的一大重点"。如原《章程》第22条第4款规定："县和城市的区可在乡镇和街道建立乡镇工会和街道工会组织。"为进一步强化基层工会组织的维权职能，修改后的《章程》在这一条款后又增加了"具备条件的，建立总工会"的规定。关于工会会员参与工会民主管理的渠道和方式，《章程》也将原来的"在工会会议和工会报刊上"，修改为"在工会会议和工会媒体上"，② 由此可见，《章程》对基层工会民主建设高度重视。

2. 各省市县推出建设性地方政策法规

2013年各省、市、县也相继出台了关于基层民主建设的文件与规范，这既是对中央和各部委政策的补充与发展，也显示了各地方的特色及智慧。这些文件主要包括三大类。

---

① 民政部基层政权和社区建设司：《民政部关于印发〈村民委员会选举规程〉的通知》，民政部网站，http://www.mca.gov.cn/article/zwgk/fvfg/jczqhsqjs/201305/20130500454833.shtml。
② 《中国工会章程（修正案）：创新成果和有效经验的集中体现》，中华全国总工会网站，http://www.acftu.org/template/10001/file.jsp?cid=222&aid=88488。

一是根据《村民委员会组织法》（以下简称《村组法》）和《村民委员会选举规程》而推出的实施办法和选举办法，较有代表性的是安徽、甘肃、云南、重庆、广西、上海等地的实施办法、选举办法，这些办法有不少细化和创新内容，作用和意义重大。如2013年8月2日，安徽省在第十二届人大常委会第四次会议上修订通过了《安徽省实施〈中华人民共和国村民委员会组织法〉办法》，该办法有九大细化内容和创新点，包括财政补贴、村委会成员培训、村民会议授权村民代表大会、村民小组会议召开及职责、农村社区建设、一事一议、村民理事会、村务监督委员会对村委会成员实行监督的办法、乡镇村干部违规违法所承担的法律责任等。这样具体细致的规定在以往是少见的。再如，甘肃省第十二届人大常委会第三次会议在2013年5月29日修订通过了《甘肃省村民委员会选举办法》，其中规定："村民可以自荐村民委员会成员候选人，并在选举日的十日前向村民选举委员会提交自荐材料。"而9月26日修订出台的《广西壮族自治区村民委员会选举办法》则对"选民登记""罢免"等都做了新规定。

二是关于工资集体协商的规定，较有代表性的是《关于印发〈湖南省工资集体协商工作质量提升三年行动计划〉（2013~2015）的通知》、《北京市工资集体协商》（已启动立法调研）、《河南省企业工资集体协商条例（草案）（审议修改稿）》、《江西省企业工资集体协商条例》和《山东临沂市〈全面推进工资集体协商　促进企业职工工资合理增长工作的实施方案〉的通知》等。以往的工资集体协商面临不少问题，如农民工、企业工人处于弱势和被动地位，老板和企业主无视其利益、权利和尊严，而湖南省在《关于印发〈湖南省工资集体协商工作质量提升三年行动计划〉（2013~2015）的通知》里，明文规定：要规范程序、内容、履约，2013年、2014年、2015年在建制率和规范率上，分别达到85%和30%、90%和40%、95%和50%，并将此纳入党委、政府的考核体系与为民办实事项目工程，也作为工会评选或参评劳模及先进的重要条件。① 这种既立足于当年又着眼于长远的规定，既有具体指标又有

---

① 《湖南省三年内实现工资集体协商建制率达95%》，中工网，http://right.workercn.cn/c/2013/03/22/130322085050438667964.html。

高标准要求，颇具代表性。

三是社会组织建设方面的规定，较有代表性的有湖南省民政厅《关于对四类社会组织实行直接登记管理的暂行办法》、浙江省下发的《关于加强社会组织信用体系建设的通知》、上海市下发的《社会组织信用信息记录、共享和使用管理暂行办法》、云南省出台的《关于大力培育发展社会组织　加快推进现代社会组织体制建设的意见》和广东省发布的《2013年度广东省级培育发展社会组织专项资金申报指南》等。2012年基层民主建设比较注重社会组织建设，2013年则加大了力度，其规定也趋于细化，要求也有明显提高，范围则更开放。如湖南省暂行办法规定，行业协会商会、科技、公益慈善和城乡社区服务四类社会组织，可免去诸多复杂环节，直接进行登记。对暂时不满足条件的城乡社会组织，发起人申请备案的，可予以备案。而公益慈善业的社会组织还被允许添加"字号"，这在以往是不可想象的。另外，暂行办法还要求，省级社会组织的发起人，要有较高的知名度和公信力，这样才能有代表性和影响力。对于办理程序，暂行办法也简化了流程，规定自申报之日起，七个工作日必须给予是否同意的批复，而从收到有关材料后，必在30个工作日内完成审查，发给许可决定书。[①] 显然，准入标准虽然提高了，但办事程序却简化了，效率也大大提高了，而这背后则是对基层社会组织发展和推进社会自治的高度重视，是"以民为本"理念和"群众路线"思想的充分体现。

除上述三种地方性政策法规外，还有其他内容的相关规定。关于政府购买服务的，以江苏太仓市出台的江苏省首个政府购买社会工作服务实施办法为代表；关于村务公开的，如广东村务公开协调小组办公室印发的《2013年全省村务公开民主管理工作要点》、湖南岳阳平江三市镇《2013年村民自治和村务公开实施方案》、云南红河州下发的《关于做好村干部任期和离任经济责任审计工作的通知》；关于协商民主和厂务公开的，如江苏总工会下发的《关于加强企业协商民主制度建设的指导意见》、《山东省总工会关于开展厂务公开民主管理建制规范年活动的实施意见》和《湖北省国有企业厂务公开

[①] 《湖南省对四类社会组织实行直接登记管理》，新华网湖南频道，http://www.hn.xinhuanet.com/2013-09/18/c_117415162.htm。

实施细则（试行）》等；关于权力制约的，如《云南省权力公开透明运行规定》、湖北远安县《2013年度村民自治活动日工作方案》、2013年贵州《华平村村民自治章程公约》、成都邛崃市《羊安镇永安社区2013年村民自治章程》等。

（二）社会实践稳步推进基层民主政治建设

从全国来看，基层民主政治建设离不开党和政府举办的重要会议和开展的重要活动，这是各项工作的总纲。在这些重要会议和活动的带动下，基层民主政治建设获得了长足发展，取得了突破性进展。

就全国性的会议来说，与基层民主政治建设有关的主要有以下几个。

2013年3月3~17日，第十二届全国人大一次会议和全国政协十二届一次会议召开，两会继续强调加强社会主义基层民主政治建设。如3月5日温家宝同志在《政府工作报告》中指出：2013年要进一步"加强和创新社会管理。改进政府提供公共服务方式，加强基层社会管理和服务体系建设，完善村民自治、城市居民自治制度，保证人民群众依法直接行使民主权利，管理基层公共事务和公益事业。改革社会组织管理体制，引导社会组织健康有序发展"。"坚持民主监督、法律监督、舆论监督，健全权力运行制约和监督体系，让人民监督权力，让权力在阳光下运行"。[①] 4月19日中共中央政治局召开会议，决定从2013年下半年开始，用一年左右时间，在全党自上而下分批开展党的群众路线教育实践活动。4月27日，全国性社会组织评估委员会全体会议在北京召开。6月15~16日，"全国社会组织建设创新示范区创建活动座谈会"在青岛召开，与会代表结合各自开展社会组织建设创新示范区创建的活动情况进行了研讨。6月18日，党的群众路线教育实践活动在北京召开，习近平总书记做了重要讲话，强调密切党群和干群关系的重要性。6月28~29日，全国组织工作会议在北京召开，习近平总书记在会上指出："贯彻党要管党、从严治党方针，必须扎实做好抓基层、打基础的工作，使每个基层党组织都成为

[①] 温家宝：《政府工作报告》（2013年3月5日），新华网，http://news.xinhuanet.com/2013lh/2013-03/18/c_115064553.htm。

坚强战斗堡垒。党的十八大提出了加强基层服务型党组织建设的重大任务，当前和今后一个时期，要以此来指导党的基层组织建设。"① 7月8~11日，国务委员王勇赴广东深圳和上海调研社会组织的情况，表现出对社会组织建设的高度重视。7月12日，全国社区管理和服务创新实验区中期评估工作总结交流会在福建厦门召开，浙江杭州、厦门海沧区等12个实验区在会上介绍了实验进展和阶段性经验，并接受评估。7月18日，民政部与云南省共同举办"推进社会建设创新组织"座谈会。7月26日，"全国加强和创新社会管理金牛现场会暨社会管理典型案例颁奖典礼"在成都金牛区举行。会议正式颁布了五个创新社会管理示范基地，它们分别是成都金牛区、四平市、辽源市、成都成华区、普洱市。7月31日，李克强总理主持召开国务院常务会议，研究推进政府向社会购买公共服务的问题。10月18日，中国工会第十六次全国代表大会在北京召开，此次大会的亮点之一是进一步增加了基层代表比例，在参会的1591名工会工作者中，基层工会工作者有610名，农民工代表从工会十五大时的47名增加到75名。② 此外，大会还通过了《中国工会章程（修正案）》。11月12日，中国共产党第十八届中央委员会第三次会议通过了《中共中央关于全面深化改革若干重大问题的决定》（以下简称《决定》），《决定》多处论及基层民主建设，可将之视为当前和今后相当长时间内中国基层民主政治发展的总纲。《决定》指出："推进协商民主广泛多层制度化发展。……在全社会开展广泛协商，坚持协商于决策之前和决策实施之中。构建程序合理、环节完整的协商民主体系，拓宽国家政权机关、政协组织、党派团体、基层组织、社会组织的协商渠道。深入开展立法协商、行政协商、民主协商、参政协商、社会协商。""发展基层民主。畅通民主渠道，健全基层选举、议事、公开、述职、问责等机制。开展形式多样的基层民主协商，推进基层协商制度化，建立健全居民、村民监督机制，促进群众在城乡社区治理、基层公共事务和公益事业中依法自我管理、自我服务、自我教育、自我监督。健全以职工代表大会为

---

① 《习近平强调：建设一支宏大高素质人才队伍》，新华网，http://news.xinhuanet.com/politics/2013-06/29/c_116339948.htm。
② 《工会十六大增加基层代表数量》，中华全国总工会网站，http://www.acftu.org/template/10001/file.jsp?cid=222&aid=88400。

基本形式的企事业单位民主管理制度，加强社会组织民主机制建设，保障职工参与管理和监督的民主权利。""坚持用制度管权管事管人，让人民监督权力，让权力在阳光下运行，是把权力关进制度笼子的根本之策。""创新社会治理，必须着眼于维护最广大人民根本利益，最大限度增加和谐因素，增强社会发展活力，提高社会治理水平……改进社会治理方式，激发社会组织活力。"[1] 在此，对基层民主建设的内容、方式、功能、目标，尤其对基层民主协商的制度化、监督权、社会组织的发展壮大等都做了具体阐述。《决定》还提到健全和改进基层联系和服务群众常态化制度："健全领导干部带头改进作风、深入基层调查研究，完善直接联系和服务群众制度。"这些提法颇有新意。12月8～10日，来自全国17个省市的30家单位，参加了民政部在北京举行的第二批"全国社区治理和服务创新实验区"评审会议。12月20～21日，全国厂务公开民主管理工作汇报会在北京召开。全国厂务公开协调小组成员陈荣书出席会议并做了重要讲话，各省、自治区、直辖市厂务公开协调小组办公室负责人就各自的民主管理情况分别做了汇报。

经过全国上下一年来的努力与探索，中国基层民主政治建设取得显著成效。

在村民自治实践方面，据统计，2013年有12个省（区、市）共计20多万个村委会开展了换届选举工作。这些省份情况各异，换届次数差异较大。参加第11次换届选举的有辽宁和山东，第10次的有江苏，第9次的有吉林、北京、重庆、四川、宁夏、新疆和安徽，第8次的有甘肃，第7次的有海南，而云南则是第5次。以北京市为例，2013年全市开展第九届村委会换届选举工作，参加的村共有3960个。截至6月底，北京市各区县的村委会换届工作已基本完成。[2]

企事业单位民主建设稳步推进。在基层工会建设方面，健全和完善乡镇（街道）、村（社区）、企业"小三级"工会组织网络，是今年的工作重点。截至2013年6月底，中国工会人数为2.8亿人，是世界上最大的组织。其中，

---

[1] 《中国共产党第十八届中央委员会第三次全体会议文件汇编》，人民出版社，2013，第47～49、54、13页。
[2] 《民政部副部长窦玉沛观摩北京市密云县村委会换届选举工作》，新华网，http://news.xinhuanet.com/politics/2013－05/27/c_124770314.htm。

农民工会员达 1.09 亿人。全国基层工会组织总数为 275.3 万个，覆盖了基层单位 637.8 万家，职工入会率高达 81.1%。① 另据最新统计数据，截至 2013 年底，全国工会会员达 2.9 亿人，比去年增加了 700 多万人。工资集体协商是近年来的一项重大举措，工会在其中起到举足轻重的作用。2013 年是中华全国总工会启动工资集体协商三年规划的收官之年，目前已基本达到了三年前确定的目标，即在已建立工会的企业，工资集体协商制度的覆盖率达到 80% 以上。据统计，2013 年全国共签订工资集体合同 245 万份，覆盖企业 612 万家，分别比去年增长了 9% 和 6%。签订工资专项集体合同 133 万份，覆盖企业 352 万家，覆盖职工 1.6 亿人，分别比去年增长了 8%、15% 和 8%。在职代会建设方面有明显突破，2013 年建立职代会的企事业单位已达 551 万家，比去年增长 36%，非公企业职代会制度的建设水平也得到了较大提高。②

社会组织建设在 2013 年蓬勃发展。据统计，2013 年，全国共有社会团体 27.4 万个，民办非企业 23.4 万个，基金会 3300 个。③ 这比 2012 年的 27.1 万个、22.5 万个和 3029 个，④ 分别增加了 3000 个、9000 个和 271 个。以北京为例，"2013 年北京社会组织公益行动系列活动"正式启动。目前，北京共有各类社会组织 3 万多家，这些组织做了大量有益的工作。2013 年 4 月，首都慈善公益组织为四川灾区捐款捐物达 4000 万元。⑤ 2013 年 12 月 5 日，由北京市团委、北京市志愿者联合会和英国海外志愿服务社主办的"2013 中国志愿服务国际交流大会"在北京召开。据统计，全国已建立志愿者组织 43 万个，志愿者服务站 19 万个，志愿者 5000 多万人。到 11 月底，北京市注册的志愿者已达 135 万人，志愿服务队 11481 支，参与社区志愿服务人次为 1867 万，服务时间为 2509 小时。⑥ 关于老龄协会建设，2012 年，全国老龄办下发了

---

① 王燕琦：《中国工会会员总数达到 2.8 亿》，《光明日报》2013 年 10 月 12 日。
② 陈豪：《在全总十六届二次执委会议上的工作报告（摘要）》，中华全国总工会网站，http://www.acftu.org/template/10001/file.jsp?cid=222&aid=88775。
③ 《社会服务统计季报（2013 年第 3 季度）》，民政部网站，http://files2.mca.gov.cn/cws/201310/20131022180855268.htm。
④ 常红：《民间组织蓝皮书"全国共有民间组织近 50 万个，基金会 3029 个"》，人民网，http://society.people.com.cn/n/2013/0917/c1008-22950718.html。
⑤ 王东亮：《2013 年北京社会组织公益行系列活动启动》，《北京日报》2013 年 4 月 28 日。
⑥ 《全国已建 43 万个志愿者组织人数超过 5000 万》，《北京青年报》2013 年 12 月 6 日。

《关于加强基层老年协会建设的意见》，这是我国首个加强基层老年协会建设的指导性文件。到2013年，全国已建立老年协会44.7万个，覆盖城乡社区65%。根据《中国老龄事业发展"十二五"规划》的要求，到2015年末，城乡老年协会覆盖率要分别达到95%和80%。[1] 显然，现实状况与这个要求还有相当大的距离。

2013年，社区建设可圈可点。2013年，全国各地举行了各种旨在推动社区发展的活动，例如，2013年8月28日，民政部下发通知，认定山西省清徐县、黑龙江省依安县、浙江省宁波市北仑区等19个县（市、区）为"全国农村社区建设实验全覆盖示范单位"。[2] 在社区服务方面，2012年底全国共有社区服务指导中心809个，社区服务中心15497个，社区服务站87931个。[3] 而到2013年第三季度，社区服务指导中心为950个，增加141个；社区服务中心为17218个，增加1721个；社区服务站为95022个，增加7091个。[4] 仅三个季度，2013年的全国社区服务建设就有了8%~18%的增长。

总之，在基层民主政治建设方面，2013年围绕权力监督、社会组织建设、村务和厂务公开、社区管理和服务、村委会选举、工资集体协商及人民群众参与等展开，成果显著，作用不可低估。所有这些，是整个中国基层民主发展的重要一环，也是中国政治、社会生活稳定的基石。

二 焦点与亮点：2013年基层民主政治建设深度推进

自改革开放以来，中国基层民主政治每年都在不断地迈上新台阶，而且越来越重质量、深度和良性互动。2012年基层民主政治实现跨越式发展，

---

[1] 卫敏丽：《我国基层老年协会约44.7万个覆盖65%城乡社区》，新华网，http://news.xinhuanet.com/local/2013-01/17/c_114408771.htm。
[2] 《民政部关于认定山西省清徐县等19个县（市、区）为"全国农村社区建设实验室覆盖单位"的通知》，汇法网，http://www.lawxp.com/statute/s1740377.html。
[3] 《2012年社区服务发展统计公报》，民政部网站，http://cws.mca.gov.cn/article/tjbg/201306/20130600474746.shtml。
[4] 《社会服务统计季报（第3季度）》，民政部网站，http://files2.mca.gov.cn/cws/201310/20131022180855268.htm。

2013年则在此基础上向更深的层次迈进。因为中国基层民主政治发展一旦进入深水区，数量和广度固然重要，而质量和深度更不可忽略。有学者认为："如果一个社会不仅准许普遍参与而且鼓励持续、有力、有效并了解情况的参与，而且事实上实现了这种参与并把决定权留给参与者，这种社会的民主就是既有广度又深度的民主。""当今最需要的是要提高已经实现的参与的质量，使之更加充实。"① 概括起来，2013年基层民主建设的焦点和亮点主要有以下几个方面。

（一）加强对基层权力的监督与制约

对于基层权力，历来有不同的看法。有人将之视为无职、无位、无权、无用的权力末梢，于是自觉不自觉对之有所忽略；也有人认为，基层干部虽位低职微，但却掌控一方，具有极大的权力操控度，且有时很难对其权力进行制约和监督。因此，长期以来，基层权力的运行一直处于界限不清甚至较为尴尬的状态。近些年，党和政府对于基层权力的运行高度重视，开始全面整治基层权力滥用等现象。笔者认为，2013年党和政府对基层权力运行整治力度大于往年，产生的效果十分显著。

2009年之前，一些地方就开始实行基层权力的透明运行。2009年，在江苏睢宁县、四川成都武侯区和河北成安县三地开始进行县委权力公开透明运行试点工作。同时，中纪委和中组部下发了《关于开展县委权力公开透明运行试点工作的意见》，试点单位有所增加。与此相关，对于基层权力运行提出了具体要求，并加大对权力的监督力度，其中，2012年10月5日由中央纪委、中央组织部等十二部委联合印发的《关于进一步加强村级民主监督工作的意见》最有代表性。不过，由于权力本身的难以制约性、基层权力行使的隐蔽性和特殊性以及与基层权力制约机制的不健全，权力暗箱操作问题严重。2013年，对基层权力运行监管的广度和深度都有所加强，科学化和制度化程度明显加大，这既表现为文件规制的明确性和针对性，又表现为具体操作的全面、细化和深度。

---

① 〔美〕科恩：《论民主》，聂崇信、朱秀贤译，商务印书馆，2004，第22页。

将权力关进制度的笼子，要坚持"老虎"和"苍蝇"一起打，这是以习近平总书记为核心的党中央提出的权力制约总纲。具体到2013年的实践活动，其亮点在于新、深、细。

1. 通过"晒权"强化对市、县级权力的监督

以山东省曲阜市为例，2013年公开征集"群众最不满意的十件事"，建立了"群众提出、群众交办、群众监督、群众评判"的工作程序，由群众提出"干什么"到群众交办"如何干"再到群众监督"怎么干"最后到群众"怎么判"，从而大力推进了党务、政务、村务、厂务和公用企事业单位事务的公开。为避免群众"被代表"情况的出现，曲阜实行"第一书记""第一局长""干部党员联户"等制度，实现党员领导干部下基层与直接联系群众的常态化全覆盖。[1] 青海省西宁市出台了《"三重一大"集体决策和主要负责人"四个不分管"制度》，规定各地区、部门的"重大问题决策、重要干部任免、重大项目投资决策、大额资金使用"等"三重一大"事项实行集体讨论决定，不得以传阅、会签或个别征求意见等方式代替集体决策。党政主要领导不得直接分管干部人事、财务、工程项目、物资采购等，明确规定上述事项由一名副职分管。对于约束一把手"一支笔"和"一言堂"式的权力滥用，这是一种根本性规制。[2] 广西崇左市天等县从"合理清权""科学配权""透明晒权""制度控权"和"民主督权"五个重要环节建立权力运行机制，逐步形成"决策民主、执行有力、监督透明、制度完备"的基层权力"阳光"运行机制。例如在"晒权"问题上，县委将乡镇党委书记、乡镇长、党委委员、村支书、村两委成员的照片、姓名、职务、手机等信息，制成图板向全社会公布。2013年，在全县13个乡镇街道和各村人群聚集场所张贴权力清单和权力运行流程图238张，打造"阳光惠农一条街"138条，对各种政务、村务等进行公开。[3] 浙江省嘉善县2013年力推权力公开透明运行的常态化，实行"以权力配置制约、运行监督、运行公开、预警处置和公开评价"为主要内容的"五位一体"

---

[1] 李长胜：《主动接受群众监督》，《人民日报》2013年6月2日，第5版。
[2] 张志峰：《青海西宁"一把手"不能分管人财物》，《人民日报》2013年7月10日，第6版。
[3] 赵飞群：《天等县：干部权力清单阳光化》，广西新闻网，http：//www.gxnews.com.cn/staticpages/20130608/newgx51b29626-7773787.shtml。

的权力制约和监督体系，在重大项目上实行"阳光决策"的"十步工作法"，在科学化、规范化、制度化上都有突破。① 最能显示权力运行机制科学化、规范化的是浙江三门县于2013年编制的"权力运行流程图"，这个包括了7803项行政职权的公示图，令人耳目一新。三门县提出了"权力阳光三门行动"，在厘清、规范、公开和监督四个方面对权力进行制约，并在公共资源交易权、拓展海域使用权等40多项重要领域进行规范。为确保公信力和广泛与平等参与，三门县主动邀请人大、纪检、政协、村民代表参与监督，还充分利用新媒体网络的监控与传播作用。② 这是权力运行制约机制建设方面的大胆尝试，又是基层民主建设进入深度模式的表征。

2. 通过制度创新加强对村级权力制约

在选举监督方面，海南省人民检察院下发了《关于充分发挥检察职能作用 积极服务和保障村民委员会换届选举工作的通知》，检察机关借助基层检察院36个乡镇检察室，对乡镇、村委会、村民小组和农户进行摸底，并提供法律服务。同时，对村委会候选人资格和条件进行审查，防止"带病"参选，也防止各种势力操纵和干扰村委会选举。③ 在民主决策、民主管理和民主监督方面，成都彭州市基层纪检建立监察监督的"民心通"工程，群众通过手机即可随时随地查询和监督村级事务，对权力运行进行监控。"该工程集成了村级民主治理、集体经济运行、基层干部行权、社会公共服务等内容，是一个综合性廉政风险防控系统，也是国内第一个以县为建制对政府部门和基层工作实施智能、精准、无缝的监督工程。"④ 云南红河州于2013年2月25日下发了《关于做好村干部任期和离任经济责任审计工作的通知》，对1175个村委会干部任期和离任经济责任进行审计，对村干部的违法违纪行为依法进行处理。⑤

---

① 《嘉善着力推动权力公开透明运行常态化》，《嘉兴日报》2013年4月7日。
② 顾春：《浙江三门编制行政权力运行流程图 七千余项行政职权全公开》，《人民日报》2013年7月9日。
③ 邢东伟等：《海南省检察院发文加强对村委会候选人资格监督》，《法制日报》2013年7月4日。
④ 王喆：《群众通过手机终端监督基层权力运行》，《成都日报》2013年6月26日。
⑤ 云南省红河州农经站：《红河州全面启动第五届两委换届村干部任期和离任经济责任审计工作》，云南数字乡村网，http://www.ynszxc.gov.cn/S1/C16/DV/20130225/3784935.shtml。

总之，村级权力制约和规范在2013年备受重视，力图解决长期以来村民自治中存在的深层问题，确保村民自治过程中权力的可控与健康运转。表面看来，有些方面可能属于细枝末节，但是从权力运行规范化和制度化的角度来说，它们又是关系大局的关键。

3. 企业的厂务公开和民主评议强化对权力的监督

以往的基层权力监督主要集中在村民自治活动中，而在其他方面有所忽略。近年来，工作重点开始向企事业单位拓展。随着改革的深入，企事业单位职工的民主意识和权利意识越来越强，加之因劳资关系紧张等产生的群体性事件不断增加，这就亟须对企事业单位实行厂务公开和民主管理，以扩大职工的参与和监督。2013年企事业民主建设的重点是继续开展"公开解难题，民主促发展"等主题活动，由原来的"侧重职工自身利益"向"企业经营管理的重大问题"延伸。[①] 因此，民主管理和民主监督成为2013年企业权力制约的主要内容和方式。

2013年3月8日，吴邦国同志在第十二届全国人大一次会议上所作的报告中指出："检查工会法实施情况，强调要全心全意依靠工人阶级，健全企事业单位民主管理制度，保障职工的知情权、参与权、表达权、监督权。"[②] 4月初下发的《关于〈2013年厂务公开民主管理工作的意见〉的通知》中明文规定："深入开展民主管理主题活动，健全以职工代表大会为基本形式的企事业单位民主管理制度，积极开展基层民主协商，依法推进厂务公开民主管理工作制度化、规范化、法制化建设，保障职工参与管理和监督的民主权利，激发调动广大职工的积极性和创造性。……积极推动非公有制企业普遍建立厂务公开、职代会制度，特别是推动规模以上的非公有制企业和世界500强在华企业建立民主管理制度。……推动公司制企业职代会、职工董事职工监事与董事会、监事会、经理层相互配合、相互支持，把厂务公开、职代会融入现代企业经营管理制度中。"[③] 由此可见，在企事业单位实行民主管理与民主监督，避

---

① 陈豪：《努力开创厂务公开民主管理工作新局面》，中华全国总工会网站，http://www.acftu.org/。
② 吴邦国：《要保证基层群众更好行使民主选举监督权》，中国新闻网，http://www.chinanews.com/gn/2013/03-08/4627959.shtml。
③ 全国厂务公开民主管理网，http://www.cwgk.org/template/10001/file.jsp?cid=32&aid=5916。

免权力滥用和运行失范，是一种国家层面的理性自觉。

以唐山市企业为例，由于强化了职工的民主管理和民主监督，对企业经营和经营者权力监督的力度加大。采取了主题公开、短信公开、网上信箱和电子触摸屏公开等形式，充分调动职代会和职工代表评议与监督的作用，收到了良好效果。目前，公司制企业收到职工合理建议8.5万条，7.2万条被采纳。又如，首钢长治钢铁有限公司加大了监管力度，至2013年3月底，共组织了24次民主评议会，5次质量质询会和数次民生听证评价会，参与评价的职工代表为393人次，共评价项目3442项，涉及13个单位的采购人员130人次；未通过的项目有99项，33名干部和职工分别受到党纪、政纪处分或调离岗位处理。① 再如内蒙古伊泰集团公司，在民主管理和民主监督方面深入推进。伊泰集团坚持民主参与的"三公开"原则：凡企业的重大决策必须公开，与职工切身利益相关的重大事项必须公开，依靠职工民主监督的事项必须公开。根据调查问卷，一年来有86%的职工给单位提过意见、建议，91%的职工认为企业能接受职工的申诉和建议，95%的职工知道单位召开的职工大会，96%的职工看过厂务公开内容，82%的职工承认企业在职工大会上报告了职代会决议的厂务公开情况等。② 不难看出，2013年，厂务公开、民主管理与监督进一步深化、细化，取得巨大发展。2013年12月20日，全国厂务公开民主管理工作汇报会提出这样的奋斗目标："力争经过5年时间，基本实现国有企业、事业单位的厂务公开、职代会制度全覆盖，并逐步向经济开发区、乡镇（街道）、产业集群和社会组织等延伸。"③ 由这一高远目标可见厂务公开民主管理工作的紧迫感。

除此之外，在基层党内民主监督、城市社区自治方面，2013年也不乏新意。如深圳市盐田区在2013年初召开的第四届代表大会第三次会议上，紧紧

---

① 《2013年厂务公开信息》第12、13、19期，全国厂务公开民主管理网，http：//www.cwgk.org/template/10001/file.jsp? cid = 50&aid = 6076，http：//www.cwgk.org/template/10001/file.jsp? cid = 50&aid =6076、http：//www.cwgk.org/template/10001/file.jsp? cid =50&aid =7802。

② 《内蒙古自治区总工会调查情况：关于全区企业开展"公开解难题、民主促发展"主题活动情况调查报告》，全国厂务公开民主管理网，http：//www.cwgk.org/template/10001/file.jsp? cid = 50&aid =7802。

③ 《全国厂务公开民主管理工作汇报会召开》，中华全国总工会网站，http：//www.acftu.org/。

围绕发挥党代会的决策和监督权,创新性地实行党代表提案制和现场述职测评,在党代会常任制方面,构建起"1+7"制度体系,并率先建立"双评议双监督"机制,增强党代表的履职能力。[1] 社区居务监督委员会建设继续向前推进,以浙江省为例,继杭州市全面推行居务监督委员会之后,截至2013年3月底,嘉兴、金华等市也在城市社区普遍建立居务监督委员会。4月3日,浙江省召开省、市、县三级电视电话会议,在全省全面部署社区居务监督委员会创建工作。截至6月初,浙江城市社区居务监督委员会覆盖面已达75%,力争年底前实现全覆盖。居务监督委员会针对城市社区内的重大事务决策及其落实、社区资金资产资源使用等情况,享有充分的知情权、质询权、审核权、调查权和建议权。据统计,截至2013年底,杭州市各社区居务监督委员会已开展居务监督事项9211次,完善居务监督制度1092项,收集意见建议3498条,提出合理化建议1161条,解决实际问题1344个,[2] 有力推动了杭州城市社区自治的健康发展。

(二)全力培育社会组织与自治精神

在党的十八大报告中,胡锦涛同志指出:"要健全基层党组织领导的充满活力的基层群众自治机制""发挥基层各类组织协同作用,实现政府管理和基层民主有机结合。"[3] 在十八届三中全会的决定中,基层群众自治和社会组织也被放在一个重要位置,提出要"促进群众在城乡社区治理、基层公共事务和公益事业中依法自我管理、自我服务、自我教育、自我监督""加强社会组织民主机制建设,保障职工参与管理和监督的民主权利""正确处理政府和社会的关系,加快实施政社分开,推进社会组织明确权责、依法自治、发挥作用"。[4] 民

---

[1] 参见《盐田区四届三次党代会胜利召开 民主监督创新多》,深圳新闻网,http://www.sznews.com/news/content/2013-01/24/content_7644254_2.htm;贾少强:《盐田首推党代表提案制》,盐田网,http://dzb.yantian.com.cn/html/2013-01/29/content_2366108.htm。

[2] 欧召大等:《探路城市社区民主监督》,人民网,http://theory.people.com.cn/n/2013/0729/c40531-22367538-2.html。

[3] 胡锦涛:《坚定不移沿着中国特色社会主义道路前进 为全面建成小康社会而奋斗——在中国共产党第十八次全国代表大会上的报告》,人民出版社,2012,第27页。

[4]《中共中央关于全面深化改革若干重要问题的决定》,载《中国共产党第十八届中央委员会第三次全体会议文件汇编》,人民出版社,2013,第49~50、70页。

政部出台的2013年工作重点中，也提出"深化基层群众自治实践，在提升村（居）民自治能力上取得新进展""加强对'全国社区管理和服务创新实验区'的政策支持和工作指导，研究出台引导社会组织参与社区服务的指导意见"。① 在民政部下发的《关于加强全国社区管理和服务创新实验区工作的意见》中，紧扣"推进社区治理，增强社区自治和服务功能"这一主题，围绕社区治理多元化、社区自治法制化和社区服务标准化展开。

1. 成都曹家巷成立自治改革委员会

2013年7月26日，"全国加强和创新社会管理金牛现场会暨社会管理典型案例颁奖典礼"在成都举行，成都金牛区曹家巷自治改造创新被评选为最佳案例，并作为社会管理创新的"示范基地"在全国推广。曹家巷的旧房和危房改造一直是个老大难，牵扯面广人多，关系错综复杂。如按一般的工作方法，是很难解决的，因此曹家巷拆迁长期以来进展缓慢。2013年3月5日，曹家巷第一个危旧房改造委员会（以下简称"自改委"）正式成立，由居民选出的13名代表组成，同时与房屋公司签订合同。"自改委"成立后，它代表居民的切身利益，又能理解政府和拆迁公司的难处，还有专业知识，在联络、沟通等方面做了大量的细致工作。另外，区委和区政府并未袖手旁观，而是与拆迁公司一起成立自治改造协调服务指挥部，协助"自改委"做好工作，在政策指导、服务、监督等方面起到了重要作用。曹家巷还成立了"自改委"临时党支部。为真正取得成效，"自改委"还创新了改造机制模式、监督方法、协商方式，从而使整个程序科学、规范、合理、合情。其整改模式和自治过程得到国家有关部门领导和新闻媒体的高度重视，《新闻联播》曾连续五天播出关于曹家巷拆改的系列报道，全国各地约有40多个考察团前来参观学习。

2. 深圳新安街道启动"社区自治年"

深圳宝安区的新安街道将2013年定为"社区自治年"，力争实现由初期的新型社区培育，到中期的现代社区发展，以及远期的自治社区完善的发展过程。为了更好开展社区自治，新安街道编制了《新安街道社区自治意识调查

---

① 《关于印发〈民政部基层政权和社区建设司2013年工作要点〉的通知》，民政部网站，http://zqs.mca.gov.cn/article/tzgg/201302/20130200420161.shtml。

问卷》，下发了《关于开展新安街道"社区自治年"活动的意见》，出台了《新安街道"社区自治年"活动实施方案》和《新安街道社区建设创新项目资金暂行办法》。在实施方案中，新安提出社区自治建设的十大方略，其内容包括：以加强居委会建设为重点完善基层自治组织、以拓展自治力量为目标培养社区人才、以推动自我教育为重点营造自治氛围、以落实居民需求为导向提升自治的参与度、以助推自治为主题大力发展社区文化、以培育社区社会组织为重点打造自治平台、以逐步推动社区楼栋长建设为抓手推进多元共治、以"义工+社工"模式拓展社区志愿服务力量、以"因地制宜、注意实效"原则鼓励社区自治创新、以打造亮点社区为契机推进社区建设。以培育社区社会组织为例，海裕社区成立深圳首个社区级社会组织服务中心，至今已登记社区组织39个，而新安辖区则有119个社区社会组织完成了登记。另外，新安街道设立300万元资金项目，引导居民参加社区自治与活动，以培养自治意识和自治方法。在此基础上，社区人才库建立被放在重要位置，如今已有130位多才多艺者脱颖而出，已有27000名志愿者登记备案，志愿者占街道常住人口的6%。[①] 由于新安在社区治理机制创新和社会组织培育等方面的成就，2013年7月18日，在第三届全国社区社会服务与管理创新推进会上，新安作为广东省唯一典型街道做经验介绍，受到与会者的高度评价。

3. 海沧区成为福建首个居民自治"孵化器"

2013年7月，福建省海沧区新阳街道兴旺社区"四民家园"揭牌成立，这是全省首个居民自治的"孵化器"。所谓"四民家园"，指的是民声倾听室、民情调查队、民智议事厅和民心服务站，这是一个真正发挥居民才情、智慧和意愿，并为人民群众办事的自治组织。所谓"孵化器"，指的是居民可不出社区甚至不出家门，就能实现自治。早在2011年，海沧区就以其责任网格化、平台信息化、管理精细化和服务人性化，打造了社区管理服务的"海虹模式"；2012年8月，海沧区被评为全国第九个、南部省份首个"全国社区管理和服务实验区"；2013年7月，它又成为12个"全国社区管理和服务创新实

---

① 《新安以居民自治为导向探寻新型安居模式》，深圳宝安网，http：//ibaoan. sznews. com/content/2013 – 12/10/content_ 8860103_ 2. htm。

验区"之一接受中期评估。"四民家园"可实现听民声、知民情、集民智、暖民心；网格化、便民一站式服务等可实现"小事不出网格，大事不出社区"；五个中心即社会事务服务中心、调解中心、应急中心、求助中心和协商中心，最大化解决居民之所急、所想。目前，海沧区还成立全国首家涉台审判法庭，开展15分钟居家养老服务圈等创新。应该说，像海沧区这样为居民自治提供一个可靠的"孵化器"，如此系统、细致、科学培育自治机制和精神的做法，在福建乃至全国都是少见的。

4. 成都成华区"百姓城管"自治新模式

成都市成华区猛追湾街道办事处，于2013年初召开市民"门前三包"工作现场交流会，对祥和里一条街所创的"百姓城管"自治新模式进行了城区自治的经验总结。2012年5月，祥和里一条街成立了"环境自治协会"，根据广泛发动、人人参与、协会指导、自我管理、自治他律等原则，并以"3+1+1"模式（即三个环境卫生小组、一个交通秩序维护小队、一个宣传小队）展开日常工作。同时，环境自治协会还为居民排忧解难，得到了社区居民和领导的高度评价。以现场交流会的方式进行推广，使"百姓城管"的自治模式走出街道和社区，使其具有更为广泛的意义。

5. 诸城成立山东潍坊首家"社会组织发展中心"

2013年，山东诸城成立了潍坊市首家"社会组织发展中心"，将具有草根性质的6个基层社会组织纳入其中，这包括诸城市社工协会、龙城慈善义工协会、青年心理学会、青少年教育发展中心、格林达尔公益协会等，同时辐射带动其他社会组织11家。这既解决了社会组织尤其是基层社会组织建立和开展难的问题，又大力助推了基层民主自治和发展的进程。为了推动这些基层草根式社会组织的成长，"社会组织发展中心"提供政策引导、资金投入、法律咨询、技术支持，同时还对其进行培训和监督。以龙城慈善义工协会为例，在很短时间内，其会员就已发展到1200人，举行慈善活动180多次，受益群众多达50000人。[①] 另外，诸城的"社会组织发展中心"还实行奖励机制，对表现

[①] 《潍坊首家社会组织发展中心——"草根"组织的"孵化器"》，《潍坊日报》2013年5月5日。

突出、发展较快和贡献较大的社会组织给予奖励,力争在两年时间内推出十家典型社会组织。一旦这些社会组织成熟,"社会组织发展中心"就会将它们推向社会,令其在基层民主自治建设中发挥更大作用。

6. 湖北汉川庙头中心台村建"村级理事会"

村民自治越来越强调村民自己的治理,这是村民提高自治意识和能力,使自治落到实处、成为深入人心的一项制度的关键。湖北汉川庙头中心台村除了常态的村民委员会制度外,还建立了村级理事会,从而使农村基层自治更上一层楼。为了充分发挥理事会的作用,中心台村设立了五个理事会,它们分别是新农村建设理事会、经济发展理事会、基础设施理事会、矛盾调解理事会和乡风文明理事会。村庄全体党员和三分之一的村民都参加了理事会,承担责任和义务,加强自我要求和自律。具体到程序,村中大事往往由理事会提出,村民代表大会通过,村两委组织实施和落实。① 村级理事会的建立,解决了不少困扰中心台村建设和发展的棘手问题,也使其村民自治提高到一个全新的水平。

7. 四川柳街镇自治创新——"我的环境我做主"

作为中国的兰草之乡、诗歌之乡和川西水乡,四川柳街镇自2013年4月开始进行一项村民自治的制度创新,那就是开展"我的环境我做主"活动。对村庄中原来堆放垃圾、淤泥累积和不卫生的角落,村民积极主动进行清理,这被称为"院落自治管理"。为调动村民的积极性和强化其责任意识,柳街镇采取了三项措施:一是让村民自筹资金,以每人每年20元的数额集资,从村民那里筹得的资金全部用于村民自治,并实行公开和接受村民监督。这种取之于民、用之于民的方式,让每位村民都成为自治主体,而不是置身事外。二是以每百户为一个基准,成立业主管理委员会,每个业主管理委员会负责其区域的环境。三是进行星级评比,奖励那些在院落自治活动中表现突出者,以每年每人20元或10元的数额,用集体的钱进行奖励。同时,对于最美院落则以奖代补,投入大量资金进行硬件配套和建设,使之锦上添花,成为优美环境和村民自治的样板。

社会组织和自治精神的培育既是2013年的工作重点,又代表着基层民主

---

① 石守城、龚小平:《庙头中心台村推行村民自治新模式》,《孝感日报》2013年10月9日。

的核心和未来发展方向。以上只是举例示之，虽不能全之，但却具有典型性和方向性。社会组织和自治精神的培育是深化基层民主政治的必要条件。

（三）基层协商民主的进一步拓展与深化

十八大报告一个重大的突破是强调协商民主制度的重要性，报告指出："要完善协商民主制度和工作机制，推进协商民主广泛、多层、制度化发展。通过国家政权机关、政协组织、党派团体等渠道，就经济发展重大问题和涉及群众切身利益的实际问题广泛协商，广纳群言、广集民智、增进共识、增强合力。"最重要的是，报告还提到基层民主协商："把政治协商纳入决策程序，坚持协商于决策之前和决策之中，增强民主协商实效性。深入进行专题协商、对口协商、界别协商、提案办理协商。积极开展基层民主协商。"① 基于此，2013年基层民主建设在协商民主方面又有所推进。

十八届三中全会《关于全面深化改革若干重大问题的决定》指出："开展形式多样的基层民主协商，推进基层协商制度化。"② 与十八大报告相比，此次显然强调了基层协商的"制度化"，立足于长远的深化与发展。关于基层协商，2013年最大的亮点是制度建设，包括中央部委和各省市的努力。如中华全国总工会副主席认为：关于推行工资协商制度，全总已经制定了若干意见，但是我们还是要建议制定具体政策，甚至推行集体协商立法。他还表示，我们进行了规范，但是刚性不足。③ 由此可见，国家对集体协商制度及其立法的重视。

2013年6月28日，江苏省出台了《关于加强企业协商民主制度建设的指导意见》，这是全国首个推进企业协商民主的指导性文件。文件指出，要将协商民主作为企业的重要决策方式，最充分地调动企业所有人员参与民主协商的主体性，并发挥多种协商方式和制度程序的作用，通过体系化、动态化、常态化来达到企业民主协商。

一些基层单位也制定了关于基层协商的规定。如四川彭州市探索和创新基

---

① 胡锦涛：《坚定不移沿着中国特色社会主义道路前进　为全面建成小康社会而奋斗——在中国共产党第十八次全国代表大会上的报告》，人民出版社，2012，第26～27页。
② 《中国共产党第十八届中央委员会第三次全体会议文件汇编》，人民出版社，2013，第49页。
③ 《人保部全总强推工资集体协商　重点督查民企外企》，《中国经营报》2013年3月9日。

层协商民主制度，于2013年3月20日发布《中共彭州市委关于构建社会协商对话制度意见》的征求意见稿，4月12日又正式出台了《中共彭州市委关于构建社会协商对话制度的意见（试行）》。4月17日再发出了《关于构建社会协商对话制度试点工作的实施方案》，构建市、镇、村三级工作平台。与此相关的是，4月28日彭州市通济镇制定了《关于构建社会协商制度的实施方案》、《彭州市通济镇社会协商会议章程（草案）》、《通济镇社会协商会成员学习制度》和《通济镇社会协商会议议题办理制度》等，从而显示了制度的规范化、法制化和具体化。尤值一提的是，彭州出台的一系列民主协商制度具有一定的创新性，这主要包括：高度重视和强调基层民主协商、非常强调顶层设计和低层覆盖、特别偏向制度创新，尤其关注制度的科学化程度。又如2013年，浙江海宁斜桥镇下发了《关于进一步推进基层民主协商工作的意见》和《斜桥镇重大事项民主协商制度》等文件，解决了"协商什么""怎么协商"这两个基本问题；明确政协委员可以对镇级以及村级重大决策、重要干部任免、重大事项安排、大额度资金使用等，以书面、恳谈、专题三种形式协商，协商结果将适时公开，接受各方监督。[1]

与制度建设有关，2013年基层民主协商实践也加大了力度，这具体表现在三个方面。

一是政协组织向基层"下沉"，以群众路线的方式直接与基层对接，从而产生了相当好的效果。上海市黄浦区2013年8月首次开展政协委员基层民主协商的新试点，上海市卢湾区淮海中路街道"政协委员会基层联络室"正式揭牌。联络室主要从经济、法律、教育、卫生和科普五个方面建立服务队，以便更好地为基层人民群众服务。杭州政协探索基层民主协商的新途径：石祥路汽车贸易街区是拱墅区首条国字号"中国特色商业街"，近两年经营状况不佳，于是政协委员出面邀请各方会谈和协商。通过协商，找到了新思路，改变了局面。杭州富阳政协试水，通过"三团"（智囊团、调解团和观察团）组建和"五方"（职能部门、专业人才、社会人士、矛盾双方）协商，达到民主参与和民主协商的效果。[2]

---

[1] 《增强合力 推进工作 海宁政协民主协商会开到村里》，中国网，http://news.china.com.cn。
[2] 《杭州市富阳政协试水基层协商民主》，浙江政协网，http://www.zjzx.gov.cn/Item/30220.aspx。

二是各阶层上下互动，打造基层民主协商的新格局。如杭州的"湖滨晴雨"工作室，建于2009年底，在2013年更加成熟，取得丰硕成果。这个由区党代表、人大代表、政协委员、单位职工、新杭州人、社区居民参与的工作室，确实起到民情、民意、民心、民智"晴雨计"的作用，是基层民主参与和社会管理的典范。2013年，工作室开展"问计于民"活动42次，向有关部门提交专题报告和信息30多篇，其内容涉及校园、交通、房产、食品、医药、养老、物业等关系人民群众切身利益的热点问题。同时，一年来收到人民群众的建议717条，工作室将大部分意见上报，收到良好的效果。① 福州通过四级联动共推工资协商。这四级分别是市、县（区）、乡镇（街道）和企业，在以乡镇为主的前提下，协调上下、左右、前后关系。这样的联动既系统又细致，且责权分明，充分显示了制度化优势。

三是充分调动和提升基层人民群众的积极性和自治能力，使民主协商归于本意。不论是政协委员向基层下沉，还是上下多方的集体联动，都对基层协商民主产生正面效应；不过，如过分强调各级政府和政协等的干预和掌控，忽视基层人民群众的积极性、创造性，尤其是自治精神，那就会走向民主协商的反面。因此，如何在基层民主协商中，保证人民群众的主体性和自治精神至为重要。2013年在此有明显突破，最突出的例子是前文提到的曹家巷自改委的民主协商。另外，江西上饶市创新基层民主协商的思路，将知情权、协商权和监督权交给群众，让基层人民群众自我管理、自我协商，而其他层级只是提供指导和监管。具有武汉经验的餐饮行业工资集体协商也是如此。《武汉市餐饮行业工资专项集体合同》于2011年出台，当年工人工资上浮高达30%，然而2013年合同已到期，怎样修改和调整成为关键。虽有作为第三方的工会的参与和指导，但真正协商达成协议的则是劳资双方。由于当前餐饮行业不景气，"职工方认为，根据现在劳动力市场的供求情况，月工资标准过低，用工方很难招到工人，为保障餐饮行业职工有足够的收入享有体面的生活，最低工资标准增长10%、工资增幅达12%为宜"。"企业方

---

① 《"湖滨晴雨"工作室：让民主进入百姓日常生活的成功典范》，浙江在线新闻网，http://hangzhou.zjol.com.cn/system/2013/09/24/019610858.shtml。

表示，此前，餐饮行业受到成本上升、利润下降的压力和中央'八项规定'的影响，盈利空间大幅下降，实难接受职工方的要求，只能接受最低工资标准增长8%，工资涨幅10%。""结果双方各让一步，以最低工资标准和工资增幅各10%达成协议。"①看似一个简单的各退一步，靠的是人民群众直接作为主人与对方进行的民主协商，反映了基层民主协商中人民群众的主体性与基层民主协商的深度发展。

2013年的基层民主有如下特点：一是承载十八大以来的方针和政策，稳步向前推进；二是突出重点，紧抓基层民主和自治，尤其是关系人民群众切身利益的问题；三是整合资源、联动发展，使存在的不少问题在基层得到解决。换言之，2013年基层民主呈某种整体性、动态性和常态性的发展态势，可谓是中国基层民主政治走向稳定、成熟和深度发展的一个过渡和界碑。

三 局限与突破：未来基层民主政治建设方向与重点

面对横亘于前的困难，我们常说这样一句话：这既是挑战，也是机遇。对于当下的基层民主建设也可作如是观：一面是年度成效，硕果累累；一面又是问题多多，堆积如山。更重要的是，一些重大的现实和理论问题摆在我们面前，需要进行理性和深度思考，给予合情合理的解答，并指出其发展路向。目前，有三个重要问题应引起人们的高度重视。

（一）制度资源的整合与互动是基层民主政治发展的传导器

一般来说，中国的政治发展是整体和连贯的，这也是为什么中央的指导精神都能很快深入社会各处，包括广大的农村。不过，也应该承认，由于各方面的原因，政治传导在中国并不顺畅，更非完全的畅行无阻，而是常受阻碍。制度资源的传导也不例外，有时更为明显和突出，制度资源传导过程中出现分离、隔断、受阻甚至绝缘等现象，这既表现在客观上又表现在主观上。最突出

---

① 《武汉：劳资双方签订新版集体合同 今年餐饮业职工工资涨10%》，《长江日报》2013年4月19日。

的是干群之间，现在已有不少干部不理解人民疾苦，不理解有些方面的敌对和冲突、甚至认为其是不可思议的。所以党和政府2013年全面开展群众路线教育实践活动，以破解干群坚冰和限制权力运行。2013年，甘肃天水有六个村遭遇"土地强整"，在未经村民同意的情况下土地被强整，而地里的麦苗已长到20厘米高、油菜已高达半米，对此，天水市国土资源局麦积分局的领导和工作人员一方面为土地强整行动找理由，另一方面却推说与己和政府无关。①河北曲周县白寨乡滏南庄村的300多亩农田被毁，田里有小麦、蔬菜、瓜果，小麦再有十天就可收获了。推毁农田的铲车是乡政府雇来的。冲突发生后，乡政府推脱责任，县公安局不接受采访。② 显然，这是由互不传导的两个层面所导致的隔膜和绝缘，也表明了在制度理解层面的差异。

不少人对"自治"理解有一定的偏差：既然自治，政府就该少管甚至不管。这种认识使基层与政府的关系松动了，有的地方还走到互不干涉的地步。惠民政策、强调民生以及政府职能转变也是如此：以前的政府干部重担压身，几近直不起腰；然而，服务型政府的提出和取消农业税后，一些地方干部变得无所事事，仿佛成为游离于基层自治的多余人，更不要说那些远离基层民主的政府干部了！因此，基层民主自治发展到一定程度是好事，但如不理解自治精神和政府职责，尤其不从政治制度传导性角度进行思考，很可能导致政府与基层尤其是人民群众之间的疏离、疏远与隔膜。

中国行政区划、地域间隔及层级差异，也会导致政治与制度资源的封闭、隔膜与浪费。以政协组织为例，以往主要在县级以上成立，很少与基层特别是村、厂等相关联，这必然导致政协组织的高高在上，从而失去了活力与创造性。近年来，党和政府、基层社会形成共识，即在更广泛的层面以更多样的方式实行民主协商，并使之制度化和常规化。也是在此意义上，2013年继2012年向前迈出了一大步，即政协下基层，深入基层人民群众。但也应看到，这一努力还刚刚开始，到底如何下沉，下沉过程中怎样与基层对接，如何发挥政协的指导作用而又不破坏基层自治的创造性，都是值得思考的问题。此外，除了

---

① 《谁动了我的庄稼——甘肃天水村民耕地遭"破坏"》，《京华时报》2013年4月6日。
② 《河北曲周回应麦田被毁村民跪哭事件》，新浪网，http://news.sina.com.cn/c/2013-06-15/101827404990.shtml。

政协，是否还可将人大、司法、教育、文化等更多制度资源向基层倾斜，并与基层制度资源进行整合，从而创造有利于基层民主发展的制度资源生态机制？

因此，有必要在以下几个方面对基层制度资源进行整合。

一是进一步扩大和发展基层民主制度资源。除了继续开展政协、人大下基层的活动外，还要让司法、教育和文化下基层，建立与"政协委员会基层联络室"类似的其他方面的基层联络室或联络站。比如，在全国广大的基层尤其是农村基层建立法制咨询站，那么不仅会提高广大人民群众的法制意识，还会为解决上访和群体性事件等问题产生一定的积极作用。又如，若能在广大农村设立文化普及与提高室，那么农民的业余生活会更丰富、心理会更健康、素质会更高、自治精神会更成熟。总之，农村基层不仅要享受改革开放带来的物质成果，更要享受数十年来的政治、制度成果，从长远来看，后者往往比前者显得更为重要。因为国家民主政治、文化思想等方面的制度资源在农村相对缺乏，农村具有更大的发展空间。

二是必须保证基层制度资源传导的制度化和常态化。将国家和政府的制度资源向广大基层尤其是农村倾斜，并不是想做就做、不想做就算了，而是要有长期性的制度安排和规范化要求。比如，政协、人大、司法、文化等下基层，除了常态化外，要建章立制，要强化管理和监督机制，从而使其运行规范、科学、合理，这样才能是有效的和可持续的，否则不仅不会增益，反而会增加基层社会的负担甚至会破坏基层民主政治的发展。

三是本着实事求是、以"我"为主，但又能兼容并蓄的精神，合理分配基层民主的制度资源。一方面，处理好基层民主制度资源与地方、国家民主制度资源的关系。另一面，所有基层民主制度资源都要围绕基层"自治"的原则展开，这样才能避免混乱、无所适从、喧宾夺主等复杂和异化状况。因为无论如何整合，也无论如何使之互动，作为汇聚于基层的制度资源，都应紧紧围绕民主的、自治的、创新的原则展开。这就牵扯了一个重要问题：是基层民主政治整合各种制度资源，而不是基层民主政治被各种制度资源整合。事实上，许多政协下基层后极容易成为操控基层的杠杆与砝码，从而削弱甚至消解基层民主与自治的主动性和能力。

四是注意各地基层社会的差异性，避免一刀切和形式主义的制度资源整合。中国基层尤其是广大的农村，可谓复杂多样，如果以一种统一甚至僵化的理论和方法进行制度资源配给，极容易导致不良后果甚至出现荒唐的事情。因此，在整合制度资源时，既要有顶层设计和普遍性推行，更要有特色、有个性意识，使制度资源的整合富于变化和创造性，以适合各地实际情况。比如，有的村子比较边远、规模小、村村走动不易，那么可以在乡镇设立政协委员基层联络室等，这样既可节省资源与提高效率，又可为村干部和群众培训提供便利。

只有科学地整合制度资源，基层的民主建设才能从物质层面进入思想、政治、法制、文化和精神层面，才能真正获得正能量和传导效能，实现质的根本性跨越。在这方面，基层民主政治发展空间无比广阔，潜力巨大。

（二）制度现代化与人的现代化是基层民主政治发展的双轨

归结起来，中国传统社会是一个人治社会，而中国的现代化尤其是当代社会发展则是由人治向法治转变的一个过程。其中，法制化与制度化建设是现代化的首要因素，被放在重中之重的位置，尤其是改革开放以来更是如此！可以说，制度的现代化建设是我们党和国家民主政治发展的一个突出标志和鲜明特征。但也应看到，长期以来重制度而轻人的发展，却是现代化建设的缺陷，这个问题在基层民主建设中也明显存在。

村干部腐败问题突显了基层民主政治建设中人的现代化的重要性。村干部"小官大贪"现象触目惊心，涉案金额巨大，一把手犯罪多，潜伏时间长，涉案领域集中，且多有窝案和串案情况。广州白云区近四年来有百名村干部落马。白云区人和镇29名村干部，违法违纪涉案金额高达1600万元。广州纪委的领导表示：农村基层干部违纪违法问题，占广州市党员干部违法违纪的比例高达四分之一。[1] 据统计，2013年，广东省有299名村干部被查办，同比上升23.5%。[2] 形势不可谓不严峻，人的异化不可谓不严重！难道我们的制度制定得较前少了？本该代表人民利益的村干部何以腐败到如此疯狂程度？制度是人

---

[1] 《广州纪委报告："小官大贪"现象严重》,《第一财经报》2014年1月16日。
[2] 大洋网，http://news.dayoo.com/guangzhou/201401/17/73437_34579532.htm。

定的，它也必须靠人来实施，如果人的思维不是现代的，那就很难保证现代化制度的实施。

更可怕的是人性的异化与公民性的匮乏。2013年3～4月，全国有三名维权农民被车碾压致死，他们是河南中牟县的宋义和、湖北巴东的张如琼、四川西昌的宋武华。对此，肇事者及有关方面表现冷漠。有评论员曾这样说："中牟事件中，有个令人印象深刻的细节：开发商弘亿公司碾死人，但总经理在接受采访时还笑着强调，这是一个施工事故，死者饮酒过多。白岩松说，'这一笑让我浑身发冷'。肇事企业的高层笑谈农民被碾死，这刺痛了公众的心，同时也暴露出更多疑点：企业是不是与地方政府已经达成了某种默契？在没有达成协议的情况下，就敢让推土机开进人家的承包地，是不是表明即便出现性命争斗，也可以最终'达成谅解'？企业面对人命惨祸还能气定神闲，只能让人联想到，这背后有着行政权力的身影。"[1] 2014年1月4日，甘肃柳沟河高速出口匝道处，一辆满载橘子的货车侧翻，橘子遭附近村民哄抢。警察难以阻止，无奈鸣枪示警，然而仍有人继续哄抢。[2] 2014年1月8日，福州有一女工在楼上为餐馆擦窗，不小心将藏在钱兜的六千元撒落，结果路过的村民纷纷捡钱，最后女工只拿回300元。长时间没人送钱回来，好在由报社发起为女工捐款活动，很快女工收到两万元。[3] 鲁迅当年曾强烈抨击国民的劣根性，而到了21世纪的今天，仍有这样的国民、这样的国民素质，这与制度的建设相比，可谓形成了鲜明对照与反差，这是一个不能不令人反思的重大问题。

有人曾表示："人的现代化是国家现代化必不可少的因素。它并不是现代化过程结束后的副产品，而是现代化制度与经济赖以长期发展并取得成功的先决条件。""那些先进的现代制度要获得成功，取得预期的效果，必须依赖运用它们的人的现代人格、现代品质。"[4] 从这个意义上说，人的现代化建设不

---

[1] 《近期3名维权农民被碾死 均被迅速定性为事故》，《燕赵都市报》2013年4月13日。
[2] 《村民蜂拥而上抢橘子 民警无奈只能鸣枪制止》，《西部商报》2014年1月16日。
[3] 《女工钱飘落被抢光续：丢六千收两万多捐款》，光明网，http://legal.gmw.cn/2014-01/10/content_10075867.htm。
[4] 〔美〕阿历克斯·英格尔斯：《人的现代化》，殷陆君译，四川人民出版社，1985，第8、5页。

仅任重道远,且相当急迫。这里所说的"人",不只是包括农民在内的广大人民群众,也包括党和政府的领导干部以及广大的知识分子。

李克强总理在2013年3月17日十二届全国人大一次会议闭幕后会见中外记者并回答记者提问,他强调:新型城镇化是以人为核心的城镇化,必须和农业现代化相辅相成。①不过,具体怎样落实到"人",尤其是人的现代化,这就需要深入思考了。就目前情况看,基层民主建设至少有以下三个方面不可忽略。

一是应以中国精英阶层的现代化成长带动整个社会进步。应该承认,改革开放以来,中国精英阶层整体上得到了极大提升,在能力、眼界和国际化程度上都可作如是观。不过,在道德自律、公德心和精神境界上却有所下降,这在某些腐败官员身上表现得尤其明显。被抓贪官贪污数额巨大,人格低劣,一个很重要的原因是他们信仰丧失,金钱至上、自私自利。试想,产生了大量贪官的中国精英阶层,何以令人信服其有能力引领建立一个现代化国家?也是在此意义上,2013年一年即惩处了十多名省部级贪官,并在全国范围开展群众路线实践活动。倘若说,中国的精英阶层不能现代化,而是腐化成灾,那么国家的一切都无从谈起,更谈不上基层广大人民群众的现代化了。

二是将人民群众培育成现代公民。总体而言,中国公民素质并不令人满意,所以改革开放以来所进行的村(居)民自治活动就有了非同寻常的意义。然则,多年的社会实践却有一个倾向,那就是对经济发展较为重视,在民主选举和民主监督上也做了大量工作,但对公民性的整体培育却明显不足。近年来不少村(居)民所表现出的非公民性越来越明显,这在群体性事件中的表现尤其突出。因此,未来基层民主建设的重点应是全力培育村(居)民的公民性,包括良知、独立、志愿、慈善、互助、合作、责任等内容。如有学者所言:"'公民性'所体现出来的'良好风尚'具体包括七项内容:礼貌成为普遍的社会行为;避免和排斥强制性暴力;对他人的容忍和宽容的心态;对陌生

---

① 李克强:《新型城镇化的核心是人 必须保护农民利益》,新华网,http://news.xinhuanet.com/ 2013 1h/2013-03/17/c_115053973.htm。

人所持有的同情心；独立自治的自愿精神；平等地尊重共同体中任何成员；对超出熟人世界以外之共同体抽象符号的认同。"① 显然，培养村（居）民的良知、公德与公心，是相当重要的。当然，要达到这一点，既需要国家有计划的指导、培训和培育，更需要在自治活动中进行自我培育，这是一个系统工程，需要做的工作还有很多很多。

三是建立更为科学的制度，为基层民主培育可靠保障。虽然说制度是工具，而主体是制定和使用制度的人、人的民主培育往往更为重要，但也必须注意，这又不是绝对的，因为人本身是有局限性和惰性的，其成长又离不开制度的制约和保障，这也是克服人治局限的一个前提。所以，强调"制度大于天"也自有其理。当然，更重要的是将制度与人辩证和创造性地结合起来，更好地培育基层民众的公民精神和现代性。这是今后值得研究的重大课题。

（三）民主自治的深度推进是未来基层民主政治发展的关键

基层民主建设的核心与灵魂应是自治精神，因为只有确立和深化自治精神，基层民主建设才能立于不败之地，获得其坚实有力、健康长久的基座和增长点，形成一个自觉、自为、自愿的局面。在某种程度上，衡量基层民主建设最有力的标准不是经济发展，也非各种组织建设的数量，而是广大人民群众的自治能力和水平。因之，自治精神是基层民主建设最为重要的方向和发力点。

1. 重视重点领域和重大问题的民主治理

近些年，基层民主建设开始在四个民主中的后三个民主发力，如村（居）务公开和民主管理。这是对的，也是必要和急迫的，因为与民主选举相比，村（居）务公开与民主监督在民主建设中更具内在性，也是颇有难度的。基于此，基层民主建设获得了长足发展和有力推进。但若以更高的标准来衡量，基层民主建设的深度推进较为缓慢，一个很重要的原因在于形式往往大于内容，内在化易被外在化遮蔽，自治精神并不能代替权力滥用。以村务和党务公开为例，有的地方虽也实行公开，但往往不重视重要领域和重大问题，尤其是人民群众普遍关心的、与切身利益相关的重大事项很难公开。即便是公开了重点领

---

① 高丙中、袁瑞军主编《中国公民社会发展蓝皮书：2008》，北京大学出版社，2008，第3~4页。

域和重大问题,也往往避重就轻、蜻蜓点水,甚至用瞒天过海的方式试图蒙混过关。与此相关的是民主协商,如将协商限于那些可有可无的小事,且过于讲究程序和技巧,远离甚至无视广大人民群众关心的重要和重大问题,那就不可能真正解决问题,也难以体现民心民意,更不能提升人民群众的自治能力和水平。中国每年发生群体性事件9万起,其中约有三分之二是由土地纠纷引发的。① 另据全国总工会统计,2013年1~8月,全国共发生120多起围绕工资纠纷、规模在百人以上的集体停工事件。发生在19个省、规模在30人以上有270多起。② 以昆明为例,2010年以来,由征地拆迁引发的矛盾在全市几乎每月均排在首位。③ 如政务公开、村务公开和工资集体协商能充分发挥作用,群体性事件的发生率一定会大幅下降。看来,问题的关键不仅是公开,还要注意公开什么,怎么公开,为谁公开,公开的目的是什么。如只是将公开作为一个形式,尤其是过关手段,而不是为了广大人民群众的利益,这种公开就会变形、变样,甚至异化。其最大的危害不只是引发群众不满、发生群体性事件,还会从根本上挫伤人民群众的自治热情及其自治信仰。所以,基层民主建设必须走出形式主义误区,直接从人民群众关切的征地拆迁、环境保护、补贴余留、集体经济、村干部待遇和消费等方面公开。换言之,将人民群众关注的重要领域和重大问题作为公开对象,应是今后基层民主建设的方向和重点。

2. 加大对基层干部违纪违法行为的监管与惩治力度

基层干部尤其是村干部之所以成为腐败的重灾区,一个很重要的原因是监督不力、惩处较轻,缺乏足够的管控力度与威慑力。一是村干部不太看重违纪处置,因为他们往往没有国家干部和职工的单位制度约束。这就要求今后在惩处村腐败干部时,减少违纪处理,增加经济处罚,加大违法处置,真正触到村干部的痛处与神经。贪官的目的是捞钱,而一旦发现则让其血本无归,并付出惨重的代价,这样才能起到警示作用。二是加大打击力度,在基层反腐中更要

---

① 《中国反腐开始针对更高级别官员》,《环球时报》2013年12月27日。
② 《2013年蓝皮书:群体性事件大约每年十万余起》,人民网,http://society.people.com.cn/n/2012/1218/c1008-19933666.html。
③ 《昆明群体性事件 四成以上因为拆迁》,云南网,http://yn.yunnan.cn/html/2012-11/27/content_2508514.htm。

强调"老虎""苍蝇"一起打。长期以来，反腐惩治力度总体是加大了，但仍有不足，具体表现为主要对那些重大案件给予惩处，而对许多违法现象或从轻处理或睁一只眼、闭一只眼，这就导致了广大基层尤其是农村干部腐败的有恃无恐。而对于村干部的吃喝玩乐、受贿索贿等不正之风更是少有人管，甚至是毫无办法，因为我们的制度设计和安排中还缺乏具体的制约机制和管理办法。在2013年推出的《村民委员会选举规程》中对此作了明确规定，这有利于加强管理和惩治。只有对基层腐败加大惩治力度，基层治理才能有一个良好的环境。三是充分发挥人民群众的监督作用，真正使基层民主建立在人民当家做主的基础上。就目前情况看，人民群众在基层民主监督中确实发挥了重要作用，但条文流于形式，村（居）民无法监督干部尤其是一把手的权力。这就要求国家和政府加大监管力度，真正让人民群众成为监督基层干部的利器。在这方面，还不只是一个建章立制的问题，更重要的是人民群众自治精神的培育问题。

3. 最大限度培育基层民主建设主体的自治精神

以往，我们谈到基层政府尤其是基层干部的腐败，往往都将批判矛头指向后者，某种程度上说这是对的，因为政府与干部是领导者、是强者，许多事情的主导、走向与处理都取决于他们。然而，也应该看到，事情往往不是单面的，更不是一方能自动形成的，就像一枚硬币的两个面。如在村干部腐败中，其责任当然应由村干部承担，然而，广大人民群众恐怕也有一定的责任。否则就不能理解，何以会有那么多村干部疯狂腐败，何以许多村干部在选举中只用几条烟和一顿饭就可从村民手中买到选票。倘若村民不是自私自利，而是有公德与公心，许多问题都可以避免。某种程度上说，正是失去了广大人民群众的自治精神和有效监督，村干部才能腐败得肆无忌惮、为所欲为！在群体性事件中，村民的弱点更是暴露无遗。从根本上说，许多群体性事件尤其是不断升级的恶性群体性事件，主因与基层政府和干部的不公开、不作为甚至腐败直接相关；但是，人民群众缺乏法律意识、公心与自治精神也起到推波助澜的作用。试想，心中若无集体、国家，没有公心，那么在牵扯公私矛盾时，一些村居民当然只会注重个人利益，甚至不惜采取无理取闹、撒泼耍横的方式处理和解决问题；当不能随心所愿时，许多村（居）民也容易不顾后果、采取情绪化和过激行为，置国家利益甚至自己的生命于不顾；在产生矛盾冲突时，一些村（居）民不是以法律保护自己，更不会用协商等科学和智慧的方式处理纠纷，而是采取打砸抢等方式泄愤，表面看是解气了，但真正受损的是国家和他自己，因为打砸抢等行为是要付出代价的。因此，基层人民群众如何学会民主自治，用现代的法律与交流方式保护自己的正当权益，是未来基层民主建设中一个值得深思的问题。还有，现在的许多诸如志愿者等自治主体有过强的功利性，这就不容易提升和培育其自治能力与自治精神。与以良知、公德、公心和自愿为内涵的自治精神不同，目前不少基层自治组织更重经济利益，许多志愿者也将积攒晋升经历作为目的，这就必然影响基层民主政治发展的深度。看来，如何使基层自治主体突破过于功利化的拘囿，成为具有现代意识的公民，这是一个更为重要的课题。

B.8
2013年的公民权利保障

李 梅*

摘　要：

　　本文概括分析了中国政府有关中国人权事业发展的相关政府规划和人权事业发展报告，将十八届三中全会明确提出的完善人权司法保障制度看成是当下公民权利保障的重中之重，认为这是2013年中国公民权利保障领域的最重要进展。本文还论述了网络时代的公民权利，主要是公民表达权的保障问题。

关键词：

　　公民权利　司法人权保障　言论自由

　　公民权利的保障，涉及立法、行政和司法各个环节。随着2010年中国社会主义法律体系的建成，公民权利的保障大部分有了法律依据，依法行政、建立公正有效的司法体系在保障公民权利中的作用日益凸显。没有这些制度保障，公民权利就不能真正落到实处。2013年，中共十八届三中全会做出的关于全面深化改革若干重大问题的决定，把促进社会公平正义、增进人民福祉作为全面深化改革的出发点和落脚点，以完善人权司法保障制度作为当下公民权利保障的重心，对完善人权司法保障做了重要论述和重大部署，这可以看成是2013年中国在公民权利保障领域的重大进展。

　　2013年9月，公安部陆续公布了一批以网络谣言为主要手段的网络犯罪活动情况，随后最高人民法院、最高人民检察院公布《关于办理利用信息网络实施诽谤等刑事案件适用法律若干问题的解释》，使网络时代打击网络犯罪

---

* 李梅，中国社会科学院政治学研究所副研究员。

的同时保障公民在网络上的表达权、监督权,维护网络世界的信息自由再次成为人们普遍关注的一个问题。

一 中国公民权利保障的政府规划

如同中国的经济改革主要源自政府的推动一样,政府公共政策在中国公民权利保障方面发挥着积极的作用。

自20世纪90年代初中国政府发布第一部中国人权白皮书,开始接受国际社会通行的人权概念开始,清晰地树立人权的发展目标、明确实现人权的途径、制定详细的人权发展规划,一直是由政府来推动的。

2009年4月13日,经国务院授权,国务院新闻办公室发布《国家人权行动计划(2009~2010年)》。这是中国第一次制定以人权为主题的国家规划,堪称中国人权事业发展的一个里程碑。2012年6月11日中国又发布第二个国家人权行动计划,即《国家人权行动计划(2012~2015年)》。这个人权行动计划全面、具体地规定了中国阶段性的人权事业发展举措和目标,是专门从人权角度做出的全国性的政府工作规划,是有关人权保障的阶段性工作计划和政策性文件。虽然行动计划本身并不具有法律约束力,但是,它们规定了落实尊重和保障人权的宪法原则以及相关法律法规的政策性措施,是结合政府职责和任务制定的国家规划,可以看成是宪法和法律在政府工作中的具体化。

《国家人权行动计划(2012~2015年)》在导言中载明,制定和实施行动计划第一个原则就是"依法推进原则"。计划强调:"根据宪法关于'国家尊重和保障人权'的原则,遵循《世界人权宣言》和有关国际人权公约的基本精神,从立法、行政和司法各个环节完善尊重和保障人权的法律法规和实施机制,依法推进中国人权事业发展。"实施人权计划的第二个原则是"全面推进原则",即将各项人权作为相互依存、不可分割的有机整体,促进经济、社会、文化权利与公民权利、政治权利的协调发展,促进个人人权与集体人权的协调发展。实施人权计划的第三个原则是"务实推进原则",既尊重人权的普遍性原则,又坚持从中国的基本国情和新的实际出发,切实推进人权事业发展。

回顾改革开放以来中国公民权利发展的历程，可以看到，中国坚持渐进式发展方式，根据中国经济社会发展状况，循序渐进地推动公民权利保障，推进人权事业的发展。公民经济、社会、文化权利的保障同经济发展水平密切相关，没有一个国家能够超越本国经济发展水平实现经济社会文化权利。中国公民的经济、社会和文化权利主要是通过改革开放以来的经济、社会、文化的发展得以提升的。中国一向将发展看成解决中国所有问题的关键，将人的生存权、发展权视为人权的基础。多年来，中国坚持以经济建设为中心，通过发展经济来扩大城乡就业，增加居民收入和家庭财产收入，改善人民衣食住行用等条件，使公民经济权利得到更加切实的保障。在经济发展的基础上，中国不断加强社会建设，以保障和改善民生为重点，进一步健全基本公共服务体系，通过社会保障体系、教育和公共卫生服务体系，维护公民的社会保障权利、健康权利以及受教育权利，维护妇女儿童、残疾人等特殊人群的权益，通过公共文化服务体系建设，保障公民的文化权益。近年来，随着发展与环境矛盾的日益突出，保障公民拥有良好生态环境的权利也被提到越来越重要的地位。

中国也以渐进的方式发展公民权利和政治权利。市场经济的发展，要求以劳动者为主体的人员自由流动，要求自由交流思想和信息，要求有更大的个人自由空间，也要求更多政治参与。适应中国经济社会发展的要求，中国政府逐步取消了对人员流动的各种限制，推动更多的言论自由和信息流通自由，扩大个人自由空间，发展社会主义民主政治，开放公民有序政治参与的渠道，促进了公民权利与政治权利的发展。中国社会的自由空间是逐渐扩大的，由个别的、零碎的自由扩大逐渐积累成整个社会的自由开放。个人自由的增加也是由年复一年的微小进展累积而成的。

扩大个人和社会的自由，意味着放松原有的社会控制。如果相应的政治法律结构没有建立起来，放松社会控制就可能引起社会不稳定。因为自由权是一种可以用来争取更多权利和利益的手段。各个社会群体可能利用扩大的自由权（如言论自由、结社自由、集会自由等）进行权利和利益的竞争，如果这种竞争超越现行制度和法律的范围，就可能威胁社会稳定。历史经验表明，一个社会在扩大自由的过程中，很容易出现不稳定。社会和个人自由的扩大，要与公众普遍要求的变化同步进行，也要与政治结构和法律体系的变化同步进行。在没有适当政治法律准备的情况下，过快地放松原有的社会控制，肯定会引起社会动荡。在扩大社会和个人自由的进程中保持社会稳定，对任何国家来说都是一个严峻的挑战。

改革开放以来，中国政府实际上一直采取了扩大社会和个人自由的政策。在不断完善社会管理、扩大社会的自由空间和个人的自由权利的同时，保持正常的社会秩序，维护了社会稳定，整个社会一直在平稳有序的状态下运行。随着中国公民的人身自由、择业自由、婚姻自由、信仰自由、表达自由等全面扩展，中国社会变得更有活力。在公民政治参与方面，中国以渐进的方式扩大民主，逐渐让更多的民众参与政治进程。中国的民主政治发展从基层民主向上发展，给公众更多的参与权利。

在新一期的国家人权行动计划中，对于传统的公民权利与政治权利的保护，如公民的"人身权利""被羁押人的权利""获得公正审判的权利"等，在很大程度上重申了2013年生效的刑事诉讼法的相关规定，如在人身权利一节，突出强调了要认真实施刑诉法，调整和细化逮捕、取保候审、监视居住等强制措施；在获得公正审判的权利中，强调完善辩护制度，建立对以刑讯逼供等非法方法收集证据的排除制度等。更加引人注目的是，新一期的人权行动计划强调对"知情权""参与权""表达权""监督权"等新兴公民权利的保护。传统的公民权利与政治权利多是"消极权利"，而知情权、参与权、表达权、监督权则是积极的公民权利，它们直接与民主政治的建设有关。如果说"获得公正审判的权利"是一种保护性的公民权利，是有效行使其他公民权利的保障性权利的话，"知情权"则构成了行使其他诸如参与、表达、监督等积极公民权利的前提。2008年5月1日起实施的《政府信息公开条例》已经为个人和组织依法获取政府信息提供了申请行政复议和提起行政诉讼的法定救济途径，可以看成是保障公民知情权的法律基础。

2013年5月14日国务院新闻办发布中国第十部人权白皮书，即《2012年中国人权事业的进展》。它不仅总结和展示了中国人权事业取得的成就，更宣示了中国政府新的关于发展人权事业的立场和态度。与以往按照权利

分类进行篇章布局不同，该白皮书依据科学发展观的要求，即发展由经济建设、政治建设、文化建设、社会建设和生态文明建设"五位一体"组成，将人权事业纳入发展的各个方面，对中国人权事业发展进行了总结概括。其前面五章的标题分别是：经济建设中的人权保障；政治建设中的人权保障；文化建设中的人权保障；社会建设中的人权保障；生态文明建设中的人权保障。其中，公民的宗教信仰自由被安排在"文化建设中的人权保障"部分，公民的社会保障权利、受教育权利和健康权利，以及妇女、未成年人、残疾人和低收入人群所获得的特殊保障则是"社会建设中的人权保障"的主要内容。"政治建设中的人权保障"部分涉及的大多是传统的公民权利与政治权利，这些权利的保障与建设社会主义民主和社会主义法治国家联系在一起。

二 从权利的立法保障到权利的司法保障

（一）公民权利保障的法律基础

建设法治中国，完善司法人权保障制度，是在社会主义法律体系基本建成情况下的保障公民权利必由之路，它使公民权利保障能够落到实处，更具有可操作性，也与世界各国的通行做法保持一致。2011年3月，时任全国人大常委会委员长吴邦国在十一届人大四次会议上宣布，到2010年底，以宪法为统帅，以宪法相关法、民法商法等多个法律部门的法律为主干，由法律、行政法规、地方性法规等多个层次的法律规范构成的中国特色社会主义法律体系已经形成，国家经济建设、政治建设、文化建设、社会建设以及生态文明建设的各个方面实现有法可依。2013年发布的《2012年中国人权事业的进展》对此进行了总结性陈述，该报告指出，截至2012年底，中国已制定现行宪法和有效法律243部、行政法规721部、地方性法规9200部。可以说，当前涵盖社会关系各个方面的法律部门已经齐全，各法律部门中基本的、主要的法律已经制定，相应的行政法规和地方性法规比较完备，法律体系内部总体做到科学和谐统一。中国特色社会主义法律体系是保障中国人公民权利与政治权利的法律基础，它的建成，意味着中国公民权利保障的法律基础已经形成，公民的人身权利、政治权利、财产权利以及各项经济、社会与文化权利基本上做到了有法可依。

在社会主义法律体系中，宪法具有基础性地位，有关公民基本权利和自由的规定是宪法的核心内容之一，这些规定同时也构成其他法律规定的基础。1982年宪法有关公民权利的规定比较充实，权利的种类齐全。2004年的宪法修正案进一步完善了宪法有关权利保障的规定，增加了"国家尊重和保障人权"的原则，使人权由一个政治概念上升为国家的宪法原则。除了宪法以外，中国制定的很多法律都与公民的基本权利和自由有关，宪法中有关公民基本权利的内容要靠其他的具体法律加以落实。如选举法、集会游行示威法等与公民的直接政治权利有关；刑法、刑事诉讼法、律师法、民法通则、物权法等则与宪法规定的公民基本的人身、财产等权利有关；行政诉讼法、行政复议法、行政处罚法则关系到政府的依法行政，也起到保护公民基本权利的作用；国家赔偿法关系到公民权利遭到损害之后的补救；而劳动法、社会保障法、教育法、知识产权法等关系到公民的经济、社会和文化权利。除此之外，针对特定人权利的法律包括残疾人、妇女、老年人、未成年人保护法等。

2007年以来，中国颁布的对公民权利影响较大的法律包括：2007年颁布的物权法，强化了对公民财产权利的法律保护；同年颁布的劳动合同法、就业促进法、劳动争议仲裁法等法律，加大了对劳工权利的保护；2008年，中国批准了联合国残疾人权利公约，修订了残疾人保障法；2010年，修改选举法，实现了农村居民与城市居民的平等代表权；同年新修订的国家赔偿法完善了国家赔偿程序，建立了精神赔偿制度，提高了赔偿标准；2011年，全国人大通过刑法修正案（八），对涉及死刑的相关法律规定做出重大修改，取消了13个经济性非暴力犯罪的死刑，这相当于削减了接近五分之一的死刑罪名，同时，对于审判时已年满75周岁的人，该修正案也对其适用死刑做了限制性规定；2013年生效的新修改的刑事诉讼法明确写入"尊重和保障人权"内容并对具体制度做了相应完善；同年修改的民事诉讼法也进一步保障了当事人的诉讼权利；2013年，经过修订的《老年人权益保障法》《消费者权益保护法》

颁布实施。这一系列立法修法活动，代表了国家以法治建设保障公民权利的努力。

（二）司法在保障公民权利方面的重要作用

随着立法的完善和公民权利意识的觉醒，中国公民对政府依法行政的要求越来越高。从一定意义上也可以说，中国公民权利得到保障的程度，取决于政府依法行政的程度。在现实生活中，公权力侵犯私权利的情况时有发生。当公民拿起法律武器，特别是宪法保护自己的权利而徒劳无功时，他们对宪法的期望会变成失望，宪法的根本法地位无法在公民心目中真正确立起来，这导致了公民权利意识与公民权利宪法法律保障之间的脱节，不利于法律权威的建立，不利于法治国家的建设。宪法规定需要通过完备的、符合宪法规定的法律来实现实质上的司法化，宪法精神需要通过具体法律规定、通过个案进入社会生活，进入公民意识，以促进国家和社会的渐进式改革。

2012年12月4日，习近平在纪念现行宪法公布实施30周年大会上发表重要讲话，把推进宪法的"全面有效实施"提升到一个新的高度。他指出，"宪法的生命在于实施，宪法的权威也在于实施"。宪法的实施离不开制定符合宪法规定的各项法律，更离不开实际的执法和司法过程。为了让宪法成为一部可运用的、有效力的法律，有必要按照是否符合宪法规定和宪法精神进一步审查、清理各门各类的法律、法规、制度。当前"保证宪法实施的监督机制和具体制度还不健全"，其中执法司法环节存在的问题非常突出。完善公民权利的司法保障制度可以说是"全面有效实施"宪法的题中应有之义。

与西方国家有违宪审查不同，中国目前还没有司法途径能够提供对不当立法和政府不当抽象行政行为的救济。法律的修改只能通过立法机关，行政法规则主要靠行政机关自己去纠正，有时候通过公共政策加以适当的矫正。如果某一部法律有违宪法精神，通常需要立法机关、行政机关在社会舆论的压力和形势的变化面前自我纠错。例如，2003年孙志刚事件导致国务院于2003年6月18日自行撤销了1982年制定的《收容遣送条例》，代之以《城市生活无着的流浪乞讨人员救助管理办法》。包括选举法、国家赔偿法等法律修改的情形则反映了人大常委会的自我纠错职能①。2013年12月28日，十二届全国人大常委会第六次会议通过废止劳教制度的决定，根据决定，劳教制度废止前，依法做出的劳教决定有效；在劳教制度废止后，对正在被依法执行劳教的人员，解除劳动教养，剩余期限不再执行。该决定自28日公布之日起施行。这可以说是人大常委会自我纠错的最新案例。②

在现实生活中，法律规定的不健全常常是引发矛盾冲突的重要原因。近年来社会关注的涉及公民权利的热点问题，如劳教问题、城市化进程中的房屋拆迁问题、城管执法问题无不与法律规定的不健全有关。2001年6月13日，国务院公布《城市房屋拆迁管理条例》，由于这个条例对公民个人财产权保障程度不够，赋予行政机关过大的权力，引发了拆迁过程中诸多的矛盾冲突，已经不能适应中国城市化的发展和对公民私人财产权保护的需要。2011年1月21日，国务院颁布施行《国有土地上房屋征收与补偿条例》，取消了行政强拆，这大大促进了城市居民私人财产权的保护。该条例规定，只有为了公共利益的需要才能进行房屋征收，并在立法中第一次明确规定了公共利益的范围；条例还规定了公平补偿的原则，明确了征收与补偿应遵循的程序，提升了在这一过程中的公众参与度；条例规定行政机关必须依照法定程序申请法院来强制执

---

① 1994年5月12日八届全国人大常委会第七次会议通过的《国家赔偿法》第二条规定，"国家机关和国家机关工作人员违法行使职权侵犯公民、法人和其他组织的合法权益造成损害的，受害人有依照本法取得国家赔偿的权利"。《宪法》第41条第三款规定："由于国家机关和国家工作人员侵犯公民权利而受到损失的，有依照法律规定取得赔偿的权利。"可见，1994年《国家赔偿法》的规定与宪法规定相抵触，因为它加上了"违法行使职权"的要求，而宪法并不要求有违法情形。2010年4月29日十一届全国人大常委会第十四次会议修正的《国家赔偿法》则修改了这一条，与宪法的规定保持一致，该法第二条修正为："国家机关和国家机关工作人员行使职权，有本法规定的侵犯公民、法人和其他组织合法权益的情形，造成损害的，受害人有依本法取得国家赔偿的权利。"

　　2004年修改的《选举法》在人大代表名额的分配问题上，规定农村每一代表所代表的人口数4倍于城市每一代表所代表的人口数，按此原则进行分配，明显有违《宪法》第33条第二款"中华人民共和国公民在法律面前一律平等"的规定，也违背了第34条有关年满18周岁公民不论"民族、种族、性别、职业、家庭出身、宗教信仰、教育程度、财产状况、居住期限"都平等享有选举权和被选举权的规定，2010年修改的《选举法》已对此种情形进行了修正，实现了每一代表所代表的城乡人口数相同的原则。

② 有关劳教制度的弊端，参见房宁、杨海蛟主编《中国政治发展报告（2013）》，社会科学文献出版社，2013，第234～238页。

行,在这一过程中,法院会对行政机关的申请予以审查,如果存在明显违法情形,法院会裁定不予执行。这一规定建立了司法对行政的一定程度的审查和制约权力,为缓解城市用地中的纠纷提供了法律基础。

用司法权来监督、制约行政权的行使,为公民提供权利救济途径,是现代法治国家的通常做法。尽管中国公民目前还没有司法途径对政府抽象的行政行为提起诉讼,但公民通过行政诉讼法和行政复议法,可以对政府具体的行政行为提起诉讼,维护自身的权利。

在现代法治国家,非经法院审判,公民的权利不被剥夺。在这个意义上,司法通常被看成是公民权利保障的最后防线,可以说,人们的法定权利能否以及在多大程度上转化为实实在在的权利,关键在于司法。现代社会,诉讼制度就好比一条通道,人们的各种要求、各种冲突都可以进入这条通道接受司法权的裁决,获得法律已经许诺给他们的合法利益和各项权利。法院对各种各样的个人要求进行鉴别,保护公民应该享有的合法权利和个人利益。一旦权利受到侵害,能够迅速得到公正司法的救济,是人权保障的最重要方式。

(三)完善司法人权保障制度

司法对权利侵害的事后救济主要通过公正审判来实现。公正审判,既要求适用合适的法律加以裁决,也意味着要遵循公正的审判程序。为了保障司法能够公正审判,需要完善相关法律规定,使司法权的行使有法可依,需要有合理的程序规范司法权运作过程,保证诉讼当事人的利益,让每一个人都有公平的机会在一个独立从事审判活动的法庭面前陈述自己的主张,法庭只能根据证据加以裁决。在对人权影响较大的刑事案件的审理中,要规范公检法三者的关系,做到公权力不越界,司法机关依法独立行使司法权,在司法审理过程中落实无罪推定原则、疑罪从无原则,做到宁可放过一个坏人、也不要冤枉一个好人,真正做到严禁刑讯逼供、体罚虐待,严格执行非法证据排除规则,建立错案的纠正和追究制度。近年来,最高人民法院在公开审判、回避制度、案件审理期限、司法救助、精神损害赔偿、国家赔偿等方面,都依法制定了相关的司法文件,详细规定了人民法院必须遵从的审判规则,完善国家赔偿制度,逐步建立被害人救助制度,切实把促进和保障人权的各项措施落到实处。除了在刑事案件中采取措施遏制刑讯逼供、排除非法证据、保障当事人的诉讼权利,在有关行政诉讼案件的审理中,也注重保护行政相对人的合法利益,用司法来监督促进行政机关依法行政,积极引导公民合理表达诉求。

2013年正式实施的新的《刑事诉讼法》有效约束、规范了国家的刑事司法权力运行,强化了对诉讼参与人特别是犯罪嫌疑人、被告人权利的保障,强调尊重被告人的诉讼主体地位,维护被告人的辩护权等诉讼权利,保障无罪的人不受刑事追究,在证据制度、辩护制度、强制措施、侦查措施、审查起诉、审判程序、执行程序等方面贯彻了尊重和保障人权的精神,可以说构成司法人权保障制度的重要基础。①

为了有效实施修改后的刑事诉讼法,在该法于2013年1月1日正式生效前,最高人民法院、最高人民检察院、公安部等相继发布一系列文件,不断强化对诉讼活动的法律监督。这些文件包括公安部修改后重新发布的《公安机关办理刑事案件程序规定》,最高检修改后公布的《人民检察院刑事诉讼规则(试行)》,最高法、最高检等六部门联合发布的《关于实施刑事诉讼法若干问题的规定》,以及最高法制定的《关于适用〈中华人民共和国刑事诉讼法〉的解释》等。这些规定,体现了司法权力运行过程中,公检法机关各自承担的相关职能,以及彼此间相互制约、相互监督的功效,有利于司法权力的公正行使和公民权利的保护。例如,对公安机关在刑事侦查中存在的违法情况和法院在司法审判中存在的违法情况,检察机关都可以提出相应的纠正意见。2012年,检察机关对侦查活动中的违法情况提出纠正意见55582件次,对认为确有错误的刑事裁判提出抗诉6196件,对刑事审判活动中的违法情况提出纠正意见11799件次。②

最高人民法院发布的关于适用刑事诉讼法的司法解释,细化了刑事诉讼法的相关规定,将对公民权利的保障落到实处。为了切实保障被告人获得公正审判,在司法实践中禁止将被告人不认罪作为从重处罚情节;严禁超期羁押;切

---

① 关于《刑事诉讼法》在保障公民权利方面的进展,详细论述见房宁、杨海蛟主编《中国政治发展报告(2013)》,社会科学文献出版社,2013,第228~233页。
② 国务院新闻办公室:《2012年中国人权事业的进展》,新华网: http://news.xinhuanet.com/politics/2013-05/14/c_115758619.htm。

实执行关于二审案件开庭审理的规定,充分发挥二审纠错功能;完善上诉不加刑原则,保障被告人的上诉权,规定对于二审法院发回重审的案件,除有新的犯罪事实、人民检察院补充起诉的以外,原审法院不得加重被告人的刑罚;完善发回重审制度,规定对事实不清、证据不足为由发回重审的,以一次为限。这些旨在保障被告人诉讼权利的规定,都体现了尊重和保障人权的精神。

针对判处死刑的案件,新的刑事诉讼法及相关司法解释要求第二审案件全部开庭审理,被判处死刑立即执行的被告人没有上诉、同案的其他被告人上诉的二审案件,也一律开庭审理。新刑诉法及司法解释还加强了死刑复核监督,坚持宽严相济刑事政策,切实保障死刑案件的程序公正。最高人民法院复核死刑案件,坚持每案都提讯被告人,充分听取其意见。辩护律师提出当面反映意见要求的,均予安排。要求地方法院健全落实死刑罪犯家属会见制度。不断加大注射死刑执行力度,使死刑的执行更加人性化。依法审慎做好死刑案件审判工作,严把死刑复核关,确保死刑只适用于极少数罪行极其严重的犯罪分子。①

在新的刑事诉讼法实施之后,为了进一步重申落实相关规定,防范冤假错案,2013年11月,最高人民法院印发《关于建立健全防范刑事冤假错案工作机制的意见》,从树立科学司法理念、强化证据审查机制、强化案件审理机制、完善审核监督机制、建立健全制约机制等方面落实相关制度安排。意见特别强调坚持独立审判原则,坚持程序公正原则,坚持审判公开原则,坚持证据裁判原则,强调不能因为舆论炒作、当事方上访闹访和地方"维稳"等压力,做出违反法律的裁判。在严格执行法定证明标准、强化证据审查原则方面,强调坚持疑罪从无原则,对影响量刑的证据有疑问的,在量刑时做出有利于被告人的处理,在死刑案件上,这样的情况不能判处被告人死刑;强调重实物证据的审查和运用,只有被告人供述,没有其他证据的,不能认定被告人有罪;进一步明确刑讯逼供或者冻、饿、晒、烤、疲劳审讯等非法方法收集的被告人供述,应当排除,强调运用全程录音录像等技术手段,排除非法收集被告人供

---

① 2013年8月3日,英国《经济学家》杂志发文《死刑:打击不再严厉》(*The Death Penalty: Strike Less Hard*)讨论中国死刑的情况,该杂志估计,2012年中国被执行死刑的人数大约为3000人,与过去相比已经大为下降。

述。在强化案件审理机制方面,强调庭审辩论阶段在案件审理中的核心地位。意见在重申审判人员认真履行职责的同时,强调要建立科学的办案绩效考核指标体系,不得以上诉率、改判率、发回重审率等单项考核指标评价办案质量和效果;特别强调要依据法定程序和职责审判案件,法院不得参与公安机关、人民检察院联合办案。对确有冤错可能的控告和申诉,应当依法复查。原判决、裁定确有错误的,依法及时纠正。

在现代司法制度中,律师的作用举足轻重,完善的律师制度和法律援助制度是建立公正的司法人权保障制度的重要环节。新刑事诉讼法已经明确确立了律师在整个诉讼过程中的辩护人地位,要求在侦查、起诉、审判等刑事诉讼的各阶段,诉讼当事人有律师的,都要听取律师意见并附卷。对于法律援助,过去仅在审判阶段提供法律援助,新刑诉法扩大了它的适用范围,规定侦查、起诉、审判各阶段均能提供法律援助,并扩大了法律援助的对象范围。有关刑事诉讼法的司法解释进一步完善了对辩护权的保障,明确了为被告人提供法律援助的具体情形和相关工作程序,对死刑案件,特别规定高级人民法院在复核死刑案件时,被告人没有委托辩护人的,应当通知法律援助机构指派律师为其提供辩护。2012年,律师代理诉讼案件230多万件,法律援助案件28万件;全国办理法律援助案件100万余件,提供法律咨询568万人次,分别比2009年增长了56.4%和17.1%。[1]

推动司法公开是完善司法人权保障制度的重要内容。为此,最高法院在2013年11月23日发布了关于司法公开三大平台建设的意见,即在互联网上建设审判流程公开、裁判文书公开、执行信息公开的三大平台,其中《关于人民法院在互联网公布裁判文书的规定》已提前发布,于2014年正式施行。这三大平台建设将有力促进司法公开,有利于让人民群众在每一个司法案件中都感受到公平正义。

审判公开是中国宪法规定的一项重要制度。近年来,法院在审判实践中,在立案、庭审、执行、听证、文书等各环节采取相应措施保障审判公开。一是

---

[1] 国务院新闻办公室:《2012年中国人权事业的进展》,新华网,http://news.xinhuanet.com/politics/2013-05/14/c_115758619.htm。

审判信息依法、全面、及时公开。法院设立立案大厅，通过公告栏、宣传手册等，公示开庭信息、诉讼费用标准、司法救助和多元纠纷解决方式；设立导诉台、开通导诉热线等，为诉讼当事人提供咨询、立案、收费一站式服务。建立审判信息网络查询系统和执行案件信息管理系统，方便诉讼当事人查询。二是审理过程公开。公开审理的案件一律公开举证、质证、辩论并宣判。2010年，最高人民法院制定下发了《关于庭审活动录音录像的若干规定》，明确规定人民法院开庭审理第一审普通程序和第二审程序刑事、民事和行政案件，应当对庭审活动全程同步录音或者录像；经人民法院许可，当事人可以查阅和复制庭审录音录像。三是裁判公开。法院宣告判决一律公开进行，逐步完善裁判文书网上公开制度。2009年最高人民法院《关于司法公开的六项规定》中明确，除涉及国家秘密、未成年人犯罪、个人隐私以及其他不适宜公开的案件和调解结案的案件外，人民法院的裁判文书可以在互联网上公开发布。2013年6月，最高人民法院建立"中国裁判文书网"，规定最高人民法院发生法律效力的判决书、裁定书、决定书，应当在中国裁判文书网公布。

完善人权司法保障制度，还涉及司法环节的其他重要方面。例如，为了防止在社会上造成恶劣影响的"躲猫猫"事件的再次发生，国家进一步采取措施完善对被羁押人权利保障。2011年，公安部、卫生部（现为国家卫生和计划生育委员会）联合下发《看守所医疗机构设置基本标准》，对被羁押人的居住、生活和医疗条件提出改善要求。根据《2012年中国人权事业的进展》所提供的数据，截至2012年底，建立被羁押人安全风险等级评估机制的看守所达2391个，占总数的89.1%；建立被羁押人心理咨询室的看守所达1774个，占总数的66.1%；有2532个看守所建立了在押人员投诉处理机制，占看守所总数的94.3%，处理在押人员投诉累计达2633件；还有1893个看守所通过互联网视频让服刑罪犯能够进行双向会见，占看守所总数的70.5%。

三 网络时代的公民权利保障

2013年，知名网络推手"秦火火""立二拆四"等涉嫌寻衅滋事和非法经营罪被刑拘，拥有千万粉丝的超级"大V"薛蛮子因涉嫌嫖娼被警方逮捕，甘肃中学生杨某某因涉嫌网络造谣被警方以寻衅滋事为由刑拘。报纸、电视、网络等主流媒体纷纷发起打击网络谣言的宣传活动，打击网络谣言，俨然已经成为一场小小的运动。与此同时，最高人民法院、最高人民检察院公布办理利用网络实施诽谤等刑事案件的解释，依据现有法律，以司法解释的形式为整顿网络秩序、打击网络谣言制定了明确的依据。

不可否认，网络的江湖存在各种利益博弈，为了政治利益、商业利益或其他利益，有人不惜通过制造谣言达到目的。同时，网络的特殊性使得谣言的散布和扩散的范围以及造成的危害空前扩大，这都是打击网络谣言的正当理由。此外，我们也应该注意到，网络极大地扩展了公民言论自由的空间，公民从互联网获得信息、表达诉求，互联网日益成为公民实现知情权、参与权、表达权和监督权的重要载体，成为政府了解社情民意的重要窗口。因此，规范网络秩序，不仅涉及网络安全、网络秩序的建设，还涉及公民基本权利的保障。

（一）互联网扩展了公民言论自由的空间

言论自由是得到宪法保护的一项基本公民权利。改革开放以来，中国社会的言论空间得到极大扩展，中国公民的言论自由得到越来越多的实现，互联网的普及更是使中国公民在言论自由的广度和深度上达到前所未有的水平。如今，互联网已经成为社会公众获得信息、表达意见和诉求以致形成社会舆论的有效途径。

在传统媒体环境下，普通人很难在媒体上发声，媒体资源稀缺性导致有必要对言论加以选择和过滤，因此在媒体上发表言论几乎可以看成是精英的专利。这一切由于互联网而改变。互联网大大降低了表达意见的门槛和成本，过去无法在传统媒介发表看法的普通人，有了发表意见的渠道。过去，传统媒介的信息发布具有单向性的特点，公众作为受众只是被动地从媒介上接受信息，互联网却可以打破这样的限制，它所具有的即时性和交互性特点，通过一对一、一对多、多对多等多种信息交流模式，实现了信息的交互式传播。互联网所具有的分散性和开放性特点，使所有人都可以通过网络发布信息，信息进入网络后，就会自动分散复制，在网络上传播。过去，传统媒介信息发布者是实名的，而互联网具有匿名性的特点，使得人们更容易畅所欲言。如今，网民每

天通过论坛、新闻评论、微博、博客等渠道发表大量言论，就各种话题展开讨论，充分表达思想观点和利益诉求。互联网大大扩展了公民自由言论的空间。

公众在网上发表言论的形式也随互联网的发展而不断发生变化。论坛曾经风靡一时。21世纪初博客的兴起大大有利于个人在网上扩大影响力，作为固定的言论平台，博客有更深的个人烙印，个人可以通过这个平台就各种事件进行深入报道或评论，从而扩大自己的影响力。

社交网络的兴起使网下真实的社会关系在网络上得以延续和扩大，使得志趣相投的人们集合到一起结合成联系紧密的用户群组。由于发生联系的人同质性高，有相同的兴奋点和关注点，使信息传播的效果大大提升。社交网络借助用户的交互性，提高了新闻传播的速度、广度和深度，在新闻资讯传播中发挥重要作用。

微博是社交网络的重要组成部分，微博形式精简，功能强大，支持用户用文字、图片及视频等各种方式发布信息，通过关注者的转发、评论实现信息的传播与扩散。微博这种信息传播方式威力巨大，微博用户通过关注与被关注，在网络上结成了庞大的传播网络，有着巨大影响力的微博所发布的信息能够在瞬间传递给成千上万的关注者，再通过他们实现信息在短时间内病毒式的大规模扩散。现在，微博已经成为最有影响力的社会化媒体，它不仅带动了一批拥有百万、千万粉丝的网络"大V"、意见领袖的走红，而且传统媒体也纷纷以微博的形式扩大自己的影响，使得新闻的传播形态发生了很大变化。微博已经成为网民获得新闻时事信息、自我表达、进行分享和人际交往以及实现社会参与的重要媒介，是网络自媒体时代最重要的表达手段。根据中国互联网络信息中心（CNNIC）发布的《第30次中国互联网络发展状况统计报告》显示，截至2012年6月底，中国微博用户数达到2.74亿，网民使用微博的比例过半，达50.9%，19岁及以上中国网民中，微博用户的渗透率达88.8%。可以说，微博已成为在中国公众中影响力最大的互联网表达渠道。

（二）互联网促进公民的政治表达与民主监督

中国宪法第35条规定，中国公民有言论、出版的自由，宪法第35条还同时规定了与这两类自由相近的自由，即集会、结社、游行、示威的自由。宪法

第41条规定，公民对国家机关和国家工作人员有批评、建议、申诉、控告、检举的权利。它们共同构成中国公民所享有的政治权利和自由，即公民所享有的对国家和社会公共事务发表意见的自由，包括批评政府和政府官员的自由。公民所享有的这些权利是公民向国家机关表达意见和愿望、对抗国家机关及其工作人员违法失职行为的权利，可以将其看作是公民间接参与管理国家事务的权利。随着互联网的发展，这些权利的实现途径有了很大的变化，可以说，中国互联网的快速发展，有力地促进了中国公众的政治表达和对政府的监督。

首先，互联网为公众获取政治方面的信息提供了便利，这既包括政治方面的基础信息，也包括大量的政治分析、政策研究和政治评论。多样化的信息来源和评论为公众形成自己的政治认识和政治判断提供了帮助。特别重要的是，随着电子政务的建设，大量政府网站成为公众重要的政治信息来源。2008年，《政府信息公开条例》的颁布，使政务公开进入新时代，中国公众的知情权有了法律保证。根据这个条例，政府网站应及时发布权威信息，向公众介绍相关政策的执行情况，以及自然灾害、公共卫生和社会突发事件等的处置进展。

其次，互联网为公众与政府直接沟通架起桥梁。公众通过互联网表达自己的愿望和要求，对政府决策和政府行为进行评论，目前成了中国公民最重要的政治参与形式。随着新媒体的兴起，从2010年起，党政机关纷纷开设政务微博，其中公安机关开设的"平安"微博获得较多关注。可以说，互联网为中国公民的政治表达提供了前所未有的便利条件和直接渠道，成为反映社情民意的重要载体和形成公共舆论的重要平台。网络为公民的政治交流提供了更广的话语平台，同时极大扩展了政治话语的讨论空间。

最后，互联网为公民监督政府提供了新的渠道，人们通过互联网反映社会各个领域存在的问题，对各级政府工作提出批评，对官员行为加以监督。中国网民数量庞大，是强大的监督力量。许多违法违纪和腐败案件，是首先通过网络曝光，然后受到查处的。在网络反腐方面，这样的事例已经不胜枚举。

（三）寻求打击网络谣言与保障公民权利之间的平衡

毋庸讳言，互联网在为公民提供实现表达权和监督权新途径的同时，其发展对于公民权利的保障也具有一定的负面作用，甚至可能危害公民个人的权利。网络匿名、缺少公共理性、信息不对称，导致了虚假信息的泛滥以及非理性言论的传播，很多人容易被误导，甚至形成侵犯他人隐私、损害他人名誉的"网络暴力"。社交网络将相同志趣的人集合到了一起，久而久之实际上使这些人接受的信息具有片面性，从而损害人们的判断力。由于网络的放大效应，往往会被人为操纵，放大某些舆论，利用虚假信息误导公众。在网络时代，不乏某些貌似主张正义的人，他们的网络行为更多的时候只是为了吸引眼球、追求知名度，从而获取商业利益。真正理性的声音会被淹没。尽管从监督公权力和监督司法的角度，有些人在某些事情上起到了正面作用，为避免公权力的过度膨胀做出了贡献，但由于缺乏理性和节制，有些人无原则地充当"意见领袖"，长此以往，反而容易造成人们思想的混乱，引来更严苛的网络管制。

就互联网自身的发展而言，经历了初期的大发展之后，现今的虚拟世界本身也进入了一个自我调整、自我规范的转型过渡期。旧的规则已不适应新的自媒体时代，而新的规则又尚未完全建构，一切都处于新旧调整中。规则的缺失和不完善，为网络谣言的成长提供了温床。个别网民通过论坛、博客、微博等散布网络谣言，随后众多网站跟风炒作，导致对现实社会秩序的破坏，或者造成对他人权利的侵害。这对于互联网的健康发展，显然是不利的。因此，根据法律法规，规范网络秩序、打击谣言，是完全必要的。

何为谣言？比较流行的看法是，谣言就是利用各种渠道传播的未经证实的或者虚假的有关个人、组织或事件的阐述或诠释。《刑法》对以造谣等方式煽动颠覆国家政权、编造并且传播影响证券交易的虚假信息、捏造并散布损害他人商业信誉和商品声誉的虚假事实、编造恐怖信息等行为做出有罪规定，这些都是打击网络谣言的法律依据。《治安管理处罚法》第 25 条规定，"散布谣言，谎报险情、疫情、警情或者以其他方法故意扰乱公共秩序的"，可以"处五日以上十日以下拘留，可以并处五百元以下罚款；情节较轻的，处五日以下拘留或者五百元以下罚款"。2000 年颁布的《全国人民代表大会常务委员会关于维护互联网安全的决定》明确规定，利用互联网造谣、诽谤或者发表、传播其他有害信息，构成犯罪的，依照刑法有关规定追究刑事责任。

2013 年 9 月，《最高人民法院、最高人民检察院关于办理利用信息网络实施诽谤等刑事案件适用法律若干问题的解释》发布并于 2013 年 9 月 10 日起施行。这个司法解释主要是对利用互联网等信息网络进行造谣诽谤的犯罪进行有针对性的打击，所打击的对象是从事的下列犯罪活动的组织或者个人：在网上捏造事实恶意诽谤他人，损害他人名誉；利用社会敏感热点问题，借题发挥，误导民众，引发公共秩序混乱，甚至引发群体性事件；以在网络上发布、删除负面消息为要挟，索取被害人或被害单位财物。

该司法解释明确了利用信息网络实施诽谤犯罪的行为方式、利用网络实施寻衅滋事罪、敲诈勒索罪和非法经营罪的认定问题，明确了相应的入罪标准，使相应的司法处罚更加具体。例如对于"捏造事实诽谤他人""情节严重"构成犯罪的认定问题，从诽谤信息实际被点击、浏览、转发的次数，诽谤行为的后果，行为人的主观恶性等方面加以具体化。[1] 按照刑法规定，诽谤罪除"严重危害社会秩序和国家利益的"情形外，属于"告诉才处理"的案件。解释明确了利用信息网络实施诽谤犯罪适用公诉程序的条件，即"严重危害社会秩序和国家利益"的认定问题。[2] 对于利用网络寻衅滋事、敲诈勒索和非法经营的，也相应给出了具体的认定标准。寻衅滋事罪主要涉及利用网络散布虚假信息、破坏社会秩序的情况；而敲诈勒索和非法经营罪更多地针对近年来社会上出现的一些专门从事造谣、炒作、"删帖"等活动的所谓网络公关公司、"策划营销组织"或所谓"网络推手"，他们以营利为目的提供有偿"删帖""发帖"等服务，从事非法经营，牟取非法利益，或者直接利用负面新闻进行敲诈勒索。

总的来说，这个司法解释通过明确利用信息网络实施的诽谤等犯罪的定罪

---

[1] 该司法解释第二条第（一）项规定，"同一诽谤信息实际被点击、浏览次数达到五千次以上，或者被转发次数达到五百次以上的"，应当认定为诽谤行为"情节严重"。第二条第（二）项规定，"造成被害人或者其近亲属精神失常、自残、自杀等严重后果的"，应当认定为诽谤行为"情节严重"。上述危害后果如果在现实生活中发生，则不问诽谤信息实际被点击、浏览或者被转发次数，即可直接认定为"情节严重"。第二条第（三）项规定，"二年内曾因诽谤受过行政处罚，又诽谤他人的"，也认定为"情节严重"，体现了刑法对行为人主观恶性、人身危险性的重视和评价。

[2] 该司法解释第三条列举了"严重危害社会秩序和国家利益"的七种情形：①引发群体性事件的；②引发公共秩序混乱的；③引发民族、宗教冲突的；④诽谤多人，造成恶劣社会影响的；⑤损害国家形象，严重危害国家利益的；⑥造成恶劣国际影响的；⑦其他严重危害社会秩序和国家利益的情形。

量刑标准，为依法打击此类犯罪行为提供了更加明确的依据，有利于统一司法标准，规范司法行为。也可以说，这一司法解释明确了在信息网络上发表言论的边界，力图在打击网络犯罪和保护公民表达权、监督权之间取得一种平衡。它特别明确了在"不明知"的情况下传播或散布了不实消息，即使对当事人名誉造成了损害，也不认为是犯罪。对于网络举报，这个司法解释也明确了，即便部分内容失实，只要不是故意捏造事实诽谤他人的，或者不属于明知是捏造的、损害他人名誉的事实，而在信息网络上散布的，就不应以诽谤罪追究刑事责任。对于非法经营罪的认定也是如此，如果行为人不明知所发布的信息为虚假信息，即使收取了一定的费用，也不应认定为非法经营罪。可见，这个司法解释力求保证罪行构成的明确性和具体性，以免在打击网络犯罪时损害公民的表达权和监督权。任何一个国家的法律都不会允许诽谤他人言论自由的存在，通过厘清在信息网络上发表言论的法律边界，公民可以依法充分行使宪法赋予的言论自由和监督权。

在司法实践中，值得警惕的地方在于地方政府有可能以维护社会稳定为名，对网络言论加以过分严苛的限制，特别是对危害社会秩序的寻衅滋事罪的认定过于宽泛。根据司法解释，对于编造虚假信息，或者明知是编造的虚假信息，在信息网络上散布，或者组织、指使人员在信息网络上散布，起哄闹事，造成公共秩序严重混乱的，依照刑法第293条第一款第（四）项的规定，以寻衅滋事罪定罪处罚。在这方面，曾经有过这样的案例，网友因夸大交通事故死亡人数并质疑警方而遭到行政拘留，尽管警方很快撤销了相应处罚决定并做出道歉，但这个事例说明这样的情况是存在的。因此，打击网络谣言，要采取依法和慎重的原则，做到在维护网络秩序的同时不损害公民的表达权和言论自由，这需要积累更多的经验。

专题报告

Special Reports

B.9 2013年"群众路线教育实践活动"的解读

周少来[*]

摘　要： 群众路线是我们党的生命线，毛泽东为群众路线的探索和建立做出了历史性贡献。本文系统梳理了毛泽东所创立的群众路线的精神实质，着重阐明了在新的历史时期贯彻落实群众路线为什么更重要、新时期为什么"密切联系群众"有所懈怠，并在借鉴新加坡执政党"密切联系群众"制度化机制的基础上，对如何在新时期实现"密切联系群众"的制度化、常规化提出了政策性建议。

关键词： 群众路线　密切联系群众　制度化　机制

---

[*] 周少来，中国社会科学院政治学研究所研究员，政治理论室主任，主要研究领域为民主及民主化理论、中国政治发展。

从成立时仅有50多人的小党，发展为当今拥有8000多万党员的大党，从成立时甚至没有立足之地的革命党，发展为执掌东方大国现代化政权的执政党，中国共产党走过了曲折艰难的辉煌之路。

支撑党走过这一传奇之路的根基是什么？根本一条就是以毛泽东为首的第一代领导人创立的群众路线，密切联系人民群众，紧紧依靠人民群众。这是我们党革命成功的关键因素，也是我们党长期执政的生命线。

因此，人民群众是我们党的力量之源、执政之基，密切联系人民群众是我们党的优良传统和根本工作路线，也是新的历史时期全面建设现代化必须继承和发扬的制胜法宝。

在中国现代化处于关键发展的历史时期，继承和发扬毛泽东的群众路线思想，把"密切联系群众"制度化、常规化，使我们党切实增强和人民群众的血肉联系，代表人民、依靠人民，取得全面建设社会主义现代化事业的更大成功。这是我们党的建设伟大工程的关键制度要素，也是推进中国民族复兴之梦实现的社会基础支柱。

2013年党中央及时提出"开展群众路线教育实践活动"，得到了广大党员和人民群众的衷心拥护和自觉执行。这一活动要从根本上取得实效、并保持长效机制，关键是继承和发扬群众路线的精神实质，找准新时期问题出现的制度性根源、借鉴国际有益经验，并建立刚性的"联系群众的制度化机制"，使"密切联系群众"成为党和政府的制度化、常规化的日常工作实践，这也是最好地继承和发扬毛泽东思想的当下实践。

一 毛泽东创立的"群众路线"的精神实质

毛泽东投身于中国革命事业以后，致力于把马克思列宁主义与中国革命的实践相结合，探索符合中国革命实际和人民群众需求的路线方针。群众路线就是在中国革命和建设的艰难实践中，以毛泽东为代表的中共第一代领导集体智慧的结晶。这是中国革命成功的基本法宝，蕴含着历史唯物主义和人民创造历史的伟大精神实质，需要我们在中国现代化建设新的历史时期更好地继承和发扬。

1. 人民群众是革命和建设的历史主体

中国共产党成立之时，中华民族生存与发展面临着内外交困的复杂革命形势。从一个少数知识分子组成的革命政党到有能力领导中国革命和中华民族独立的政治力量，中国共产党取得胜利的法宝之一就是组织和发动人民群众投身于伟大的革命运动。

毛泽东等第一代领导人从无数次革命失败和挫折的痛苦经验中，深刻地认识到：中国革命的"真正的铜墙铁壁是什么？是群众，是千百万真心实意地拥护革命的群众"。[①] 谁能领导和发动占中国人口绝大多数的农民群众，谁就能领导和组织中国革命，这是毛泽东探索"农村包围城市"中国革命道路的精神指南，也是毛泽东领导中国革命不断取得成功的力量之源。毛泽东从长期的中国革命和建设的曲折实践探索中，深刻地认识到"人民，只有人民，才是创造世界历史的动力"。[②]

这是从历史唯物主义人民群众创造历史这一原理得出的必然结论：中国最广大的人民群众是革命和建设的实践主体和历史主体，中国共产党的路线方针政策，要取得成效，并变成创造历史的伟大行动和实践，就必须紧紧依靠人民群众的行动来完成和实现。这是毛泽东领导中国革命和建设实践的历史总结，也是未来中国社会主义现代化事业取得全面成功的保证。

2. 人民群众是正确路线方针政策的智慧之源

人民群众是创造历史的主体，也是正确政策的智慧之源。人民群众身处革命和建设的第一线，对中国革命和建设实践中出现的问题和矛盾，有最深刻的了解和最切身的感受。中国共产党作为中国革命和建设的政治中心和组织中心，要制定符合中国革命和建设实践需要的正确路线方针政策，就必须反映实践发展的进程和实际，反映人民群众的需求。

所以，毛泽东多次强调，"群众是真正的英雄"，中国共产党要制定正确的路线方针政策，必须从群众中来，到群众中去，将群众分散的意见集中起

---

① 毛泽东：《关心群众生活，注意工作方法》，《毛泽东选集》第1卷，人民出版社，1991，第139页。
② 毛泽东：《论联合政府》，《毛泽东选集》第3卷，人民出版社，1991，第1031页。

来，经过研究，化为集中的系统的意见，又到群众中去做宣传解释，化为群众的意见，使群众坚持下去，落实于行动，并在群众行动中考验这些意见是否正确。① 这不仅是毛泽东所坚持的中国共产党人的根本认识论，也是中国共产党人根本的工作路线和决策机制。

从中国共产党艰难曲折的革命和建设实践中，也可以总结出一条历史性规律：凡是中国革命和建设的实践遭受重大挫折或失败，根本的一个原因就是我们党的路线方针政策脱离人民群众的需求；凡是中国革命和建设取得重大胜利和成就，根本的一个原因就是我们党的路线方针政策真实反映人民群众的需求。所以，广大人民群众的智慧和实践，是我们党正确路线方针政策的智慧之源。毛泽东晚年所犯的重大错误，从根本上来说，也是因为严重脱离了中国的国情与人民群众的需求。

3. 服务人民群众是中国共产党革命和建设的根本宗旨

人民群众既是我们党的生命之源、力量之源，也是我们党一切行动所要服务的根本对象。从根本和长远来说，中国共产党从成立时起，就把实现中华民族的富强和最广大人民的福祉，作为自己的根本宗旨。

早在延安时期，毛泽东就多次强调，"群众观点是共产党员革命的出发点和归属"，所有的共产党员都要替人民着想。② 中国共产党人没有自己的"一己之私"，一切的革命和建设行为，都是为人民服务，必须"把群众的利益放在第一位"。在中国革命处于胜利转折的关键时期，1945年在中国共产党第七次全国代表大会上，毛泽东郑重指出："总之，应该使每个同志明了，共产党人的一切言论行动，必须以合乎最广大人民群众的最大利益，为最广大人民群众所拥护为最高标准。"③

正是因为真正代表和服务人民群众的根本利益，中国革命和建设受到了人民群众的衷心拥护和支持，这是中国共产党在装备不良的革命年代，打败装备精良的国民党的最终根源；也是1958年以后，在中国社会主义建设时期，即使遭受重大的饥饿和痛苦，人民群众依然坚定地拥护和支持共产党的

---

① 毛泽东：《关于领导方法的若干问题》，《毛泽东选集》第3卷，人民出版社，1991，第899页。
② 毛泽东：《切实执行十大政策》，《毛泽东选集》第3卷，人民出版社，1991，第71页。
③ 毛泽东：《论联合政府》，《毛泽东选集》第3卷，人民出版社，1991，第1096页。

根本原因。

4. 人民群众是党和政府工作的监督主体

中国共产党根植于人民，始终以民族独立和人民幸福为根本宗旨，不论在革命年代还是执政时期，党和政府的一切政策和行为，其成效和效果的检验主体，最终还是最广大的人民群众。

早在1945年7月的延安时期，毛泽东在与黄炎培的著名"窑洞对话"中，就如何能跳出"其兴也浡焉，其亡也忽焉"历史周期律的支配，非常自信地回答："我们已经找到新路，我们能跳出这周期律。这条新路，就是民主。只有让人民来监督政府，政府才不敢松懈。只有人人起来负责，才不会人亡政息。"在1945年的一篇讲话中，毛泽东再次重申，"我们的责任，是向人民负责。每句话，每个行动，每项政策，都要适合人民的利益"。[①]

在执掌全国政权后，毛泽东还是多次强调："哪有马克思列宁主义者怕群众的道理呢？……我看不应当怕。有什么可怕的呢？我们的态度是：坚持真理，随时修正错误。"[②] 让人民负起责来，参与和监督党和政府的工作，既是人民历史主体地位的必然延伸，也是保证党和政府减少工作失误的制度要求，更是执政以后新时期社会主义民主发展的关键领域。从中国共产党革命和建设的历史经验和教训来看，脱离了人民群众的参与和监督，党的工作和政策就容易出现错误和挫折；反之，我们党就会减少失误和少走弯路。

以毛泽东为代表的第一代中国共产党人，为中国革命的胜利做出了历史性伟大贡献，为社会主义各项基本制度的建立奠定了基础，为改革开放提供丰富的精神资源。在改革开放的新的历史时期，继承和发扬毛泽东所创立的"群众路线"，把"密切联系群众"的精神实质制度化，切实在制度和机制上加以保障，真正做到发展为了人民、发展依靠人民、发展成果由人民共享，这是全面实现现代化、不断提升人民幸福的基础性工程。

---

① 毛泽东：《抗日战争胜利后的时局和我们的方针》，《毛泽东选集》第4卷，人民出版社，1991，第1128页。
② 毛泽东：《在扩大的中央工作会议上的讲话》，《毛泽东文集》第8卷，人民出版社，1999，第291页。

二 为什么新时期加强"密切联系群众"更为重要

中国的现代化进入了一个新的关键时期,改革开放在取得巨大成就的同时,也隐含着众多发展中的问题。办好中国的事情,关键在党。中国共产党面临的众多风险和挑战中,"脱离人民群众"也许是最危险的挑战,这可以从以下几个方面来理解。

1. 党和政府掌握着巨大的经济和社会资源,直接和人民群众的切身利益密切相关

改革开放的35年进程,使中国经济总量跃居全球第二的同时,也使中国政府成为世界上最有钱的政府。2008~2012年,中国经济保持年均9%以上的增长速度,经济总量从26万亿元增加到约52万亿元,按现价计算翻了约一番。中国经济总量跃居世界第二。财政收入从5.1万亿元,增加到11.7万亿元,也翻了一番。2012年全年,中央财政收入56133亿元,比上年增长9.4%;地方财政收入(本级)61077亿元,比上年增长16.2%。从支出情况看,2012年1~12月累计,全国公共财政支出125712亿元,比上年增加16464亿元,增长15.1%。①

在党和政府掌握大量资源的历史条件下,党和政府的方针政策,是否符合人民的需求,是否真正为人民群众所满意,直接关系到经济发展、投资取向和人民群众的切身利益。

2. 党从50多人的小党,发展成为8000多万党员的执政党,各种负面和不良因素也必然在党内有所反映

革命时期的共产党,在万死一生的极其险恶的环境中生存,参加共产党和革命,根本不可能有个人眼前的好处和利益,很可能面临杀头的生死考验,只有真正信仰革命的人,才可能为之赴汤蹈火。但执政以后,环境和条件为之大变,改革开放以来,利益和诱惑更是无处不在。申请入党者纷至沓来,考公务员者更是挤破门庭。党和人民群众的关系和利益格局,在新的历史时期发生了

---

① 中国政府网,http://www.gov.cn。

一系列复杂的变化。这更要求执政党加强与人民群众的血肉联系。

从党员数目的变化来看，1921 年中共一大时，全国只有党员 50 多人，到 1945 年中共七大时，全国党员已发展到 121 万人。执掌全国政权后，到 1956 年中共八大时，全国党员已达 1073 万人。此后，中共党员数量更是快速增长，几乎每年以 100 万~200 万人的速度在增长。到 2012 年中共十八大时，中共十八大代表共有 2270 人，代表党员 8200 多万人。

新时期，中共党员数目的激增带来了结构和成分的多样化和复杂化，入党动机和行为方式也随之多样化，在人民群众中影响和作用增大的同时，也增大了负面影响发生的概率。

3. 党员和干部的作风直接关系到社会风气的走向，直接关系到党和政府的威信和形象

党员是社会成员的表率，党风就是整个社会风气的风向标。党和政府的作风，直接关系到社会道德风气的走向。"人心散乱更可哀""党心散乱更可怕"。长期以来，发生率居高不下的腐败问题更是直接影响着党和政府的威信和形象。

2012 年，各级纪检监察机关共接受信访举报 1306822 件（次），其中检举控告类 866957 件（次）。初步核实违纪线索 171436 件，立案 155144 件，结案 153704 件，处分 160718 人。党纪处分 134464 人，政纪处分 38487 人。其中，处分县处级以上干部 4698 人，移送司法机关的县处级以上干部为 961 人。[1]

2007 年 11 月至 2012 年 6 月，全国纪检监察机关共立案 643759 件，结案 639068 件，给予 668429 人党纪政纪处分。涉嫌犯罪被移送司法机关处理 24584 人。全国共查办商业贿赂案件 81391 件，涉案金额 222.03 亿元。[2] 2013 年以来，党中央坚决查处了薄熙来、刘志军、李春城等一批重大违纪违法案件，表明了我们党反对腐败的坚定决心。

党和政府的作风和形象，直接关系到党和政府的威信和民意基础，更关系

---

[1] 中央纪委监察部网站，http://www.mos.gov.cn（该网站现为 www.ccdi.gov.cn。——编者注）。
[2] 《反腐败重在制度建设》，《人民日报》2013 年 5 月 29 日。

到我们党长期执政的社会认同和执政根基。

4. 人民群众是执政之基和力量之源，人心向背直接关系到执政的合法性和正当性

我们党从革命党走来，革命成功靠的是人民群众的支持和拥护，执政以后，执政基础的稳固同样靠的是人民群众的支持和拥护。执政为了人民，执政依靠人民，执政成果由人民共享。人民，只有人民，才是我们工作价值的最高裁判者。共产党的最大优势是密切联系群众，党执政后的最大危险是脱离群众。世界各地执政党的兴衰存亡，也能为此提供深刻的借鉴。

1959年至今，人民行动党在新加坡政治中一言九鼎，它控制政府、主导议会、支配社会、长期执政，但这种一党独大的政党体制并非异数。印度国大党（1947~1985年）、马来西亚巫统（1957年至今）、日本自民党（1955年至今）、韩国①（1948~1987年，先后有两个党独大）、瑞典社会民主党（1920~2006年）、挪威工党（1935年至今）、墨西哥制度革命党（1929~2000年）、意大利基督教民主党（1945~1993年）等20多个政党，都曾经或现在仍然长期执政，为什么有的政党能够长期执政？为什么有的政党在长期执政后被推翻下台？其中一个重要因素即是，执政党的政策是否符合人民群众的需求，执政党是否同人民群众同呼吸、共命运。

三 为什么新时期"密切联系群众"作风有所懈怠

群众路线是我们党的生命线，在艰难残酷的革命战争年代，没有人民群众的支持、认同、人财物供给，我们党就没有立足之地，生命、生存尚且难保，遑论取得胜利并夺取政权！所以说是生存压力和革命信念，促使和保证了我们党必须时时刻刻"密切联系群众"。

但是，革命胜利执掌政权后，我们党的生存压力日趋缓解，党员干部的个人生命更无忧虑。特别是改革开放以来，在政府的主导下，经济高速发展，带来了发展型政府的权力和资源集中，市场社会的利益诱惑无处不在，赶超性经

---

① 欧树军：《"为人民而行动"——人民行动党长期执政之谜》，《人文与社会》2013年2月11日。

济增长对群众利益有意无意的侵夺，官员任命和负责机制的"对上不对下"，政府、资方、劳方利益关系的错综复杂，干部监督体系的缺陷和制度性漏洞等使"官民矛盾"日益凸显，"密切联系群众"的作风日渐懈怠。其根本的、制度性的原因主要有以下几个方面。

1. 官员任命和负责机制的"对上不对下"

现行各级党政官员的"选拔和任命"，从决定性的权力来说，还是最终由"上面""说了算"。一个官员的前途、名誉、利益，甚至是个人的理想、抱负、志向，统统都取决于、关联于个人的官位升迁。由"上面"决定个人的"官位"，官员自然"一切盯着上面"和"维上是从"。这并不否认有志向、有抱负、一心为民的官员的存在，但决定大多数官员的行为取向还是个人升迁性的权力和利益。

"由上面决定官员的升迁"，自然决定了官员的负责机制也只能是"对上不对下"。"对上"负责决定着官员的权力与利益，"对下"负责只是官员个人的工作作风和道德良心，"对上"负责对官员有绝对的"好处"，"对下"负责只是官员的"好口碑"。在群众中"口碑"再好的官员，在升迁时，群众也不能起到决定性的作用。"升迁利益"的强制性、制度化驱使，使"密切联系群众"只能"衰弱"为"工作作风"或"个人道德"，甚至沦到"有时有，有时无，可有可无"的地步。

2. "密切联系群众"往往停留在"软性作风"，而不能变成"刚性制度"

什么是"密切联系群众"？是春节期间象征性的"访贫问苦"，还是长期性的"住户蹲点"？什么是"密切"？一年一次联系群众是"密切"，一月一次是"密切"，还是一周一次是"密切"？官员在任期间，"密切"或"不密切"联系群众，谁来考核评价，谁来奖励惩罚？说到底，"密切"或"不密切"联系群众，对官员来说又有什么关系呢？

其实，官员行为的"好坏"，人民群众是最"心知肚明"的，哪个官员联系或不联系群众，"密切"或"不密切"，作为联系对象的群众也是最有发言权的。但"密切联系群众"如果只是个人的工作作风问题，就只能是一个"软性的作风"，"可有、可没有""可查、可不查"。没有刚性的、制度化的"联系制度"，"密切联系群众"也就在各级官员"忙得不可开交"的工作中，

沦为口号、标语、工作作风或个人道德。没有公开的、群众可见的"联系制度","联系群众"活动则只具有象征意义,也就蜕变为对群众的"恩赐"和"福利",人民群众更是无从监督和评价。

3. "密切联系群众"与否,人民群众无法监督、无从监督

人民,只有人民,才是创造历史的真正动力。同样,人民,也只有人民,才是实施监督的真正主体。

由"上面"决定党政官员"升迁","密切联系群众"也只是停留在"工作作风"和"个人道德"层面,甚至可有可无、可多可少,人民群众只能在"下面"期盼来自"上面"的"联系活动"。

没有党纪和行政性法规硬性规定、刚性约束的"联系制度",更没有保证人民群众监督官员"联系多少""联系实效"的公开制度,自然,人民群众对官员"联系群众"的多少、实效等,无法监督、也就无从监督。"上面"对官员有权监督,但鞭长莫及和不了解实情,不可能全部监督,更不可能真正监督;群众了解实情,甚至了解细节,但无权监督,更有官员打击报复"监督"。

四 如何借鉴国外"密切联系群众"的制度化经验

联系群众和选民,各国执政党有不同的有效做法和经验。新加坡执政党——人民行动党"密切联系群众"的制度化机制,对于中国共产党加强"密切联系群众"的制度化建设有一定的借鉴意义。

新加坡官员的勤政廉洁举世公认,新加坡政府的"清廉指数"多年来排名世界前五,亚洲第一。同时,新加坡官员的"密切联系群众"的制度机制,同样也是公开透明、精细到位,切实保证了新加坡执政党准确地了解民意,及时高效地服务民众。这是自1959年执政以来,人民行动党政府高效廉洁的基础性制度化保障。

人民行动党执政以来,制定了一系列制度性规定,确保执政党官员和执政党议员"扎扎实实"地"密切联系群众"。

1. 人民行动党议员必须接受选区选民五年一次的"检验"

新加坡的政体是议会民主制，政府由国会中多数党组阁，政府总理及部长由多数党议员出任。自新加坡建政以来，人民行动党一直是执政党。但人民行动党执政的合法性却来自一人一票的国会选举。

在2011年5月的国会大选中，只有在27个选区（12个单选区，15个集选区）、87个国会议员席位的争夺中，赢得过半数或绝对多数的选票，人民行动党才可继续执政。而在每一个选区中，都有反对党组成的竞选团队和人民行动党进行激烈竞争。人民行动党只有精心挑选精明能干，且能密切联系选区民众的本党候选人，方有可能赢得选举。所以，人民行动党的议员要想获得连任，特别是部长议员要想继续担任阁员，就必须时时刻刻保持和自己所在选区人民群众的"血肉联系"，这样才可通过五年一次的"大选检验"。

然而，就是在人民行动党保持高度警觉、勤勤恳恳服务民众的情况下，在2011年5月的大选中，以外交部长杨荣文为首的人民行动党5人集选团队，在自以为势在必得的阿裕尼集选区输给了工人党团队。因为选民的这一"最终检验"，不仅让内阁大员杨荣文失去了国会议员的资格，也连带失去了继续担任外长的资格，只好退休回家。

2. 人民行动党议员必须定期到选区深入联系民众

除了五年一次国会大选的最终检验以外，当选的国会议员，不论是执政党的议员，还是反对党的议员，都必须定期到各自的选区去深入联系民众、服务民众。这些行动当然不是"走过场"、更不可能是"装样子"，因为日常生活中联系群众的"紧密程度"，最终决定着大选的结果，决定着官员或议员的"官位"和"利益"。人民行动党自执政以来，形成了一系列执政党议员必须遵守的"密切联系群众"的制度规定。

第一，议员必须每周一次到选区接待选民，了解情况并解决问题。

接待活动一般在业余时间或晚上，具体时间由议员自己来定，活动由选区的本党基层支部协助完成。议员在一个简单的桌子前，一个接着一个地耐心接待民众，针对入学、就业、看病、住房等各种各样的问题议员能当场解决的，就当场解决，不能当场解决的，登记下来提交有关政府部门解决。议员

接待选民的场所被形象地称为"民事诊所"。连总理也不能例外，李显龙总理也必须在自己的选区——德义区，每周三晚上（除了国事活动）接待选民并提供帮助，一年接待数千位选民。一般来说，接待前会有广告单通知民众，接待只有开始时间，直到接待完最后一个选民，才能结束。

第二，议员候选人或当选议员必须逐户走访选民，广泛了解民众生活实际。

遍访选民，是执政党国会议员的当然义务。在大选提名后、正式投票前，议员候选人必须逐户遍访选民，相互熟悉并了解情况。新当选议员每年必须进行一次逐门逐户访问，民众意见可以通过国会议员直接到达国会和内阁。现任国会议员必须在两年内遍访自己选区的选民，访问次数由议员决定。一般在周日晚上走访，逐户敲门，向选民说明来意，有问题就记录下来，无问题递张名片、说声道谢就离开。如果选民不在家，就留下一张印有中英等四种文字的小贴纸，告知居民"议员已来过，如需帮助，请在每个星期议员接见选民日前来会谈"。

总之，通过以上制度机制，新加坡执政党议员及官员"联系群众"情况的最终监督评价权、奖励惩处权落在"人民群众"的手中。每一个选区的民众，能够在每周一次的议员接访活动中，在接访意见的反馈实施效果中，在经常可见的逐户遍访活动中，切身体会到议员的"联系群众"状况，也能最终决定一个议员或官员的"升迁去留"。制度化的"密切联系群众"机制，使新加坡政府与民众的沟通及时、通畅，也是人民行动党能够长期执政的基础性制度。

五 把"作风"转变为"制度"："密切联系群众"的制度化

群众路线是我们党的生命线，要保证生命线的延续，就必须在贯彻落实群众路线过程中，不断把群众路线民主化和法治化，就不能把"密切联系群众"停留在"口号性"的纸质层面，也不能停留在"作风性"的道德层面。没有法治化制度的内在逻辑和刚性，仅仅停留在"口号"或"作风"层面，"密切联系群众"就会衰变为"可有可无""可多可少"。

革命战争年代，生存的压力逼使我们党必须"密切联系群众"。改革开放年代，群众路线本质上就是民主路线，要保证群众路线的制度化、法治化，就必须用刚性的制度规定，保证每一个党员干部做到"密切联系群众"。

1. 探索和制定"党员领导干部接待和访问群众"的制度条例

考虑制定各个级别的主要领导干部在一年之中，什么时间、什么地点、什么方式、多少次接待或访问民众，接访意见如何登记、如何处理、如何转交、接交部门如何处理、处理意见如何反馈等具体的规定。执政党系统也可参照行政系统来制定相应的制度条例。

2. 探索和制定"人民代表大会代表接待和访问群众"的制度条例

各级人大代表由人民所选，理应代表人民意见和利益，制定具体的"人大代表接待和访问群众"条例，从法理上和体制上也较容易推行。可制定各级人大代表每年接待人民群众的次数、时间、地点及意见处理机制等相关规定。同时，可相应地制定"党代表大会代表接待和访问群众"的制度条例，以及"政协委员接待和访问群众"的制度条例。

在全面深化改革的历史时期，改革源于理念创新，但改革进程及改革效果，更根本地源于制度变革和制度保障，"密切联系群众"急需法治化制度的保障与落实。只有把"密切联系群众"制度化，才能使"密切联系群众"常态化、民主化，变成党员干部日常工作中的民主实践，而不是沦为"喊口号"或"走过场"，这才是在新的历史时期，真正持久地继承和发扬毛泽东思想。也只有把"密切联系群众"制度化、民主化，才能确保人民群众的主体地位，不断加强执政党的执政能力，推进国家治理现代化持续进步和提升。

B.10
公共财政支出视角下的
政府职能转型及其挑战

贠 杰 刘朋朋*

摘 要： "公共性"和"均等化"是现代公共财政的核心属性，也是评价政府职能履行的重要维度。本文通过纵向历史考察和横向国家比较的研究方法，从财政支出规模扩张趋势、财政支出结构公共化和财政分配均等化程度等视角，系统考察和分析了当前中国公共财政领域的基本状况和存在的主要问题，指出了公共性不足、公共化滞后和公平性缺失，是当前制约中国政府职能转型的主要因素，应以基本公共服务均等化为目标加快推进政府职能转变。

关键词： 公共财政 财政支出 政府职能转变 公共服务均等化

公共财政支出是政府履行职能的经济基础，是政府职能在财政领域的集中反映。进入21世纪以来，在社会经济快速发展的同时，国家财政能力得到大幅提升，但是与此同时，教育、医疗、社会保障、就业和城乡差距等问题却日益突出，不断推进政府职能转型已成为一种必然的选择。十八届三中全会明确提出，要完善和发展中国特色社会主义制度，推进国家治理体系和治理能力现代化；处理好政府和市场的关系，使市场在资源配置中起决定性作用和更好发

---

* 贠杰，中国社会科学院政治学所行政管理研究室主任、研究员、博士，中国行政管理学会理事、中央国家机关青联委员；刘朋朋，中国社会科学院政治学系硕士研究生。

挥政府作用。因此，加快推进政府职能转型，积极应对各种经济社会问题的挑战，将成为中国行政改革的重要内容。本文深入研究了中国公共财政支出的现状及其问题，从公共财政支出总体规模、财政支出公共化和财政支出均等化等三个维度，探讨了当前政府职能转型进程存在的问题及面临的挑战。

一 现实背景：财政能力的扩张与社会不公平的加重

财政支出是财政活动的重要组成部分，是政府为履行其职能、以财政收入为主要资金来源而发生的支出，它集中反映了政府活动的范围与方向。与此相对应，财政支出的规模则从一个侧面反映了政府介入社会经济生活的广度和深度。在规范的公共财政模式中，公共支出具有统一性和完整性。英国学者布朗和杰克逊（C. V. Brown and P. M. Jackson）正是在统一的公共部门意义上界定财政支出规模的，认为公共支出总量是指公共部门经常账户和资本账户的支出总量，等于公共部门的联合支出。[1] 斯蒂格利茨也认为，公共支出占经济总量的比例，是衡量政府对经济影响的一个便于使用的指标。[2]

在传统计划经济时期，财政支出占 GDP 的比重很高，政府干预经济社会的程度很深，但是由于财政支出结构以国有经济和基本建设投资为主要取向的非公共性特征，决定了其财政形态的性质必然是非公共财政和民生导向的。在市场经济体制下，财政支出占 GDP 的比重同样可以很高，但是由于支出结构的公共性和财政支出的均等化取向，其性质被判定为公共财政。因此，同样规模的财政支出，并不直接反映财政形态的性质，仅仅反映了维持某种财政运行的资金能力和政府干预的程度。但是，较大规模的财政支出能为财政支出的"公共化"和"均等化"改进创造有利的条件。

中国政府职能的运转，没有必要的财力做基础是不可能实现的。财政支出

---

[1] 〔英〕C. V. 布朗、P. M. 杰克逊：《公共部门经济学》（第四版），张馨主译，中国人民大学出版社，2000，第132页。

[2] 〔美〕约瑟夫·E. 斯蒂格利茨：《公共部门经济学》（第三版），郭庆旺等译，中国人民大学出版社，2005，第30页。

结构的公共化和公共服务的均等化，没有必要的支出规模作保证，也是难以完成的。因此，保持一定的财政支出规模是当前建设公共财政体系和实现政府职能转型的基础。从20世纪90年代中期以来，中国财政支出不论从绝对规模还是相对规模来看，都实现了快速增长。从1998年国家明确提出建设公共财政体系的目标以来，这种快速增长的趋势得以保持和延续。但是，在支出规模扩张的同时，却伴随着一系列现实中的发展困境。一方面，支出规模不断扩张依赖于政府财政收入的迅速增长，这必然会对国民收入结构中的居民收入产生挤压作用，进而影响居民自身福利的改善和消费能力的提高。另一方面，经济发展所导致的日益尖锐的社会矛盾和问题，如医疗保障、养老保障、公共教育等公共产品的短缺或不足，暴露出政府的职能缺位，限制了城乡居民消费潜力的释放，制约着社会总体消费能力的可持续增长。

相关数据显示，20世纪90年代以来，中国经济保持了高速增长，GDP由1990年的18718亿元增加到2012年的518942亿元。相应地，财政收入和财政支出的规模也得到迅速扩张，全国财政支出由1990年的3083.6亿元增加到2012年的125952.97亿元，总体规模扩张了40.8倍。但是，随着经济转轨的逐步推进和市场化改革的逐步深入，由于政府对公共产品，特别是直接涉及民生福利的一系列公共产品的忽视，使社会公众特别是低收入阶层并没有从经济快速发展和财政规模的扩张中普遍受益，各种社会矛盾在20世纪90年代中后期日益凸显。

社会发展不平衡趋势日益严重，城乡居民收入差距、社会各阶层收入差距、东西部差距逐渐拉大，而当前的中国公共财政建设并未在缩小差距方面发挥应有作用。20世纪90年代以来，城乡居民家庭人均收入的增长速度表现出较大的差异，城镇居民家庭人均收入增长相对较快，农村家庭收入增长缓慢，城乡居民收入差距明显拉大。

图1显示，1990年以后，我国城乡居民收入差距总体呈现明显的逐年扩大趋势，其中，在2009年，城乡收入差距达到最大。1990~2001年，城乡居民收入比保持在2.8以下，呈现逐年递增趋势。1990年，城乡居民收入比是2.2，1998年我国正式提出建设公共财政目标时升至2.5。2001年以后，城乡居民收入比超过3.1，且在2009年达到最大值（3.33）。2009年以后，城乡居

民收入比有逐年缩小的趋势，但是城乡居民收入差距依旧较大。如 2010、2011、2012 年，城乡居民收入比分别是 3.23、3.13、3.10，保持在 3.10 及以上水平。

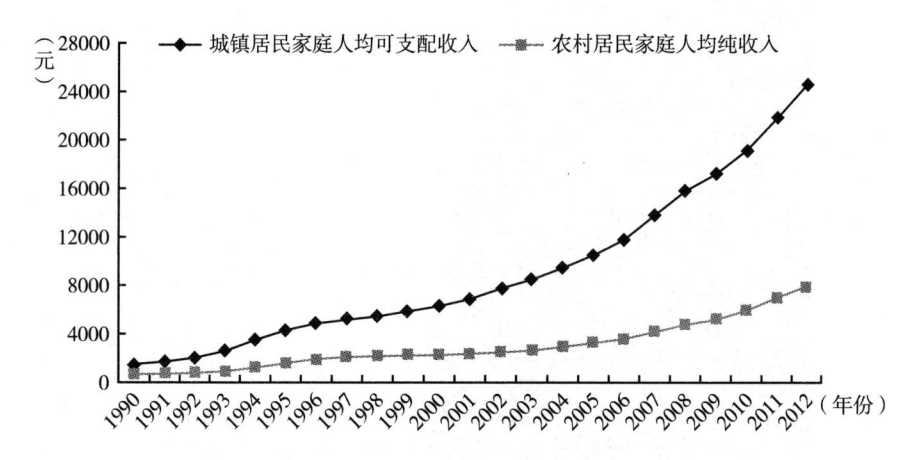

图 1　1990～2012 年城乡居民家庭人均收入变动情况

资料来源：《中国统计年鉴（2012）》；国家统计局：《中华人民共和国 2007 年国民经济和社会发展统计公报》。

与此同时，我国社会各阶层的居民收入差距也呈现逐步扩大的趋势。根据国家统计局 2013 年公布的测算结果，全国 2008～2012 年的基尼系数分别为 0.491、0.49、0.481、0.477、0.474。[①] 而据世界银行的测算，中国基尼系数从 1980 年的 0.32 升至 2010 年的 0.425。虽然两组数据略有出入，但是近年来我国居民收入差距超过了 0.4 这一公认警戒线已经是不争的事实。目前，在 135 个有数据可查的国家和地区中，中国的基尼系数排在第 89 位，只有 46 个国家和地区的收入分配比中国更不平等，这些国家主要分布在撒哈拉以南的非洲和拉丁美洲（见图 2）。

20 世纪 90 年代以来，地区发展不平衡也成为中国经济社会发展的一个突出问题，缩小东部、中部、西部发展差距成为政府需要解决的重要问题。1990～2005 年，东部、中部、西部地区差距呈逐步扩大趋势，2006 年差距达

---

① 《统计局：去年基尼系数 0.47　收入分配改革愈发紧迫》，中国新闻网，http://finance.chinanews.com/cj/2013/01-18/4500444.shtml。

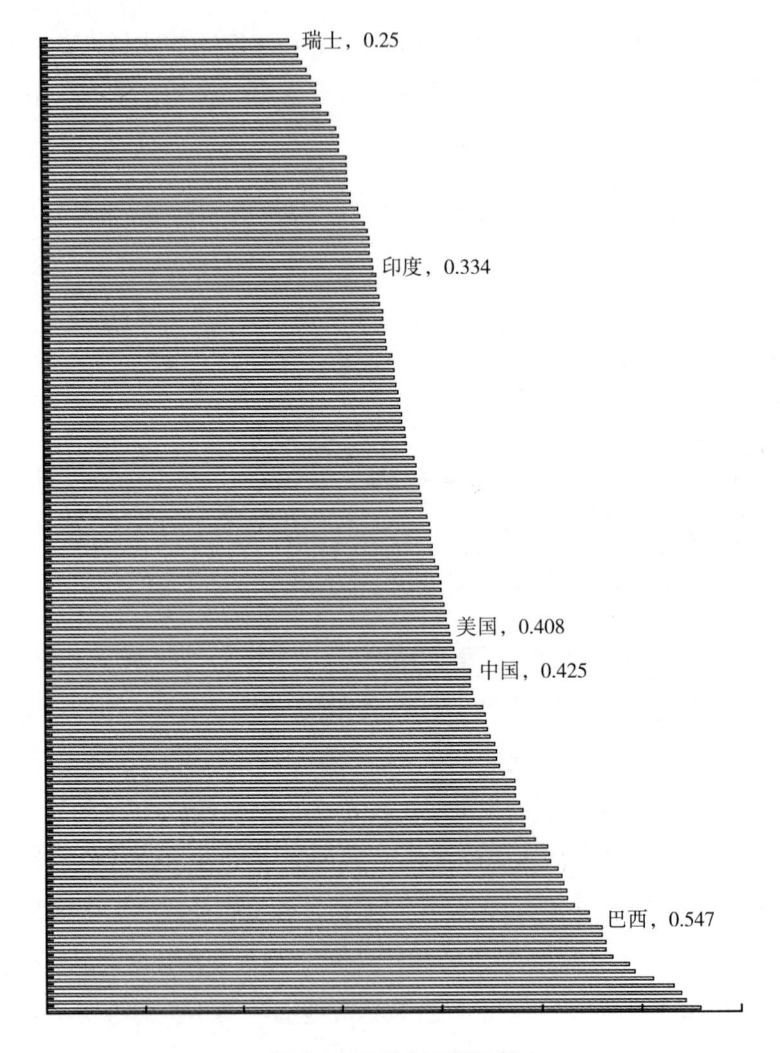

图 2　各国基尼系数比较

数据来源：UNDP, *Human Development Report*, 2012, Table 3, http://hdr.undp.org/statistics/data/indic/indic_138_1_1.html。

到最大。从区域 GDP 总量来看，地区之间的差距呈现扩大的态势（见表 1）。此外，从东部、中部、西部 GDP 的总量和增长率来看，不仅显示出发展差距的存在，而且预示着区域间的差距在短期内并没有缩小的趋势。有关数据显示，1993~2004 年，东部、中部、西部 GDP 的平均增长率分别为 11.45%、10.36%、9.83%。与此同时，从区域人均 GDP 来考察，1992 年东部与中部人均GDP相差1321元，东部与西部人均GDP相差1515元，此后除个别年份外，东部与中部、西部的差距都呈逐步扩大的趋势。到2006年，东部与中部、西部的差距已分别达到15299元和16608元。①

表1　东部、中部、西部地区GDP总量及所占比例：1992、2004、2007年比较

	1992年			2004年			2007年		
	东部	中部	西部	东部	中部	西部	东部	中部	西部
GDP总量（亿元）	13946	6731	5116	95306	40349	27585	128593	43218	39527
所占比例（%）	54	26	20	58	25	17	59	24	17

注：根据国家统计局的标准，东部、中部、西部各包含特定的省份。东部地区包括北京、天津、河北、辽宁、上海、江苏、浙江、福建、山东、广东和海南等11个省市；中部地区包括山西、吉林、黑龙江、安徽、江西、河南、湖北、湖南等8省；西部地区包括重庆、四川、贵州、云南、西藏、陕西、甘肃、青海、宁夏、新疆、广西、内蒙古等12个省、自治区、市。

而2006年以后，政府加大对地区不平衡发展的调控力度，相继出台西部大开发、振兴东北老工业基地等政策，东部、中部、西部差距呈现缩小趋势，但是，绝对差距依旧较大。首先，从区域GDP总量所占比例来看，东部地区GDP所占比例逐步减小，中部和西部地区所占比例逐年增加（见表2），地区之间的差距呈现缩小的态势。其次，从各地区GDP绝对规模来看，各地区绝对规模差距逐年减少。例如，2005年东部地区GDP总量分别是中部、西部地区的3倍、3.3倍，而到2012年，东部地区GDP总量分别是中部、西地区的2.5倍、2.6倍。再次，从各地区GDP年均增长速度来看，中西部地区明显高于东部地区，且西部地区增长速度最快。根据相关数据显示②，2005～2013年，东部、中部、西部地区GDP的平均增长率分别是15.25%、17.75%、19.15%，中部、西部地区分别是东部地区的1.2倍和1.3倍。最后，从人均GDP对比来看，2012年东部地区分别是中、西部地区的1.78倍、1.84倍，与2005年相比，分别降低了0.46倍、0.7倍。虽然各地区差距有缩小趋势，但是各地区差距依旧较大。无论从GDP总量、占比以及人均GDP上来看，东部

---

① 此数据根据国家统计局《中国统计年鉴（2007）》相关数据整理得出。
② 此处数据根据国家统计局2005～2013年《中国统计年鉴》相关数据整理得出。

地区远高于中部、西部地区。东部地区 GDP 总量占全国比例依旧保持在 50%以上，东部地区人均 GDP 依旧比中西部地区高。

表2 2005~2012年东部、中部、西部地区 GDP、人均 GDP 及相关比例比较

年份	东部地区 绝对数（亿元）	东部地区 占全国比重（％）	东部地区 人均（元）	中部地区 绝对数（亿元）	中部地区 占全国比重（％）	中部地区 人均（元）	西部地区 绝对数（亿元）	西部地区 占全国比重（％）	西部地区 人均（元）
2012	295892	51.3	57722	116278	20.2	32427	113905	19.8	31357
2010	232031	53.1	46354	86109	19.7	24242	81408	18.6	22476
2008	177580	54.3	37213	63188	19.3	17860	58257	17.8	16000
2006	128593	55.7	27567	43218	18.7	12269	39527	17.1	10959
2005	109925	55.6	23768	37230	18.8	10608	33493	16.9	9338

与城乡居民收入差距、社会阶层收入差距、东西部收入差距的逐渐拉大直接相联系的，是教育、医疗、社会保障等问题的不断恶化。事实上，近年来财政支出规模扩张的现实需求，虽主要来自公共产品，特别是直接涉及民生福利的一系列公共产品，但是支出规模扩张并未带来收入差距的缩小和民生福利问题的改善。社会发展的严重不平衡，对国家公共财政建设提出了更为迫切的要求，使财政支出规模的扩张具有一定的现实合理性。但是，鉴于现有财政支出规模中基本建设费和行政管理费占相当大的比重，而且规模存量和支出结构呈现刚性变动的特点，所以支持以民生为主导的公共产品的财政投向，在现实条件下只能更多地依赖资金规模增量。因此，保持财政支出规模的快速增长就成了一种不得不采取的方式。

二 中国财政支出规模的变动分析与国际比较

20世纪90年代以来，伴随经济转轨出现的普遍忽视甚至牺牲公共福利的倾向，加剧了中国教育、医疗卫生、社会保障等民生领域的社会矛盾。这对建立公共财政体系提出了更高的要求，同时也在一定程度上构成了财政支出规模扩张的客观理由。如果从预算内、预算外以及制度外等不同统计口径考察，会

对中国财政支出规模的具体水平产生不同的判断，但是历史经验和国际比较数据显示，无论从何种统计口径衡量，中国财政支出能力都比以前有了很大提高，已达到相当高的水平，而且仍保持快速增长的势头，目前财政能力已不构成中国建设公共财政体系和推进政府职能转型的主要障碍。

（一）中国财政支出规模的变化趋势及其特点

1994年分税制改革，改变了财政收支规模持续下降的趋势，财政支出占GDP的比重开始逐年回升。特别是1998年正式提出建设公共财政的目标要求以后，财政收入呈现快速增长的态势，我国财政支出的规模和水平也迅速提高。从1990年到2012年，预算内财政支出由3083.6亿元增加到125953.0亿元，2012年是1990年的40.8倍；而同一时期，名义GDP由18667.8亿元增加到518942.1亿元，2012年是1990年的27.8倍。可见，这一时期预算内财政支出的增长率明显快于GDP的名义增长率[1]，改变了1996年前财政支出的增长率明显低于GDP名义增长率的长期趋势。与此同时，预算内财政支出比例也呈快速回升的态势，由1995年和1996年的11.2%，迅速回升至2002年的18.3%。虽然其后两年小幅下降（2003年和2004年分别为18.1%和17.8%），但此后又逐年上升，且2008年以后每年的预算内支出占比均超过20%，并在2011年达到23.1%。

图3显示，1990年后，预算内财政支出绝对规模一直在增长，1996~1998年，年增长幅度在1000亿元以上。1999年和2000年，年增长幅度在2000亿元以上。2001年、2002年和2004年，年增长幅度达到了3000亿元以上。2003年有所回落，但也保持在2600亿元的水平。2005年后，财政支出规模进入更为快速的增长阶段，2005~2007年，各年度增长幅度分别高达5500亿元、6400亿元、9100亿元。2008年以后，年增长幅度均在12000亿元以上，2011年达到19373.6亿元。数据显示，1994年分税制改革后，除了2003年增长率为11.8%外，其余年份的预算内财政支出增长率都保持在15%以上，其中超过20%的年

---

[1] 此处选择了GDP的名义增长率而非按不变价格计算的实际增长率，为的是便于与以名义价格计算的财政支出数额进行比较。

份有5年；增长率最快的年份是面对全球金融危机的2008年，达到了25.7%。总体来看，这一时期预算内财政支出绝对规模迅速扩张，特别是1998年明确提出建设公共财政的目标要求后，财政支出绝对规模迅速提升，这种扩张趋势在2005年后尤为明显。预算内财政支出相对规模，即财政支出比例进一步反映了支出规模扩张的趋势。2012年，预算内财政支出占GDP比例，已从最低点1995年的11.2%回升到22.8%。而这种支出比例的提高，是在我国国民经济进入快速增长期、GDP保持高增长的前提下取得的，预算内财政支出规模扩张的速度，远远快于名义GDP的增长速度，支出规模扩张趋势明显。

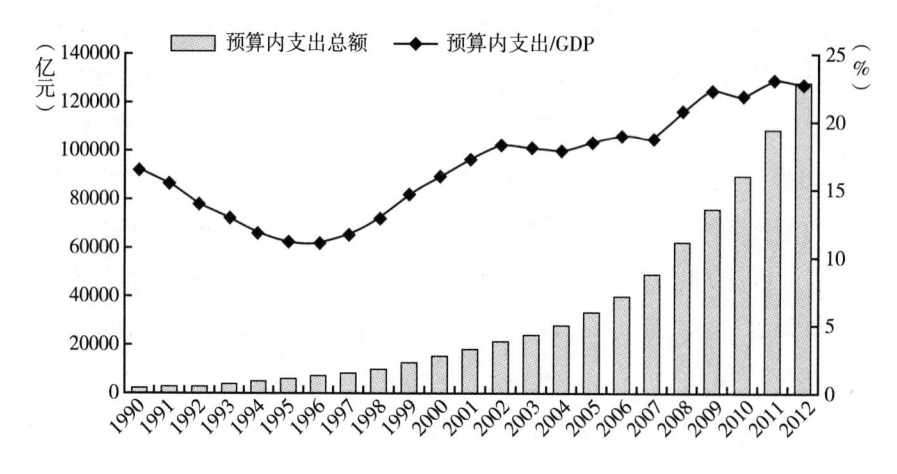

图3 1990~2012年财政预算内支出变动情况

资料来源：2006年及以前数据选自《中国统计年鉴（2007）》。2007年及以后数据选自《中国统计年鉴（2013）》。

与预算内财政支出规模相比，这一时期预算外支出规模增长幅度并不明显。其主要原因在于1993~1996年对预算外收支范围进行了调整，预算外支出统计口径发生变化，从1997年起预算外资金不包括纳入预算内管理的政府性基金（收费）。因此，虽然1993年后预算外资金规模大幅下降，却并非同一口径的变动，与1993年以前的数据不具可比性。

图4显示，1993年支出总额从1992年的3649.9亿元降至1314.3亿元，占GDP比例也从13.6%下降至3.7%。虽然此后预算外支出总额在总体上呈现增长的态势，但平均增长速度远远落后于预算内财政支出。2000年后，预

算外支出总额的增长速度开始低于名义 GDP 的增长速度，预算外支出占 GDP 比例呈现降低的态势。2010 年预算外支出占 GDP 比例是 1.4%，比 2000 年的 3.6% 降低了 2.2 个百分点。1997 年统计口径调整后，预算外支出与预算内支出的比值一直呈下降趋势，从 1997 年的 29.1% 逐步下降至 2010 年的 6.4%。图 5 清楚地显示了 1990 年后预算外支出与预算内支出的变化趋势。

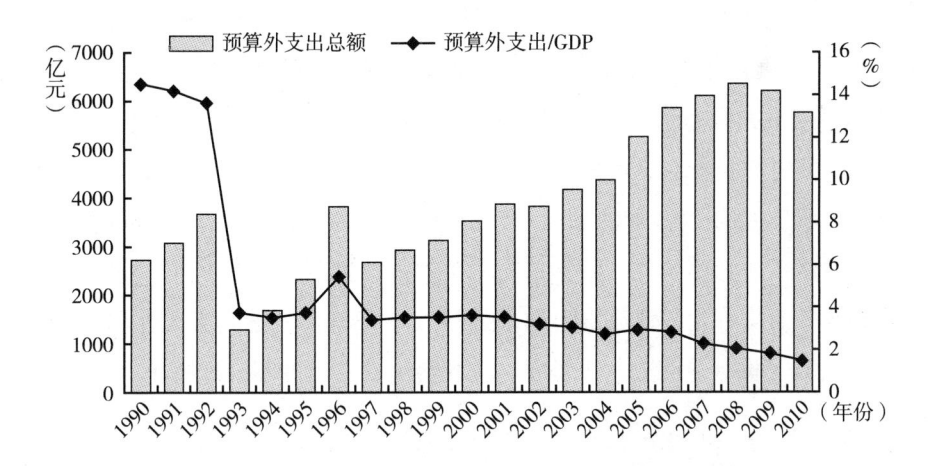

图 4　1990~2010 年财政预算内外支出规模变动情况

资料来源：《中国统计年鉴（2013）》。

注：因 2011 年和 2012 年的预算外资金数额仍未公布，因此相关分析只涉及 2010 年及以前数据。

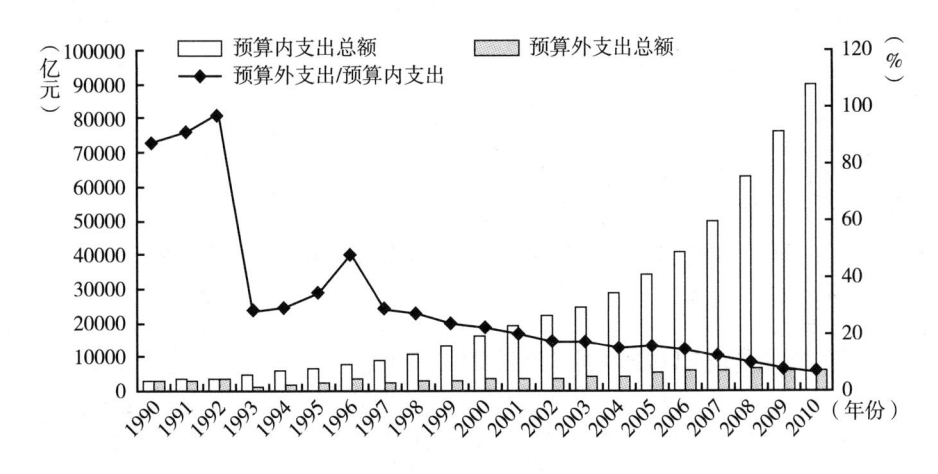

图 5　1990~2010 年预算内支出、预算外支出总额及比重

资料来源：《中国统计年鉴（2013）》。

图6显示，总体来看，1990年后，中国财政支出占GDP比例呈现"V字"形变化趋势。财政支出比例在20世纪90年代中期降至谷底。其后，无论是预算内支出，还是财政总支出，都呈现反转的态势，财政支出相对规模逐步回升，同时预算内支出和财政总支出的趋势线逐步接近，预算外支出比例维持在较低水平，并逐步小幅下降。从财政支出绝对规模考察，20世纪90年代中期以后，特别是1998年以后，支出规模快速增长，增长速度明显超过了同期名义GDP的增长速度。财政收支的相对规模和绝对规模扩张迅速，既有对1994年前极低财政能力适应性反弹的一面，也有面对诸多社会问题，明确提出建设公共财政目标后，适应经济形势、满足公共需要的一面。但是，由财政支出规模所反映的国家财力增长，仅仅是解决诸多日益突出的社会问题、建设公共财政体系的必要条件，而不是充分条件。如果不能实现支出结构的公共化和公共服务的均等化，那么支出规模的持续扩张就会丧失其必要性和合理性，同时造成沉重的社会负担，并形成对全社会消费支出的不合理挤压。

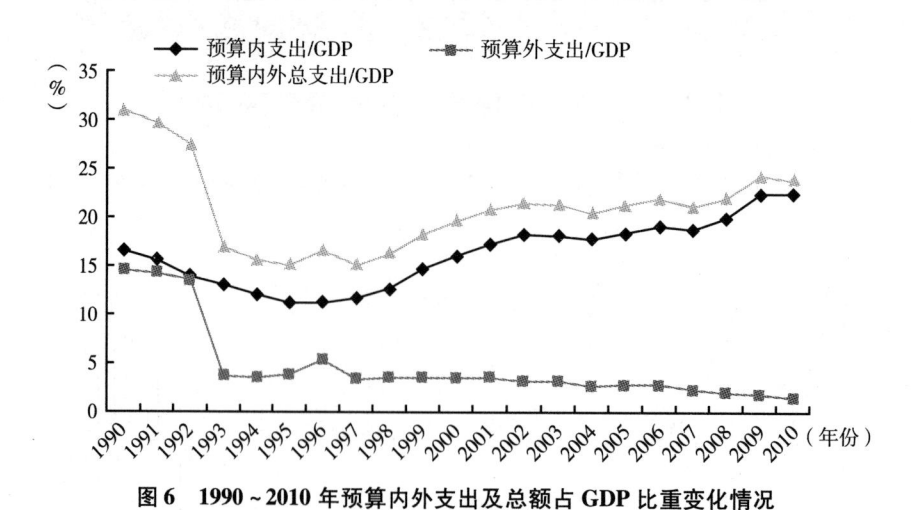

图6 1990~2010年预算内外支出及总额占GDP比重变化情况

（二）财政支出规模的国际比较

目前，政府能力的强弱和财政支出规模的大小，在理论界和实践领域还存在诸多争议。鉴于中国当前是以建设公共财政体系为目标模式，那么与其他国家，特别是与已建立成熟公共财政体系的西方发达国家进行横向对比，将有助于深化对这个问题的认识。只有通过国际比较才能对以政府支出规模为基础的中国政府能力强弱问题有一个全面的把握和认识。事实上，由于政治制度、经济体制、经济发展阶段等因素的不同，各国政府财政支出规模也存在较大差异。然而，无论外部环境如何不同，各国财政支出都反映了社会资源配置的基本格局，以及政府对经济社会生活的干预度。基于此，本文从不同层次、不同角度对财政支出规模进行国际比较，这将有助于从公共财政的基本规律出发，考察中国财政支出规模的水平，从而深化对政府职能问题的认识。

1. 2001~2012年中国与OECD国家财政支出占GDP比例比较

经济合作与发展组织（OECD）国家是世界发达市场经济国家的代表，其公共财政体系具有一定的典型性。表3与图7分别显示了2001~2012年中国与主要OECD国家政府财政支出规模占GDP比例的变化趋势。

表3 政府财政支出占GDP比重的国际比较

单位：%

年份\国家	中国	法国	德国	日本	英国	美国	韩国	挪威	瑞典
2001	17.9	51.7	47.6	36.4	36.9	33.7	19.1	43.5	54.5
2002	18.9	52.9	48.0	36.6	38.1	34.6	17.9	46.4	55.6
2003	18.6	53.4	48.5	36.2	38.9	34.9	20.2	47.8	55.7
2004	18.1	53.3	47.1	33.9	39.5	34.7	21.1	44.8	54.2
2005	18.6	53.6	46.9	34.1	39.9	34.9	20.9	41.6	53.9
2006	18.9	53.0	45.4	34.5	40.1	34.6	21.5	39.9	52.7
2007	18.9	52.6	43.5	33.3	39.8	35.5	21.9	40.2	51.0
2008	20.4	53.3	44.1	35.7	42.4	38.1	22.4	39.6	51.8
2009	23.3	56.8	48.2	40.0	46.8	42.8	23.0	45.9	54.9
2010	22.8	56.6	47.9	38.9	46.1	41.1	21.0	44.9	52.3
2011	23.9	55.9	45.0	40.8	44.7	40.2	21.4	43.7	51.5
2012	24.9	56.6	44.6	41.3	44.8	38.8	21.4	43.1	52.1

资料来源：数据来自国际货币基金组织数据库，转引自国研网世界经济数据库。

（1）21世纪初，随着中国市场化进程的推进，包括预算内支出和预算外支出在内的政府财政支出占GDP的比重，明显低于法国、德国、日本、英国、美国和瑞典等国。2001年后，中国财政支出比重保持上升趋势，但差距仍然

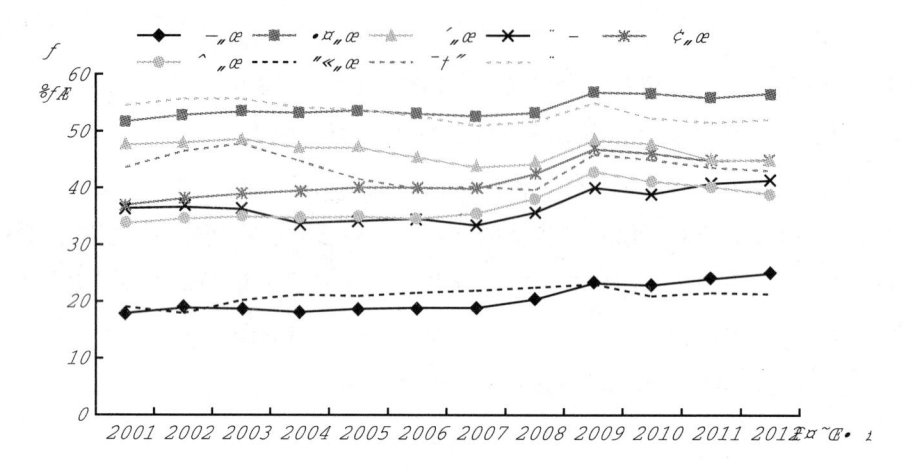

图7 2001~2012年各国政府财政支出占GDP比重的变动情况

资料来源：数据来自国际货币基金数据库，转引自国研网世界经济数据库。

十分明显。需要说明的是，OECD国家财政支出占GDP比重较高是由于其财政支出涵盖了包括社会保障支出在内的所有政府支出，而中国仍有大量的政府支出游离于预算内支出甚至是预算外支出，如社会保障支出等。

（2）经济危机爆发之前，各国财政支出规模的变动均呈平稳发展的态势，2007~2009年经济危机爆发，各国为解决经济危机引发的一系列经济社会等问题，财政支出规模普遍呈现上升趋势，但是在2009年以后，各个发达国家支出规模呈现缩小趋势。同期，与发达国家相反，中国财政支出规模在2009年以后，虽然在2010年有小幅度回落，但仍旧保持扩大趋势。这一趋势在一定程度上是中国公共财政建设加快的表现。

（3）在上述国家中，高福利国家法国的财政支出比例远远高于中国，从2001年的51.7%到2012年的56.6%，一直维持在50%以上，虽然中国财政支出比例在2001年后保持上升态势，但2012年法国仍然是中国的2.28倍。韩国与中国财政支出相对规模最为接近，值得一提的是，在2009年金融危机以后，中国支出比例首次超过韩国，此后一直保持领先态势，但差距并不大，最大值为2012年的3.5个百分点。

2. 不同收入水平国家之间财政支出规模国际比较

为了全面衡量中国当前财政支出规模的合理性，不仅需要分析发达市场经济国家的状况，还需考察其他经济水平国家的公共财政支出规模，从而考察经济发展水平对支出规模的影响。基于世界银行的相关数据，本文选取了不同收入水平国家财政支出相对规模进行比较分析。样本以人均 GNP 为标准将这些国家分为四组，人均 GNP 小于等于 1035 美元的，为低收入国家；人均 GNP 为 1035～4086 美元的，为中下等收入国家；人均GNP 为 4086～12616 美元的，为中上等收入国家；人均 GNP 大于 12616 美元的，为高收入国家（见表 4）。

表4　不同收入国家公共财政支出规模比较

高收入国家	财政支出占 GDP 比重（%）	中上等收入国家	财政支出占 GDP 比重（%）	中下等收入国家	财政支出占 GDP 比重（%）	低收入国家	财政支出占 GDP 比重（%）
希腊	52.5	巴西	26.3	印度尼西亚	11.0	肯尼亚	22.8
荷兰	39.6	阿尔及利亚	29.7	亚美尼亚	22.6	塞拉利昂	21.5
法国	47.8	保加利亚	31.5	格鲁吉亚	24.3	利比里亚	21.0
德国	29.5	约旦	28.0	加纳	21.1	乌干达	19.0
意大利	41.5	白俄罗斯	26.3	斯里兰卡	17.8	布基纳法索	12.8
挪威	34.5	匈牙利	46.0	巴基斯坦	17.6	埃塞俄比亚	10.8
波兰	34.3	罗马尼亚	33.9	印度	15.3	尼泊尔	15.8
西班牙	29.3	塞尔维亚	40.3	埃及	29.2	孟加拉国	11.3
瑞典	31.9	突尼斯	32.8	摩洛哥	33.2		
英国	43.7	保加利亚	31.5				
美国	25.2	黎巴嫩	27.3				
俄罗斯	25.2	白俄罗斯	26.3				
葡萄牙	44.1	匈牙利	46.0				
丹麦	42.7	罗马尼亚	33.9				
奥地利	38.7	塞尔维亚	40.3				
平均	37.4		33.3		21.4		17.3

资料来源：World Bank；*World Development Indicators 2011*，世界银行数据库，http://databank.shihang.org/data/views/variableselection/selectvariables.aspx?source=世界发展指标#，此处数据均为2011年数据。

通过比较分析表 4 数据可以得出以下结论。

（1）一般来说，在不同收入水平的国家中，财政支出占 GDP 比例随着人均 GDP 的增长而增长，发达国家财政支出规模最大。表 4 显示，四组国家财政支出占 GDP 平均比重分别为：低收入国家 17.3%，中下等收入国家

21.4%，中上等收入国家33.3%，高收入国家37.4%。财政支出相对规模随着经济发达程度和收入水平的提高而增长。

（2）中国在同一时期按人均GNP属于中下等收入国家，财政支出占GDP平均比重为23.9%，低于中上等收入国家平均水平。即使将预算外支出纳入政府支出，按大口径支出标准计算，中国的实际财政支出规模为24.3%，仍低于中上等收入国家平均水平。

（3）表4中这些国家的样本数据均反映的是实际财政支出规模，不存在预算外问题，中国按支出口径区分的财政支出规模则具有特殊性。如果考虑到广泛的制度外支出等因素，中国的财政支出规模要高于当前水平。

（4）在低收入国家组和中下等收入国家组内部，财政支出规模存在巨大差异。例如，在低收入国家组，财政支出占GDP比例最高的是肯尼亚，达到22.8%，最低的是埃塞俄比亚，仅为10.8%。在中下等收入国家组，财政支出占GDP比例最高的是摩洛哥，达到33.2%，最低的是印度尼西亚，仅为11.0%，差别极为明显。而在中上等收入国家组和高收入国家组内部，支出规模的差异相对较小。可见，在经济发达国家和公共财政体系较为完善的国家，财政支出占GDP比例一般相对较高，且保持相对稳定，各个国家之间的差异不明显。

3. 2011年财政支出占GDP比例的国际比较

2011年最新财政支出规模的国际比较数据显示，中国财政支出仍然处于较低的水平，与公共财政体系较为完善和成熟的绝大多数发达国家相比，还存在进一步扩张的空间。图8显示，2011年中国财政总支出占GDP比重不仅低于同年经济合作与发展组织国家的平均数33.58%，而且也低于除了韩国、加拿大、日本、土耳其以外所有经济合作与发展组织国家的水平。但是，考虑到人均GDP水平，以及未纳入预算内和预算外支出的政府支出因素，中国财政支出规模并没有名义上的低。

目前，许多关于财政规模的研究集中在对最优财政规模的分析上，但财政支出规模发展趋势的国际比较显示，支出规模的扩张似乎是不同国家财政发展的共同规律。事实上，合理的财政支出规模应该是有弹性的，它不会是一个恒定的量，资源优化配置所要求的政府公共财政支出规模，将会随着经济周期的变化而变化。换言之，在经济发展的不同阶段，政府履行职能的重点和程度是

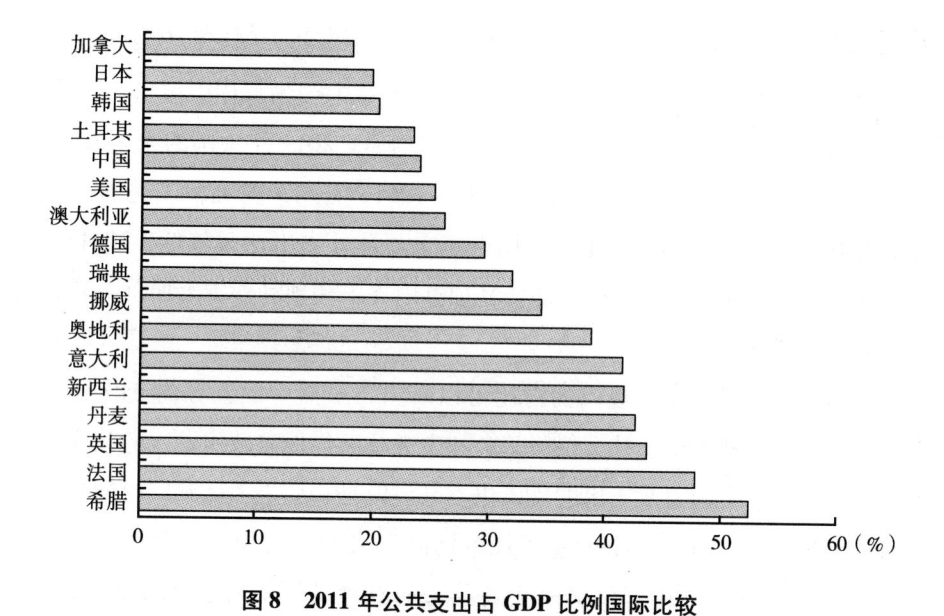

公共财政支出视角下的政府职能转型及其挑战

图8 2011年公共支出占GDP比例国际比较

资料来源：国际数据来自世界银行数据库（World Bank Database），中国数据来自国际货币基金组织数据库，转引自国研网世界经济数据库。该处中国政府支出占比数据（24.0%）与中国预算内财政支出和预算外财政支出之和占GDP比重数据（24.3%）基本一致。

不同的，因而财政的合理支出规模也必然在一定的合理区间发生变动。有学者认为，公共需要的层次性和当时的社会消费水平，是决定财政合理支出规模区间的主要依据，提供第一层次公共需要（即政府保证履行其职能的需要。它属于典型的公共需要，具有相对固定的性质）所要求的资金量是财政合理规模的下限。因此，财政与经济应保持协调增长，而未必是同步增长。在实践中，应力求实现政府支出的最优化而不是最多化。

目前，国内许多学者和政府官员，从预算内支出的角度，提出财政支出占GDP比例过低的问题，认为不适应建设公共财政的需要，应该进一步提高财政支出规模。事实上，如果仅从预算内支出的角度考察，中国财政支出的比重并不高，即使现阶段加上预算外支出，支出总规模仍然低于已建立成熟、规范的公共财政体系的西方发达市场经济国家，甚至低于大部分发展中国家。例如，截至2011年，在经济合作与发展组织上述成员国中，除了土耳其等四国的财政支出规模与中国相近外，其他成员国的财政支出比例都高于中国含预算内支出和预算外支出的财政支出总和（见图8）。即使与发展中国家进行比较，

中国财政支出比例也不高。例如，表4显示，中下等收入国家财政支出相对规模的平均值是21.4%，而最新数据显示，2011年中国预算内财政支出占GDP比例为23.1%，略高于中下等收入国家的平均值。2011年中国的人均GNP处于中上等收入国家（人均GNP介于4086～12616美元）行列，该类国家的财政支出平均比例为33.3%。由于中国近年来预算外支出比重较低，2011年只占GDP不到2%的规模，因此，即使将预算内支出和预算外支出加总，其比例仍然不高。

由不同口径财政支出规模的对比可以看出，虽然中国预算内支出规模较小，即使将预算外支出、社会保障基金和中央政府代地方政府发行的政府债券支出考虑进来，中国财政支出的规模仍不高。但是，如果考虑到广泛的制度外支出等因素，中国财政支出的总体规模远高于名义上的规模。总体来看，20世纪90年代以来，伴随经济转轨出现的普遍忽视甚至牺牲公共福利的倾向，加剧了中国教育、医疗卫生、社会保障等民生领域的社会矛盾。这对建立公共财政体系提出了更高的要求，同时也在一定程度上构成了财政支出规模扩张的客观理由。虽然公共财政建设对财政支出规模有较高的需求，但快速扩张的支出规模如果与支出结构的公共化和支出结果的均等化相背离，财政支出规模扩张就会失去其存在的合理性。因此，判断迅速扩张的中国财政支出规模是否具有合理性，最终取决于支出结构的公共化与支出结果的均等化。

三　中国财政支出结构分析与国际比较

财政支出结构是不同种类政府支出的构成安排，它集中反映了政府的活动范围和方向。公共财政作为国家财政的一种具体类型或模式，是与市场经济相适应的财政形态，是着眼于弥补市场失灵、提供公共物品、满足社会公共需要的一种经济活动或分配活动。西方发达国家经验证明，财政支出结构的公共化，应成为建立公共财政和实现政府职能转型的主要特征和制度标志。就中国而言，随着支出规模的不断扩张，财政支出结构的公共化水平并没有得到明显提高。在一些部门、地区和领域，甚至存在明显的忽视和牺牲公共福利的不良倾向，这些问题都可以从财政支出结构及其变动中得到直接反映。

（一）公共化进程滞后的中国财政支出结构

随着市场经济体制的建立和不断完善，我国的财政体制也经历了几轮变革，对财政支出结构进行了一定程度的调整和优化。但是，从实践来看，与建立公共化导向的财政模式的基本要求相比，中国财政支出结构公共化水平仍较低。

表5显示，1990年以来，随着国家财政总支出的快速增长，按财政功能性质分类的各项支出，在支出绝对量上都得到较大提高。但是，各类支出的增长速度是不一样的。1999~2006年，除了"其他支出"类别费用，行政管理费是各类支出中增长最快的类型，而直接涉及民生的社会文教费等支出却远远落后于这两类支出及财政支出总量的增长速度。数据显示，2006年的行政管理费是1990年的18.3倍，而同期社会文教费是14.7倍、国防费是10.3倍，经济建设费是7.8倍。如果与国家正式提出建设公共财政的1998年进行比较，这种增长态势和格局并没有明显变化，除了其他支出，行政管理费依然是增长最快的支出类型（见表6）。另外，1990年后支出变化的一个明显特点是国家经济建设费虽然增长的绝对规模较大，如2006年比2005年增加1417.6亿元，但增长速度明显下降。社会文教费支出在2006年第一次超过经济建设费，成为财政支出结构中第一大类支出项目。这种变化显示，在计划经济向市场经济体制转轨过程中，随着市场化程度的提高和对民生领域的逐渐重视，中国在财政支出的某些领域开始出现一些积极的变化。

表5　1990~2012年国家财政按功能性质分类支出总额变动

单位：亿元

年份	支出合计	经济建设费	社会文教费	国防费	行政管理费	其他支出
1990	3083.6	1368.0	737.6	290.3	414.6	273.1
1991	3386.7	1428.5	849.7	330.3	414.0	364.2
1992	3742.2	1612.8	970.1	377.9	463.4	318.0
1993	4642.4	1834.8	1178.3	425.8	634.3	569.2
1994	5792.6	2393.7	1501.5	550.7	847.7	499.0
1995	6823.7	2855.8	1756.7	636.7	996.5	578.0

续表

年份	支出合计	经济建设费	社会文教费	国防费	行政管理费	其他支出
1996	7937.7	3233.8	2080.6	720.1	1185.3	717.9
1997	9233.6	3647.3	2469.4	812.6	1358.9	945.4
1998	10798.2	4179.5	2930.8	934.7	1600.3	1152.9
1999	13187.7	5061.5	3638.7	1076.4	2020.6	1390.5
2000	15886.5	5748.4	4384.5	1207.5	2768.2	1777.9
2001	18902.6	6472.6	5213.2	1442.0	3512.5	2262.3
2002	22053.2	6673.7	5924.6	1707.8	4101.3	3645.8
2003	24650.0	6912.1	6469.4	1907.9	4691.3	4669.4
2004	28486.9	7933.3	7490.5	2200.0	5522.0	5341.1
2005	33930.4	9317.0	8953.4	2475.0	6512.3	6672.7
2006	40422.8	10734.6	10846.3	2979.4	7571.1	8291.5
2007	49781.4	13818.1	17241.1	3770.2	12000.4	2951.6
2008	62592.7	19580.2	21796.5	4419.5	13855.7	2940.8
2009	76300	27084.4	26902.0	5202.0	13908.3	3203.3
2010	89874.3	33061.8	33654.6	5602.6	14854.9	2700.4
2011	109247.8	39128.7	43578.3	6337.5	17292.1	2911.2
2012	133198.2	51604.6	52273.3	7025.8	19812.1	2482.4

资料来源：国家统计局：2007~2013年《中国统计年鉴》。2007年以后财政支出项目不再采用经济建设费、社会文教费、国防费、行政管理费的分类方法，改为按具体支出功能的15个项目分类，2007~2012年数据根据支出项目类别数据整理得出。其中，社会文教费包括科学技术、文化体育与传媒、社会保障和就业、医疗卫生、保障性住房支出；行政管理费包括一般公共服务和公共安全支出；国防费包括国防和外交的支出；经济建设费包括环境保护、城乡社区等支出。

表6 2006年与1990年、1998年财政按功能性质分类支出增长比较

	经济建设费	社会文教费	国防费	行政管理费	其他支出
2006年是1990年的倍数	7.8	14.7	10.3	18.3	30.4
2006年是1998年的倍数	2.6	3.7	3.2	4.7	7.2

资料来源：根据国家统计局《中国统计年鉴（2007）》有关数据计算而得。

2007年以后，国家财政支出由先前的四大建设费用支出项目划分为具体的15项支出项目，行政管理费用被取消，被分摊到具体支出项目中。根据我国之前经济建设费、社会文教费、国防费以及行政管理费的支出内容，整理得出2007~2012年四大建设费用的支出额度，如表5所示。2007~2012年，财政支出总规模增长依旧迅速，按功能划分的支出项目在支出绝对量上都得到较大程度的提高。但是，各类支出的增长速度是不一样的。2007~

2012年，其他支出降低；涉及民生的社会文教费增长最快，远远高于经济建设费、行政管理费及财政支出总量的增长速度。数据显示，与国家正式提出建设公共财政的1998年相比，2012年社会文教费用支出是1998年的17.8倍，是所有支出中增长最快的，而同期的经济建设费是12.3倍、国防费是7.5倍、行政管理费是12.3倍。与2006年支出项目相比较，支出趋势和格局没有明显变化（见表7）。

表7　2012年与2006年、1998年财政按功能性质分类支出增长比较

	经济建设费	社会文教费	国防费	行政管理费	其他支出
2012年是1998年的倍数	12.3	17.8	7.5	12.3	2.1
2012年是2006年的倍数	4.8	4.8	2.3	2.6	0.3

资料来源：根据国家统计局《中国统计年鉴（2013）》有关数据计算而得。

然而，分类支出绝对量的增长仅从一个侧面反映了财政支出总额的变动情况，能够反映支出构成变化的直观指标是各类支出项目占财政总支出的比重及其变化趋势。

如图9所示，1990～2006年，经济建设费比重总体呈现下降趋势，社会文教费和行政管理费比重呈逐年递增趋势。经济建设费在1990年时高达44.4%，远远超过其他各项支出的比例：同期社会文教费占23.9%，国防费占9.4%，行政管理费占13.4%，其他支出占8.9%。此后，经济建设费比重逐渐降低，特别是从1999年后，该比重下降的速度加快，由1999年的38.4%降至2006年的26.5%。然而，在同一时期，行政管理费和其他支出项目比重提高较大，这种趋势在1998年后更为明显，与经济建设费比重的较快下降几乎处于同一阶段。例如，行政管理费由1998年的14.8%快速升至2003年的19.0%，其他支出项目（含国内外债务的还本付息支出）比重由1998年的10.7%急剧升至2003年的18.9%。而同一时期，作为支出结构公共化水平主要观察指标的社会文教费比重一直没有发生明显变化，从1990年到2006年仅提升了2.9个百分点。如果考察1998年后的变化，社会文教费比重几乎没有任何变化，甚至还出现了略微下降的态势，如1999年该比重为27.6%，2002～2005年分别为26.9%、26.2%、26.3%、

26.4%，2006年也仅为26.8%。虽然社会文教费比重在2006年第一次超过经济建设费比重，但是，这种结构性变化的主要原因是经济建设费比重下降，而不是社会文教费比重的明显升高。事实上，经济建设费比重下降与行政管理费和其他支出项目比重的快速升高几乎完全同步。显然，1990~2007年，直接涉及民生领域的财政支出结构公共化水平，并没有得到明显的提高。

2007年以后，经济建设费和社会文教费比重发生明显变化，呈现增长趋势，且社会文教费比重始终高于经济建设费比重。2007~2012年，作为支出结构公共化水平主要观察指标的社会文教费比重提升了6.89个百分点。有很大一部分原因是国家调整支出项目结构，同期行政管理费和其他支出比重明显降低，同期经济建设费比重则提升了13.21个百分点。事实上，行政管理费和其他支出比重的快速下降被经济建设费快速增加所替代。2007年以后，财政支出公共化水平得到一定程度的提高，但是社会文教费比重提高速度远远低于经济建设费比重速度。

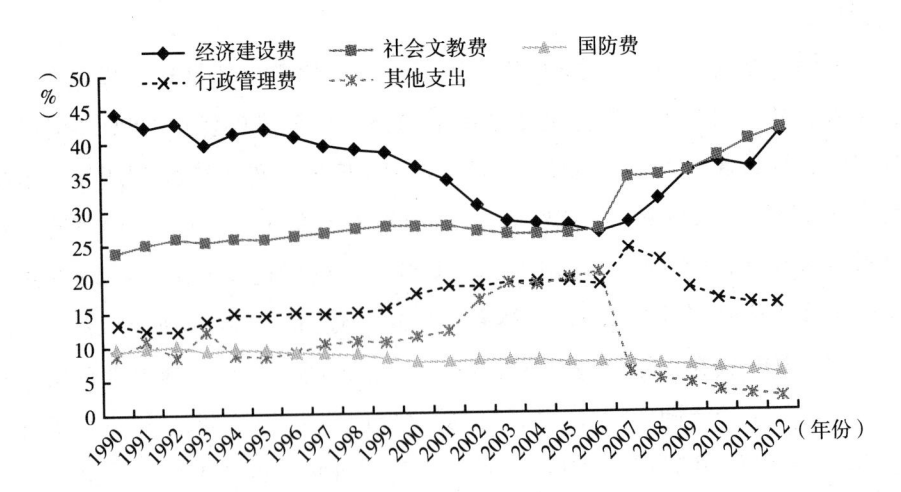

图9 1990~2012年国家财政按功能性质分类支出占财政总支出比重变动

资料来源：根据国家统计局2007、2013年《中国统计年鉴》有关数据绘制。

上述数据显示，从支出功能分类考察的支出结构公共化，并没有成为1998年后中国公共财政转型的主要特点，支出结构公共化进展并不明显。这一特性在实践中表现为20世纪90年代初期以来，在经济改革和市场化进程中，忽视甚至牺牲社会公共福利的支出倾向。近年来，虽然教育、医疗卫生和社会保障等领域的财政支出总额在不断增长，但是由于财政支出政策和支出结构并没有大的调整、支出结构公共化水平仍较低，中国公共财政转型发展缓慢，难以适应国民经济持续健康发展的现实需求，无法满足社会公众迫切要求改善公共福利的愿望。

为了进一步深入考察财政支出改革和结构调整的状况，以下将分别从直接涉及民生福利的教育支出、医疗卫生支出和社会保障支出等领域，深入分析中国公共财政转型进程中财政支出结构公共化不足的现实问题和矛盾。

（二）改善明显但进程滞后的教育支出公共化

国家财政性教育经费，是指国民收入分配中用于教育方面的开支，即中央和地方政府在教育上的经常性支出和资本性支出，通常把一国公共教育经费占GDP或GNP的比重作为衡量该国教育投资水平的指标。1993年由国务院颁布的《中国教育改革和发展纲要》明确提出，国家财政性教育经费支出占GDP比例2000年应达到4%的目标。但是，由于财政支出结构的公共化进展缓慢且水平较低，到2012年才达到这一目标，比预期整整延迟了12年。事实上，当初提出公共教育经费占GDP的比例必须达到4%，是经过各方充分论证的。既参照了国际通用的把公共教育支出占GDP的比例作为衡量一国政府对教育经费投入水平主要指标的惯例，对比了世界发达国家这一比例超过5%、发展中国家达到4%的情况，也综合考虑了我国教育改革与发展的基本需要和经济发展、财力供给的可能[1]。

1990年以后，中国预算内教育支出规模虽然增长很快，2012年分别是1990年和2001年的45.9倍和8.1倍，但是同期财政支出总额的增加速度更快，相应地，教育支出占政府财政总支出的比重不仅没有提高，反而有所下降。例如，1990年，教育支出比重为15.0%，随后几年虽有所提高，1996年达到了17.8%。但是，在1998年国家提出建设公共财政目标之后，

---

[1] 沈百福：《公共教育经费未达GDP的4%问题在哪里》，《学习时报》2007年4月18日。

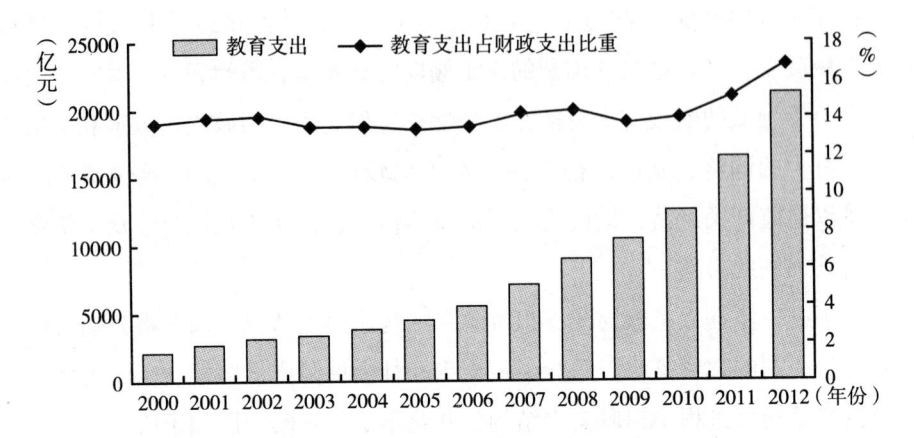

图 10　预算内教育支出总额及占财政支出比重变动情况

资料来源：国家统计局《中国统计年鉴（2013）》，相关比重数据综合历年《中国统计年鉴》数据计算而得。

该比重却在其后几年快速下滑，到 2000 年已降至 13.7%。从 2001~2010 年，预算内教育支出占财政总支出的比重在大部分年份都维持在 4% 以下，2009 年以后，虽有小幅度提高，至 2012 年达到 16.9%，但仍旧低于 1994~1996 年的比例。换言之，自 1994 年至今，教育支出相对规模没有多大改善，这显然不符合公共财政建设的基本要求。因此，从预算内支出角度看，公共财政目标提出后，教育支出的公共化水平并未得到根本改善，反而有所下降。

财政性教育经费支出占全国教育经费比重，反映了政府和社会公众在教育支出中的相互关系。该比重高，说明政府在全国教育支出中负担重，公民个人的教育负担轻；反之，则代表教育支出领域市场化程度高，个人的教育支出负担较重。相关数据显示，1993 年这一比重高达 81.9%，这意味着政府教育支出占全部教育支出的绝大部分，公民个人的教育负担较轻。如果从国家改革的大背景观察，当时正处于经济转轨的初期，还带有明显的计划经济色彩，虽然当时教育支出总体规模较小，但国家一直处于对教育高投入阶段。此后，某些教育领域开始逐步面向市场，个人的教育支出逐渐增加，特别是 20 世纪 90 年代末有关部门提出教育产业化的口号后，个人的教育支出快速增加，教育负担日益加重。1993~2005 年，该比例降低了 20.9 个百分点，达到历史最低点。2005 年以后，政府职能重心由经济发展逐步转向公共服务领域，"建设服务型政府"成为政府职能转型的方向，政府在公共服务方面的支出逐渐变大，个人教育负担有所缓解。2007 年以后财政性教育经费支出占全国教育经费支出比重重新回到 70%，到 2012 年达到 80.29%。

从教育的公共产品性质及其良好的外部性来看，国家应当在这个领域承担主要的责任，而且这种责任应当具体体现在公共化的财政支出结构变动之中。经验数据表明，2007 年以后，中国公共财政转型与教育支出应有的公共化改革方向呈现一致性。由此可见，教育支出领域的公共化不足问题随着公共财政转型逐步得到解决。

（三）缺乏公共性特征的医疗卫生支出

整体而言，中国卫生总费用由三部分组成，即政府卫生支出、社会保险及其他卫生支出、个人现金卫生支出。1990～2003 年，随着经济社会环境的巨大变迁，中国卫生总费用的支出结构发生了明显的变化。首先，政府卫生支出占全国卫生总费用比重呈总体下降趋势，从 1990 年最高点 25.1% 下滑至 2002 年的 15.21%，达到最低水平。2003 年后虽然开始小幅回升，但支出比重仍远远小于社会和个人支出比例。其次，社会卫生支出比重从 1990 年后也一直在降低，而且下降速度快于政府卫生支出的下降速度。1991 年，社会卫生支出曾高达 39.7%，不论是总规模还是相对比重，在全国卫生支出结构中都居于首位。但是在此之后，这一比重持续下滑，并在 2001 年降至最低点 24.1%，在全国卫生总支出中失去主导地位，如表 8 和图 11 所示。与政府卫生支出和社会卫生支出比重不断下降形成鲜明对比的是，个人卫生支出规模和比重大幅升高，并成为这一时期全国卫生支出结构最为显著的变化。有关数据显示，1990～2002 年，个人卫生支出总规模大幅攀升，而且早在 1992 年就超过了社会卫生支出，成为规模最大的卫生支出类别，并保持快速上升势头，在此后几年迅速拉大与社会支出和政府支出的差距。这种变化态势一直持续到 2001 年，导致个人卫生支出比重升至 60% 这一历史最高点，远远高于 1990 年的 35.7%。而同年社会卫生支出比重则为 24.1%，政府卫生支出比重仅为

15.9%，远远低于个人卫生支出比重。事实上，如果从实践领域考察，这一时期全国卫生总费用支出结构的显著变化，即政府支出比重的不断下降和个人支出比重的迅速上升，无疑与1996年以后进行的、以市场为导向的医疗卫生体制改革有密切的联系[1]，这种改革思路直接导致了广大社会公众"看病难、看病贵"问题。

2001~2011年，随着政府逐步强化社会管理与公共服务职能，全国卫生总费用支出结构开始发生了一些积极的变化。个人卫生支出比重开始下降，由2001年的60%下滑到2011的34.8%，下降了25.2个百分点；同一时期，社会卫生支出比重开始出现上升态势，由2001年的24.1%升至2011年的34.6%，升高了10.5个百分点；此外，政府卫生支出比重有所回升，且幅度较大，由2001年的15.9%升至2011年的30.7%，升高了14.8个百分点。由此可见，这一时期个人卫生支出比重的下降，主要是由社会卫生支出比重和政府卫生支出比重的升高来补偿的，且政府支出的贡献较为明显。

如果仅从政府卫生支出占预算内财政支出比重的角度观察，政府医疗卫生支出回升的变化趋势并不明朗。表8显示，1990~2002年，政府卫生支出占财政总支出比重一直维持在较低的水平，且保持下滑态势，由1990年的6.1%下降至2002年的4.1%。在1998年国家提出建设公共财政的目标要求后，这一比重下降的趋势更为明显，到2002年已降至4.1%这一历史最低点。而同期，在世界上绝大多数国家，这一比重都保持在10%以上，美国甚至超过了20%。如果将政府卫生支出放在全国经济规模这一更为宏观的背景下考察，可以发现，1990年后的政府卫生支出占GDP比重始终维持在1.0%以下，在2006年甚至仅为0.8%，远低于那些已建立完善的公共财政体系的发达市场经济国家。显然，公共财政的目标虽早已提出，但其阳光尚未播撒到医疗卫生领域，中国政府职能转型和支出结构的公共化任重道远。

---

[1] 经济合作与发展组织编《中国公共支出面临的挑战——通往更有效和公平之路》，清华大学出版社，2006，第40页。

表8 1990~2011年卫生支出及相关比重变动

单位：亿元，%

年份	全国卫生总费用	政府预算卫生支出 数额	政府预算卫生支出 比例	社会卫生支出 数额	社会卫生支出 比例	居民个人卫生支出 数额	居民个人卫生支出 比例	政府卫生支出占预算内财政支出比重
1990	747.4	187.3	25.1	293.1	39.2	267	35.7	6.1
1991	893.5	204.1	22.8	354.4	39.7	335	37.5	6
1992	1096.9	228.6	20.8	431.6	39.3	436.7	39.8	6.1
1993	1377.9	272.1	19.8	524.8	38.1	581	42.2	5.9
1994	1761.3	342.3	19.4	644.9	36.6	774.1	44.0	5.9
1995	2155.1	383.1	18.0	739.7	35.6	1135	46.4	5.6
1996	2857.2	461	17.0	844.0	32.3	1551.8	50.7	5.8
1997	3196.7	522.1	16.4	937.7	30.8	1925.1	52.8	5.7
1998	3678.7	587.2	16.0	1006	29.1	2183.3	54.9	5.4
1999	4047.5	640.9	15.8	1064.9	28.3	2473.1	55.9	4.9
2000	4586.6	709.5	15.5	1171.9	25.6	2705.2	59.0	4.5
2001	5025.9	800.6	15.9	1211.4	24.1	3013.9	60.0	4.2
2002	5790	908.5	15.2	1539.4	26.5	3342.1	58.3	4.1
2003	6584.1	1116.9	17.0	1788.5	27.2	3678.7	55.9	4.5
2004	7590.3	1293.6	17.0	2225.4	29.3	4071.4	53.6	4.5
2005	8659.9	1552.5	17.9	2586.4	29.3	4521	52.2	4.6
2006	10966	1778.9	18.1	3210.9	32.6	4853.5	49.3	4.4
2007	11289.5	2297.1	20.3	3893.7	34.5	5098.7	45.2	4.5
2008	14535.4	3593.9	24.7	5065.6	34.9	5875.9	40.4	4.4
2009	17541.9	4816.3	27.5	6154.3	35.1	6571.2	37.5	5.2
2010	19980.4	5732.5	28.7	7196.6	36.0	7051.3	35.3	5.3
2011	24345.9	7464.2	30.7	8416.5	34.6	8465.3	34.8	5.9

注：1. 2003年起农村居民医疗保障经费测算口径重新调整，仅指乡镇企业职工医疗卫生费和新型农村合作医疗经费。

2. 2005年之前城乡居民个人现金卫生支出按非农业人口与农业人口测算，根据国家统计局统计口径变化，2005年起调整为城镇人口和乡村人口。

资料来源：1990~2011年全国卫生总费用等根据卫生部卫生经济研究所《2006年中国卫生总费用研究报告》、北京大学中国经济研究中心《中国政府卫生财政支出公平性研究》（2007年6月）和国家卫生计生委《2012年我国卫生和计划生育事业发展统计公报》有关数据整理；政府卫生支出占预算内财政支出比重结合《中国统计年鉴（2013）》财政支出总额数据计算而得。（卫生部于2013年更名为国家卫生和计划生育委员会。——编者注）

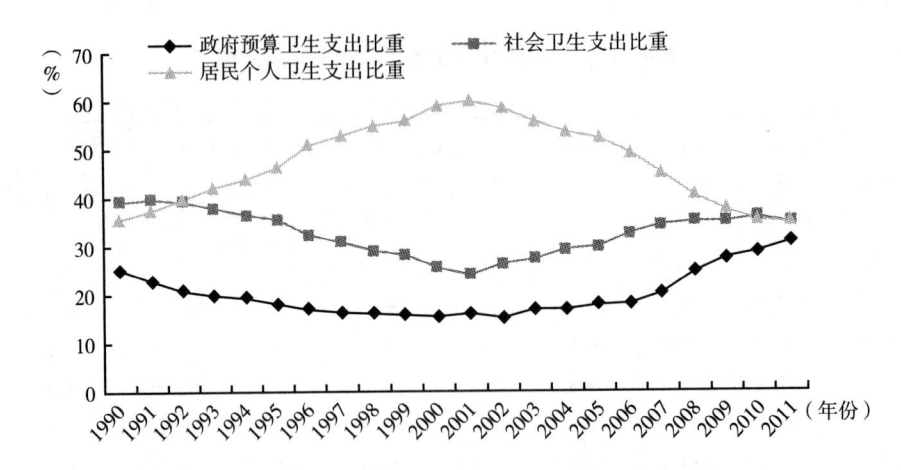

图11 全国医疗卫生支出相关比重变动情况

客观而言，过去几十年，中国的医疗卫生条件是在不断改善的。但是这种改善是以个人医疗卫生支出大幅升高为代价的，其结果必然导致公众个体的医疗负担过重，严重影响公共福利的改善。2003年大约有50%的城市人口和80%的农村人口无法享受医疗保险，约有一半的病人负担不起医疗费用[①]。可见，医疗卫生领域的公共支出不足，已逐渐发展成极为严重的社会问题，同时也引起社会公众的广泛不满。要有效解决这类矛盾，从根本上解决社会公众、特别是低收入阶层"看病难、看病贵"的问题，必须强化政府在这一领域的责任，充分发挥政府的作用，而不是把包袱甩给市场、在医疗卫生领域推进所谓的"市场化"进程。具体到财政领域，就是要积极推进支出结构的改善，不仅是在绝对规模上，更应该体现在财政支出总体结构的公共化水平上，大力加强政府对医疗卫生领域的投入，从而真正适应中国公共财政转型的发展要求。

2003年起，全国开始推行新型农村医疗合作制度试点，到2012年，新农合参合率达到98.3%，政府基金支出达到2408亿元，比2006年高15倍。但是，2003~2008年，政府卫生支出占预算内支出比例却保持在4.5%左右，没有明显的变化。2009年以后，该比例有小幅度回升，但是上升幅度很小。

---

① 资料转引自世界经济合作与发展组织编《中国公共支出面临的挑战——通往更有效和公平之路》，清华大学出版社，2006。

（四）有待加强的社会保障支出

社会保障支出是指为了保证社会稳定，政府为保障失去收入来源和劳动能力的人的基本生活所需要的开支。我国纳入预算的社会保障支出主要包括抚恤和社会福利救济费、社会保障补助支出、行政事业单位离退休支出等。在2007年前，中国财政社会保障支出实现了快速增长，无论是支出总额还是相对比重，都有较大的提高。例如，社会保障支出在1990年只有55.0亿元，到2006年已达到4361.8亿元。从相对规模来看，社会保障支出占财政总支出比重由1990年的1.8%升至2006年的10.8%，增幅也十分明显。与2007年前相比较而言，2007年以后社会保障支出总额增长有所放缓。2007年社会保障支出达5447.2亿元，2012年达到12585.5亿元。

从社会保障支出的各项具体内容看，2007年之前，抚恤和社会福利救济费、社会保障补助支出和行政事业单位离退休支出都保持了较快的增长速度。例如，1998~2003年，社会福利总支出以每年34.9%的速度增长，大大高于同期财政总支出的增长速度16.3%。其中一些次级科目，尤其是社会保障补助支出及抚恤和社会福利救济费，都呈现快速增长的态势。到2004年，抚恤和社会福利救济费已达到财政总支出的8.5%，占GDP的2%，增幅明显。社会福利支出最大的组成部分，是城市最低生活保障开支。从1997年起，全国开始推行城市最低生活保障标准。截至2004年，该项支出已经增长了12倍，覆盖了2200万人口，受益者包括城市下岗工人和离退休职工。同期，在农村地区，有大约1400个较富裕的县也建立了类似的体系，占全国总县数的近一半，为不到500万人提供了福利。[①] 但是，从支出数额看，农村地区最低生活保障大约只占城市的十分之一，城乡差距非常明显。

社会保障支出的快速增长，与其较低的起点直接相关。从其相对规模变动情况来看，1990~1999年社会保障支出增长最快，其占财政总支出比重由1.8%增加到了9.1%。然而1999年后，也就是正式提出建设公共财政的目标

[①] 经济合作与发展组织编《中国公共支出面临的挑战——通往更有效和公平之路》，清华大学出版社，2006，第45~46页。

后，这一比重的增幅却明显放缓，仅从1999年的9.1%增加到了2006年的10.8%，7年间仅提高了1.7个百分点。从社会保障支出占GDP比重的变动看，1999年后的这种趋势同样存在，见图12。

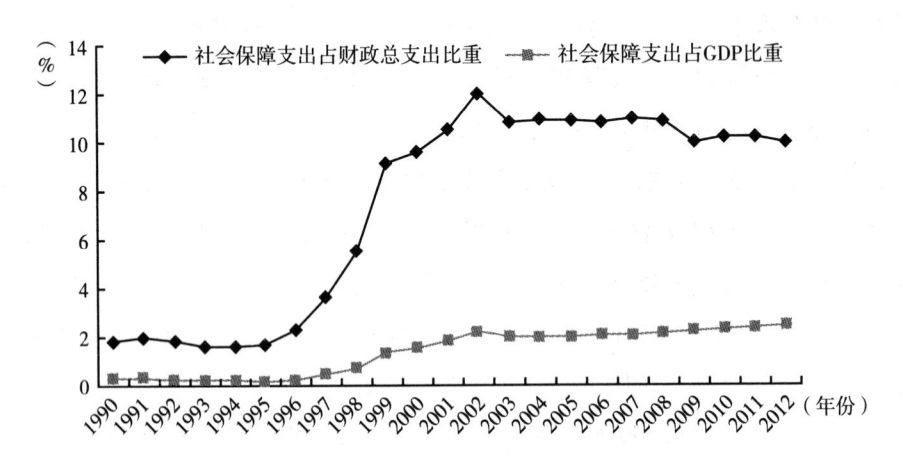

图12 社会保障支出相对规模变动情况

2007年以后，社会保障支出整体增长速度放缓。从相对规模来看，社会保障支出占财政总支出比重开始出现小幅度下滑趋势，由2007年的10.94%下滑至2012年的9.99%，说明社会保障支出增长速度开始小于财政总支出增长速度。而从社会保障支出占GDP比重变动情况来看，也呈现类似趋势，从2007年的2.05%增加到2012年的2.43%，5年间仅提高了0.38个百分点。而从社会保障支出的各项具体内容来看，2007年以后社会保障各项支出内容在绝对规模上却保持较快增长趋势，其中农村最低保障支出增长最为明显，且城市和农村支出差距呈现逐渐缩小趋势。2007~2011年，城市居民最低生活保障支出年均增长率达22.9%，截止到2011年，该项支出已达675.06亿元，占财政总支出0.62%；而农村最低生活保障支出年均增长率更是高达57.2%，占财政支出比重也是稳步上升，截止到2011年，该项支出达665.48亿元，接近城市最低生活保障支出总额，占财政总支出的0.61%。无论从支出总额还是相对规模来看，城乡最低生活保障的差距有逐步缩小趋势。

从社会保障支出总额与财政总支出之间的关系来看，1998年后二者的差距也在逐渐拉大。这种趋势随着1999年后社会保障支出增长速度的放缓而更为明显（见图13）。应该说，与教育和医疗领域相比，1990年以后社会保障支出的积极变化是较为明显的，但关键问题是，这种变化主要发生在1990~1999年，在中国正式提出公共财政目标后，这种积极变化的势头反而放缓，财政支出总额和社会保障支出总额之间的绝对差距明显扩大。因此，在社会保障支出领域，财政支出结构的公共化进程似乎与公共财政建设的目标脱节。这也是1998年后该领域支出结构变动的主要特点。

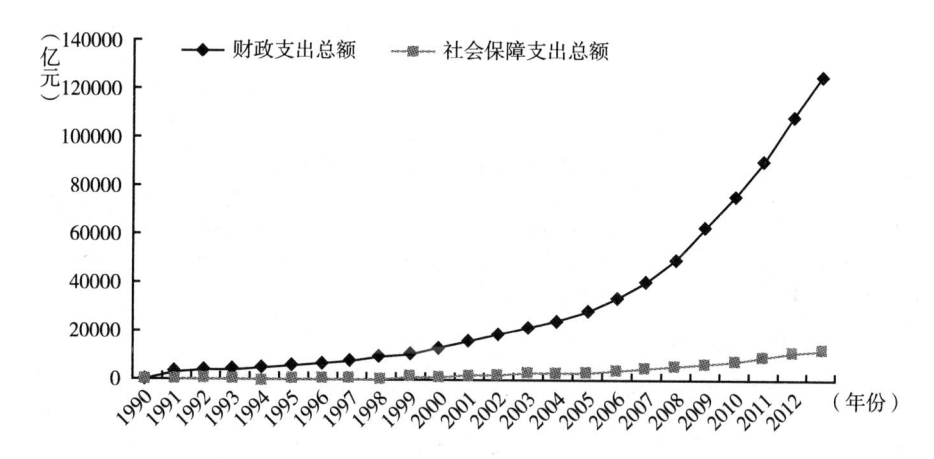

图13 社会保障支出与财政总支出规模变动情况

总体而言，从上述教育、医疗卫生和社会保障领域财政支出的变动趋势看，20世纪90年代初期以后，特别是1998年以后，支出结构的公共化进程相对迟缓，这与某些实践部门宣称的已初步建立完善的公共财政体制似乎还存在明显的落差，国家财政应承担的公共责任与民众要求的差距在不断拉大，各种现实矛盾也在不断加深。虽然中国的财政体制也进行了某些变革，财政支出范围也相应进行了一些调整，对教育、医疗卫生和社会保障领域的资金投入规模逐渐加大，但是，现行财政支出政策及其支出结构在总体上还不适应市场经济发展的要求，也不适应城乡居民改善公共福利的迫切需要，财政支出结构公共化改革滞后的状况相当突出，财政实践领域长期以来存在的重收入、轻支出、管理弱化的倾向还未得到明显改善。所有这些问题和矛盾，都进一步制约着中国公共财政的转型和发展。

（五）按功能性质分类的财政支出结构国际比较

按功能性质分类的财政支出结构，直接反映了政府的职能方向和公共化水平。由于公共财政支出结构与各国经济发展水平有着密切的相关性，所以比较不同国家的公共财政支出结构，必须考虑经济发展水平的影响。为了更具可比性，本文根据国际货币基金组织的财政支出功能分类方法，按照人均 GDP 水平划分出高、中、低收入国家，并对不同类型国家支出结构进行了对比分析。

表9显示，与不同收入类型的国家相比，中国财政支出结构具有以下主要特点。

表9　财政支出功能分类结构的国际比较

单位：%

支出项目＼国家	高收入国家	中等收入国家	低收入国家	中国
一般公共服务	12.6	13.7	13.4	11.5
国防	3.8	4.8	4.6	0.2
公共秩序与安全	3.6	4.3	6.7	6.3
经济事务	9.9	13.3	17.5	37.6
环境保护	1.4	1.6	0.5	3.2
卫生保健	14.6	11.7	10.3	6.4
教育	12.9	13.8	12.6	16.0
社会保障	37.8	29.8	26.6	11.7
其他	3.5	7.1	7.7	7.0
合计	100.0	100.0	100.0	100.0

注：年人均 GDP 达40000美元以上的为高收入国家；10000～40000美元的为中等收入国家；10000美元以下的为低收入国家。

资料来源：国际数据来源于国际货币基金组织《政府财政统计（2011）》，中国数据来源于《中国统计年鉴（2011）》。

（1）中国一般公共服务占财政支出比重低于多数国家的水平。例如，高收入国家政府一般公共服务支出占财政支出的比重通常在12%左右；中等、低收入国家平均水平在13%左右。2011年，中国一般公共性服务支出所占比重为11.5%。

（2）经济事务（经济建设）支出所占比重明显高于其他国家。2011年，中国经济性服务支出占财政支出的比重为37.6%，分别比高、中、低收入国家高出27.7个、24.3个和20.1个百分点。如果加上政府性基金和预算外资金用于经济建设方面的支出，这一比重将达到39%左右，大大高于其他国家的同类水平。

（3）与财政支出结构公共化直接相关的是社会服务和福利性支出（包括教育、卫生、社会保障支出等）。表9显示，中国该类支出比重的总体水平低于绝大多数国家，其中，社会保障和卫生保健支出水平相对较低，教育支出比重相对较高。高收入国家财政用于社会公共服务的支出占财政总支出的比重一般都超过60%；中等收入国家大多维持在40%~60%；低收入国家为40%左右。2011年，我国这一比重为34.1%[①]，远远低于中等、高收入国家，接近低收入国家水平。其中，社会保障支出水平较低，所占比重为11.7%，比高、中等、低收入国家分别低26.1个、18.1个和14.9个百分点；同时，卫生保健支出水平也相对较低，支出比重仅占6.4%，比高、中等、低收入国家分别低8.2个、5.3个和3.9个百分点。显然，尽管我国财政支出结构中社会保障和卫生保健的增速较快，但仍与其他国家存在较大差距。

通过比较不同收入水平国家的财政支出结构，我们可以发现一些共同的发展规律。一般而言，这些国家的支出结构特点可以概括和总结为：①随着经济发展水平的提高，行政管理支出所占比重逐渐降低，而教育、卫生保健、社会保障等方面的支出所占的比重则不断上升；②一般公共服务、国防、公共秩序与安全等方面的财政支出所占比重相对较小，教育、卫生保健、社会保障等方面的财政支出所占比重较大。从不同收入国家的比较看，上述支出规律和特点随着经济水平的提高而更为明显。从中国行政管理支出、经济建设支出和社会服务福利性支出的相对比重关系看，前两者的高比重及其不断上升趋势，已经对社会服务福利性支出形成了明显的挤压作用，缩小了它的增长空间，从而对财政支出结构的公共化产生明显的负面影响，制约了政府职能的转型和发展。

[①] 此处数据根据《中国统计年鉴（2011）》计算得来，此处社会公共服务支出仅包括卫生保健、教育和社会保障。

四 中国财政支出均等化：区域与城乡差异

公共物品和公共服务基本均等化，是公共财政建设的重要目标，也是公共财政特性的基本体现。20世纪90年代末以后，特别是1998年以来，中国地区之间、城乡之间、不同社会群体之间的收入分配差异逐渐扩大，但是作为二次分配重要途径的政府财政支出，并没有发挥应有的缩小差距、维护基本公平的基本功能，教育、医疗卫生、社会保障等直接涉及民生福利的领域，其问题不仅没有减少而且日益突出，这与财政支出规模不断扩展的趋势形成鲜明的对比。已有的研究和经验数据表明，中国各地区间的经济差距和基本公共服务差距在总体上呈现逐步扩大的趋势。[1] 近年来，政府部门虽然意识到问题的严重性并采取了一系列措施，但迄今为止，经济差距、财政能力差距（Fiscal Ability Disparity）和公共服务差距不断拉大的趋势，并未因政府部门公共财政目标的提出和实施而发生改变和逆转。

（一）均等化明显不足的区域间财政分配

区域间财政分配的均等化问题，在中国主要体现为以东部、中部、西部为代表的区域经济不平衡和与此相关的财政支出均等化差异，以及省与省之间财政分配的均等化差异。以下将分别从这两个层面对财政均等化问题进行深入分析。

1. 东部、中部、西部区域经济不平衡与支出均等化差异

改革开放后，由于国家政策的差异和发展条件的不同，中国东部、中部、西部区域经济不平衡和人民生活水平的差异越来越明显。尽管改革开放30多年来中国经济实现了快速增长，但区域间发展差距并没有随经济的高速增长而有所缩小。虽然20世纪90年代初，这种差距曾一度有所缩小，但90年代后这种差距又开始拉大。当前东部、中部、西部地区发展不平衡已经成为制约中国经济社会持续快速发展的关键，成为迫切需要解决的重要问题。表2已清晰

---

[1] 王雍君：《中国的财政均等化——困局与选择》，财政部财政科学研究所网站，http://www.crifs.org.cn。

地反映了东部、中部、西部地区经济发展的巨大不平衡。从收入水平差异来看，我国农村人均纯收入最高的地区为东部，尤其是东南沿海地区，最低的区域在中部和西部，而且这种差距在2005年以后有逐渐缩小趋势，但是东部与中部、西部地区之间差距依旧维持在1.4倍以上的水平上。例如，2005年东部地区农村居民人均纯收入分别相当于中部、西部地区农村居民人均纯收入的1.518倍和1.523倍；2008年，下降到1.45倍和1.48倍；到2012年，则降低到1.43倍和1.44倍。城镇居民人均可支配收入指标表现相似，2012年东部、中部、西部地区城镇居民纯收入比为2.96∶2.07∶2.06。①

2. 省与省之间财政分配的均等化分析

中国财政支出的非均等化，不仅体现在东部、中部、西部地区之间的不平衡，如果从具体的省际层面分析则更为突出。相关数据显示，全国31个省区市财政收入和支出不论在总量上还是人均水平上，都存在巨大的差异。从一般预算收入看，广东、江苏、浙江、上海、北京、山东等地的财政收入都超过了3200亿元，广东甚至达到了6229.2亿元，而内陆不发达地区的财政收入有的甚至不足100亿元。从一般预算支出来看，转移支付虽然使财政支出的差距有一定程度的缩小，但是如果将人口因素考虑在内，财政支出的非均等化矛盾依然非常突出。

图14直观地展示了2012年全国各省、自治区、市人均财政收支的不均衡状况。除了青海、宁夏、西藏、新疆、内蒙古等因特殊政治性因素而得到中央较大力度的转移支付外，其他许多省市的人均支出改善幅度并不明显，基本保持了与人均财政收入状况相似的财政支出格局。上海、北京、天津等三个直辖市的人均财政支出分别达到了17576.73元、17809.44元和15166.21元，而处于西部地区、同为直辖市的重庆只有10344.18元。全国人均支出低于10000元的省区市多达21个，超过了总数的一半。人口和农业大省河南的人均财政支出只有5322.56元，处于全国最低水平，只占北京的29.9%，天津的35.1%，西藏的18.9%。而西藏、青海、北京、上海、天津等地区的人均财政支出分别为全国平均水平的2.92倍、2.01倍、1.77倍和1.74倍。

---

① 此处数据根据国家统计局2006年、2009年、2013年《中国统计年鉴》数据整理得出。

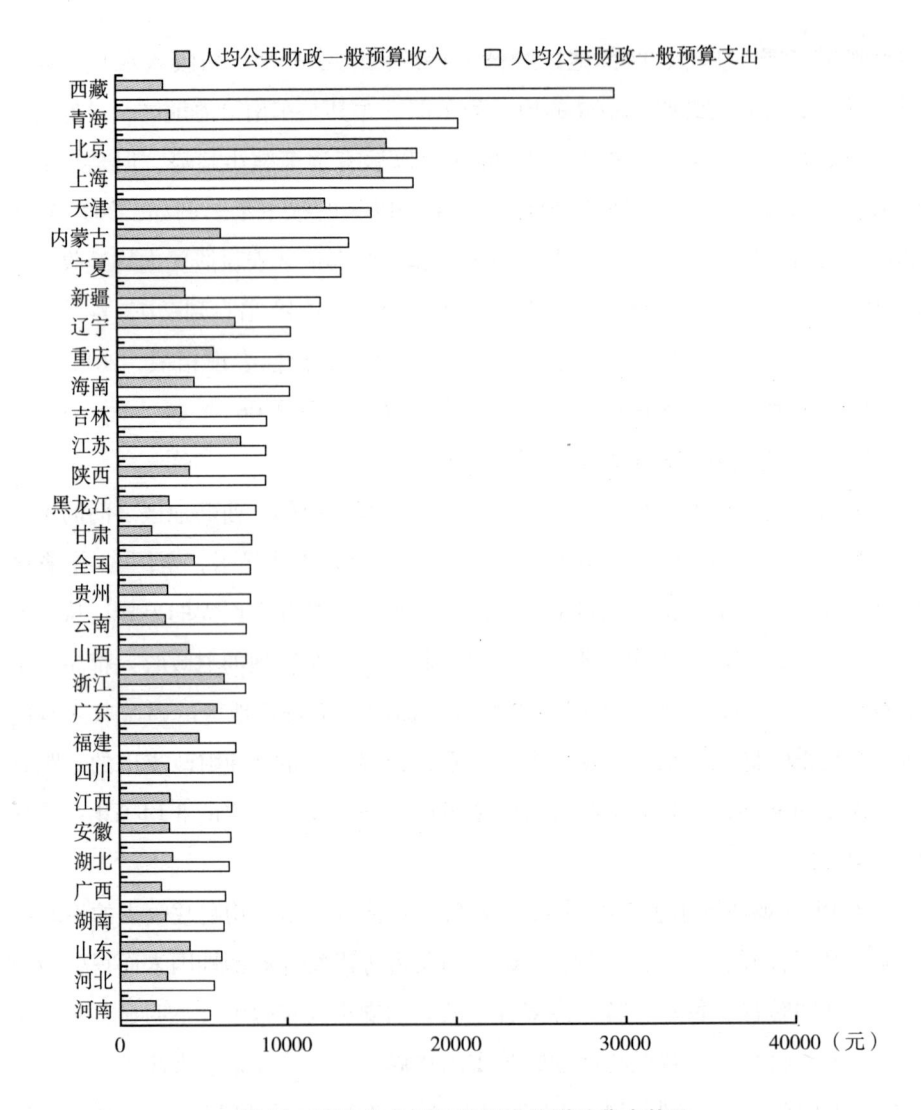

图 14　2012 年全国各地区人均财政收支状况

资料来源：国家统计局：《中国统计年鉴（2013）》。

如果从全国各省、自治区、市直接体现民生的教育、社会保障、医疗卫生等财政支出总额及人均状况考察，中国各地区财政支出的非均等化问题更加清晰。从教育支出情况看，2012 年全国总支出为 21242.10 亿元，其中，广东、江苏、山东、河南教育支出总额排在全国前列，均超过了 1000 亿元，与它们在全国经济总量中的排序基本一致。但是，一旦考虑人口因素，从人均教育支出考察，排序就会发生很大变化，西藏、北京、青海、上海、天津居于前列，而且财政支出的非均等化现象极为明显。其中，西藏、北京、青海分别达到3071.46元、3037.99元和2997.46元，而同期全国平均水平为1568.79元。一半以上省区市人均教育支出水平在全国平均水平以下，大多数为中西部地区省份，东部地区也有福建、广东、山东、河北四省份人均教育支出水平低于全国平均水平。人均教育支出水平最低的河南省，只占全国平均水平的75%。

从社会保障和就业支出情况看，2012年全国总支出为12585.52亿元。其中，辽宁省的社会保障支出总额最高，为727.7亿元，最低为西藏，只有65.54亿元。从各省、自治区、市人均社会保障和就业支出情况看，财政支出非均等化情况也同样严重。其中，排在前列的青海、西藏、北京、上海等地分别达到了3131.89元、2130.46元、2050.51元、1861.05元，分别是全国平均水平的3.37倍、2.3倍、2.21倍和2倍。全国最低人均社会保障和就业支出的福建省为547.72元，不到全国平均水平的60%，如果与人均水平高的青海、上海、北京等地区相比，这种财政支出的非均等化差距则更加显著。

从医疗卫生支出均等化水平看，全国各省、自治区、市之间的差距就更为明显。全国人均医疗卫生支出为535.70元，北京、西藏、青海、上海、天津等地分别为全国平均水平的2.31倍、2.19倍、1.95倍、1.54倍和1.4倍，而处于最低水平的黑龙江、河北、湖南、山东等省，人均医疗卫生支出分别为全国平均水平的84.48%、82.88%、82.81%、81.61%，与北京、西藏、上海等地相比差距极为明显。虽然这种公共支出不平衡情况也体现在各省、自治区、市的医疗卫生支出总额方面，但人均医疗卫生支出的明显失衡突出反映了当前中国公共财政支出的非均等化程度。

通过将省际财政收支及人均状况和各地区教育、社会保障、医疗卫生财政支出及人均状况结合起来分析，可以得出如下结论。

（1）财政收支总额和人均状况的省际差异非常明显，沿海发达地区和直辖市的人均财政支出水平远远高于全国平均水平。中央对西藏、青海等少数民族地区的转移支付力度较大，使这些西部不发达地区的人均水平反而远远高于

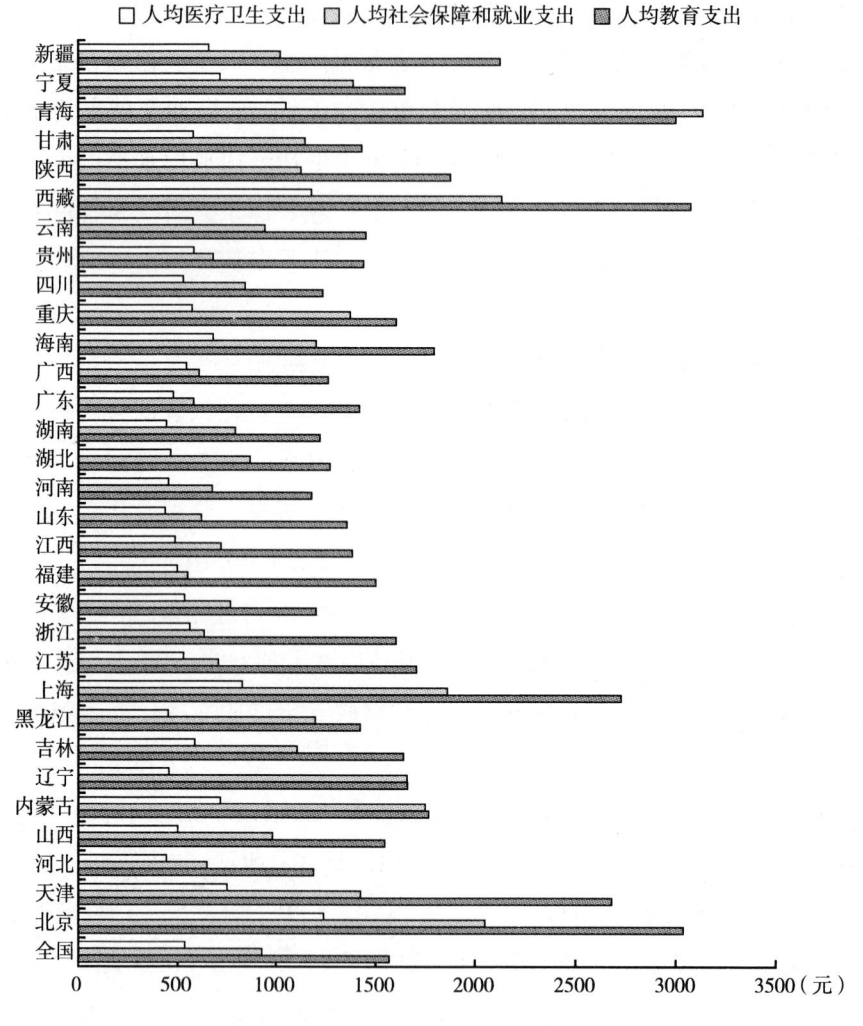

图15 2012年全国各地区教育、社会保障、医疗卫生人均财政支出状况

资料来源：国家统计局：《中国统计年鉴（2013）》。

全国平均水平。但是，对大多数中西部省份而言，人均财政支出的低水平并未由于中央的转移支付而明显改善。

（2）从直接体现民生福利的教育、社会保障、医疗卫生等领域的财政支出总额及人均状况考察，省际差异也非常明显，公共财政的"均等化"目标完全未得到体现。各省、自治区、市的教育、社会保障、医疗卫生的人均财政支出水平，与各地区的人均财政支出状况呈正相关关系，支出水平高的一般是东部发达省市和中央财政转移支付力度较大的西部少数民族地区，而广大中西部地区并未因中央的转移支付而明显受益，直接体现民生的教育、社会保障、医疗卫生等领域的财政支出"非均等化"情况依然严重。

总之，不论从东部、中部、西部地区发展不均衡，还是从全国各省、自治区、市人均财政支出的均等化和教育、社会保障、医疗卫生等财政支出的均等化等角度考察，中国公共财政还远未实现"公共性"和"均等化"，而且从差异性的程度来看，"非均等化"的现状在短期内难以发生逆转和改变。

（二）民生支出均等化的城乡失衡

长期以来，由于中国财政支出偏离公共财政的方向，忽略其本应承担的保障和消费职能，特别是对农村地区的财政投入不足，进一步加剧了城乡发展和人民生活水平的不均衡状态。[①] 由于公共财政的"城市化"倾向，使城乡之间直接涉及民生福利的教育支出、医疗教育支出和社会保障支出的差距，不仅没有因公共财政目标的提出而减小，反而逐渐扩大。

1. 教育支出领域的均等化分析

改革开放以来，中国城市和农村地区经济发展的严重不平衡，使城乡居民在经济收入和社会地位方面的差距极大。而教育是缩小这种差距的有效途径，但是由于公共财政支出在城乡间的失衡，又进一步加大了这种差距。

在财政支出方面，我国现行的义务教育法规定中央政府全面制定教育政策，省级政府负责全面制定基础教育发展规划并且协调各县级政府之间的教育事业性经费支出；而实施义务教育的责任，在城市落在市区一级政府，在农村则由县级政府承担。这种支出责任的划分体制，直接导致了各地义务教育水平在很大程度上由较低层级政府的财政能力决定。由于城市地区和乡村地区基层政府财力的巨大差异，必然导致城乡之间义务教育水

---

① 袁钢明：《当前我国宏观经济的几个基本关系》，中国社会科学院经济研究所博士研究生"宏观经济学与中国经济"专业课授课讲义，2006年9月19日。

平的严重不平衡和非均等化。如 2002 年,全社会各项教育投资 5800 多亿元（其中政府投入不到 70%），其中 77% 用于城市,在接受义务教育的学生中占总数 70% 的农村孩子只获得其余的 23%。[①] 虽然城镇学生数量远远少于农村学生,但却占有绝大多数的教育资源,而数量庞大的农村学生仅能享受少量的教育资源,公共教育支出的严重不平衡和非均等化由此可窥一斑。

2006 年后国家加大了对农村中小学教育的投入,此后,这种差距虽然有所缩小,但城乡不平衡仍然存在。表 10 显示,在小学义务教育阶段,生均教育经费的城乡差距从 2007 年的 0.81 倍上升到 2010 年的 1.56 倍。此外,生均事业费用与基建费用也由 2007 年的 0.8 倍、1.62 倍分别上升到 1.56 倍、1.9 倍。在初中义务教育阶段,2007 年以后,生均教育经费的城乡差距有所回落,但是城乡差距依旧保持在 1.3~1.8 倍。表 11 和表 12 所示的全国城乡小学和普通初中办学条件对比,可以进一步反映城乡教育的非均等化状况。

表 10　全国城乡义务教育阶段生均教育经费情况

阶段	年份	生均教育经费支出 农村（元）	生均教育经费支出 城镇（元）	城镇/农村	生均事业性经费支出 农村（元）	生均事业性经费支出 城镇（元）	城镇/农村	生均基建支出 农村（元）	生均基建支出 城镇（元）	城镇/农村
小学	2010	5702.2	8900.9	1.56	5604.4	8715.4	1.56	97.8	185.5	1.90
小学	2009	4792.6	3367.0	0.70	4716.1	3301.1	0.70	76.5	65.9	0.86
小学	2008	3862.3	2823.4	0.73	3826.5	2775.2	0.73	35.8	48.2	1.35
小学	2007	3006.4	2435.4	0.81	2978.9	2390.8	0.80	27.6	44.7	1.62
初中	2010	10619.6	14471.6	1.36	10301.9	13993.4	1.36	317.8	478.2	1.5
初中	2009	8776.5	12369.8	1.41	8412.1	11954.0	1.42	364.4	415.8	1.1
初中	2008	6890.3	10449.2	1.52	6716.3	10169.2	1.51	174.0	280.0	1.6
初中	2007	4929.1	9026.1	1.83	4853.0	8766.2	1.81	76.1	259.9	3.4

资料来源：根据教育部财务司、国家统计局社会和科技统计司 2008~2011 年《中国教育经费统计年鉴》相关数据整理而得。

[①] 陈锡文：《当前我国的农村经济和农村政策》,《改革》2004 年第 3 期。

表11 2010年全国城乡小学办学条件对比

	在校生数（名）	生均校舍建筑面积（平方米）	生均危房面积（平方米）	生均计算机（台）	生均图书藏量（册）	生均固定资产
城市	18204675	5.54	0.22	0.07	17.46	0.63
县镇	27700170	5.18	0.53	0.04	14.99	0.52
农村	53502198	6.39	1.20	0.03	14.47	0.44

资料来源：根据教育部发展规划司《中国教育统计年鉴（2010）》有关数据计算整理。

表12 2010年全国城乡普通初中办学条件对比

	在校生数（名）	生均校舍建筑面积（平方米）	生均危房面积（平方米）	生均计算机（台）	生均图书藏量（册）	生均固定资产
城市	10590766	7.62	0.27	0.08	16.60	0.87
县镇	24337317	7.66	0.76	0.05	17.04	0.65
农村	17865217	9.30	1.31	0.07	22.19	0.61

资料来源：根据教育部发展规划司《中国教育统计年鉴（2010）》有关数据计算整理。

城镇与农村基础教育服务的不均等程度，反映了公共财政支出在城乡之间的严重不平衡。虽然中国在总体财政支出结构方面存在对义务教育投资不足的问题，但是造成城乡教育支出失衡的主要原因并不是财政资金供给不足，而是财政资金分配的严重不合理。也就是说，基础教育服务的不均等，不仅涉及财政资金供给的充足性，更涉及财政资金分配的公平性。要实现充足而又公平的基础教育财政，一方面，需要国家财政加大对农村义务教育的总体投入，提高财政的"公共化"水平，另一方面，则更需要推进教育支出的"均等化"水平，尽快纠正城乡教育发展失衡的问题。

2. 医疗卫生支出领域的均等化分析

政府向包括城市和农村在内的不同群体均衡地提供医疗卫生服务，是公共财政建设的重要内容。但是，随着经济的发展和国家财力的增强，政府的医疗卫生投入越来越向城市集中，城乡公共医疗卫生差距越拉越大。据相关数据显示，从卫生经费上看，2007~2011年我国占人口绝大多数的农村居民仅享受了不到30%的医疗卫生资源，而城市居民却享受了接近80%的医疗卫生资源，城市人均卫生费用是农村的3倍之多。

进入21世纪,虽然在卫生总费用中,政府支出所占比重稍有上升,城乡之间的不均衡状态无明显缩小趋势,城市卫生费用所占比重依旧很大,2007年及以后该比例基本维持在76%左右。从人均角度考察,2007年城市人均卫生费用为1480.1元,而农村人均卫生费用为348.5元,城市是农村的4.3倍;2011年,城市人均卫生费用为2697.5元,而农村人均卫生费用只有879.4元,城市是农村的3.1倍。人均费用差距的缩小大部分是由于我国城镇化的发展导致城镇人口规模不断扩大,农村人口规模缩小。据相关数据显示,我国城镇人口所占比例由2007年的45.89%增加到2012年的52.57%,5年时间城镇人口增加1亿多,而农村人口比重则由2007年的54.11%下降到2012年的47.43%。

表13 全国城乡卫生费用比较

年份	2004	2005	2006	2007	2008	2009	2010	2011
城乡卫生费用总额(亿元)								
城市	4939.2	6287.1	6581.3	8754.5	11255	11783	15508.6	18571.9
农村	2651.1	2372.8	3262	2535	3280.4	5758.9	4471.8	57740
城乡卫生费用比例(%)								
城市	65.1	72.6	66.9	77.5	77.4	77.2	77.6	76.3
农村	34.9	27.4	33.1	22.5	22.6	22.8	22.4	23.7
人均卫生费用(元)	583.9	662.3	749	854.4	1094.5	1314.3	1490.1	1807
城市	1261.9	1122.8	1145.1	1480.1	1862.3	2176.6	2315.5	2697.5
农村	301.6	318.5	442.4	348.5	454.8	562	666.3	879.4
城市/农村	4.2	3.5	2.6	4.3	4.1	3.9	3.5	3.1

资料来源:2000~2008年《中国卫生事业发展统计公报》。

城乡医疗卫生费用支出的不平衡和非均等化,使农村居民享有的医疗服务质量和水平远远低于城镇居民。近年来,医疗费用快速、大幅上升,农村居民医疗费用负担要远远高于城镇居民。根据第四次国家卫生服务调查主要结果的数据,城镇职工医疗保险覆盖的居民中,有72.6%的门急诊患者的医疗费用全部或部分得到了报销,或从医保卡中直接进行了支付,仅27.4%的门急诊患者需完全自付医药费用;94.8%的住院患者的医疗费用得到了报销,报销费用占其住院费用的66.2%。在新型农村合作医疗制度覆盖的居民中，仅有33.5%的门急诊患者得到报销或从家庭账户中进行了支付，66.5%的门急诊患者需完全自付医药费用；有85.3%的住院患者的医疗费用得到报销，报销费用仅占其住院总费用的34.6%，远远低于城镇居民比例。可见，城乡医疗卫生费用支出的不平衡和非均等化，使农村居民医疗卫生福利处于相对较低、而医疗负担却处于相对较高的水平上，这种状态并没有由于国家公共财政的推进而有大的改善。

3. 社会保障支出领域的均等化分析

社会保障是对公众基本生活权利予以保证的一种社会政策。但是，与城镇社会保障相比较，我国农村社会保障制度建设非常滞后，而20世纪90年代末提出的公共财政建设，并未在城乡失衡的社会保障方面发挥应有作用。从社会保障费的支出情况看，占全国人口绝大多数的农村居民的社会保障公共支出只占总数的11%，而城镇居民的社会保障支出却占总数的89%；从社会保障覆盖面来看，城镇已达91%，而农村只有2%。[①] 2012年享受最低生活保障的农村居民人数只有5345万，还不到农村居民总数的10%。

财政"公共性"的不足导致社会保障水平低。同时，城乡居民社会保障也存在明显的不平衡和非均等化现象。目前，中国城镇已基本建立了相对完善的养老保险、医疗保险、失业保险、下岗职工基本生活保障和城市最低生活保障等社会保障制度体系，而我国农村地区除传统的五保制度、救灾救济制度和新近建立的、保障水平极低的新型农村合作医疗制度外，几乎没有其他保障可言。刘志英指出，从供给角度看，我国社会保障支出结构极不平衡，2002年农村人口占60.9%，而农村社会保障支出仅占社会保障总支出的11%，农村社会保障支出远远低于城市。[②] 赵微指出，与城市相比，国家对农村的社会保障投入只有城市的1/8，农村人均对国家社会保障投资的占有仅为城市的1/30。[③]

---

① 构建社会主义和谐社会问题研究课题组：《构建社会主义和谐社会与城乡统筹发展》，《经济研究参考》2005年第21期。
② 刘志英：《中国城乡贫富差距与社会保障制度》，《江汉论坛》2004年第3期。
③ 赵微：《当前农村社会保障存在的问题与对策分析》，《经济师》2005年第5期。

由于国家社会保障在城市和农村之间的极度不均衡，造成了城乡人均社会保障水平的巨大差异，由于缺乏财政对城乡社会保障支出的系统数据，本部分通过对现有的部分城乡居民社会保障政策和设施的分享情况进行考察，来展现财政支出在城市和农村之间的非均等化状况。

表14显示，2007年城市居民平均最低生活保障费是农村居民的3.99倍，而到2011年这一差距为2.3倍，从这些数据的变化可以看出，城乡最低保障有缩小趋势。但是，即使对于那些享受社会保障的农村居民来说，城市居民的社会保障水平也是其2倍以上。如果考虑目前城镇居民低保已实现了"应保尽保"、而农村居民低保的覆盖面非常小的现状，那么城乡之间在社会保障方面的差距就更大了。

表14 全国城乡居民人均最低生活保障费对比

年份 \ 指标	城市居民人均最低生活保障费用(元)	农村居民人均最低生活保障费用(元)	城市/农村
2006	1000.4	273.1	3.66
2007	1220.9	305.9	3.99
2008	1684.9	531.2	3.17
2009	2055.3	762.6	2.70
2010	2270.9	853.5	2.66
2011	2898.6	1258.5	2.30

资料来源：根据民政部2007~2012年《中国民政统计年鉴》整理计算。

居民最低生活保障，是国家为救济社会成员因收入难以维持其基本生活需要而实施的一种社会救济措施。2002~2012年，中国城镇居民人均可支配收入与农村居民人均纯收入比一直保持在3∶1，城乡最低保障覆盖率在2002~2005年保持在8∶1，而在2005年以后城乡最低保障差距发生变化，农村低保覆盖率超过城市。表15显示，2003年城镇居民最低生活保障人数已占城镇总人口的4.3%，而农村居民最低生活保障人数则仅占农村总人口的0.5%。到2004年，城镇居民最低生活保障人数占城镇总人口的4.1%，而农村居民最低生活保障人数仅占农村总人口的0.6%。2005年后，由于城市化进程加快导致城市人口的绝对上升和农村人口的绝对下降，城乡最低生活保障的不平衡状态发生转变。2007年以后农村最低生活保障覆盖率超过城市最低生活保障覆盖率，且在2012年达到了8.3%。虽然农村最低保障覆盖率高于城市，但是在人均保障费用方面还是远低于城市。

表15 2002~2012年全国城乡最低生活保障对比

年份	城镇居民 人口数(万)	城镇居民 最低生活保障人数(万)	城镇居民 比重(%)	农村居民 人口数(万)	农村居民 最低生活保障人数(万)	农村居民 比重(%)
2002	50212	2064.7	4.1	78241	407.8	0.5
2003	52376	2246.8	4.3	76851	367.1	0.5
2004	54283	2205	4.1	75705	488	0.6
2005	56212	2234.2	4.0	74544	825	1.1
2006	57706	2240.1	3.9	73742	1593.1	2.2
2007	60633	2272.1	3.7	71496	3566.3	5.0
2008	62403	2334.8	3.7	70399	4305.5	6.1
2009	64512	2345.6	3.6	68938	4760	6.9
2010	66978	2310.5	3.4	67113	5214	7.8
2011	69079	2276.8	3.3	65656	5305.7	8.1
2012	71182	2143.5	3.0	64222	5344.5	8.3

资料来源：人口数来自国家统计局《中国统计年鉴（2013）》；最低生活保障人数来自民政部《中国民政统计年鉴（2013）》。

加快基本公共服务均等化，是政府职能转型的主要目标，也是公共财政特性的重要体现。20世纪90年代以后，中国地区之间、城乡之间、不同社会群体之间的收入分配差距逐渐扩大，但是作为二次分配重要途径的政府财政支出，并没有充分发挥应有的缩小差距、维护公平的功能，教育、医疗卫生、社会保障等直接涉及民生福利领域的问题，不仅没有减少反而日益突出。迄今为止，经济差距、财政能力差距和公共服务差距仍没有发生根本改变和逆转。经验数据显示，在全国公共服务财政支出总体水平低下、支出结构不尽合理的状态下，东部、中部、西部地区之间，省与省之间的财政支出呈现的非均衡和不均等有进一步扩大的趋势。中央的转移支付虽然使财政支出的差距得以一定程度缩小，但是如果将人口因素考虑在内，财政支出的非均等化矛盾

依然非常突出。因此，不论从东部、中部、西部地区发展不均衡，还是从全国各省、自治区、市人均财政支出的均等化和教育、社会保障、医疗卫生等财政支出的均等化角度考察，中国公共财政的"公共性"和"均等化"程度都较低，而且从差异程度来看，"非均等化"的现状在短期内难以发生逆转和改变。

由于中国财政支出偏离公共财政的方向，忽略其本应承担的保障和消费职能，特别是对农村地区的财政投入力度不足，进一步加剧了城乡发展和人民生活水平的不均衡。由于公共财政的"城市化"倾向，使城乡之间直接涉及民生福利领域的教育支出、医疗卫生支出和社会保障支出的"非均等化"状态，并没有因公共财政目标的提出而减小，反而逐渐扩大。城乡公共服务的均等化，不仅涉及财政资金供给的充足性，更涉及财政资金分配的公平性。要提高农村地区公共服务的质量和水平，一方面需要国家财政加大对农村民生福利领域的总体投入，提高财政的"公共化"水平，另一方面，更需要大力推进城乡公共支出的"均等化"水平，尽快纠正城乡发展失衡的问题。

市场经济体制的确立，使中国传统的财政模式发生了重要转变。与计划经济时期相比，财政支出结构已进行了较大的调整。但是，随着经济社会的发展，财政领域存在的问题和矛盾日益凸显，政府职能转型的压力加大。因此，从重点改善民生领域入手，大力加强和改进财政支出结构，采取各种有效措施，积极推进财政体制转型，应成为当前建设公共财政体系的突破口。具体而言，现阶段，要建立与市场机制相适应的公共财政，就必须科学界定公共财政支出范围，削减行政事业经费规模，努力降低政府运作成本，减少对竞争性领域的财政投资，增加对基础设施和基础产业的投入力度，强化公共和公益事业支出，实现支出结构的优化调整。

在调整财政支出结构的同时，应着力提高财政公共化水平，特别是要加大教育、医疗卫生、社会保障这些标志性公共领域的支出规模，提高它们占财政总支出的比重，逐步提高这些领域财政支出的公共化水平和程度，积极推进政府职能的公共化转型。应该认识到，财政支出结构的公共化，是财政公共化转型的重要领域和主要标志。只有实现了财政支出结构的公共化，政府职能的转型才有可能真正实现。与此同时，要尽可能规范中央与地方间的财政分配关系，使事权和财权相配套、相协调，将预算外资金、制度外资金尽可能地纳入统一的预算管理，并将财政管理的重心从收入管理转移到支出管理上来，提高公共财政的科学化水平，逐步建立统一、规范、透明、符合市场经济发展要求的公共财政体制。

附 录
Appendixes

B.11
2013年政治发展大事记

（根据新华网、人民网整理）

张明澍[*]

1月

1月1日

习近平在全国政协新年茶话会上发表重要讲话。他强调，中国特色社会主义事业是造福人民的美好事业，也是需要我们为之付出智慧和力量的艰辛事业。要树立起攻坚克难的坚定信心，凝聚起推进事业的强大力量，推动党和国家事业不断从胜利走向新的胜利。

全面修订后的《公安机关办理行政案件程序规定》自2013年1月1日起施行。该规定，进一步补充完善公安行政强制、证据收集、涉案财物、执法公开等制度。

---

[*] 张明澍，中国社会科学院政治学研究所研究员。

1月4日

全国宣传部长会议在北京召开。刘云山在讲话中强调,在社会思想意识多元多样、媒体格局深刻变化条件下做宣传思想文化工作,要树立政治意识、服务意识、问题意识及改革创新意识,深入推进体制机制创新、内容形式创新、方法手段创新,不断推动宣传思想文化工作与时俱进、健康发展。

1月5日

习近平在新进中央委员会的委员和候补委员学习贯彻党的十八大精神研讨班的开班式上发表重要讲话,强调道路问题是关系党的事业兴衰成败第一位的问题,道路就是党的生命。我们必须增强忧患意识,做到居安思危,懂就是懂,不懂就是不懂;懂了的就努力创造条件去做,不懂的就要抓紧学习研究弄懂,来不得半点含糊。

李克强主持召开医改领导小组第十二次全体会议。他指出,改革是最大红利,其目的就是让广大人民受益。改革必然要触动固有利益格局,重点调整预期利益和增量利益,但最终是要落到人民真正得利益上。

1月6日

《华商报》刊文《"新年献词"何以成为公共事件》,指出南方周末"新年献词事件"在网络上持续发酵,随着网络广泛传播以及《环球时报》等媒体的相关评论,此事无疑已成为2013年度的第一公共事件。舆论与广东相关主管部门的冲突,反映出了一个重大社会问题,即我们的媒体管理思维,已到了亟待改革的关键时刻。

公安部交管局表示,已专门下发通知,要求各地交管部门对目前违反黄灯信号的,以教育警示为主,暂不予以处罚。

1月7日

《环球时报》发表《南方周末"致读者"实在令人深思》一文,指出中国所有媒体的发展只能是同中国大现实相对应的,媒体改革必须是中国整体改革的一部分,媒体决不会成为中国的"政治特区"。

中国社会科学院社会学研究所发布《社会心态蓝皮书》,指出中国农民工普遍感觉社会不公平,受到社会不公平对待时主要采取消极逃避的行为。

全国政法工作电视电话会议召开。会议提出,2013年将推进劳教制度、

户籍制度改革等四项重点工作，全力建设"平安中国""法治中国"。

山西省长治市市长张保为苯胺泄漏事故未及时上报向公众道歉。张保承认，"12·31事故未及时上报"。继中铁瞒报隧道爆炸事故，长治苯胺泄漏事故成为又一根引爆舆论的导火索。

1月8日

最高人民法院和最高人民检察院公布《关于办理渎职刑事案件适用法律若干问题的解释（一）》，首次明确指出，实施渎职行为并收受贿赂的，应当数罪并罚。对于以"集体研究"形式实施渎职犯罪的行为，应依法追究负有责任人员的刑事责任。

1月9日

中央纪委监察部在北京召开新闻发布会，通报2012年查办案件的工作情况。2012年，各级纪检监察机关共接受信访举报1306822件（次），其中检举控告类866957件（次）。初步核实违纪线索171436件，立案155144件，结案153704件，处分160718人。全国纪检监察机关处分县处级以上干部4698人，移送司法机关的县处级以上干部961人。薄熙来、刘志军、黄胜、田学仁等严重违纪违法案件，已移送司法机关处理。这是中央纪委监察部首次以电视直播形式发布年度查办案件工作情况。

1月10日

全国信访局长电视电话会议在北京召开。会议提出，2013年将推进以市县两级为重点的领导干部接访下访工作，到一线和基层实地解决问题，加强督导，坚决纠正一切"拦卡堵截"正常上访群众的错误做法。

1月11日

郴州中院审结六起行政诉讼案，判决撤销上海市劳动教养管理委员会对郴州在沪务工的六名农民工的劳教决定。

1月13日

总政治部、军委纪委下发《关于在团以上党委机关开展"学习贯彻党章、弘扬优良作风"教育活动的意见》，要求军队坚持"四个从严"，使党委机关听党指挥更加坚定自觉，从严治党、从严治军方针落到实处。

1月15日

原湖北省委常委兼政法委书记、现任湖北省人大常委会副主任吴永文日前接受中央纪委调查。

1月17日

刘奇葆到人民日报社调研，强调要围绕学习宣传贯彻十八大精神这条主线，坚持正确导向，创新报道，改进文风，提高新闻媒体的传播力、公信力、影响力，增强舆论引导的及时性、针对性、实效性。

衣俊卿因生活作风问题，被免去中央编译局局长职务，贾高建担任中央编译局局长。

1月18日

中央精神文明建设指导委员会召开第一次全体会议，学习贯彻党的十八大精神，研究部署今年工作。中共中央政治局常委、中央精神文明建设指导委员会主任刘云山主持会议。

国家统计局公布2003~2012年全国居民基尼系数。这是官方首次公布十年来基尼系数，为深化收入分配改革提供评价标准。

1月20日

中共中央办公厅发布通知指出，习近平同志在《网民呼吁遏制餐饮环节"舌尖上的浪费"》的材料上所做的批示是深入贯彻落实党的十八大精神和中央政治局关于改进工作作风、密切联系群众八项规定的新要求。各地区各部门要充分认识狠刹浪费之风的重要性和迫切性，采取有力措施落实这一重要批示。

1月22日

习近平在中国共产党第十八届中央纪律检查委员会第二次全体会议上强调，为政清廉才能取信于民，秉公用权才能赢得人心；不论什么人，不论其职务多高，只要触犯了党纪国法，都要受到严肃追究和严厉惩处；要坚持"老虎""苍蝇"一起打，既坚决查处领导干部违纪违法案件，又切实解决发生在群众身边的不正之风和腐败问题；要加强对权力运行的制约和监督，把权力关进制度的笼子里，形成不敢腐的惩戒机制、不能腐的防范机制、不易腐的保障机制；任何人都没有法律之外的绝对权力，任何人行使权力都必须为人民服务、对人民负责并自觉接受人民监督。

1月23日

十八届中央纪委二次全会公报发布。全会要求党的各级纪检机关要把维护党的政治纪律放在首位，抓好"八项规定"的落实，下大气力改进作风，坚决抵制享乐主义和奢靡之风；着力解决群众反映强烈的突出问题，反对特权思想、特权现象。

温家宝主持召开国务院第八次全体会议。会议讨论了即将提请十二届全国人民代表大会第一次会议审议的政府工作报告，并决定将《政府工作报告（征求意见稿）》发往各省（区、市）及中央有关部门等征求意见。

1月24日

公安部决定成立工作组，针对陕西神木县"房姐"龚爱爱违法违规办理多个户口问题，协调指导事件调查督办工作，要求尽快查清情况，依法严肃追究责任。

1月25日

最高人民检察院挂牌督办陕西"房姐"龚爱爱假户口事件，并下发通知要求北京、山西、陕西检察机关立即介入调查，依法查处假户口背后可能存在的失职渎职犯罪。

1月28日

中共中央政治局召开会议，要求强化党员管理，严明党的纪律，健全党内激励关怀帮扶机制，构建党员联系和服务群众工作体系，增强党员队伍生机活力。

习近平在主持中共中央政治局第三次集体学习时强调，走和平发展道路，是我们党根据时代发展潮流和我国根本利益做出的战略抉择。

商务部和国家旅游局联合召开电视电话会议，出台《关于在餐饮行业厉行勤俭节约，反对铺张浪费的指导意见》，提出各地餐饮业要大力倡导节约光荣、浪费可耻的思想观念，引导社会形成文明、科学、健康的消费新风尚。

1月31日

新华社受权发布中央一号文件《关于加快发展现代农业进一步增强农村发展活力的若干意见》。该意见提出，改革农村集体产权制度，有效保障农民财产权利；改进农村公共服务机制，积极推进城乡公共资源均衡配置；完善乡村治理机制，切实加强以党组织为核心的农村基层组织建设等。

2月

2月1日

"新华社法人微博发布厅"在新华网、腾讯网等网站正式亮相，集成权威优质资讯，第一时间在微博发出新华社的声音。

2月5日

北京市朝阳区法院正式对一起非法拘禁来京上访人员案做出一审判决，王高伟等10人因非法拘禁11名来京上访人员被法院判处2年至6个月不等的刑期，其中三名未成年被告人适用缓刑。

2月6日

习近平在中南海邀请各民主党派中央、全国工商联新老领导人和无党派人士代表欢聚一堂，共迎新春。习近平在讲话中指出，要继续加强民主监督。对中国共产党而言，要容得下尖锐批评，做到有则改之、无则加勉；对党外人士而言，要敢于讲真话，敢于讲逆耳之言，真实反映群众心声，做到知无不言、言无不尽。

2月17日

新华社记者从财政部获悉，自2007年我国借鉴国际经验实施公务卡制度改革以来，除部分偏远地区预算单位因缺乏公务卡受理环境暂无法实施改革等特殊因素外，公务卡制度已基本实现全覆盖，成为我国公务支出管理领域的一项基础性的制度。

2月20日

国务院召开常务会议，国务院总理温家宝主持。会议研究部署继续调控房地产市场工作，并出台五项措施，扩大个人住房房产税改革试点范围。

2月21日

澳门社会各界纪念澳门基本法颁布20周年启动大会在澳门文化中心隆重举行。全国人大常委会委员长吴邦国出席大会并发表讲话。

2月22日

中共中央办公厅、国务院办公厅联合下发《党政机关公文处理工作条例》。

2月23日

中共中央政治局召开会议。会议指出，行政体制改革是推动上层建筑适应经济基础的必然要求。国务院机构改革和职能转变在行政体制改革中起着至关重要的作用，需要首先抓紧抓好。会议讨论了向第十二届全国人大一次会议推荐国家机构领导人员的建议人选、向第十二届全国政协委员会一次会议推荐全国政协领导人员的建议人选，《国务院机构改革和职能转变方案（草案）》。

习近平在主持中共中央政治局第四次集体学习时强调，坚持依法治国、依法执政、依法行政共同推进；坚持法治国家、法治政府、法治社会一体建设，不断开创依法治国新局面。

2月24日

解放军总参谋部、总政治部、总后勤部、总装备部联合印发《厉行节约严格经费管理的规定》，明确了按战斗力标准花钱办事、严格经费分配与审批、控制非急需基建投资、规范集中采购集中支付、从严管控会议集训和公务接待开支等17条具体规定要求。

2月26日

党的十八届中央委员会第二次全体会议举行。有关负责同志列席了会议。

2月27日

第十一届全国人民代表大会常委会第三十一次会议闭幕。会议通过了关于第十二届全国人大代表的代表资格的审查报告，并决定会后发表公告、公布代表名单。据统计，在2987名代表中，专业技术人员代表610名，占代表总数的20.42%，提高了1.2个百分点；党政领导干部代表1042名，占代表总数的34.88%，降低了6.93个百分点。

2月28日

《中国共产党第十八届中央委员会第二次全体会议公报》通过并发布。党的十八届中央委员会第二次全体会议，听取并讨论习近平受政治局委托所做的工作报告；审议并通过政治局提出的国家机构领导人员人选建议名单和全国政协领导人选建议名单，决定将这两个建议名单分别向"两会"主席团推荐；审议并通过《国务院机构改革和职能转变方案》，建议国务院将这个方案提交十二届全国人大一次会议审议；李克强就这个方案（讨论稿）做了说明，指出行政体制改革是推动上层建筑适应经济基础的必然要求，要深入推进政企分开、政资分开、政事分开、政社分开，健全部门职责体系，建设职能科学、结构优化、廉洁高效、人民满意的服务型政府。

中共中央在中南海怀仁堂举行民主协商会，向各民主党派、全国工商联和无党派人士通报情况，听取意见。习近平主持会议并发表重要讲话。会议上，李克强通报了《国务院机构改革和职能转变方案（草案）》的有关情况。刘云山就新一届国家机构领导人员和全国政协领导人员人选建议名单做了说明。

3月

3月1日

中共中央党校举行建校80周年庆祝大会暨2013年春季学期开学典礼。中共中央总书记、中共中央军委主席习近平出席典礼并发表重要讲话。他强调，全党面临的一个重要课题，就是如何正确认识和妥善处理我国发展起来后不断出现的新情况新问题。要认识好、解决好各种问题，唯一的途径就是增强我们自己的本领。增强本领就要加强学习，既把学到的知识运用于实践，又在实践中增长解决问题的新本领。

3月2日

全国政协十二届全国委员会第一次会议预备会议举行。会议由十一届全国政协主席贾庆林主持。贾庆林说，这次会议应出席委员2237人，实到2093人，符合法定人数。

3月3日

全国政协十二届一次会议在北京人民大会堂开幕。会议应出席委员2237人，实到2206人，符合法定人数。俞正声主持会议，贾庆林做政协十一届常

委会工作报告，万钢做提案工作情况报告。

十二届全国人民代表大会第一次会议举行预备会议。十一届全国人大常委会委员长吴邦国主持会议。经表决，通过了十二届全国人大一次会议议程，选举产生了十二届全国人大一次会议主席团和秘书长。

十二届全国人大一次会议大会主席团举行第一次会议。张德江被推选为主席团常务主席。刘云山、李建国、王胜俊、陈昌智、严隽琪被推选为主席团常务主席。

3月5日

十二届全国人大一次会议在北京人民大会堂开幕。大会主席团常务主席、执行主席张德江主持大会。温家宝代表国务院做政府工作报告。

3月7日

十二届全国人大一次会议举行代表团全体会议，审议《关于2012年中央和地方预算执行情况与2013年中央和地方预算草案的报告》。

3月8日

十二届全国人大一次会议举行第二次全体会议，听取全国人大常委会委员长吴邦国做全国人大常委会工作报告。吴邦国强调，要增强责任意识和忧患意识，把人民代表大会制度坚持好完善好。

3月9日

十二届全国人大一次会议主席团第二次会议通过了第十二届全国人民代表大会财政经济委员会关于2012年中央和地方预算执行情况和2013年中央和地方预算草案的审查结果报告。

3月10日

十二届全国人大一次会议举行第三次全体会议，听取和审议最高人民法院工作报告和最高人民检察院工作报告，听取关于国务院机构改革和职能转变方案的说明。经表决，会议通过了十二届全国人大一次会议选举和决定任命的办法。中国将产生新一届国家和机构领导人员。

国务委员兼国务院秘书长马凯向十二届全国人大一次会议第三次全体会议做关于国务院机构改革和职能转变方案的说明。改革后，除国务院办公厅外，国务院设置组成部门25个。

3月11日

全国政协十二届一次会议举行第四次全体会议，俞正声当选政协第十二届全国委员会主席。

3月12日

全国政协十二届一次会议闭幕。

3月13日

全国政协十二届常务委员会第一次会议闭幕。会议审议并通过了全国政协第十二届常委会关于设置专门委员会的决定，设提案委员会、经济委员会、人口资源环境委员会、教科文卫体委员会、社会和法制委员会、民族和宗教委员会、港澳台侨委员会、外事委员会、文史和学习委员会九个专门委员会；通过了政协第十二届全国委员会副秘书长任命名单和各专门委员会主任、副主任名单。

3月14日

十二届全国人大一次会议举行第四次全体会议。习近平当选中华人民共和国主席和中华人民共和国中央军事委员会主席；张德江当选为第十二届全国人民代表大会常务委员会委员长；李源潮当选国家副主席。

十二届全国人大一次会议表决通过了关于国务院机构改革和职能转变方案的决定。

3月15日

十二届全国人大一次会议举行第五次全体会议。会上宣读了国家主席习近平关于国务院总理人选的提名信，军委主席习近平关于中央军事委员会副主席、委员人选的提名信。经过投票表决，决定李克强为中华人民共和国国务院总理；决定范长龙、许其亮为中华人民共和国中央军事委员会副主席；选举周强为最高人民法院院长、曹建明为最高人民检察院检察长。

国家主席习近平签署第一号主席令，任命李克强为中华人民共和国国务院总理。

3月16日

十二届全国人大一次会议举行第六次全体会议。根据国务院总理李克强的提名，会议决定了国务院其他组成人员，张高丽、刘延东、汪洋、马凯为国务

院副总理，杨晶、常万全、杨洁篪、郭声琨、王勇为国务委员。

国家主席习近平签署第二号主席令，根据十二届全国人大一次会议第六次全体会议的决定，对这次大会表决通过的国务院其他组成人员予以任命。

3月17日

十二届全国人大一次会议表决关于政府工作报告的决议草案，赞成2799票，反对101票，弃权44票；表决关于2012年国民经济和社会发展计划执行情况与2013年国民经济和社会发展计划的决议草案，赞成2665票，反对221票，弃权60票；表决关于2012年中央和地方预算执行情况与2013年中央和地方预算的决议草案，赞成2307票，反对509票，弃权127票；表决关于全国人民代表大会常务委员会工作报告的决议草案，赞成2733票，反对150票，弃权61票；表决关于最高人民法院工作报告的决议草案，赞成2218票，反对605票，弃权120票；表决关于最高人民检察院工作报告的决议草案，赞成2339票，反对485票，弃权121票。

十二届全国人大一次会议闭幕。新任国务院总理李克强会见中外记者，并回答记者提出的问题。李克强表示，忠诚于宪法，忠实于人民，以民之所望为施政所向，要把错装在政府身上的手换成市场的手；要有壮士断腕的决心，言出必行，说到做到；要用简朴的政府来取信于民，造福人民，要让人民过上好日子，政府就要过紧日子。

3月18日

两会授权新华社全文发布国务院总理温家宝2013年3月5日在第十二届全国人民代表大会第一次会议上所做的政府工作报告。

新一届国务院第一次常务会议召开，国务院总理李克强主持。会议研究确定国务院领导同志工作分工，对推进机构改革和职能转变工作做出具体落实和部署。会议强调，政府职能转变是深化行政体制改革的核心，也是发展市场经济、法治经济的保障。要把职能转变作为新一届国务院工作开局的关键，把减少行政审批作为职能转变的突破口。

中共中央组织部印发《关于在干部教育培训中进一步加强学员管理的规定》，明确规定干部培训期间不得用公款相互宴请；不准秘书等工作人员"陪读"；培训后不准以同学名义搞小圈子。

张德江主持召开十二届全国人大常委会第一次委员长会议。会议通过了《全国人大常委会委员长会议组成人员贯彻落实中央八项规定的实施办法》，研究确定了十二届全国人大常委会副委员长联系全国人大专门委员会的分工。

3月19日

习近平在接受金砖国家媒体联合采访时强调，中国特色社会主义必须随着形势和条件的变化而向前发展。我们愿意借鉴人类一切文明成果，但不会照抄照搬任何国家的发展模式。中国的改革是中国特色社会主义制度的自我完善和发展。

十二届全国人大常委会第一次会议举行。全国人大常委会委员长张德江主持会议并发表重要讲话。张德江强调，全国人大常委会承担着制定法律和保证法律实施的职责，处在社会主义民主法制建设的第一线，对于全面推进依法治国、建设社会主义法治国家负有重要使命。

中央纪委对6起违反中央八项规定精神的典型问题发出通报，强调要进一步严明纪律，推动中央八项规定精神贯彻执行。

3月20日

两会授权新华社全文发布全国人民代表大会常务委员会委员长吴邦国于2013年3月8日在第十二届全国人民代表大会第一次会议上所做的《全国人民代表大会常务委员会工作报告》。

广州市纪委新闻发言人梅河清在例行的新闻发布会上披露，今年4月起广州将定期公布全市违规使用公车情况及违规单位的整改情况。梅河清还披露，当地已制定领导干部重大事项申报不当处理办法，对虚假申报、隐瞒申报的，一律先停职再做进一步调查处理。

3月21日

新一届国务院第一次全体会议召开，国务院总理李克强主持。会议宣布国务院领导分工和国务院机构设置，并对政府工作进行部署。讨论通过了《国务院工作规则》，新一届政府开始全面履责。李克强在讲话中强调，新一届政府开门要办的第一件事就是转变职能，把不该管的微观事项坚决放给市场、交给社会，该加强的宏观管理切实加强，做到事前审批要多放，事中事后监管问责要到位。

3月22日

国家主席习近平和夫人彭丽媛抵达莫斯科。俄罗斯是习近平就任国家主席后进行国事访问的首个国家。

3月23日

习近平在莫斯科国际关系学院发表演讲,他指出,各国和各国人民应该共同享受尊严,鞋子合不合脚,自己穿了才知道,一个国家的发展道路合不合适,只有这个国家的人民才最有发言权。各国主权范围内的事情只能由本国政府和人民去管,世界上的事情只能由各国政府和人民共同商量来办。

3月24日

中国发展高层论坛年会在北京开幕,张高丽出席开幕式并致辞。工信部部长苗圩参加论坛时表示,政府部门应该是把更多的监管,从事前的监管向事后的监管转变,变重审批而重运营。在运营过程当中,政府的角色更多的是创造公平竞争的环境。

全国人大法律委员会主任委员乔晓阳、国务院港澳办主任王光亚与37名香港建制派立法会议员在深圳举行座谈会。乔晓阳提出三个"坚定不移",包括2017年普选行政长官必定落实,绝无拖延。此外,行政长官必须爱国爱港,如对抗中央就不能胜任。王光亚也指出,特首爱国爱港才能维护香港稳定。

3月25日

中央机构编制委员会领导调整,李克强任主任,刘云山任副主任。委员包括赵乐际、栗战书、杨晶、汪永清、楼继伟、尹蔚民。

3月26日

国务院召开第一次廉政工作会议。李克强在会上发表讲话,指出权力是双刃剑,用得好可以为老百姓办好事,用得不好误民误事甚至滋生腐败。要用制度管权管钱管人,形成不能贪、不敢贪机制,给权力涂上反腐剂、戴上紧箍咒。权力运行领域都要有制度有规范,让权力只能用来为公不能谋私。

3月27日

国家主席习近平在南非德班出席金砖国家领导人第五次会晤并发表重要讲话。习近平表示,加强金砖国家合作,既为各成员国人民带来福祉,也有利于促进国际关系民主化,是我们共同的愿望和责任。不管国际风云如何变幻,我们都要始终坚持和平发展、合作共赢。不管国际格局如何变化，我们都要始终坚持平等民主、兼容并蓄。不管全球治理体系如何变革，我们都要积极参与。

李克强主持国务院常务会议，研究确定今年政府重点工作的部门分工。会议指出，要全面推进社会建设和社会领域改革。要积极推进重要领域改革，力争有实质性进展。

香港署理政制及内地事务局局长刘江华在答复立法会议员提问时表示，特区政府目前没有普选行政长官的既定方案。特区政府会严格按照基本法规定及全国人大常委会有关决定，就普选行政长官时的具体提名和选举安排进行广泛咨询。

3月28日

政协第十二届全国委员会第一次专门委员会主任会议暨专题研讨班在北京举行。中共中央政治局常委、全国政协主席俞正声在讲话中指出，专委会汇集了很多来自党政机关的领导同志和专家学者，也有各个方面的优秀代表人物，他们了解情况、熟悉政策、经验丰富，有条件集中各方面智慧和力量，对于促进党和政府民主科学决策具有重要作用。

中共中央政治局常委、中央党校校长刘云山在中央党校弘扬良好学风座谈会上强调，要坚持正学风与转作风、改文风一起抓，大兴苦干实干之风，大力倡导清新朴实的文风，讲管用的短话，讲来自基层的实话，讲富有活力的新话。

3月29日

李克强在上海召开部分省市经济形势座谈会时强调，用勇气和智慧打造中国经济的升级版，要立足于扩大内需，在扩大开放中培育和拓展好国内市场。李克强说，经济转型升级要体现在人民生活水平的提高上。他指出，资源环境约束问题不解决，发展就会"断粮"，民生就会"打折扣"。这也是转型升级必须破解的难题。

国务院机关事务管理局、中共中央直属机关事务管理局、财政部、审计署、国家工商总局等五部门联合发出通知，严禁中央和国家机关各部门及所属行政事业单位使用、自行或授权制售冠以"特供""专供"等标识的物品。

4月

4月1日

财政部向社会公开2012年全国政府性基金项目目录，让公众了解目前政府都向社会征收哪些基金和收费，旨在更好加强政府性基金管理，凡未列入目录以及未经国务院或财政部批准的政府性基金，公民、法人和其他社会组织应拒绝缴纳。

4月3日

李克强主持国务院常务会议，部署现代农业综合配套改革试验工作。李克强在讲话中强调，改革试验要加强规划，做好与经济社会发展重大规划、政策的衔接，把保护生态环境摆在突出位置，坚持农村基本经营制度，尊重农民意愿和基层首创精神，切实保障农民合法权益。

俞正声在人民政协报社调研时强调，要多刊登深入反映当前社会现实的报道。

最高人民检察院决定从今年起开展为期两年的查办和预防发生在群众身边、损害群众利益的职务犯罪专项工作。重点查办11类渎职案件，包括公务员招考舞弊案件；安全生产责任事故所涉渎职案件；国家机关工作人员利用职权实施的侵犯公民人身权利、民主权利的犯罪案件等。

4月7日

习近平出席博鳌亚洲论坛2013年年会开幕式并发表主旨演讲。习近平指出，勇于变革创新，为促进共同发展提供不竭动力。要摒弃不合时宜的旧观念，冲破制约发展的旧框框。加大转变经济发展方式，调整经济结构力度，更加注重发展质量、更加注重改善民生。完善全球治理机制。国际社会应该倡导综合安全、共同安全、合作安全的理念。不能为一己之私把一个地区乃至世界搞乱。

4月8日

习近平同出席博鳌亚洲论坛2013年年会的中外企业家代表座谈，他强调，中国将坚定不移推进改革开放，加快转变发展方式，坚定不移奉行对外开放政策，继续为外国企业提供更好的环境和条件，中国的发展将为世界做出更大贡献。

习近平在博鳌会见台湾两岸共同市场基金会荣誉董事长萧万长一行。习近平强调，大陆方面对推动两岸关系和平发展，决心是坚定的，方针政策是明确的。

中宣部、教育部、共青团中央在京召开深化中国梦宣传教育座谈会。中共中央政治局常委、中央书记处书记刘云山在会上发表讲话强调，推动形成实现中国梦的强大精神力量，把中国梦宣传教育不断引向深入，积聚团结奋进的正能量，激励人们在中国特色社会主义伟大实践中同心共筑中国梦。

4月10日

国务院总理李克强主持召开国务院常务会议，决定进一步扩大营业税改征增值税试点，这有利于解决因局部地区试点导致的政策差异和税收征管风险等问题。

原铁道部部长、党组书记刘志军受贿、滥用职权一案，由北京市人民检察院第二分院依法向北京市第二中级人民法院提起公诉。北京市第二中级人民法院已依法受理该案，将择日开庭审理。

4月12日

全国检察机关推进反贪办案工作电视电话会议，要求找准贪污贿赂犯罪易发多发领域和部位，深入查办工程建设等重点领域窝案串案，深入查办发生在群众身边、损害群众利益的贪污贿赂犯罪案件。

4月14日

李克强主持召开新一届政府首次经济形势专家和企业负责人座谈会，听取对当前经济形势的看法和建议。

4月15日

在国务院新闻办公室举行的新闻发布会上，国家统计局新闻发言人盛来运回答记者提问时说，中央出台的转变工作作风、反对铺张浪费政策，从统计数据来看取得了明显效果。限额以上高档酒店餐饮收入下降明显，一定程度上说明公款消费受到一定抑制。

4月16日

习近平致电美国总统奥巴马,就美国波士顿发生爆炸事件并造成严重人员伤亡,向美国政府和人民表示深切同情和诚挚慰问。

《中国武装力量的多样化运用》白皮书,首度公开了陆军全部18个集团军番号。

4月17日

李克强主持召开国务院常务会议。李克强在讲话中强调,要保持宏观经济政策连续性和稳定性,用更大气力释放改革红利,增加就业和收入,提高质量与效益,努力打造中国经济升级版。

4月18日

80多家中央部委同日在其网站上公布各自的2013年部门预算,部门"三公经费"预算首次与部门预算同步公开。部委主动压缩"三公经费"成亮点。

最高人民法院对六起违反中央八项规定精神和最高人民法院六项措施的典型案例进行了通报。

4月19日

习近平主持中央政治局会议,决定从今年下半年开始,用一年左右时间,在全党自上而下分批开展党的群众路线教育实践活动。会议强调,党的群众路线教育实践活动全过程,要贯穿"照镜子、正衣冠、洗洗澡、治治病"的总要求,努力解决作风不实不正不廉问题。

习近平主持中共中央政治局第五次集体学习。他强调,要健全权力运行制约和监督体系,让人民监督权力,让权力在阳光下运行,把权力关进制度的笼子里。要更加科学有效地防治腐败,全面推进惩治和预防腐败体系建设,提高反腐败法律制度执行力,让法律制度刚性运行。要加强对典型案例的剖析,深化腐败问题多发领域和环节的改革,最大限度减少体制缺陷和制度漏洞,通过深化改革不断铲除腐败现象滋生蔓延的土壤。

4月21日

国务院新闻办公室发表《2012年美国的人权纪录》,以回应美国国务院日前发表的《2012年国别人权报告》对中国人权事业的歪曲指责。

4月24日

李克强主持国务院常务会议。会议决定，取消和下放一批行政审批事项，推进政府职能转变。

4月25日

中共中央政治局常务委员会召开会议，研究当前经济形势和经济工作。会议强调，要加大改革攻坚力度，抓紧清理、取消、调整行政审批项目，做好扩大营改增试点地区和行业范围工作，抓紧建立规范的地方政府举债融资机制，完善资源性产品价格形成机制。

最高人民法院常务副院长沈德咏在广州市召开的刑事审判工作调研座谈会上强调，刑事审判生杀予夺，事关公民的名誉、财产、自由乃至生命，事关国家安全和社会稳定，一定要坚决守住防范冤错案的底线。

4月28日

习近平到全国总工会机关，同全国劳动模范代表座谈并发表重要讲话。他强调，充分发挥工人阶级主力军作用，依靠诚实劳动开创美好未来。

5月

5月1日

《中华人民共和国精神卫生法》实施。法律规定，精神障碍患者的人格尊严、人身和财产安全不受侵犯。精神障碍的住院治疗实行自愿原则。自愿住院治疗的精神障碍患者可以随时要求出院，医疗机构应当同意。

5月2日

国家互联网信息办公室在全国集中部署打击利用互联网造谣和故意传播谣言的行为。已查处多名利用互联网制造和故意传播谣言的人员，关闭了一批造谣、传谣的微博客账号。

习近平给北京大学考古文博学院2009级本科团支部全体同学回信。肯定他们立志为实现中华民族伟大复兴的中国梦而奋斗的理想和追求，勉励当代青年勇做走在时代前面的奋进者、开拓者、奉献者。

5月3日

"两高"发布《关于办理危害食品安全刑事案件适用法律若干问题的解释》，要求对危害食品安全犯罪案件从严量刑，进一步加大对危害食品安全犯罪的打击力度。

5月4日

习近平到中国航天科技集团公司中国空间技术研究院，同各界优秀青年代表座谈并发表重要讲话。习近平强调，广大青年要在实现中国梦的生动实践中放飞青春梦想，在为人民利益的不懈奋斗中书写人生华章。

5月6日

李克强主持国务院常务会议，研究部署2013年深化经济体制改革重点工作，并决定再次取消和下放一批行政审批事项。

5月7日

财政部向社会公开2013年全国社保基金预算情况，并首次公布了养老保险基金、医疗保险基金等具体险种的收入预算。

5月8日

广东省广州市为公务用车人员发放公务用车使用证。使用公车必须刷卡，否则系统将接到违规使用报警。

5月9日

民政部印发《村民委员会选举规程》，对选举竞争做了详细规定。

国家互联网信息办部署在全国范围内开展为期两个月的规范互联网新闻信息传播秩序专项行动，针对当前网站登载新闻存在的突出问题，重点整治新闻来源标注不规范、编发虚假失实报道、恶意篡改新闻标题、冒用新闻机构名义编发新闻等违规行为。

5月12日

国家发展和改革委员会副主任刘铁男涉嫌严重违纪，接受组织调查。去年12月，知名媒体人、《财经》杂志副主编罗昌平在微博上实名举报时任国家发改委副主任、国家能源局局长刘铁男学历造假等三方面问题，国家能源局当天快速做出回应，称举报内容纯属污蔑。

5月13日

国务院就动员部署国务院机构职能转变工作召开全国电视电话会议。李克强在讲话中指出，转变政府职能，是在当前形势下，稳增长、控通胀、防风险，保持经济持续健康发展的迫切需要和重大举措，也是经济社会发展到这一阶段的客观要求。新一届政府成立一个多月内，两次召开国务院常务会议，取消和下放了133项行政审批事项。

国土资源部办公厅下发紧急通知，要求进一步加强征地管理，防止违法违规征地，杜绝暴力征地行为。

5月14日

国务院新闻办公室发表《2012年中国人权事业的进展》白皮书，全面介绍近年来我国人权事业发展取得的新成就，首次将"生态文明建设中的人权保障"作为单独章节，强调"中国坚持树立尊重自然、顺应自然、保护自然的生态文明理念，将生态文明建设放在突出地位"。

国家发展和改革委员会副主任、党组成员刘铁男涉嫌严重违纪，中央已经决定免去其领导职务。

5月15日

国务院发布《关于取消和下放一批行政审批项目等事项的决定》，取消和下放的行政审批项目等事项共计117项。

5月14～15日，习近平在天津考察工作。保障和改善民生，是习近平调研的重要内容。他强调，保障和改善民生是一项长期工作，没有终点站，只有连续不断的新起点。

5月17日

王岐山在中央巡视工作动员暨培训会议上讲话强调，党风廉政建设和反腐败斗争要全党动手一起抓。中央巡视组要明确自身定位，履行监督责任，当好党中央的"千里眼"，找出"老虎"和"苍蝇"，对违纪违法问题早发现、早报告。

5月19日

安徽省出台《关于加强和创新社会组织建设与管理的意见》。意见要求，不论是现职公务员，还是具有行政管理职能的事业单位工作人员，都不得在协

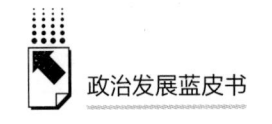

会、商会等联合性社会团体兼任领导职务。

5月20日

刘云山在河南调研时强调，不能借"破格"之名行谋私之实，对违规违纪用人，要发现一起查处一起。

5月21日

李克强在印度世界事务委员会发表题为《把握中印战略合作新机遇》的演讲。李克强指出，这次访问印度，是他出任总理后的首访、首站，体现了中国政府对印度的高度重视。政治互信是双方友好合作的前提。

刘云山主持召开中央党的群众路线教育实践活动领导小组第一次全体会议，他在讲话中指出，要加强指导、加强督查，推动各地区各部门各单位在提高思想认识、解决突出问题上下功夫，确保教育实践活动切合实际、取得实效。

5月22日

最高检侦查监督厅下发《关于人民检察院审查逮捕工作中适用"附条件逮捕"的意见（试行）》，进一步明确附条件逮捕的适用标准，防止轻罪案件"以捕代侦"。

5月23日

习近平5月21~23日在四川芦山地震灾区看望慰问受灾群众。他强调，要科学布局灾后恢复重建，让灾区人民早日走出灾难阴影，开始美好新生活。

5月24日

中共中央政治局围绕大力推进生态文明建设进行第六次集体学习。习近平在主持学习时强调，党的十八大把生态文明建设纳入中国特色社会主义事业五位一体总体布局，明确提出大力推进生态文明建设，努力建设美丽中国，实现中华民族永续发展。这标志着我们对中国特色社会主义规律认识的进一步深化，表明了我们加强生态文明建设的坚定意志和坚强决心。

5月26日

李克强参观位于德国勃兰登堡州的波茨坦会议旧址，并向在场记者发表讲话。李克强说，我要特别强调，《波茨坦公告》第八条明确指出：《开罗宣言》之条件必将实施。而《开罗宣言》中明确规定，日本所窃取的中国之领土，例如东北、台湾等岛屿归还中国。这是用几千万生命换来的胜利果实，也是二战后世界和平秩序的重要保证。所有热爱和平的人，都应该维护战后和平秩序，不允许破坏、否认这一战后的胜利果实。

5月27日

《中国共产党党内法规制定条例》和《中国共产党党内法规和规范性文件备案规定》公开发布。这对于推进党的建设制度化、规范化、程序化，提高党科学执政、民主执政、依法执政水平，具有十分重要的意义。

中共中央政治局常委、中央纪委书记王岐山出席全国纪检监察系统开展会员卡专项清退活动电视电话会议并讲话。王岐山要求，纪检监察干部要在6月20日前自行清退所收受各种名目的会员卡，做到"零持有、零报告"。

5月29日

最高人民法院公布三起侵犯未成年人权益犯罪典型案例。最高人民法院有关负责人表示，最高人民法院今后将指导各级法院进一步加大对侵犯未成年人权益犯罪的惩治力度，坚持最低限度的容忍、最高限度的保护，该重判的坚决依法重判。

最高人民检察院召开全国检察机关电视电话会议，检察长曹建明强调，检察机关要坚守防止冤假错案底线，更好维护人民群众合法权益，维护司法权威和司法公信力，维护社会公平正义和社会和谐稳定。

5月30日

中共中央政治局委员、中宣部部长刘奇葆同新任县委宣传部长培训班学员座谈，强调要大力开展社会主义核心价值观宣传教育，充分利用各种基层宣传思想文化阵地和载体，大力倡导富强、民主、文明、和谐，倡导自由、平等、公正、法治，倡导爱国、敬业、诚信、友善，使之成为人们的共同价值追求和自觉行动，巩固壮大主流思想舆论。

5月31日

李克强主持召开国务院常务会议，研究部署进一步加强婴幼儿奶粉质量安全工作，围绕转变政府职能，通过一批法律修正案草案以及废止、修改部分行政法规的决定。

深化平安中国建设工作会议在苏州召开。习近平日前就建设平安中国做出

重要指示，强调平安是人民幸福安康的基本要求，是改革发展的基本前提。把平安中国建设置于中国特色社会主义事业发展全局中来谋划，紧紧围绕"两个一百年"奋斗目标，把人民群众对平安中国建设的要求作为努力方向，坚持源头治理、系统治理、综合治理、依法治理，努力解决深层次问题，着力建设平安中国，确保人民安居乐业、社会安定有序、国家长治久安。

6月

6月1日

5月30日至6月1日中共中央政治局常委全国人大常委会委员长张德江先后到广东珠海、广州、深圳等地，就加强立法工作进行调研。

6月4日

习近平抵墨西哥进行国事访问，与培尼亚总统举行会谈，两国领导人共同签署《中华人民共和国和墨西哥合众国联合声明》，将中墨战略伙伴关系提升为全面战略伙伴关系。

6月5日

习近平在墨西哥参议院发表题为《促进共同发展 共创美好未来》的演讲，阐述新时期发展中墨关系和中拉关系政策主张。

新华网发布消息：陈希同因患癌症，于2013年6月2日病亡。陈希同，男，83岁，于1998年7月31日被北京市高级人民法院判处有期徒刑16年。2006年5月31日保外就医。

6月6日

习近平就做好安全生产工作做出重要指示，发展决不能以牺牲生命为代价，这必须作为一条不可逾越的红线。

国务院办公厅印发《质量工作考核办法》，这是国务院首次提出每年对省级人民政府质量工作进行考核。

6月7日

国家主席习近平与美国总统奥巴马在美国加利福尼亚州安纳伯格庄园举行中美元首会晤，坦诚深入交换意见，达成一系列重要共识。

6月8日

中共中央政治局常委、中央书记处书记刘云山在北京市调研时强调，改革出动力、出活力，改革只有进行时、没有完成时，要深入贯彻党的十八大精神和习近平总书记一系列重要讲话，以新的举措积极稳妥推进文化改革发展，为实现中国梦提供强大文化力量。

6月9日

北京市第二中级人民法院公开审理原铁道部部长、党组书记刘志军涉嫌受贿、滥用职权案。刘志军对所涉罪名无异议。法庭宣布此案将择期宣判。

6月10日

厦门市政府新闻办发布：在公安部、省公安厅专家组的牵头参与下，经过公安机关不分昼夜连续奋战，综合人证、物证、技术鉴定等各方面调查结果，确认犯罪嫌疑人陈水总于6月7日在闽DY7396公交车上实施了放火案。

6月12日

最高人民法院发出通知，要求各级法院依法从严惩处危害生产安全犯罪，对重大、敏感的危害生产安全刑事案件，可按刑事诉讼法的规定实行提级管辖。

6月13日

习近平在人民大会堂会见中国国民党荣誉主席吴伯雄及其率领的访问团全体成员。习近平强调，两岸关系已站在新的起点上，也面临着重要机遇。应该认真总结经验，清醒认识并主动因应形势发展变化，坚定不移地走两岸关系和平发展道路，巩固和深化两岸关系和平发展的政治、经济、文化、社会基础，推动两岸关系不断取得新的成就。

6月14日

李克强主持召开国务院常务会议。研究部署大气污染防治措施。提出地方政府要对当地空气质量负总责，用法律、标准"倒逼"产业转型升级。

6月15日

部分省市户籍管理制度改革座谈会在安徽合肥召开。国务委员郭声琨在会上强调，要主动适应城镇化要求，切实维护人民群众权益，坚持积极稳妥、注重统筹谋划，努力实现户籍管理制度改革与相关经济社会领域改革有机结合、

协同推进。

6月16日

中共中央台办、国务院台办主任张志军、福建省委书记尤权、国家旅游局局长邵琪伟、交通运输部副部长何建中在第五届海峡论坛大会上发布了31项对台惠民新政策措施，内容涉及两岸人员往来、赴台旅游、就业、基层调解、文化交流、版权交易、两岸直航、台企融资等多个领域。

6月17日

中国共产主义青年团第十七次全国代表大会召开。习近平、李克强、张德江、俞正声、刘云山、王岐山、张高丽等到会祝贺。刘云山代表党中央发表了题为《在实现中国梦的伟大实践中谱写壮丽的青春篇章》的祝词。

2013年全国食品安全宣传周主场活动在北京举行。此次活动的主题是"社会共治、同心携手维护食品安全"。国务院副总理汪洋指出，政府要履行监管责任，创新监管方式，建立覆盖"从农田到餐桌"全过程的最严格的科学监管制度。社会要强化监督责任，形成人人监督食品安全的天网，让不安全食品没有市场，让生产经营者"一处失信、寸步难行"，让不法分子无处藏身。

6月18日

党的群众路线教育实践活动工作会议在北京召开，习近平出席会议并发表重要讲话，对全党开展教育实践活动进行部署。此次活动以"照镜子、正衣冠、洗洗澡、治治病"为总要求，主要任务聚焦到作风建设上，集中解决形式主义、官僚主义、享乐主义和奢靡之风这"四风"问题。

李克强到审计署考察、座谈。李克强指出，审计监督的法律地位是宪法确立的，要进一步强化审计工作，用"火眼金睛"看好国家钱财，确保公共资金节约、合理、有效使用，推进宏观调控政策落实和制度完善，为持续发展经济、不断改善民生、促进社会公正提供有力保障。

6月19日

李克强主持召开国务院常务会议，研究部署金融支持经济结构调整和转型升级的政策措施，决定再取消和下放一批行政审批等事项。

政协十二届全国委员会常务委员会第二次会议在京闭幕。俞正声在讲话中指出，要充分认识加强生态文明建设的重要性和紧迫性，良好的生态环境是最重要的公共产品和民生福祉。

6月20日

习近平、刘云山等在中南海同团中央新一届领导班子成员集体谈话。习近平对加强团干部队伍建设提出了明确要求，强调推动共青团事业不断开创新局面，关键在团干部。团的干部必须坚定理想信念，必须心系广大青年，坚持以青年为本，深深植根青年、充分依靠青年、一切为了青年，做青年友，不做青年"官"，努力增强党对青年的凝聚力和青年对党的向心力。

6月21日

中宣部、浙江省委在人民大会堂举行杭州"最美现象"思想道德建设先进经验报告会。刘云山会见报告团成员，强调要把学习"最美人物"、弘扬"最美精神"作为社会主义核心价值体系建设的重要载体，与全面建成小康社会实践结合起来，更好地激励人们奋发有为，凝聚起实现中国梦的强大精神力量。

广州慈善组织社会监督委员会正式成立，为全国首创的慈善组织第三方监督机制。15名非公职人士获聘成为首届委员，任期三年。

6月22日

上海市发生一起持枪杀人案，导致6人死亡、4人受伤。犯罪嫌疑人范某已被警方依法刑事拘留。

6月23日

国际反贪局联合会第五届研讨会在济南开幕，中共中央政治局委员、中央政法委书记孟建柱出席会议并讲话。孟建柱指出，腐败严重危害政治文明和可持续发展。中国政府从事关党和国家生死存亡的高度，把反对腐败作为重要任务，坚持标本兼治、综合治理、惩防并举、注重预防方针，坚持运用法治思维和法治方式反对腐败，努力把权力关进制度的笼子，促进官员清正、政府清廉、政治清明。

四川省文联主席郭永祥涉嫌严重违纪，接受组织调查。郭永祥曾任四川省委常委、四川省副省长。

6月25日

中共中央政治局6月22~25日召开专门会议，对照检查中央"八项规定"落实情况，讨论研究深化改进作风举措，分析在形式主义、官僚主义、享乐主义和奢靡之风方面的问题。会议要求统筹制定干部住房、配车等待遇标准，发挥舆论监督、群众监督作用。

中共中央政治局围绕中国特色社会主义理论和实践进行第七次集体学习，习近平主持学习，指出无论搞革命、搞建设、搞改革，道路问题都是最根本的问题。我们说的道路自信、理论自信、制度自信，来源于实践、来源于人民、来源于真理。

6月26日

李克强主持召开国务院常务会议，研究部署加快棚户区改造，促进经济发展和民生改善。会议强调，棚户区改造既是重大民生工程，也是重大发展工程，可以有效拉动投资、消费需求，带动相关产业发展，发挥助推经济实现持续健康发展和民生不断改善的积极效应。

6月27日

审计署审计长刘家义向全国人大常委会做2012年度审计报告时说，审计中发现并移送重大违法违规问题和经济犯罪案件线索175起，涉及630多人。这些案件涉众性强、利益链条长，多为"窝案""串案"，呈现出利用权力设租寻租、借助内幕交易或关联交易侵权牟利、实施方式网络化、侵害公众利益等特点。

最高人民法院下发《关于在全国法院系统开展会员卡专项清退活动的通知》，要求在全国法院系统内统一组织开展会员卡专项清退活动。通知明确了清退工作的对象及范围。

6月28日

习近平主持召开中央政治局常委会会议，研究部署维护新疆社会稳定、维护各族人民利益工作。

中纪委在全国纪检监察系统开展的会员卡专项清退活动结束。在这次活动中，中央纪委常委同志和全国81万专兼职纪检监察干部职工按时递交零持有会员卡报告书。

6月29日

全国组织工作会议28~29日在北京召开。习近平在会上发表重要讲话，强调实现党的十八大确定的各项目标任务，进行具有许多新的历史特点的伟大斗争，关键在党，关键在人。关键在党，就要确保党在发展中国特色社会主义历史进程中始终成为坚强领导核心。关键在人，就要建设一支宏大的高素质干部队伍。

中共中央政治局常委俞正声率工作组抵达乌鲁木齐，召开全区党政干部大会，传达中共中央政治局常委会会议精神，研究落实当前维护新疆社会稳定、维护各族群众利益具体措施。

中共中央政治局委员、中央政法委书记孟建柱在乌鲁木齐出席新疆武警部队反恐维稳誓师大会并讲话。孟建柱强调，要坚决贯彻落实习近平总书记重要指示和中央政治局常委会会议精神，进一步增强大局意识、政治意识、责任意识，提前防范、掌握主动，依法严厉打击暴力恐怖犯罪，切实提升各族群众安全感，保障各族群众安居乐业。

6月30日

中央组织部最新党内统计数据显示，截至2012年底，中国共产党党员总数达8512.7万名，比上年增加252.5万名，增幅为3.1%；党的基层组织总数达420.1万个，比上年增加17.5万个，增幅为4.3%。

新疆鄯善县严重暴力恐怖袭击案告破。

7月

7月1日

国家信访局门户网站网上投诉全面放开受理内容。

7月2日

浙江省高级人民法院再审改判18年前萧山抢劫致死案，宣告王建平、朱又平无罪。

7月3日

李克强主持召开国务院常务会议，部署审计后整改工作，通过了《中国

(上海)自由贸易试验区总体方案》和《中华人民共和国外国人入境出境管理条例（草案）》。

7月4日

全国高级法院院长座谈会在长春召开。会上，最高人民法院要求，全国各级法院要正确适用刑法修正案（八）和修改后的刑事诉讼法等法律及相关司法解释，严守法律程序，正确理解和贯彻罪刑法定、疑罪从无、证据裁判等原则，在各审判领域都要坚决防止冤假错案。

7月7日

财政部发出通知，要求中央国家机关各部门对2013年一般性支出统一按5%比例压减。重点是压减办公楼和业务用房建设及修缮支出、会议费、办公设备购置费、差旅费、车辆购置和运行经费、公务接待费、因公出国（境）经费等。

7月8日

原铁道部部长刘志军受贿、滥用职权案一审宣判，刘志军被一审法院以受贿罪、滥用职权罪数罪并罚，决定执行死刑，缓期二年执行，剥夺政治权利终身，并处没收个人全部财产。

7月9日

李克强在广西主持召开部分省区经济形势座谈会并做重要讲话。他强调，要统筹推动，稳增长、调结构、促改革。无论是东部地区还是中西部地区，都要坚持民生优先。发展要让人民满意、使人民受惠。

中央党的群众路线教育实践活动领导小组印发《关于做好第一批教育实践活动学习教育、听取意见环节工作的通知》，要求广大党员、干部特别是领导干部，扎实做好学习教育、听取意见环节工作，提高思想认识，要广泛听取意见建议，坚持开门搞活动，解决突出问题，让群众看到变化、见到成效。

7月10日

国务院办公厅印发《当前政府信息公开重点工作安排》，对当前重点领域政府信息公开工作做出部署。文件指出，政府信息公开是现代政府的内在必然要求，是推进依法行政、打造"阳光政府"、提升政府公信力的重要举措。各地区、各部门要把做好政府信息公开工作摆上重要日程，将推进政府信息公开、提升公开效果、增强政府公信力作为工作的着力点，深入细致地抓实抓好。

7月11日

全国司法厅（局）长会议要求大力加强公正廉洁执法，严格落实减刑、假释、暂予监外执行、变更强制隔离措施等重点执法环节的程序规定和标准，强化监督检查，确保不出问题。

7月12日

11～12日习近平在河北省调研指导党的群众路线教育实践活动。在西柏坡同县、乡村干部和群众座谈时，习近平表示，"党面临的'赶考'远未结束"。

李克强主持召开国务院常务会议，研究部署加快发展节能环保产业，促进信息消费，拉动国内有效需求，推动经济转型升级。

监察部网站发布《违规发放津贴补贴行为处分规定》，明确指出，有违规发放津贴补贴行为的单位，其负有责任的领导人员和直接责任人员，以及有违规发放津贴补贴行为的个人，应当承担纪律责任。

7月16日

李克强主持召开经济形势座谈会，听取专家和企业负责人的看法和建议。李克强强调，要把综合运用多种政策工具和充分发挥市场机制作用有机结合起来，注重创新驱动，不断改善民生，促进经济长期持续健康发展，打造中国经济升级版。

环保部印发《关于加强污染源环境监管信息公开工作的通知》，同时发布《污染源环境监管信息公开目录（第一批）》，要求各级环保部门从2013年9月开始按照"依法规范、公平公正、及时全面、客观真实、便于查询"的原则，认真做好污染源环境监管信息公开工作。

中央政府驻香港联络办公室主任张晓明出席立法会午宴时表示，中央政府对香港实现普选的立场和诚意是不容怀疑的。要早点达至普选的目标，就要在基本法和全国人大常委会有关决定的轨道上往前走，而不要走弯路。

最高检召开座谈会，听取律师界全国人大代表、政协委员对检察工作的意见建议。检察长曹建明在会上强调，要着力构建检察官与律师良性互动关系，

聚焦作风建设，解决突出问题，共同履行好法律职业共同体职责使命。

7月17日

中国政府网公布《国家新闻出版广电总局主要职责内设机构和人员编制规定》。根据规定，国家新闻出版广电总局共取消了20项职责，包括举办全国性出版物订货展销活动审批，调控书号总量，在境外展示展销国内出版物审批，设立出版物全国连锁经营单位审批，以及图书出版单位等级评估等职责。

7月19日

最高人民法院召开新闻发布会，发布《关于公布失信被执行人名单信息的若干规定》，此规定于10月1日施行。这意味着全国法院将建立"失信者黑名单"制度，失信被执行人名单将被人民法院向社会公布。

中国人民银行宣布，将自2013年7月20日起全面放开金融机构贷款利率管制。

7月22日

中央政府网发布国务院近期决定。国务院决定，取消和下放一批行政审批项目等事项，共计50项。国务院要求各地区、各部门，认真做好取消和下放管理层级行政审批项目等事项的落实和衔接工作，切实加强后续监管；继续坚定不移推进行政审批制度改革，清理行政审批事项，加大简政放权力度。

7月23日

习近平在湖北省武汉市主持召开部分省市负责人座谈会，征求对全面深化改革的意见和建议。他强调，必须以更大的政治勇气和智慧，不失时机深化重要领域改革，攻克体制机制上的顽瘴痼疾，突破利益固化的藩篱，进一步解放和发展社会生产力，进一步激发和凝聚社会创造力。

中共中央办公厅、国务院办公厅印发《关于党政机关停止新建楼堂馆所和清理办公用房的通知》。通知指出，五年内，各级党政机关一律不得以任何形式和理由新建楼堂馆所。

7月24日

李克强主持召开国务院常务会议，决定进一步公平税负，暂免征收部分小微企业增值税和营业税；研究确定促进贸易便利化推动进出口稳定发展的措施；部署改革铁路投融资体制，加快中西部和贫困地区铁路建设。

7月23~24日，党的群众路线教育实践活动中央督导组工作座谈会在京召开，中共中央政治局常委、中央党的群众路线教育实践活动领导小组组长刘云山出席会议并讲话。他强调教育实践活动是从严治党的重要举措，督导工作要及时发现和推动解决倾向性、苗头性、潜在性问题，确保教育实践活动不虚、不空、不偏、不走过场，取得人民群众满意的效果。

7月25日

薄熙来涉嫌受贿、贪污、滥用职权犯罪一案，经依法指定管辖，由山东省济南市人民检察院向济南市中级人民法院提起公诉。

7月26日

李克强签署国务院令，公布《国务院关于废止和修改部分行政法规的决定》。

7月29日

中央纪委对河南省地矿局测绘地理信息院违规公款吃喝等八起违反中央八项规定精神的典型问题发出通报。据不完全统计，此前，已有2290人次因违反八项规定受到党政纪处分。

7月30日

中共中央政治局召开会议，分析研究上半年经济形势和下半年经济工作，习近平主持会议。会议强调，坚持稳中求进的工作总基调，以提高经济发展质量和效益为中心，着力深化改革，加快调整结构和转型升级，不断改善民生，沉着应对各种风险挑战，扎实做好各方面工作。

7月31日

李克强主持召开国务院常务会议，研究推进政府向社会力量购买公共服务，部署加强城市基础设施建设。

8月

8月1日

《违规发放津贴补贴行为处分规定》等一批政策和法规今日起实施。
"北京地区网站联合辟谣平台"正式上线。

8月2日

国家发展和改革委员会有关负责人表示，当前新一轮改革大幕已经拉开，一些重点领域改革扎扎实实向前推进，为转型升级添后劲、增活力。

针对网友发帖称上海高院副院长等五人在某度假村夜总会娱乐等情况，上海市委召开专题会议。上海市高级法院方面正式回应：经查，帖中所指陈雪明现为上海高院民一庭庭长，赵明华现为副庭长。对此，上海高院已组织专人开展调查。

8月6日

上海市纪委、市高级人民法院党组和有关部门做出决定，对市高院法官陈雪明等夜总会娱乐事件做出严肃处理，相关法官被开除党籍、提请开除公职。

8月7日

《北京市政府信息公开规定（草案送审稿）》即日起向社会公开征求意见。

8月8日

中央党的群众路线教育实践活动领导小组印发《关于认真学习贯彻习近平总书记在河北调研指导党的群众路线教育实践活动时讲话的通知》，要求各级党委（党组）认真学习贯彻习近平总书记重要讲话精神，推进教育实践活动取得实实在在的成效。

中共中央纪委对国家发展和改革委员会原党组成员、副主任，国家能源局原党组书记、局长刘铁男严重违纪违法问题进行立案检查。经中央纪委审议并报中共中央批准，决定给予刘铁男开除党籍处分；经监察部报国务院批准，决定给予其行政开除处分；收缴其违纪违法所得；将其涉嫌犯罪问题移送司法机关依法处理。

上海市十四届人大常委会举行第六次会议，经无记名投票表决，决定撤销陈雪明的上海市高级人民法院审判委员会委员、民事审判第一庭庭长、审判员职务；撤销赵明华的上海市高级人民法院民事审判第一庭副庭长、审判员职务；撤销倪政文的上海市高级人民法院审判员职务。

8月9日

审计署发布2012年城镇保障性安居工程跟踪审计结果。审计显示，360个项目或单位挪用保障性安居工程专项资金57.99亿元，用于归还贷款、对外投资、征地拆迁以及单位资金周转等其他项目支出。

8月10日

"网络名人社会责任论坛"在央视新址举行,国家互联网信息办公室主任鲁炜与十多位网络名人座谈交流。与会者达成共识,共守"七条底线":一是法律法规底线;二是社会主义制度底线;三是国家利益底线;四是公民合法权益底线;五是社会公共秩序底线;六是道德风尚底线;七是信息真实性底线。

8月12日

《朱镕基上海讲话实录》在全国发行。该书收录朱镕基同志1987年12月至1991年4月部分讲话、谈话、信件、批语等106篇,照片83幅,批语及书信影印件9幅,绝大部分为首次公开发表。

8月13日

中宣部、财政部、文化部、审计署、国家新闻出版广电总局联合发出通知,要求制止豪华铺张、提倡节俭办晚会。

中央政法委出台首个关于切实防止冤假错案的指导意见,要求法官、检察官、人民警察在职责范围内对办案质量要终身负责,并建立健全冤假错案的责任追究机制。

8月14日

中共中央政治局常委、中央党的群众路线教育实践活动领导小组组长刘云山在京主持召开中央党的群众路线教育实践活动领导小组第三次会议,学习贯彻习近平总书记重要指示精神,总结前一段活动开展情况,研究部署下一步工作任务和措施。

8月15日

全国法院加强纪律作风建设电视电话会议在京召开,会议汲取上海法院赵明华等四名法官违纪违法的教训,对进一步加强法院队伍纪律作风建设进行了部署。最高法院院长周强在会议上指出,法官违纪违法是人民法院的耻辱,是司法公信的灾难,危害甚大,教训惨痛。

8月16日

李克强主持召开国务院常务会议。会议讨论通过了拟提请全国人大常委会审议的关于授权国务院在中国(上海)自由贸易试验区等国务院决定的试验

区域内暂停实施有关法律规定的决定草案。

中国互联网大会发出倡议，全国互联网从业人员、网络名人和广大网民都应坚守"七条底线"。

8月18日

济南市中级人民法院发布公告，该院定于2013年8月22日8时30分在第五法庭公开开庭审理被告人薄熙来受贿、贪污、滥用职权一案。

8月19日

习近平在全国宣传思想工作会议上发表重要讲话。他强调，经济建设是党的中心工作，意识形态工作是党的一项极端重要的工作。要加强社会主义核心价值体系建设，积极培育和践行社会主义核心价值观，全面提高公民道德素质，培育知荣辱、讲正气、作奉献、促和谐的良好风尚。

8月20日

公安部启动集中打击网络有组织制造谣言的专项行动。警方根据群众举报，缜密侦查，成功摧毁多个利用网络非法经营的公关公司和犯罪网络等，一批涉案人员被依法刑事拘留。

8月21日

李克强主持召开国务院常务会议，决定出台严格控制新设行政许可的措施，再取消一批评比达标表彰评估项目，听取对中央企业监督检查情况的汇报。

8月22日

山东省济南市中级人民法院一审公开开庭审理被告人薄熙来受贿、贪污、滥用职权一案。薄熙来出庭受审。相关证人出庭作证。被告人亲属、人大代表、政协委员、媒体记者及各界群众一百余人旁听了庭审。

国资委召开部分中央企业座谈会，强调贯彻中央厉行节俭"八项规定"要求，要坚决刹住中秋节、国庆节公款送月饼送节礼、公款吃喝和奢侈浪费等不正之风。

8月23日

薄熙来受贿、贪污、滥用职权一案庭审进入第二天，继续进行法庭调查。公诉人就薄熙来通过其妻薄谷开来、其子薄瓜瓜收受徐明给予巨额财物的事实进行举证。

8月24日

薄熙来受贿、贪污、滥用职权案庭审进入第三天，法庭主要围绕公诉人指控的贪污罪、滥用职权罪进行调查。证人王正刚、王立军出庭作证。

8月25日

薄熙来受贿、贪污、滥用职权一案庭审进入第四天，全案法庭调查结束。

8月26日

薄熙来受贿、贪污、滥用职权案，经过近五天公开开庭审理，8月26日13时04分一审庭审结束，法庭宣布依法择期宣判。

解放军总政治部颁发《关于规范大型文艺演出、加强文艺队伍教育管理的规定》，对全军和武警部队提出明确要求。严格控制文艺单位人员参加地方电视台选秀类节目，专业技术三级以上文职干部不得称将军或者文职将军，文艺创作人员每年深入基层部队体验生活不少于一个月，总政治部歌舞团和各单位文工团每年为部队各类演出不少于100场。

据监察部网站消息，中国石油天然气集团公司副总经理兼大庆油田有限责任公司总经理王永春涉嫌严重违纪，目前正接受组织调查。

8月27日

中共中央政治局召开会议，决定今年11月在北京召开中国共产党第十八届中央委员会第三次全体会议。会议审议通过了《建立健全惩治和预防腐败体系2013～2017年工作规划》《关于地方政府职能转变和机构改革的意见》，听取了中国（上海）自由贸易试验区筹备工作汇报。

中央纪委、中央组织部、中央党的群众路线教育实践活动领导小组印发《关于在党的群众路线教育实践活动中开好专题民主生活会的通知》，要求第一批开展党的群众路线教育实践活动的单位紧紧围绕保持党的先进性和纯洁性，按照"照镜子、正衣冠、洗洗澡、治治病"的总要求，以为民务实清廉为主题，以"反对'四风'、服务群众"为重点，组织召开一次高质量的专题民主生活会。

国务院国资委纪委消息，中国石油天然气集团公司副总经理李华林、中国石油天然气股份有限公司副总裁兼长庆油田分公司总经理冉新权、中国石油天

然气股份有限公司总地质师兼勘探开发研究院院长王道富等三人涉嫌严重违纪，正接受组织调查。

8月28日

《中共中央关于废止和宣布失效一批党内法规和规范性文件的决定》发布。根据决定，1978年以来制定的党内法规和规范性文件，有300件被废止和宣布失效，另有42件将做出修改。这是党的历史上第一次对党内法规制度进行集中清理。

最高人民法院、司法部在京联合召开全国人民调解工作会议。中共中央政治局委员、中央政法委书记孟建柱在会上强调，要充分发挥人民调解组织作用，不断提升化解矛盾、服务群众、促进社会和谐稳定的能力和水平，为建设平安中国、全面建成小康社会做出新贡献。

中国石油天然气集团召开领导干部视频会议，通报王永春、李华林、冉新权、王道富涉嫌严重违纪、接受组织调查的情况。党组研究决定，免去上述四人担任的企事业单位党政领导职务，分别由刘宏斌、温青山、赵政璋、赵文智兼任。

8月29日

中共中央政治局常委、国务院总理、国家科技教育领导小组组长李克强主持召开国家科技教育领导小组第一次全体会议。李克强指出，持续发展经济、不断改善民生、促进社会公正是本届政府的三大任务，教育公平具有起点公平的意义，是社会公平的重要基础。

中央电视台《新闻联播》用3分钟播发网络名人薛蛮子涉嫖娼聚众淫乱。

8月31日

8月28~31日，习近平在辽宁考察工作。他强调，着力改进干部作风，是应对复杂矛盾、做好当前各项工作的重要保证。作风问题根本上是党性问题。领导干部要把深入改进作风与加强党性修养结合起来，自觉讲诚信、懂规矩、守纪律，襟怀坦白、言行一致、心存敬畏、手握戒尺，对党忠诚老实，对群众忠诚老实，做到台上台下一种表现，任何时候、任何情况下都不越界、越轨。

第十二届全国运动会在辽宁省沈阳市隆重开幕。习近平出席开幕式并宣布运动会开幕。这是近30年以来首次在白天举办的全运会开幕式——为办成一届"全民参与、回归体育、节约朴素"的全运会。十二届全运会组委会贯彻落实党的十八大以来中央关于改进工作作风、反对铺张浪费、开创赛会新风的要求,改变了1987年六运会以来晚上举办开幕式的惯例,改为白天举办,不燃放焰火,取消大型文艺演出,改为全民健身展示。

9月

9月1日

中石油前董事长,国务院国资委主任、党委副书记蒋洁敏涉嫌严重违纪,正接受组织调查。蒋洁敏也是中共十八大后首个被查的中央委员。

京、鲁、粤、沪等地14位女律师联名致信国家审计署申请信息公开,询问社会抚养费的收支情况是否属于审计事项。

9月2日

中央纪委监察部网站正式开通。中共中央政治局常委、中央纪委书记王岐山,中共中央书记处书记、中央纪委副书记赵洪祝到网站调研。王岐山指出,建设中央纪委监察部网站,是新形势下加强党风廉政建设的重要举措。要加强与群众交流互动,了解、收集社情民意,畅通监督渠道,发挥好社会监督作用。

全国人大常委会行政复议法执法检查组第一次全体会议在京举行,正式启动行政复议法执法检查。

全国人大常委会义务教育法检查组第一次全体会议在京举行,正式启动义务教育法执法检查。

9月3日

中共中央纪委和中央党的群众路线教育实践活动领导小组发出《关于落实中央八项规定精神坚决刹住中秋国庆期间公款送礼等不正之风的通知》。通知要求,节日期间,严禁用公款送月饼送节礼;严禁用公款大吃大喝或安排与公务无关的宴请;严禁用公款安排旅游、健身和高消费娱乐活动;严禁以各种名义突击花钱和滥发津贴、补贴、奖金、实物。

国务院国有资产监督管理委员会主任、党委副书记蒋洁敏涉嫌严重违纪，中央已经决定免去其领导职务。

9月4日

中共中央纪委对内蒙古自治区党委原常委、统战部原部长王素毅和广西壮族自治区政协原副主席、党组副书记，区总工会原主席李达球严重违纪违法问题进行立案检查。

9月5日

国家主席习近平出席在俄罗斯圣彼得堡举行的二十国集团领导人第八次峰会并发表重要讲话。习近平在讲话中强调，为推动中国经济社会持续健康发展，中国将坚定不移推进改革。

第一次上海合作组织成员国司法部长会议在北京开幕，习近平向会议发来贺信。习近平强调，法治是一个国家发展的重要保障。中国愿同上海合作组织其他成员国一道，加强法律和司法行政领域交流合作，积极推进法治建设，维护地区和平稳定，促进各成员国共同发展繁荣。

9月6日

李克强主持召开国务院常务会议，听取民间投资政策落实情况第三方评估汇报，研究部署有效落实引导民间投资激发活力健康发展的措施。

王岐山到天津就深入落实八项规定精神、纠正享乐主义和奢靡之风进行调研。王岐山强调，要抓住中秋、国庆重要节点，刹住公款送月饼节礼、公款吃喝等不正之风，抓党风促民风，务必保持艰苦朴素的作风，弘扬中华民族勤俭节约的传统美德，营造风清气正的社会环境。

国务院批复同意建立由发展改革委牵头的经济体制改革工作部际联席会议制度。

9月9日

最高人民法院、最高人民检察院联合发布《关于办理利用信息网络实施诽谤等刑事案件适用法律若干问题的解释》，明确划定网络言论的法律边界，为惩治利用网络实施诽谤等犯罪提供了明确的法律标尺。

9月10日

李克强同出席第七届夏季达沃斯论坛的中外企业家代表对话交流。李克强表示，中国政府将用壮士断腕的决心继续推进改革，处理好政府与市场的关系，简政放权，激发市场活力，管好政府该管的事，营造公平竞争的市场环境。让市场发挥应有的作用，激发更大的活力，让广大群众享受改革的成果。

9月11日

李克强在大连出席第七届夏季达沃斯论坛开幕式，并发表特别致辞。

国务院决定再取消一批评比达标表彰评估项目，共计76项。中国政府网同时发布了国务院决定取消的评比达标表彰评估项目目录。

9月12日

国务院发布《大气污染防治行动计划》，从减少污染物排放、调整优化产业结构、动员全民参与等10个方面，提出35项措施，对2017年前大气污染治理给出详细的"治理蓝图"。

9月13日

上海合作组织成员国元首理事会第十三次会议在吉尔吉斯斯坦首都比什凯克举行，习近平出席会议并发表重要讲话。

中央党的群众路线教育实践活动领导小组在京召开部分中央督导组工作座谈会。刘云山在会上强调，从严从实是中央对教育实践活动的重要要求，也是督导工作的重要遵循，要认真贯彻习近平总书记重要指示精神，坚持在严和实上下功夫，督查要严、指导要实，把从严从实的要求贯穿到全过程，推动教育实践活动各项任务落到实处。

9月15日

山西省检察院党组召开会议，通报山西省委对该省检察院党组副书记、副检察长文晓平等六名党员领导干部违反规定参加私企老板宴请娱乐违纪问题的处理决定，深入剖析问题发生的原因，深刻反思作风建设中的疏漏，认真研究下一步整改措施，以此为戒，重塑形象。

9月17日

中共中央在中南海召开党外人士座谈会，就中共中央关于全面深化改革若干重大问题的决定听取各民主党派中央、全国工商联领导人和无党派人士的意见和建议。中共中央总书记习近平主持座谈会并发表重要讲话。

9月18日

李克强主持召开国务院常务会议,研究部署进一步加强政府信息公开工作。会议要求,一要完善政府部门新闻发言人制度,使之成为政务信息公开的重要制度安排。二要主动回应社会关切。对重要舆情和社会热点问题,要积极回应、解疑释惑,并注意把人民群众的期盼融入政府决策和工作之中。三要强化责任,抓好落实。把政务信息公开作为依法行政的重要内容,加强督查问责,着力提高实效。努力增强提升政府公信力、社会凝聚力的"软实力"。

最高人民检察院发出《关于对山西省检察院副检察长文晓平等人违纪问题的通报》,强调各级检察机关要进一步建立健全监督制约机制,把领导班子和领导干部作为内部监督的重点对象,健全和落实廉洁从检的各项纪律要求,净化"社交圈"、"朋友圈"和"生活圈",最大限度防止违纪违法问题发生。

9月22日

山东省济南市中级人民法院对中共中央政治局原委员、重庆市委原书记薄熙来受贿、贪污、滥用职权案做出一审判决,认定薄熙来犯受贿罪,判处无期徒刑,剥夺政治权利终身,并处没收个人全部财产;犯贪污罪,判处有期徒刑十五年,并处没收个人财产人民币一百万元;犯滥用职权罪,判处有期徒刑七年;数罪并罚,决定执行无期徒刑,剥夺政治权利终身,并处没收个人全部财产。

中央纪委监察部网站公布其受理信访举报范围、处理信访举报工作程序以及举报人权利义务等,让社会各界和广大网友进一步了解如何向中央纪委监察部举报。

9月23日

习近平做出重要批示,号召广大党员干部向践行党的群众路线的好干部兰辉同志学习。兰辉同志生前是四川省北川羌族自治县副县长。2013年5月23日,他在检查乡镇道路和安全生产时不幸坠崖,因公殉职。

财政部、国家机关事务管理局、中共中央直属机关事务管理局联合发布修订后的《中央和国家机关会议费管理办法》。新办法于2014年1月1日起施行,旨在贯彻落实中央八项规定,推进厉行节约反对浪费制度建设和改进会风。

9月24日

中央军委下发《关于加强和改进军队领导干部经济责任审计工作的意见》。明确要求，军队队列单位和机关部门领导干部、军队事业单位和保障性企业负责人，以及负责专项经济工作的领导干部，应当依法接受审计监督。

9月25日

9月23~25日习近平在河北参加省委常委班子"党的群众路线教育实践活动"专题民主生活会并发表重要讲话。他强调，批评和自我批评是解决党内矛盾的有力武器。全党同志特别是各级领导干部要增强党性，本着对自己、对同志、对班子、对党高度负责的精神，大胆使用、经常使用这个武器，使之越用越灵、越用越有效，以此促进民主集中制的贯彻执行，促进党内生活的严格规范，促进党性原则基础上的团结，切实提高领导班子发现和解决自身问题的能力。

李克强主持召开国务院常务会议，修订政府核准投资项目目录，决定再取消和下放一批行政审批事项，部署进一步加大力度推进保障性安居工程建设。

9月26日

习近平在北京会见第四届全国道德模范及提名奖获得者，强调道德模范是社会道德建设的重要旗帜，要深入开展学习宣传道德模范活动，弘扬真善美，传播正能量，激励人民群众崇德向善、见贤思齐，鼓励全社会积善成德、明德惟馨，为实现中华民族伟大复兴的中国梦凝聚起强大的精神力量和有力的道德支撑。

9月28日

中央纪委再次对八起违反中央八项规定精神的典型问题发出通报，要求各级党组织和广大党员干部进一步增强落实中央八项规定精神的自觉性、坚定性，切实担负起党风廉政建设主体责任，把八项规定精神内化于心、外化于行，以良好的党风政风带动社风民风，继承和发扬党的优良作风，弘扬中华民族优秀文化传统。

9月29日

中国（上海）自由贸易试验区正式挂牌成立。改革开放的深度与广度，由此提升到崭新的水平。建立上海自由贸易试验区，重点任务是要加快政府职

能转变、探索管理模式创新、扩大服务业开放、深化金融领域开放创新。

中共中央政治局委员、中央政法委书记孟建柱在京主持召开中央政法委员会第六次全体会议,研究政法队伍纪律作风建设、依法清理久押不决案件等工作。会议要求,各级政法部门要紧密结合党的群众路线教育实践活动,大力加强和改进政法队伍纪律作风建设,着力解决执法司法突出问题,切实保障群众合法权益,维护社会公平正义。

9月30日

中共中央政治局召开会议,审议并同意印发《科学发展观学习纲要》。中共中央总书记习近平主持会议。

中共中央政治局在北京中关村以实施创新驱动发展战略为题举行第九次集体学习。

10月

10月1日

党和国家领导人习近平、李克强、张德江、俞正声、刘云山、王岐山、张高丽等,与首都各界代表一起,冒雨向人民英雄纪念碑敬献花篮,深切缅怀为民族独立、人民解放、国家富强、人民幸福英勇献身的革命先烈,表达全党全国各族人民继往开来、奋力推进中国特色社会主义伟大事业的坚定信念。

中共中央纪委日前对安徽省原副省长倪发科严重违纪违法问题进行立案检查。决定给予倪发科开除党籍、开除公职处分;将其涉嫌犯罪问题移送司法机关依法处理。

10月3日

国家主席习近平在印度尼西亚国会发表题为《携手建设中国-东盟命运共同体》的重要演讲。习近平提出,中国和东盟国家应该做到"五个坚持":坚持讲信修睦、坚持合作共赢、坚持守望相助、坚持心心相印、坚持开放包容。

10月4日

中央党的群众路线教育实践活动领导小组印发《关于认真学习贯彻习近

平总书记重要讲话精神切实开好专题民主生活会的通知》，要求各级党组织和广大党员、干部把认真学习贯彻讲话精神作为当前的一项重要政治任务抓紧抓好，进一步提高开展批评和自我批评、开好专题民主生活会的思想自觉和行动自觉。

10月7日

习近平在印度尼西亚巴厘岛出席亚太经合组织工商领导人峰会，并发表《深化改革开放　共创美好亚太》的重要演讲，强调，中国经济发展态势良好，中国将坚持改革开放正确方向，做到改革不停顿、开放不止步。中国希望同亚太伙伴们携手同心，共同创建引领世界、惠及各方、造福子孙的美好亚太。

10月9日

审计署公布截至今年9月已办结的15起违法违纪案件和事项处理情况。其中，原铁道部部长刘志军受贿、滥用职权一案的案件线索就是由审计署移送中央纪委查处的。

10月11日

纪念毛泽东同志批示"枫桥经验"50周年大会在浙江杭州召开。习近平日前就坚持和发展"枫桥经验"做出重要指示，强调各级党委和政府要充分认识"枫桥经验"的重大意义，发扬优良作风，适应时代要求，创新群众工作方法，善于运用法治思维和法治方式解决涉及群众切身利益的矛盾和问题，把"枫桥经验"坚持好、发展好，把党的群众路线坚持好、贯彻好。

中国政府网官方微博和官方微信在新华微博、腾讯微博和微信开通，这是国务院政府信息公开的又一重要平台。

10月13日

中共中央纪委办公厅印发《关于开展中央纪委党内法规和规范性文件第二阶段清理工作的通知》及《中央纪委党内法规和规范性文件第二阶段清理工作实施方案》。这标志着中央纪委党内法规和规范性文件第二阶段清理工作正式启动。

10月14日

第六次全国刑事审判工作会议在京召开。最高人民法院院长周强在会上强

调,要建立健全保障人民法院依法独立公正行使审判权的机制。各级法院领导要敢于坚持原则,敢于依法办事,上级法院要理直气壮地支持下级法院公正办案。

10月15日

纪念习仲勋同志诞辰100周年座谈会在人民大会堂举行。

中国政府网发布《国务院办公厅关于进一步加强政府信息公开回应社会关切提升政府公信力的意见》。提出,要进一步加强平台建设、加强机制建设、完善保障措施。

10月16日

中共中央政治局常委、中央纪委书记王岐山在省部级领导干部廉洁从政研修班座谈会上强调,党员领导干部要贯彻党的十八大精神,落实习近平总书记关于加强领导干部理想信念教育和党风廉政建设的重要指示精神,带头纠正"四风",带头廉洁自律。

10月17日

江苏省南京市委副书记、市长季建业涉嫌严重违纪违法,被中纪委"双规"调查。

10月18日

李克强主持召开国务院常务会议,听取半年多来国务院出台的促改革、调结构措施落实情况汇报,部署进一步抓好夯实经济稳中向好基础的相关工作。

10月19日

经中央军委批准,解放军四总部联合发布的《军队文职人员管理规定》明确,自2013年起全军实行文职人员统一招聘。

10月20日

马克思主义理论研究和建设工程工作座谈会在京召开。刘云山出席会议并讲话,强调要把马克思主义理论研究和建设工程作为一项长期的战略任务,为实现中华民族伟大复兴的中国梦提供理论支持。

10月21日

习近平在欧美同学会成立100周年庆祝大会上发表重要讲话。他强调,党和国家将按照支持留学、鼓励回国、来去自由、发挥作用的方针,把做好留学人员工作作为实施科教兴国战略和人才强国战略的重要任务,使留学人员回到祖国有用武之地，留在国外有报国之门。

10月22日

李克强在人民大会堂出席世界审计组织第21届大会开幕式并致辞。他指出，在中国，审计在促进财政可持续、改善国家治理上发挥着重要作用。

10月23日

习近平在中南海同中华全国总工会新一届领导班子成员集体谈话并发表重要讲话。他强调，工会要赢得职工群众信赖和支持，必须做好维护职工群众切身利益工作，促进社会公平正义。

习近平在钓鱼台国宾馆会见清华大学经济管理学院顾问委员会海外委员。习近平表示，我们必须处理好改革、发展、稳定三者之间的关系，以更大的政治勇气和智慧，进一步解放思想、解放和发展社会生产力、增强社会创新活力。

中央巡视组开展今年第二轮巡视。王岐山在中央巡视工作动员部署会上强调，要突出发现问题，强化震慑作用，不能让有问题的人心存侥幸，不能让腐败分子有立足之地。

新制定的《广州市社会组织管理办法（草案征求意见稿）》公开向社会征求意见。办法首次以政府规章形式，明确规定现职公务员禁入社会组织，以及接受捐赠后15个工作日内向社会披露信息。

10月25日

李克强主持召开国务院常务会议，部署推进公司注册资本登记制度改革，降低创业成本，激发社会投资活力。

最高人民法院下发关于深化司法公开、审判权运行机制改革的试点方案，要求在上海、江苏、浙江、广东、陕西等省市部分法院开展上述两项改革的试点工作。

薄熙来案二审在济南宣判，山东高院裁定维持一审无期徒刑判决。

10月28日

据中共中央纪律检查委员会网站消息，贵州省委常委、遵义市委书记廖少华涉嫌严重违纪违法，正接受组织调查。

10月29日

中共中央政治局召开会议，讨论十八届二中全会以来中央政治局工作，研究全面深化改革重大问题，审议并同意印发《党政机关厉行节约反对浪费条例》。会议决定，中国共产党第十八届中央委员会第三次全体会议于11月9日至12日在北京召开。

中共中央政治局就加快推进住房保障体系和供应体系建设进行第十次集体学习。习近平在主持学习时强调，加快推进住房保障和供应体系建设，是满足群众基本住房需求、实现全体人民住有所居目标的重要任务，是促进社会公平正义、保证人民群众共享改革发展成果的必然要求。

中央军委印发《中央军委关于开展巡视工作的决定》，对军队建立巡视制度、设置巡视机构、开展巡视工作做出总体部署。

国务院法制办公室就《中华人民共和国食品安全法（修订草案送审稿）》公开征求意见，送审稿规定，对违法违规行为将严惩重处。

10月30日

李克强主持召开国务院常务会议，讨论建立健全社会救助制度，推进以法治方式织牢保障困难群众基本生活的安全网。

全国人大常委会立法工作会议在人民大会堂举行，张德江出席会议并讲话。张德江指出，民主立法的核心在于立法要为了人民、依靠人民。要进一步健全民主开放包容的立法工作机制，拓展人民有序参与立法途径，充分发挥人大代表作用，完善法律起草、审议的协调协商机制，最大限度地凝聚共识、凝聚智慧。

刘云山在党的群众路线教育实践活动工作座谈会上强调，要以专题民主生活会为新的开端，发扬钉钉子的精神，聚焦"四风"抓好整改落实、建章立制各项工作，确保教育实践活动善始善终、善做善成。

10月31日

习近平在中南海同全国妇联新一届领导班子成员集体谈话并发表重要讲话。习近平指出，各级妇联组织干部特别是领导干部，要坚持走出机关、走向基层，沉下身子，拓宽工作渠道，创新工作手段，用自己的眼睛看最真实的情况，用自己的耳朵听最真实的声音，帮助广大妇女排忧解难，通过实实在在的服务把党和政府的关怀、妇联"娘家人"的温暖送到广大妇女心中，使妇女工作常做常新、充满活力。

中共中央纪委发出《关于严禁公款购买印制寄送贺年卡等物品的通知》。

通知要求，各级党政机关、国有企事业单位和金融机构，严禁用公款购买、印制、邮寄、赠送贺年卡、明信片、年历等物品。涉及外事、港澳台事务、侨务等工作需要不在此限，但也要提倡节俭。要严肃财经纪律，强化审计监督，相关费用不准转嫁摊派，一律不予公款报销。

李克强主持召开经济形势座谈会，听取专家学者和企业负责人对当前经济形势和今后经济工作的意见和建议。

11月

11月1日

地方政府职能转变和机构改革工作电视电话会议在北京召开，李克强发表讲话。李克强指出，地方政府职能转变和机构改革是行政体制改革的重要组成部分，有助于进一步理顺政府与市场、政府与社会、中央与地方的关系，保证中央政令畅通，发挥好中央和地方两个积极性，促进政府高效协调运转。对于激发市场和社会创造力、推动经济转型升级，具有十分重要的意义。

中央党的群众路线教育实践活动领导小组印发《关于做好第一批教育实践活动整改落实、建章立制环节工作的通知》，强调整改落实、建章立制要与学习贯彻党的十八届三中全会精神相结合，与贯彻执行《党政机关厉行节约反对浪费条例》相结合，着力解决"四风"方面的突出问题，确保教育实践活动善始善终、取信于民。

北京市第一中级人民法院对吉林省原常务副省长田学仁受贿案一审宣判，认定田学仁犯受贿罪，判处无期徒刑，剥夺政治权利终身，并处没收个人全部财产。

11月2日

习近平在人民大会堂会见21世纪理事会北京会议外方代表，阐述了中国的发展道路、改革开放、经济形势和对外政策。习近平强调，中国坚持改革开放不动摇。中国越发展，就越开放，中国开放的大门不可能关闭。改革开放永无止境，只有进行时没有完成时。

11月4日

省部级干部学习贯彻习近平总书记系列讲话精神研讨班第一期在中央党校开班。为深入学习贯彻习近平总书记系列重要讲话精神，经中央批准，对县处级以上领导干部进行集中轮训。从今年11月到明年上半年，中组部和中央党校举办七期省部级干部研讨班。

11月5日

11月3～5日，习近平在湖南考察时强调，要加强对党员、干部特别是领导干部的教育，让大家都明白哪些事能做、哪些事不能做、哪些事该这样做、哪些事该那样做，自觉按原则、按规矩办事。

公安部副部长黄明在全国治安管理工作座谈会上强调，要下大决心解决突出问题，方便群众办事，特别是要把解决广大群众反映强烈的办户口难、办证难问题作为改进作风的突破口，切实整改落实，抓出成效。

11月7日

中共中央政治局委员、中宣部部长刘奇葆为省部级干部学习贯彻习近平总书记系列讲话精神研讨班做报告，对宣传阐释习近平总书记系列重要讲话提出明确要求。

11月12日

11月9～12日，中国共产党第十八届中央委员会第三次全体会议在北京举行。全会听取和讨论了习近平受中央政治局委托做的工作报告，审议通过了《中共中央关于全面深化改革若干重大问题的决定》。全会对全面深化改革做出系统部署，明确指出，全面深化改革的总目标是完善和发展中国特色社会主义制度，推进国家治理体系和治理能力现代化。要求到2020年在重要领域和关键环节改革上取得决定性成果，形成系统完备、科学规范、运行有效的制度体系，使各方面的制度更加成熟更加定型。

新华社全文播发《中国共产党第十八届中央委员会第三次全体会议公报》（2013年11月12日中国共产党第十八届中央委员会第三次全体会议通过）。

《中共中央关于全面深化改革若干重大问题的决定》宣布，废止劳动教养制度，完善对违法犯罪行为的惩治和矫正法律，健全社区矫正制度。

11月13日

李克强主持召开国务院常务会议,部署深入贯彻党的十八届三中全会精神,要求进一步抓好今年年度改革任务落实,全面深化改革,使经济社会发展更有效率、更加公平、更可持续。

中央纪委常委会召开会议,传达学习党的十八届三中全会和习近平总书记重要讲话精神,结合纪检工作实际,就落实《中共中央关于全面深化改革若干重大问题的决定》做出部署。

全国宣传部长会议在京召开。中共中央政治局委员、中宣部部长刘奇葆出席会议并讲话,强调宣传思想文化战线要把学习宣传贯彻党的十八届三中全会精神作为重大政治任务,准确全面严谨地宣传全会精神,迅速兴起学习宣传贯彻全会精神的热潮。

11月14日

刘云山在中央党校秋季学期第二批进修班开学典礼上强调,学习贯彻党的十八届三中全会精神是当前和今后一个时期全党全国的重要政治任务。

新华社推出"改革时代人物志"专题集成报道,采取多媒体采集方式,集中反映改革开放35年来各行各业涌现出来的标志性人物,突出展示改革开放进程中人民的首创精神,充分表达他们对全面深化改革的信心与思考。

11月15日

新华社全文播发习近平《关于〈中共中央关于全面深化改革若干重大问题的决定〉的说明》和《中共中央关于全面深化改革若干重大问题的决定》。

11月17日

最高人民法院、最高人民检察院联合出台《关于办理抢夺刑事案件适用法律若干问题的解释》。对抢夺"数额较大""数额巨大""数额特别巨大"的标准进行了调整。

11月19日

学习贯彻党的十八届三中全会精神中央宣讲团动员会在京召开,中共中央总书记习近平做出重要批示。为推动兴起学习宣传贯彻党的十八届三中全会精神热潮,中央决定,由中宣部会同中央有关部门组成中央宣讲团。成员中有13位正部级官员。

最高人民检察院发布《人民检察院民事诉讼监督规则（试行）》，为检察机关全面正确贯彻执行修改后民事诉讼法、强化对民事诉讼的法律监督提供明确具体的规范。

据中央纪委监察部网站消息，湖北省政协原副主席陈柏槐涉嫌严重违纪违法，目前正接受组织调查。

11月20日

李克强主持召开国务院常务会议，通过关于依法公开制售假冒伪劣商品和侵犯知识产权行政处罚案件信息的意见，决定整合不动产登记职责。

11月21日

中央纪委下发《关于严禁元旦春节期间公款购买赠送烟花爆竹等年货节礼的通知》。通知要求，各级党政机关、人民团体、国有企事业单位和金融机构，严禁用公款购买赠送烟花爆竹、烟酒、花卉、食品等年货节礼（慰问困难群众职工不在此限）。要严肃财经纪律，强化审计监督，相关费用不准转嫁摊派，一律不予公款报销。

最高人民法院在新浪网开通官方微博"@最高人民法院"，在腾讯网开通官方微信（公众号：最高人民法院）。这标志着最高法院在运用新媒体推进司法公开、加大民意沟通、主动拓宽人民群众监督司法渠道等方面又迈出新步伐。

11月22日

中共中央在中南海召开党外人士座谈会，就今年经济形势和明年经济工作听取各民主党派中央、全国工商联负责人和无党派人士代表的意见和建议。中共中央总书记习近平主持座谈会并发表重要讲话。

11月23日

中国政府宣布划设东海防空识别区，目的是捍卫国家主权和领土领空安全，维护空中飞行秩序。

11月24日

习近平到山东考察贯彻落实党的十八届三中全会精神、做好经济社会发展工作。下午专程来到青岛市，考察黄岛经济开发区黄潍输油管线事故抢险工作。

中共中央政治局常委、中央党的群众路线教育实践活动领导小组组长刘云山在京主持召开中央和国家机关教育实践活动中央督导组组长座谈会，强调整改落实、建章立制是重要而艰巨的任务，中央督导组要认真贯彻党的十八届三中全会精神和习近平总书记重要指示，切实负起责任，坚持从严要求，有效传导压力，以严格有力的督导保障整改任务的落实。

11月25日

中共中央、国务院印发《党政机关厉行节约反对浪费条例》，并发出通知，要求各地区各部门认真贯彻执行。条例规定，严控公务活动经费支出总额，公务支出公开并接受监督；严禁超预算或无预算安排支出，建立开支标准调整机制；强化公务接待管理，积极推进公务接待服务社会化改革；普通公务出行实行社会化提供，适度发放公务交通补贴；严控出国团组数量和规模，严控会议数量会期规模开支；严控办公用房建设，限期腾退超标面积或全部没收拍卖；深化改革标本兼治，加大惩戒问责维护制度刚性约束力。

11月26日

十二届全国政协第一期新任委员学习研讨班在京开班，全国政协主席俞正声出席并讲话。俞正声指出，政协不是权力机构，是协商交流的重要平台。在坚持中国特色社会主义道路、理论体系、制度的共同思想政治基础上，要平等议事，求同存异，通过不同意见的沟通、彼此的尊重促进团结，总的目标是增进共识、凝聚人心、形成合力，使政协这一爱国统一战线的组织始终充满生机和活力。

中组部、中宣部联合发出通知，要求组织对党员干部进行党的十八届三中全会精神学习培训。

11月27日

《中央党内法规制定工作五年规划纲要（2013~2017年）》正式发布。纲要对今后五年中央党内法规制定工作进行了统筹安排。这是党历史上第一次编制党内法规制定工作五年规划，是加强党的制度建设的战略工程，将为进一步加强党内法规制度体系建设注入新的动力。

王岐山在京主持召开部分中央和国家机关纪检组组长座谈会，就贯彻党的十八届三中全会精神，开好中央纪委三次全会听取意见建议。他强调，要深刻

领会三中全会精神，落实党章规定，加强组织制度创新和体制机制改革，健全完善党内监督体制。派驻机构要强化监督执纪，提高履职能力。

全国法院司法公开工作推进会在深圳召开，提出建立完善审判流程公开、裁判文书公开、执行信息公开三大平台。

11月28日

中央纪委监察部网站消息，国家信访局党组成员、副局长许杰涉嫌严重违纪违法，正接受组织调查。

中央纪委监察部网站消息，湖北省副省长郭有明涉嫌严重违纪违法，正接受组织调查。

11月29日

中国法学会第七次全国会员代表大会在北京人民大会堂开幕。习近平、张德江、刘云山等党和国家领导人出席会议并向大会表示祝贺。

12月

12月1日

由中共中央文献研究室编辑的《习近平关于实现中华民族伟大复兴的中国梦论述摘编》由中央文献出版社出版，在全国发行。全书共分8个专题，收入146段论述，摘自习近平同志2012年11月15日至2013年11月2日期间的讲话、演讲、谈话、书信、批示等50多篇重要文献。其中部分论述是第一次公开发表。

12月2日

中组部正式开通"12380"短信举报平台，形成了信件、电话、网络、短信"四位一体"的"12380"综合举报受理平台，主要受理反映违规违纪选人用人问题的举报。

12月3日

中共中央政治局召开会议，分析研究2014年经济工作，听取第二次全国土地调查情况汇报。

中共中央政治局就历史唯物主义基本原理和方法论进行第十一次集体学

习。中共中央总书记习近平在主持学习时强调，推动全党学习历史唯物主义基本原理和方法论，更好认识国情，更好认识党和国家事业发展大势，更好认识历史发展规律，更加能动地推进各项工作。

12月5日

习近平给华中农业大学"本禹志愿服务队"回信，勉励青年志愿者以青春梦想、用实际行动为实现中国梦做出新的更大贡献。

12月6日

习近平、李克强电唁曼德拉逝世，指出中国人民将永远铭记他为中南关系和人类进步事业做出的卓越贡献。

国务院办公厅出台意见，对贯彻落实"约法三章"进一步加强督促检查。

12月8日

中共中央办公厅、国务院办公厅印发《党政机关国内公务接待管理规定》，旨在规范党政机关国内公务接待管理，厉行勤俭节约，反对铺张浪费，加强党风廉政建设。

江西省人大常委会副主任、省总工会主席陈安众涉嫌严重违纪，中央已决定免去其领导职务。

12月9日

习近平在中南海听取河北省委党的群众路线教育实践活动总体情况汇报。习近平强调，解决形式主义、官僚主义、享乐主义和奢靡之风问题，做到为民务实清廉，既要立足当前又要着眼长远，既要着力治标又要注重治本。要使措施和目标配套，把目标要求落到实处。

中央组织部印发《关于改进地方党政领导班子和领导干部政绩考核工作的通知》，改进地方领导班子和领导干部政绩考核工作，防止急于求成，以盲目举债搞"政绩工程"。

12月10日

最高人民检察院对外公布《2014~2018年基层人民检察院建设规划》。规划提出，深入推进基层人民检察院检务公开工作，细化执法办案公开的内容、对象、时机、方式和要求，健全主动公开和依申请公开制度。

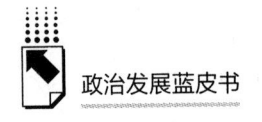

12月11日

中国法院网开办的"中国法院庭审直播网"正式开通。公众将可通过该网站观看全国各地法院的庭审实况。这是全面推进司法公开的重要举措之一。

12月13日

12月10~13日中央经济工作会议在北京举行，部署明年六大任务。习近平、李克强做重要讲话，张德江、俞正声、刘云山、王岐山、张高丽出席会议。

12月12~13日中央城镇化工作会议在北京举行，提出"两横三纵"城市化战略格局。

12月15日

中共中央政治局常委、中央党的群众路线教育实践活动领导小组组长刘云山在京主持召开中央党的群众路线教育实践活动领导小组第六次会议，传达学习习近平总书记在听取河北省委党的群众路线教育实践活动总体情况汇报时的重要讲话精神，研究部署第一批活动收尾工作和第二批活动准备工作。

嫦娥三号成功登月，首次实现了我国航天器在地外天体软着陆和巡视勘察，标志着我国探月工程第二步战略目标的全面实现，在我国航天事业发展中具有里程碑意义。

12月17日

第八届全国"人民满意的公务员"和"人民满意的公务员集体"表彰大会在北京举行。李克强接见了受表彰人员和与会代表。李克强指出，公务员要推动改革，践行法治，勤政清廉。

中央纪委对10起违反中央八项规定精神的典型问题发出通报。黑龙江省副省级干部付晓光因私公款消费，大量饮酒并造成陪酒人员"一死一伤"严重后果，给予付晓光留党察看一年处分，免去其黑龙江省政府亚布力度假区领导小组常务副组长职务，由副省级降为正局级。

12月19日

中共中央办公厅、国务院办公厅印发了《关于党员干部带头推动殡葬改革的意见》，提出党员干部去世后一般不开追悼会。

中纪委网站开通举报窗口，欢迎社会举报元旦春节期间公款购买、赠送年货节礼等违规违纪问题。

12月20日

中央纪委监察部网站发布消息，中央防范和处理邪教问题领导小组副组长、办公室主任，公安部党委副书记、副部长李东生涉嫌严重违纪违法，目前正接受组织调查。

12月21日

中央纪委下发《关于严禁元旦春节期间公款购买赠送烟花爆竹等年货节礼的通知》，严禁各级党政机关、人民团体、国有企事业单位、金融机构用公款购买赠送烟花爆竹、烟酒、花卉、食品等年货节礼；各级纪检监察机关要强化执纪监督，对违纪行为快查快办，严格责任追究，及时通报曝光。

12月22日

中共中央文献研究室编撰、中央文献出版社出版的《毛泽东年谱(1949~1976)》在全国发行。全书共6卷，近300万字。

12月23日

十二届全国人大常委会第六次会议在北京举行，审议行政诉讼法修正案草案等七部法律案；审议国务院关于提请废止《国务院关于劳动教养问题的决定》和《国务院关于劳动教养的补充规定》的议案等。

中共中央办公厅印发《关于培育和践行社会主义核心价值观的意见》，并发出通知，要求各地区各部门结合实际认真贯彻执行，把价值观教育融入国民教育全过程。

中央纪委、中央教育实践活动领导小组发出《关于在党的群众路线教育实践活动中严肃整治"会所中的歪风"的通知》，明确要求整治"会所中的歪风"，严肃查处官员到私人会所吃喝玩乐。

12月24日

12月23~24日中央农村工作会议在北京举行。习近平在会上发表重要讲话。会议强调，一定要看到，农业还是"四化同步"的短腿，农村还是全面建成小康社会的短板。中国要强，农业必须强；中国要美，农村必须美；中国要富，农民必须富。

12月25日

中共中央印发《建立健全惩治和预防腐败体系2013~2017年工作规划》，并发出通知，要求各地区各部门结合实际认真贯彻执行。

李克强主持召开国务院常务会议，听取最低生活保障政策落实督查情况汇报，部署进一步加强和改进低保工作，决定将《社会救助暂行办法（草案）》向社会公开征求意见。

12月26日

中共中央在北京人民大会堂举行纪念毛泽东同志诞辰120周年座谈会。习近平发表重要讲话。习近平强调，我们要把党和人民90多年的实践及其经验，当作时刻不能忘、须臾不能丢的立身之本，毫不动摇走党和人民在长期实践探索中开辟出来的正确道路，勿忘昨天的苦难辉煌，无愧今天的使命担当，不负明天的伟大梦想，在中国特色社会主义伟大道路上，为实现中华民族伟大复兴的中国梦，前进。

12月27日

刘云山在全国纪念毛泽东同志诞辰120周年学术研讨会上强调，深入阐释毛泽东思想的精神实质和当代价值，凝聚坚持和发展中国特色社会主义的强大力量。

十二届全国人大常委会第六次会议在人民大会堂举行联组会议，结合审议国务院关于农村扶贫开发工作情况的报告进行专题询问。

中央纪委下发《关于加强监督执纪问责确保务实节俭过节的通知》，要求各级纪检监察机关要带头执行，加强监督执纪问责，确保通知要求落到实处。

中央纪委监察部网站消息，政协第十二届全国委员会经济委员会副主任杨刚涉嫌严重违纪违法，正接受组织调查。

中共中央办公厅、国务院办公厅印发《关于务实节俭做好元旦春节期间有关工作的通知》。

12月28日

习近平在北京看望一线职工和老年群众，调研民生工作。调研归来，习近平走进北京庆丰包子铺月坛店排队买包子，一共消费21元。

全国人大常委会通过废止劳教制度的决定，并于即日起施行。根据决定，劳教制度废止前，依法做出的劳教决定有效；劳教制度废止后，对正在被依法执行劳教的人员，解除劳动教养，剩余期限不再执行。

12月27~28日湖南省人大常委会召开全体会议，对在衡阳市十四届人大一次会议期间，以贿赂手段当选的56名省人大代表，依法确认当选无效并予以公告。

12月29日

李克强在天津考察调研民生改善与改革发展情况，看望慰问群众。李克强充分肯定天津改革发展的成就，希望天津作为中国北方最重要的港口城市，在新一轮改革开放中争当领军者、排头兵，积极探索促进投资和服务贸易便利化综合改革试验，培育发展新优势。

中共中央办公厅、国务院办公厅印发《关于领导干部带头在公共场所禁烟有关事项的通知》要求领导干部带头在公共场所禁烟。

中共中央组织部印发《关于进一步做好领导干部报告个人有关事项工作的通知》，要求领导干部积极主动报告个人有关事项，保证填报内容真实准确。凡不如实填报或隐瞒不报的，一律不得提拔任用、不列入后备干部名单。

四川省政协主席李崇禧涉嫌严重违纪违法，目前正接受组织调查。

湖南省政协副主席童名谦（时任衡阳市委书记、市人大换届领导小组组长）失职渎职，对衡阳破坏选举案负有直接领导责任，中央已决定免去其领导职务，现正在按程序办理，由中央纪委立案调查。

12月30日

中共中央政治局召开会议，决定成立中央全面深化改革领导小组，由习近平任组长。中央全面深化改革领导小组负责改革的总体设计、统筹协调、整体推进、督促落实，主要职责是研究确定经济体制、政治体制、文化体制、社会体制、生态文明体制和党的建设制度等方面改革的重大原则、方针政策、总体方案；统一部署全国性重大改革；统筹协调处理全局性、长远性、跨地区跨部门的重大改革问题；指导、推动、督促中央有关重大改革政策措施的组织落实。

中共中央政治局就提高国家文化软实力研究进行第十二次集体学习。中共中央总书记习近平在主持学习时强调，提高国家文化软实力，关系"两个一

百年"奋斗目标和中华民族伟大复兴中国梦的实现。

12月31日

全国政协举行新年茶话会，习近平、李克强、张德江、俞正声、刘云山、王岐山、张高丽等出席。习近平在会上发表重要讲话，强调要大力弘扬与时俱进、锐意进取、勤于探索、勇于实践的改革创新精神，争当改革的坚定拥护者和积极实践者，用自己勤劳的双手在改革实践中创造更加幸福的生活。

国家主席习近平通过中国国际广播电台、中央人民广播电台、中央电视台，发表2014年新年贺词。习近平在贺词中说，2014年，我们将在改革的道路上迈出新的步伐。我们推进改革的根本目的，是要让国家变得更加富强、让社会变得更加公平正义、让人民生活得更加美好。

B.12 2013年领导干部任免情况

张明澍*

2013年领导干部任免情况

时间	任命/当选		免去/辞去	
	姓名	部门及职务	姓名	职务
1月	魏宏	四川省人民政府省长	蒋巨峰	四川省人民政府省长
	魏宏	四川省委常委、副书记		
	王一新	山西省政府副省长		
	李荣灿	甘肃省人民政府副省长		
	李万才	大连市市长		
	里景瑞	大连市人大常委会主任		
	肖盛峰	大连市政协主席		
	洛桑江村	西藏自治区党委副书记	王令浚	青海省人民政府副省长
	贾尚建	中央编译局局长	衣俊卿	中央编译局局长
	刘云山	中央党校校长	尤权	国务院副秘书长
	谷春立	吉林省人民政府副省长	王伟	监察部副部长
	童刚	国家广播电影电视总局副局长	屈万祥	监察部副部长、国家预防腐败局副局长
	张建华	国家国防科技工业局副局长	吴永文	湖北省人大常委会副主任
	徐敬业	政协重庆市第四届委员会主席		
	何事忠、童小平、谢小军、彭永辉、杨天怡、陈贵云、姜平、李钺锋、张晓玲	政协重庆市第四届委员会副主席		
	袁纯清	山西省人大常委会主任		

---

* 张明澍，中国社会科学院政治学研究所研究员。

续表

时间	任命/当选		免去/辞去	
	姓名	部门及职务	姓名	职务
1月	李小鹏	山西省人民政府省长		
	黄奇帆	重庆市人民政府市长		
	马正其,凌月明,何挺,吴刚,张鸣,陈和平,刘强,谭家玲	重庆市人民政府副市长		
	朱小丹	广东省人民政府省长		
	徐少华,刘志庚,许瑞生,陈云贤,招王芳,林少春,邓海光	广东省人民政府副省长		
	黄龙云	广东省人大常委会主任		
	肖志恒,雷于蓝,周天鸿,陈小川,陈继兴,黄业斌	广东省人大常委会副主任		
	黄兴国	天津市市长		
	肖怀远	天津市人大常委会主任		
	杨雄	上海市市长		
	屠光绍,艾宝俊,沈晓明,赵雯,姜平,周波,翁铁慧,时光辉	上海市副市长		
	娄勤俭	陕西省人民政府省长		
	江泽林,张道宏,白阿莹,李金柱,祝列克,庄长兴,王莉霞	陕西省人民政府副省长		
	周强	湖南省人大常委会主任		

续表

时间	任命当选		免去/辞去	
	姓名	部门及职务	姓名	职务
1月	于来山、刘莲玉、陈君文、徐明华、蒋作斌、谢勇	湖南省人大常委会副主任		
	徐守盛	湖南省人民政府省长		
	李友志、何报翔、张硕辅、陈肇雄、黄兰香、盛茂林、韩永文	湖南省人民政府副省长		
	吉炳轩	黑龙江省人大常委会主任		
	王宪魁	黑龙江省人民政府省长		
	梅克保	国家质量监督检验检疫总局副局长、党组副书记		
	牛之俊	中国地震局副局长		
	王令浚	青海省委常委、省委政法委书记		
	刘慧	宁夏回族自治区常务副主席		
	翟青	环境保护部副部长		
	苏树林	福建省人民政府省长		
2月	张志南、洪捷序、倪岳峰、王蒙徽、陈荣凯、李红、徐钢	福建省人民政府副省长		
	张志南	福建省常务副省长		
	尤权	福建省人大常委会主任		

337

续表

时间	任命/当选		免去/辞去	
	姓名	部门及职务	姓名	职务
2月	徐谦、张广敏、张健、邓力平、刘群英、黄琪玉	福建省人大常委会副主任		
	王珉	辽宁省人大常委会主任		
	李峰、佟志武、刘政奎、李文科、郑玉焯、王阳	辽宁省人大常委会副主任		
	陈政高	辽宁省人民政府省长		
	周忠轩、贺旻、谭作钧、邴志刚、赵化明、薛恒、刘强、潘利国	辽宁省人民政府副省长		
	张业遂	外交部副部长		
3月	俞正声	政协第十二届全国委员会主席		
	杜青林、令计划、韩启德、帕巴拉·格列朗杰、董建华、万钢、林文漪、罗富和、何厚铧、张庆黎、李海峰、苏荣、陈元、卢展工、周小川、王家瑞、王正伟、马飚、齐续春、陈晓光、马培华、刘晓峰、王钦敏	政协第十二届全国委员会副主席		
	张庆黎	政协第十二届全国委员会秘书长		
	习近平	中华人民共和国主席		
	习近平	中华人民共和国中央军事委员会主席		

续表

时间	姓名	任命/当选 部门及职务	姓名	免/去/辞去 职务
3月	李源潮	中华人民共和国副主席		
	张德江	第十二届全国人民代表大会常务委员会委员长		
	李建国、王胜俊、陈昌智、严隽琪、王晨、沈跃跃、吉炳轩、张平、向巴平措、艾力更·依明巴海、万鄂湘、张宝文、陈竺	第十二届全国人民代表大会常务委员会副委员长		
	王晨	第十二届全国人民代表大会常务委员会秘书长		
	李克强	中华人民共和国国务院总理		
	范长龙、许其亮	中华人民共和国中央军事委员会副主席		
	周强	最高人民法院党组书记、院长		
	曹建明	最高人民检察院党组书记、检察长		
	张高丽、刘延东、汪洋、马凯	国务院副总理		
	杨晶、常万全、杨洁篪、郭声琨、王勇	国务委员		
	杨晶	国务院秘书长		
	王毅	外交部部长		
	常万全	国防部部长		
	徐绍史	国家发展和改革委员会主任		
	袁贵仁	教育部部长		

续表

时间	任命/当选		免去/辞去	
	姓名	部门及职务	姓名	职务
3月	万钢	科学技术部部长		
	苗圩	工业和信息化部部长		
	王正伟	国家民族事务委员会主任		
	郭声琨	公安部部长		
	耿惠昌	国家安全部部长		
	黄树贤	监察部部长,国家预防腐败局局长		
	李立国	民政部部长		
	吴爱英	司法部部长		
	楼继伟	财政部部长		
	尹蔚民	人力资源和社会保障部部长		
	姜大明	国土资源部部长,国家土地总督察		
	周生贤	环境保护部部长		
	姜伟新	住房和城乡建设部部长		
	杨传堂	交通运输部部长		
	陈雷	水利部部长		
	韩长赋	农业部部长		
	高虎城	商务部党组书记、部长		
	蔡武	文化部部长		
	李斌	国家卫生和计划生育委员会主任		
	周小川	中国人民银行行长		
	刘家义	审计署审计长		
	张军扩、张来明	国务院发展研究中心副主任	陈求发	工业和信息化部副部长、国家航天局局长、国家原子能机构主任、国家国防科技工业局局长

340

续表

时间	任命/当选		免 去/辞 去	
	姓名	部门及职务	姓名	职务
3月	徐鸣	国家粮食局副局长（保留部级待遇）	张力军	环境保护部副部长
	张志军	中共中央台湾工作办公室、国务院台湾事务办公室主任	黄洁夫	卫生部副部长
	李建华	宁夏回族自治区党委书记、常委、委员	段世杰	国家体育总局副局长
	张毅	国务院国有资产监督管理委员会党委书记、副主任	侯云春、卢中原	国务院发展研究中心副主任
	蒋洁敏	国务院国有资产监督管理委员会主任	刘玉辰	中国地震局副局长
	刘顺贵	国家海洋局局长、党组书记兼中国海警局政委	张毅	宁夏回族自治区党委书记、常委、委员
	孟宏伟	国家海洋局副局长、党组副书记兼中国海警局局长		
	骆惠宁	青海省委书记	强卫	青海省委书记、常委、委员
	蔡赴朝	国家新闻出版广电总局局长、党组副书记、国家版权局局长		
	蒋建国	国家新闻出版广电总局党组书记、副局长		
	张勇	国家食品药品监督管理总局局长、党组书记		
	肖钢	中国证监会党委书记、主席	徐绍史	国家土地总督察
	王侠	中华全国供销合作总社党组书记	李建华	国家行政学院党委书记、副院长
	陈宝生	国家行政学院党委书记、副院长	陈宝生	中央党校副校长
	秦宜智	共青团中央书记处第一书记		
	周本顺	河北省委书记、常委、委员	张庆黎	河北省委书记、常委、委员
	王宪魁	黑龙江省委书记	吉炳轩	不再兼任黑龙江省委书记、常委、委员
	陆昊	黑龙江省委委员、常委、副书记		

续表

时间	姓名	任命/当选部门及职务	姓名	免去/辞去职务
3月	王学军	安徽省委委员、常委、副书记	李斌	安徽省委副书记、常委、委员
	强卫	江西省委委员、常委、书记	苏荣	江西省委书记、常委、委员
	郭庚茂	河南省委委员、常委、副书记	卢展工	河南省委书记、常委、委员
	谢伏瞻	湖南省委委员、常委、副书记	周强	湖南省委书记、常委、委员
	徐守盛	湖南省委书记	王毅	国务院台湾事务办公室主任
	杜家毫	湖南省委委员、常委、副书记	郭树清	中国证券监督管理委员会主席
	陈武	广西壮族自治区党委副书记	马飚	广西壮族自治区党委副书记、常委、委员
	郭树清	山东省委委员、常委、副书记	姜大明	山东省委副书记、常委、委员
	骆惠宁	青海省委书记	强卫	青海省委书记、常委、委员
	郝鹏	青海省委委员、常委、副书记	戴相龙	全国社会保障基金理事会理事长
	李建华	宁夏回族自治区党委委员、常委、书记	张毅	宁夏回族自治区党委书记、常委、委员
	刘慧	宁夏回族自治区党委副书记、代理主席	王学军	国务院副秘书长、国家信访局局长
	夏勇	国务院法制办公室副主任、党组成员	夏勇	国家保密局局长
	肖捷	国务院副秘书长	马馼	国务院预防腐败局局长
	丁向阳	国务院副秘书长	王勇	国务院国有资产监督管理委员会主任
	张业遂	外交部副部长	柳斌杰	国家版权局局长
	吴新雄	国家发展和改革委员会副主任、国家能源局局长	张志军、傅莹、崔天凯	外交部副部长
	马兴瑞	工业和信息化部副部长、国家航天局局长、国家原子能机构主任、国家国防科技工业局局长		
	陆东福	交通运输部副部长、国家铁路局局长	王军	财政部副部长

续表

时间	任 命/当 选		免 去/辞 去	
	姓名	部门及职务	姓名	职务
3月	王军	国家税务总局局长	肖捷	国家税务总局局长
	张茅	国家工商行政管理总局局长	周伯华	国家工商行政管理总局局长
	裘援平	国务院侨务办公室主任	李海峰	不再兼任国务院侨务办公室主任
	刘鹤	中央财办主任、发改委副主任		
	陆昊	黑龙江省副省长、代理省长	王宪魁	黑龙江省省长
	杜家毫	湖南省人民政府代理省长	徐守盛	湖南省人民政府省长
	陈武	广西壮族自治区主席		
	汪永清	国务院副秘书长		
	舒晓琴	国务院副秘书长、国家信访局局长		
	王仲伟	国务院副秘书长	钱小芊	国务院新闻办公室副主任、国家互联网信息办公室副主任
	何建中	交通运输部副部长	徐祖远	交通运输部副部长
	项兆伦	文化部副部长		
4月	王国强、马晓伟、陈啸宏、王培安、刘谦、尹力、崔丽、徐科	国家卫生和计划生育委员会副主任		
	马正其	国家工商行政管理总局副局长	王东峰、滕佳材	国家工商行政管理总局副局长
	蒋辰席、田进、邬书林、陶晓宏、孙寿山、李伟、童刚	国家新闻出版广电总局副局长		
	尹力、刘佩智、王明珠、滕佳材	国家食品药品监督管理总局副局长		
	史玉波、刘琦、王禹民、张玉清、许永盛	国家能源局副局长		

343

续表

时间	任命/当选		免去/辞去	
	姓名	部门及职务	姓名	职务
4月	陈兰华、傅选义、朱望瑜	国家铁路局副局长		
	于伟国	福建省委副书记,厦门市委书记		
	陈希	中组部常务副部长		
	钱小芊	中国作协党组副书记	张健	中国作协党组副书记
	赵胜轩	中国社会科学院副院长,党组副书记		
	杨振武	人民日报社总编辑		
	沈跃跃	全国妇联主席		
	蔡名照	中共中央宣传部副部长,中央对外宣传办公室主任,国务院新闻办公室主任		
	陈世炬	中央办公厅副主任		
	鲁炜	国家互联网信息办公室主任,中央外宣办副主任,国务院新闻办公室副主任		
5月	王伟光	中国社会科学院院长	陈奎元	中国社会科学院院长
	杨晶	兼任国家行政学院院长	马凯	国家行政学院院长
	翁杰明	重庆市政府常务副市长	刘铁男	国家发展和改革委员会党组成员、副主任
	丁薛祥	中央办公厅副主任	毛万春	河南省委常委,洛阳市委书记
	王蒙徽	厦门市委员,常委,书记	于伟国	厦门市委员,常委,书记
	凌成兴	工业和信息化部党组成员,国家烟草专卖局局长,党组书记	姜成康	工业和信息化部党组成员,国家烟草专卖局局长,党组书记
	刘振民	外交部副部长	熊建平	天津市副市长
	卢雍政	国家公务员局副局长,党组成员	王蒙徽	福建省人民政府副省长
	熊建平	浙江省人民政府副省长	卢子跃	浙江省人民政府副省长
	杜家毫	湖南省人民政府副省长	靳诺	新疆自治区政府副主席
	刘昆	财政部副部长		

344

续表

时间	任命/当选		免去/辞去	
	姓名	部门及职务	姓名	职务
6月	王宪魁	黑龙江省人大常委会主任	蒋耀平、陈健	商务部副部长
	陆昊	黑龙江省省长	姜志刚	国务院国有资产监督管理委员会副主任
	郭树清	山东省省长	付双建	国家工商行政管理总局副局长
	李伟、刘彦平	公安部副部长	李伟	国家新闻出版广电总局副局长
	潘立刚	兼任人力资源和社会保障部副部长	华建	国务院港澳事务办公室副主任
	高燕、房爱卿	商务部副部长	姜成康	国家烟草专卖局局长
	徐福顺	国务院国有资产监督管理委员会副主任	郭莉	中央人民政府驻香港特别行政区联络办公室副主任
	刘俊臣、孙鸿志	国家工商行政管理总局副局长	徐泽、李本钧、高燕	中央人民政府驻澳门特别行政区联络办公室副主任
	徐泽	国务院港澳事务办公室副主任		
	王伟	国务院三峡工程建设委员会办公室(国务院三峡工程建设委员会三峡工程稽察办公室)副主任(正部长级)		
	杨健	中央人民政府驻香港特别行政区联络办公室副主任		
	陈斯喜、仇鸿	中央人民政府驻澳门特别行政区联络办公室副主任		
	王学军	安徽省省长		
	李伍峰	中央对外宣传办公室、国务院新闻办公室副主任	李伍峰	国家互联网信息办公室专职副主任

续表

时间	姓名	任命/当选 部门及职务	姓名	免去/辞去 职务
6月	丁伟	文化部副部长	赵少华	文化部副部长
	胡伟	海关总署副署长	王松鹤	海关总署副署长
	徐绍川	国家安全生产监督管理总局副局长		
	石刚	国务院研究室副主任	王国庆	国务院新闻办公室副主任
	杨富、宋元明	国家煤矿安全监察局副局长	王树鹤、彭建勋	国家煤矿安全监察局副局长
	胡可明	国务院法制办公室党组副书记、副署长	安建	国务院法制办公室副主任
	鲁培军	海关总署党组副书记、副署长、党组成员	丁学东	国务院副秘书长
	李昭	国家民族事务委员会副主任		
	宫蒲光	民政部副部长	戴均良	民政部副部长
	王宁	住房和城乡建设部副部长	郭允冲	住房和城乡建设部副部长
	于康震	农业部副部长	高鸿宾	农业部副部长
	张志勇	国家税务总局副局长	王力	国家税务总局副局长
7月	陈钢、吴清海	国家质量监督检验检疫总局副局长	杨刚、蒲长城、刘平均	国家质量监督检验检疫总局副局长
	吴溉	国家食品药品监督管理总局副局长	李慎明、高全立、武寅	中国社会科学院副院长
	张江、李培林	中国社会科学院副院长		
	林毅夫	全国工商联第十一届执委会副主席		
	姜杰	西藏自治区人民政府副主席		
	戴均良、杨晓超	北京市副市长	苟仲文	北京市副市长
	陈冬、郑晓松	福建省人民政府副省长		
	辛国斌	青海省人民政府副省长	韩永文	湖南省人民政府副省长

续表

时间	姓名	任命/当选部门及职务	姓名	免去/辞去职务
7月	孙文魁	天津市副市长		
	李炳军	江西省副省长		
	马廷礼	宁夏回族自治区副主席		
	田文	新疆维吾尔自治区副主席		
	蒋卓庆、白少康	上海市人民政府副市长	沈晓明、姜平	上海市人民政府副市长
	张维宁	河南省副省长	陈雪枫	河南省副省长
	甘荣坤	湖北省人民政府副省长	王君正	湖北省人民政府副省长
	李保东	外交部副部长		
8月	王文斌	国资委副主任、党委委员	邵宁	国资委副主任、党委副书记
	傅政华	公安部副部长（兼）、党委委员		
	周力	中联部副部长		
	宁吉喆	国务院研究室党组书记、主任	蒋洁敏	国务院国有资产监督管理委员会主任、党委副书记
9月	贺军科	全国青联主席		
	罗梅、汪鸿雁、周长奎	全国青联副主席		
	何毅亭	中央党校常务副校长		
	李建国	中华全国总工会主席		
10月	陈宗荣	国家宗教事务局党组成员、副局长		
	李少平、贺荣	最高人民法院副院长		
	黄坤明	中宣部副部长		
	宋秀岩	全国妇联常职副主席		

347

续表

时间	姓名	任命/当选部门及职务	姓名	免去/辞去职务
11月	李亚飞、龚清概	国务院台湾事务办公室副主任	郑立中、孙亚夫	国务院台湾事务办公室副主任
	侯凯	上海市纪委书记		
	马兴瑞	广东省委委员、常委、副书记	朱明国	广东省委委员、常委、副书记
	蔡奇	浙江省副省长	高云龙	青海省人民政府副省长
	何文浩、曾万明	西藏自治区人民政府副主席		
	毛伟明	工业和信息化部副部长		
	吴文学	国家旅游局副局长	祝善忠	国家旅游局副局长
	陈宗荣	国家宗教事务局副局长	李和平	国家档案局副局长
	王志勇	国家中医药管理局副局长	李大宁	国家中医药管理局副局长
	任贤良	国家互联网信息办公室专职副主任		
	孔泉	中央外办副主任		
12月	张毅	国资委主任	陈安众	江西省人大常委会副主任、省总工会主席
	陶凯元	最高人民法院副院长	童名谦	湖南省政协副主席
	许达哲	工业和信息化部副部长、党组副书记，国家航天局局长，国家原子能机构副主任，国家国防科技工业局局长，党组书记	陈柏槐	湖北省政协副主席
	王立科	江苏省人民政府副省长	杨刚	全国政协经济委员会副主任
	张明	外交部副部长	李东生	公安部副部长、党委副书记
	林军	中国侨联主席	缪瑞林	江苏省人民政府副省长

注：不包括军队、外交使节、央企。据新华网、人民网资料整理。

348

中国皮书网

www.pishu.cn

发布皮书研创资讯，传播皮书精彩内容
引领皮书出版潮流，打造皮书服务平台

栏目设置：

- □ 资讯：皮书动态、皮书观点、皮书数据、皮书报道、皮书新书发布会、电子期刊
- □ 标准：皮书评价、皮书研究、皮书规范、皮书专家、编撰团队
- □ 服务：最新皮书、皮书书目、重点推荐、在线购书
- □ 链接：皮书数据库、皮书博客、皮书微博、出版社首页、在线书城
- □ 搜索：资讯、图书、研究动态
- □ 互动：皮书论坛

中国皮书网依托皮书系列"权威、前沿、原创"的优质内容资源，通过文字、图片、音频、视频等多种元素，在皮书研创者、使用者之间搭建了一个成果展示、资源共享的互动平台。

自2005年12月正式上线以来，中国皮书网的IP访问量、PV浏览量与日俱增，受到海内外研究者、公务人员、商务人士以及专业读者的广泛关注。

2008年、2011年中国皮书网均在全国新闻出版业网站荣誉评选中获得"最具商业价值网站"称号。

2012年，中国皮书网在全国新闻出版业网站系列荣誉评选中获得"出版业网站百强"称号。

皮书数据库

权威报告　热点资讯　海量资源

当代中国与世界发展的高端智库平台

皮书数据库　www.pishu.com.cn

　　皮书数据库是专业的人文社会科学综合学术资源总库，以大型连续性图书——皮书系列为基础，整合国内外相关资讯构建而成。该数据库包含七大子库，涵盖两百多个主题，囊括了近十几年间中国与世界经济社会发展报告，覆盖经济、社会、政治、文化、教育、国际问题等多个领域。

　　皮书数据库以篇章为基本单位，方便用户对皮书内容的阅读需求。用户可进行全文检索，也可对文献题目、内容提要、作者名称、作者单位、关键字等基本信息进行检索，还可对检索到的篇章再作二次筛选，进行在线阅读或下载阅读。智能多维度导航，可使用户根据自己熟知的分类标准进行分类导航筛选，使查找和检索更高效、便捷。

　　权威的研究报告、独特的调研数据、前沿的热点资讯，皮书数据库已发展成为国内最具影响力的关于中国与世界现实问题研究的成果库和资讯库。

皮书俱乐部会员服务指南

1. 谁能成为皮书俱乐部成员？

● 皮书作者自动成为俱乐部会员
● 购买了皮书产品（纸质皮书、电子书）的个人用户

2. 会员可以享受的增值服务

● 加入皮书俱乐部，免费获赠该纸质图书的电子书
● 免费获赠皮书数据库100元充值卡
● 免费定期获赠皮书电子期刊
● 优先参与各类皮书学术活动
● 优先享受皮书产品的最新优惠

卡号：4260973180982786
密码：

3. 如何享受增值服务？

（1）加入皮书俱乐部，获赠该书的电子书

第1步　登录我社官网（www.ssap.com.cn），注册账号；
第2步　登录并进入"会员中心"—"皮书俱乐部"，提交加入皮书俱乐部申请；
第3步　审核通过后，自动进入俱乐部服务环节，填写相关购书信息即可自动兑换相应电子书。

（2）免费获赠皮书数据库100元充值卡

100元充值卡只能在皮书数据库中充值和使用
第1步　刮开附赠充值的涂层（左下）；
第2步　登录皮书数据库网站（www.pishu.com.cn），注册账号；
第3步　登录并进入"会员中心"—"在线充值"—"充值卡充值"，充值成功后即可使用。

4. 声明

解释权归社会科学文献出版社所有

皮书俱乐部会员可享受社会科学文献出版社其他相关免费增值服务，有任何疑问，均可与我们联系
联系电话：010-59367227　企业QQ：800045692　邮箱：pishuclub@ssap.com.cn
欢迎登录社会科学文献出版社官网（www.ssap.com.cn）和中国皮书网（www.pishu.cn）了解更多信息

社会科学文献出版社　　　　　　　　**皮书系列**

"皮书"起源于十七、十八世纪的英国，主要指官方或社会组织正式发表的重要文件或报告，多以"白皮书"命名。在中国，"皮书"这一概念被社会广泛接受，并被成功运作、发展成为一种全新的出版形态，则源于中国社会科学院社会科学文献出版社。

皮书是对中国与世界发展状况和热点问题进行年度监测，以专业的角度、专家的视野和实证研究方法，针对某一领域或区域现状与发展态势展开分析和预测，具备权威性、前沿性、原创性、实证性、时效性等特点的连续性公开出版物，由一系列权威研究报告组成。皮书系列是社会科学文献出版社编辑出版的蓝皮书、绿皮书、黄皮书等的统称。

皮书系列的作者以中国社会科学院、著名高校、地方社会科学院的研究人员为主，多为国内一流研究机构的权威专家学者，他们的看法和观点代表了学界对中国与世界的现实和未来最高水平的解读与分析。

自20世纪90年代末推出以《经济蓝皮书》为开端的皮书系列以来，社会科学文献出版社至今已累计出版皮书千余部，内容涵盖经济、社会、政法、文化传媒、行业、地方发展、国际形势等领域。皮书系列已成为社会科学文献出版社的著名图书品牌和中国社会科学院的知名学术品牌。

皮书系列在数字出版和国际出版方面成就斐然。皮书数据库被评为"2008~2009年度数字出版知名品牌"；《经济蓝皮书》《社会蓝皮书》等十几种皮书每年还由国外知名学术出版机构出版英文版、俄文版、韩文版和日文版，面向全球发行。

2011年，皮书系列正式列入"十二五"国家重点出版规划项目；2012年，部分重点皮书列入中国社会科学院承担的国家哲学社会科学创新工程项目；2014年，35种院外皮书使用"中国社会科学院创新工程学术出版项目"标识。

法律声明

"皮书系列"(含蓝皮书、绿皮书、黄皮书)由社会科学文献出版社最早使用并对外推广,现已成为中国图书市场上流行的品牌,是社会科学文献出版社的品牌图书。社会科学文献出版社拥有该系列图书的专有出版权和网络传播权,其LOGO( )与"经济蓝皮书"、"社会蓝皮书"等皮书名称已在中华人民共和国工商行政管理总局商标局登记注册,社会科学文献出版社合法拥有其商标专用权。

未经社会科学文献出版社的授权和许可,任何复制、模仿或以其他方式侵害"皮书系列"和LOGO( )、"经济蓝皮书"、"社会蓝皮书"等皮书名称商标专用权的行为均属于侵权行为,社会科学文献出版社将采取法律手段追究其法律责任,维护合法权益。

欢迎社会各界人士对侵犯社会科学文献出版社上述权利的违法行为进行举报。电话:010-59367121,电子邮箱:fawubu@ssap.cn。

社会科学文献出版社